本书由上海科技大学支持出版

The Study of
Western New
Biographical Historiography

西方新传记史学研究

陈茂华 著

复旦大学出版社

目 录

引言：拓展生命的宽度 ································· 1

第一章　"传记转向" ································ 8
一、"传记转向"何以发生 ····························· 19
二、西方新传记史学的主要特征 ······················ 46

第二章　发掘与突破："无名氏"个体传记书写 ······· 60
一、新的主体 ·· 64
二、传主时刻 ·· 88
三、个体生命经验史观 ······························· 109
四、可理解性的叙事综合策略 ························ 121

第三章　修正与革新：新名人个体传记书写 ········· 146
一、传统的历史传记书写与英雄（伟人）史观 ········ 151
二、"世上是否真的存在希特勒传记" ················ 166
三、"圣路易真的存在过吗" ························· 187
四、应该如何书写新的历史名人个体传记 ············· 211

第四章　试验与超越：自我史 ……………………………… 231
　一、一场"实验室里的试验" …………………………… 234
　二、作为普遍意义上的个人的自我 …………………… 257
　三、作为历史学家的自我 ………………………………… 265
　四、超越"自我史" ………………………………………… 275
　五、余论：人人皆可书写自我史 ………………………… 293

第五章　身份认同：新群体传记 ……………………………… 306
　一、"共有的历史"和"被体现的历史" ………………… 310
　二、美国黑人史学家尼尔·阿尔文·潘特与《白人的
　　　历史》…………………………………………………… 329
　三、书信言说与"爱的共同体" ………………………… 346

后记 ……………………………………………………………… 368

引言：拓展生命的宽度

> 人是历史学的唯一对象，这里指的是一种属于人文学科的历史学，这类学科，除了人类学、心理学、语言学等之外，还包括了所有范畴、所有阶段的学科；这种历史学感兴趣的不是某种抽象的、永恒的、本质不变而且永远保持下去的人，而是一直生活在他们作为其成员的社会中的人；是处在完全确定的发展时期的那些社会的成员；是具有各种职责、拥有各种职业、有着各种操心事和才能的人。这些职责、职业、操心事和才能混合在一起，相互冲突，相互制约，最终达成一种妥协，就叫作生活。①
>
> ——吕西安·费弗尔（Lucien Febvre, 1878—1956）

十二年前秋季某个下午的课堂上，我正带领六位中国近现代史专业的硕士研究生讨论法国史学大师布罗代尔在其皇皇巨著《地中海与菲利普二世时代的地中海世界》中得以充分运用的历史时段理论，不出意料地，一名男生反问道："如此贬低事件和人的作用，这还是历史学吗？"大家先是一愣，随即就七嘴八舌地自行"定义"历史学。争论之余，大家都赞同法国年鉴学派的创始人之———吕西安·费弗尔关于历史学是一门以人为唯一研究对象的人文学科的界定，并且一致认为美国汉学家史景迁（Jonathan D. Spence，1936—2021）

---

① ［法］吕西安·费弗尔：《为历史而战》，高煜译，译林出版社，2022年，第23页。

书写的《王氏之死：大历史背后的小人物命运》(The Death of Woman Wang)是一部优秀的史学著作，原因在于：第一，史景迁在将县志、私人回忆录及笔记、文学作品作为史料交叉使用时，充分彰显了他作为一位训练有素的历史学家的史料批判意识及专业能力。第二，史景迁采取"通过具体的人看史"的个案研究方法，有效地揭示了整个古代中国农民生活状况的真相，而这正是历史研究的通则，即从微观的、特定的个案走向宏观的、一般的总体。紧接着，该名男生继续发问："陈老师，据我有限的了解，《王氏之死》在1978年出版之后，来自历史学界的质疑和批评之声似乎从未断过，史景迁本人更是被钱锺书贬为'失败的小说家'。"大家闻言都笑了"我想知道的是，在当下以书写微观史、跨国史、全球史为主流的西方史学界，传记史学是不是已经被正统的历史学家抛弃了？换句话说，是不是只有那些为了赚钱的二三流历史研究者才会去写传记？"

在学生质疑问难的"压力"之下，我习惯性地去查阅21世纪以降刊出的《美国历史评论》(The American Historical Review)，最终在2009年第3期上找到了该刊组织的圆桌会议——"历史学家与传记"；接着，又在《加拿大历史学会》(Journal of the Canadian Historical Association)2010年第2期上找到了加拿大巴西史研究专家罗德里克·J.巴曼(Roderick J. Barman)写的"Biography as History"一文。很快，两份直接以"传记"命名的刊物进入了我的探索视野：一份是美国夏威夷大学于1978年创办的跨学科传记研究季刊《传记：跨学科季刊》(Biography: An Interdisciplinary Quarterly)，另一份是加拿大菲沙河谷大学历史系于2007年创办的专业期刊《历史传记》(Journal of Historical Biography)。随着文献查阅范围的扩大及阅读的深入，我产生了研究西方新传记史学的冲动，于是开始为去美国做访问学者做一些前期的准备工作。2013年11月至2014年11月，在国家留学基金委的资助下，我在美国哥伦比亚大学历史系做了为期一年的访问学者。

在哥伦比亚大学访学期间,我阅读了澳大利亚史学家芭芭拉·凯恩(Barbara Caine)在2010年出版的《传记与历史》(*Biography and History*)一书,大致了解了西方传记史学的思想脉络。在该著中,芭芭拉·凯恩细致地考察了传记这一文体自17世纪晚期以降的演变史,着重探析了传记与历史学之间的关系,试图由此理解和把握其中所蕴含的方法论。据她考察,"传记"一词最早出现于17世纪晚期,而最早使用该词的国家是英国。彼时,文学领域对于"传记"这个术语或概念的使用及其讨论,表明一种如何讲述人之生命故事的崭新意识——对那些在不同的领域具有独特表现的个人之关切——正在形成之中。很快,传记成为西方现代文学创作的重要领域之一。然而,迟至20世纪90年代,传记才正式成为历史学领域的一个分支。恰恰就是这一时期兴起的西方新传记史学研究,芭芭拉·凯恩仅以一个章节(最后一章,即第六章)做了粗略的介绍。是的,芭芭拉·凯恩搁笔之处便是本研究的起点。

然而,西方新传记史学为何要到20世纪90年代才在学界据有一席之位,而不是在西方新史学纷纷登台的60、70年代?以这一问题为导向,我在哥伦比亚大学图书馆收集了大量与西方新传记史学相关的文献资料。回国后,通过整理和阅读收集到的若干文献资料,又逐渐形成了对根植于"历史学为何会陷入危机"的一组问题——诸如历史(学)是什么、怎样研究历史、为何研究历史——的再思考。在全球化和数据化的处境中,从某种意义上说,今天的人们生活在一个后真相的时代,免不了会质疑历史作为一门学科或学问的价值及其意义。当有人一再质疑"历史(学)有何用处"时,或许已表明历史学与人们当下的现实生活产生了某种程度的断裂,意味着历史意识对现实的观照、从历史意识的维度看现实的敏锐度已经大大降低。质言之,历史学已陷入了危机当中。然而,正如费弗尔曾经尖锐地指出的那样,历史学的危机实质上乃是人类精神危机的表征。"历史学的危机并不是一种专门只侵袭历史学的弊病。它过去是,而且现在仍然是人类精神的一场严重危机在历史学方面的体现。"①也就是说,历史学的危机若是得到了解决,那么自然也就解决了人类精神层面的危机。毋庸置疑,历史学家的天职(calling)就是要竭力去发现和解释历史的种种疑窦,以启示或建构人们对历史的重新认知。站在历史学科的立场上,历史学家的天职便在于捍卫历史学科的独特价值。故此,历史学家应当适时反思自身的研究实践,由此不断推进历史学科的自我革新。

本研究试图通过对西方新传记史学的考察,探究在历史学的合法性遭遇严重质疑之际,西方部分历史学家为何以及怎样通过诉诸传记这一古老的文体,并且在认识论、价值论及方法论的层面上实现突破和进展,从而实现维护历史学的学科尊严之目标。抑或说,探究当代西方历史学家是怎样重建历史学科的正当性的。他们的历史传记书写是否真的如同费弗尔所给予的建议那般,是在"被称为'人性'的那个东西的坚实基础上重建"②的?他们是否做到有鉴别地、批判性地采用最恰当、最相关的概念理论去书写新的历史传记?他们是如何理解并实践新史学的核心要义的?为了回答上述问题,本研究一开始就定位于在史学史的视域中去考察西方新传记史学的得与失。本研究之所以采纳史学史的视域,实为柯林伍德有言:"当历史学家试图解决一个特殊的问题而收集、批评同行已经使用的解决方式时,史学史就诞生了。"③然而,随着研究的深入,本人逐渐意识到很有必要同时在思想史的视域中进行平行考察,希冀能够更深入地理

---

① [法]吕西安·费弗尔:《为历史而战》,高煜译,第29页。
② [法]吕西安·费弗尔:《为历史而战》,高煜译,第14页。
③ [英]柯林伍德:《历史的观念》(增补版),何兆武、张文杰、陈新译,北京大学出版社,2010年,第446页。

解西方新传记史学文本的思维结构、思想主旨及方法。

本研究考察20世纪90年代以来，西方新传记史学家如何在新史学和现实世界渴望精神得到救赎的双重语境中，通过讲述不同类型、不同性别的历史人物的故事，来克服历史学所面临的学科危机，以及由新技术所引发的精神危机。具体而言，本研究有三个目的。第一，旨在梳理西方新传记史学家如何发掘、建构或重构传主的身份，并赋予他们有别于传统历史传记的新面相，由此确立自身的合法性，并审视第二次世界大战以降不断变动的西方历史书写，或曰新史学研究。我的分析的中心命题是，西方新传记史学文本在世纪之交的涌现，既是当代西方历史学家们重建历史学之正当性的学术担当和使命的一种体现，也是对他们所面临的西方现实世界"大众对精神事物产生兴趣"的一种积极回应。对于西方新传记史学家而言，书写历史传记主要是通过继续挑战和反抗宏大叙事和结构主义史学，并充分运用自60、70年代以降的新史学研究成果，一方面为历史学注入新的生命力，另一方面克服当代西方世界的精神危机。故此，为理解新传记史学家们对历史人物的建构，一是要将他们放置到20世纪西方史学史发展的脉络当中，探析他们对20世纪西方历史书写的解释框架和叙事的具体反思，从而考察他们在认识论和方法论层面上的新突破——诸如放弃历史目的论、注重历史情景的建构等；二是要把西方新传记史学文本放置在具体的历史情境之中，考察历史学家对现实世界的洞察，考察现实世界那些正在发生的政治的、社会的事件，特别是涌动的社会思潮之于他们的刺激或影响，以及它们之间的互动及其效果。换言之，新传记史学文本与历史学家所处时代的政治、社会进程息息相关，它不只是彰显其时代特征和精神症候的一面镜子，更重要的是，它所映照的历史学家运用自己的史学观念构筑时代精神及其文化的实践意图，实则成为文化生产力的重要智力资源。故此，本研究的第二个目的，是在昆廷·斯金纳（Quentin Skinner）所倡导的思想史语境主义阐释方法论视域之中，逐一考察西方新传记史学文本所关注的时代议题和学术议题、为论证这些议题所诉诸的思想资源，以及对 20 世纪末以降的西方社会及历史学科之贡献。换言之，本研究力图较为准确地表达出西方新传记史学家的书写意图，一方面思考"历史传记"究竟是什么，另一方面则试图由此窥探西方知识精英群体的价值观、意识形态及立场。故此，本研究的最后一个目的在于，考察新传记史学与人生的关系。毋庸置疑，当下的人们正处于历史的一个重要关头（可谓"世界百年未有之大变局"），尤为需要来自历史学的智慧。因而，西方新传记史学是否能够真正彰显人性，启发人们的智慧，并进而改变人们的命运，自然就成为我的终极关怀。

  本研究共五章。第一章是总论，阐释何谓"传记转向"，主要探讨历史学和人文社会科学领域的诸多争议与创新是怎样推动西方新传记史学兴起的，分析西方新传记史学所拥有的主要特征。其余四章是分论，根据传主身份和传记类别，分别考察了具有代表性或典型性的个体传记、群体传记及自传文本。具体而言，第二章主要考察的是标志着新传记史学兴起的"无名氏"个体传记文本，主要以五位西方新传记史学家对个体生命史的书写为中心，探讨他们为何和怎样让那些在历史书写史上长期被遮蔽的个体重新回归他们在历史中的位置的，试图在展现西方历史学在新的时代背景下的自我更新之景观的同时，阐释新传记史学基于人性关怀的个体生命经验史观。第三章主要通过阐释颇具代表性的新的历史名人传记文本所彰显的史学观念，以及对传统英雄（伟人）史学观的反思性批判，考察新的历史名人传记研究文本所呈现的理论视野和方法论思想，以进一步探析西方史学思想的嬗变，以及历史研究范式的变迁。第四章以考察西方若干历史学家的双重反思性活动为中心，一方面考察身为历史学家的自我史书写者主体是如何通过自我反思来实现对 20 世纪进行理解和解释的，即探讨当代史的书写问题；另一方面则通过审视他们为捍卫历史学的尊严而做出的种种努力,探析其从认识论向价值论的转变对于塑造新时代精神起到了什么样的作用,即探讨价值论与文化生产力的关系问题。第五章主要以身份认同理论为导向,在考察西方新群体传记书写的若干新趋向的同时,探讨身份认同理论何以可能的问题。

最后,我想说的是,在开展本项研究的过程中,我真真切切地体验到了生命宽度得到拓展时的那种充实感。

第一章
"传记转向"

> 认识你自己,切莫妄论上帝,人类正当的研究对象就是人自己。①
>
> ——亚历山大·蒲柏(Alexander Pope,1688—1744)

> 作为能够折射出历史的三棱镜,传记引人入胜,让读者去关心更大的主题。人们都对彼此、对他人的命运感兴趣。②
>
> ——芭芭拉·W. 塔奇曼(Babara W. Tuchman,1912—1989)

众所周知,"二战"之后的西方历史学领域相继出现了"语言学转向""文化转向""空间转向""情感转向",以及被视作对语言学转向做出回应的"物质转向"和"动物转向"。20世纪90年代,西方人文和社会科学研究领域又出现了"传记转向"(biographical turn)③,它指涉的是一种崭新的学术研究范式——新的人物传记研究,而非传统人物传记之复兴。

---

① "Know then thyself, presume not God to scan; the proper study of mankind is man", *An Essay on Man*, 1734.
② [美]芭芭拉·W. 塔奇曼:《历史的技艺:塔奇曼论历史》,张孝铎译,中信出版社,2016年,第68页。
③ Barbara Caine, *Biography and History: Theory and History*, Palgrave Macmillan, 2010, p. 1.

西方自历史学之父希罗多德开创历史编纂学以来,历史是由个人和集体的种种往事构成的观念便根植于人们的内心深处,而历史学家的任务便是发掘并叙述它们。希罗多德明确表示"为保存人类的功业"而书写历史,其后学修昔底德则借古希腊政治家伯里克利之口表达了"人即城邦"的核心价值理念:"我们所应当悲伤的不是房屋和土地的丧失,而是人民生命的丧失,因为房屋和土地不会使人有所增加,而人能使它们有所增加。"[1]然而,也正是自古典时代以来,历史与传记之间的关系逐渐成为一个需要加以解决的重要问题。根据美国著名思想史家唐纳德·R.凯利(Donald R. Kelley)对西方历史编纂学的考察,希罗多德的历史书写策略开启的是"历史讲述故事,无论其有无意义"的范式,而修昔底德的历史书写策略开启的则是"历史提出问题,无论其是否可以回答"的范式。"在这一双重史学视野下,历史、传记和自传之间的关系成为一个重要问题,后者从古代早期到培根,确切地说到麦考莱时代一直被视为历史编纂的传统形式。传记编纂形式是'名人'、王子和教皇、圣徒和殉道者、哲学家和男(女)文学家生活的多面反映——对西方历史编纂的标准有着巨大的影响。"[2]质言之,人是历史的主体,历史人物是历史研究的主要对象和内容。历史人物传记自古以来就是西方世界历史学研究领域最主要的一部分内容,是最古老的一种历史阐述方式,因其兼具个体性和公共性,故而文本流传广,受众甚多。即便是20世纪绝大多数历史学专业人士嗤之以鼻的中世纪圣徒传记——被视作虚构性的基督教文学,依然让现代读者爱不释手,并且屡屡被搬上荧幕,获得不俗的票房。

从西方史学史的视角观察,发生于14世纪至16世纪的欧洲文

---

[1] [古希腊]修昔底德:《伯罗奔尼撒战争史》,徐松岩等译,广西师范大学出版社,2004年,第76页。
[2] [美]唐纳德·R.凯利:《多面的历史:从希罗多德到赫尔德的历史》,陈恒、宋立宏译,生活·读书·新知三联书店,2003年,第6页。

艺复兴运动，实现了以世俗的人性观取代中世纪信仰至上的神性观的根本转向。彼时，年轻的哲学家皮科·德拉·米兰多拉（Pico della Mirartdola，1463—1494）发表于1486年的那篇著名的长篇讲演稿《论人的尊严》，提出了人的本性在于自由——人的自我发展——的观点，对人的理性和尊严进行了辩护。在这场"广泛持久"的思想文化运动过程中，意大利人文主义作家如被誉为人文主义之父的彼特拉克——同时也是一位历史学家——热衷于采取书写名人列传的方式来激发意大利人的民族自豪感和归属感。作为文艺复兴发祥地的佛罗伦萨，其人文主义思潮在15世纪后期达到了顶峰，不仅无可争辩地成为欧洲世界的艺术中心，而且成为通过书写名人传记表达自我意识、张扬个人主义价值观的重镇。我们从19世纪最伟大的瑞士文化史学家、艺术史家雅各布·布克哈特（Jacob Burckhardt，1818—1897）所书写的《意大利文艺复兴时期的文化》一书获知，正是在15世纪时期的佛罗伦萨，知名书商维斯帕夏诺·达·比斯蒂奇（Vespasiano da Bisticci，1421—1498）采用俗语而非学术和文学的专用语言——拉丁语——书写了《十五世纪名人传》，在阐发以个性为核心内容的人文主义历史观的同时，彰显出个人主义的价值观取向，即，书中的名人们不仅意识到了自己所拥有的才能，并且产生了发展这些才能的渴望和冲动。16世纪初，尼德兰人文主义思想家、神学家埃拉斯默斯·冯·伊拉斯谟（Erasmus von Rotterdam，1466—1536）在《基督教骑士手册》（*Handbook of a Christian Knight*）一书中，在对传统的宗教价值观及习俗大加鞭挞的同时，更是主张现世之人应该以基督耶稣为个人仿效的榜样，主动地寻求人性的解放。在16世纪后期至17世纪，即，在西欧从旧世界向新世界过渡的这一历史时期，以意大利为代表的人文主义史学冲破了基督教神学的牢笼，以个性的解放和个人理性为旨归，以历史进步观取代历史退化论和历史循环论，开拓了近代史学日益世俗化的道路，从而为有别于圣徒传的俗人传记书写奠定了基础。有鉴于此,凯利明确地指出,"传记"(biography)作为一个术语,出现于17世纪,最早由后来闻名于世的英国哲学家弗朗西斯·培根(Francis Bacon,1561—1626)提出。1605年,作为新时代的一位先驱者,培根爵士在他书写的《论学术的进展》(Advancement of Learning)一书中,先从研究对象的角度对作为一门独立学科的历史进行了分类,主张把传记作为历史学学科之下的一个门类来看待,继而从认识论的角度提出历史学家应该关注个别人物和事件,以客观地描述个人的生平为己任,认定传记最终应该以"真实、自然及生动"取胜。"完美的历史或者称公正而完备的历史,根据它们记录或声称记录的对象可以分为三类……第一种我们称作编年史,第二种称作传记,第三种称作纪事。……好的个人传记的职责在于描述个人的生平,传主的作为无论大小,无论公开隐蔽,都应该穿插糅合,叙述得真实、自然、生动。"①

随着17世纪晚期西方社会个人主义——"社会是由自治的、平等的单元即单一的个人组成,归根结底,这样的个人比任何更大的多人组合式团体更重要。个人主义反映在个人私有财产权的概念上、个人的政治与法律自由上、个人应与上帝直接交流的观点上"②——的勃兴,以及对关于人的经验性知识的信仰——而非对基督教的信仰,使许多欧洲人日益坚信人类可以通过知晓自身过往的经验而掌握自己的命运,追求在世的幸福生活。"个人主义导致解放,这是近代最典型的主题。"③在新的历史条件下,关切具体的、独一无二的个人之伟大成就——主要表现为展现历史人物的人格魅力——成为近

---

① [英]弗朗西斯·培根:《论学术的进展》,刘运同译,孙宜学校,上海人民出版社,2007年,第68页。
② [英]艾伦·麦克法兰:《英国个人主义的起源》,管可秾译,商务印书馆,2008年,第11页。
③ [美]雅克·巴尔赞:《从黎明到衰落:西方文化生活五百年,1500年至今》(上),林华译,中信出版社,2018年,第74页。

代西方传记书写的确定性特征之一。至17世纪晚期,英国博物学家约翰·奥布里(John Aubrey,1626—1697)在搜集了他那个时代四百多名社会名流的大量各类手稿、私人物品、肖像画像,以及登门拜访知情者的前提条件下,雄心勃勃地为众多"非凡人士"立传——包含我们今天耳熟能详的培根和牛顿在内,并以《名人小传》(*Brief Lives*)题名之,为后世留下了一笔宝贵的历史财富。近年,当代英国科学史研究专家莎拉·德里(Sarah Dry)在追索牛顿那些数量庞大的手稿近三百年的漂流历程的过程中,由衷地赞叹奥布里拥有令人瞩目的理性主义思维方式,他不仅自觉地为后世保存了那个时代的伟大人物的手稿,而且还致力于叙述这些伟大人物的人生故事,并将他们尊奉为"万神殿的新神",由此阐释一种伟人传记的文明价值观,彰显人类文明历史前行的正确方向。"奥布里是最早一批具有手稿保存意识的人之一,在他看来,搜集和保存名人手稿,兼有道德和哲学上的必要性。……他认为,这些实物不仅彰显了伟人生前的巨大成就,也为后人学习历史提供了鲜活的素材。……终其一生,奥布里始终对那些既有价值又稍纵即逝的事物格外敏感,他明白,若不妥善记录,哪怕最伟大的人类成就,又终将被人遗忘……"不言而喻,奥布里是彼时拥有深邃的历史意识和高度的历史自觉的少数人之一。正是历史意识和历史自觉使得奥布里敏锐地觉察到,理性批判意识已在他所处时代显现,普遍的怀疑精神和经验方法使得17世纪中后期成为"人类知识急剧增长的时代",人们的价值观正在悄然发生着变化,"和那些残暴的战争领袖相比,牛顿更有资格成为人生的榜样",牛顿理应成为这个时代的"新神","凭借着那些震惊世界的新发现,他足以在供奉伟人的万神殿中享有一席之地"①。很快,随着科学革

---

① [英]莎拉·德里:《牛顿手稿漂流史》,王哲然译,湖南科学技术出版社,2022年,第15、19页。

命的胜利,西方知识界深受奥布里所阐释的伟人传记观的影响,出现了争相为牛顿立传的壮观景象。18世纪是欧洲的理性时代、启蒙时代。行走在这个时代前列的一批欧洲启蒙思想家如伏尔泰、孟德斯鸠等人,高扬科学和理性的旗帜,力主要把人性从神权和王权的桎梏中解放出来,故此,他们积极致力于揭露和批判宗教蒙昧主义、迷信、狂热,以此反抗封建专制主义的特权及其黑暗统治。在苏格兰和法国启蒙思想家的不懈努力下,欧洲资产阶级日益主张追求人(个人)的自由,因而强调把对人的探索置于核心地位,倡导把人的自我觉醒、自我认识、自我控制奉为追求美好生活理想的核心内容。

18世纪30年代,英国新古典主义诗人亚历山大·蒲柏在他的长篇哲理诗《人论》(*An Essay on Man*,1734)中采用德尔斐神谕的句式,表达出其人本主义信念:"认识你自己,切莫妄论上帝,人类正当的研究对象就是人自己。"在启蒙运动理性意识形态崛起的时代背景下,人物传记书写顺理成章地成为探索人的本质的一种重要形式。作为18世纪中期兴起的苏格兰启蒙运动的主要代表人物之一,大卫·休谟(David Hume,1711—1776)阐发的传记史学观格外令人瞩目。广大读者可以通过美国杰出的传记家欧内斯特·C. 莫斯纳(Ernest C. Mossner)书写的《大卫·休谟传》(*The Life of David Hume*)一书,以及休谟本人所书写的《我自己的生活》——(*My Own Life*)①,了解到在"文人"(man of letter)这一反映彼时社会阶层的总体性身份之下,休谟拥有三重学术身份——哲学家、历史学家及经济学家。休谟认为历史作品远比小说富有教育意义,也更富有娱乐性,它们能够"愉悦想象力,增进智力,有助于加强美德"。在休谟的心目中,能够轻轻松松就激起读者同情心的历史作品,必定非人物传记莫

---

① 或译作《我的自传》。

属。理由在于,人的天性优先于理性,人们的行为更多是受制于天性、激情、习惯而非理性的计算。"理性是,并且也应该是情感的奴隶,除了服务和服从情感之外,再不能有任何其他的职务。"① 为了启蒙中产阶级女性群体的自我意识的觉醒,休谟特别强调女性有必要通过学习历史来认识人类事务。因而,他希冀历史学家在书写历史作品时,应该优先考虑读者——尤其是女性读者——的心理需求,把历史人物的个体人生故事融入其中,通过故事情节来释放情感张力,从而打动读者——特别是"天生感性"的女性读者。休谟所阐发的这一传记史观,实际上是那个时代的一种崭新的历史观念,即一种审慎的资产阶级自由主义历史观,倡导每个人均与生俱来地享有自由、平等的权利,这当然主要源于他本人对自身所处时代社会变化的敏锐洞察。在18世纪崇尚理性和提倡人性解放的时代背景下,随着印刷业的快速发展,被认为能够有效地"激发同情心"的小说及感伤主义诗歌的出现,以及新的读者群体——中产阶级——的崛起,尤其是中产阶级女性读者群体的日益扩大,传记作品逐渐走进了这个阶层的书房、闺房,收获了比资产阶级更庞大的读者群。在休谟等启蒙思想家的自觉推动下,兼具历史和文学性质的名人传记作品牢牢占有了图书销售市场的主要份额。这个时期的名人传记作品,在内容和思想主旨方面基本上都实现了培根和休谟对历史传记书写应当承载的国民美德培育之强烈期望。例如,1770年出版的法国杰出的启蒙思想家让-雅克·卢梭(Jean-Jacques Rousseau,1712—1778)书写的自传作品《忏悔录》,就以其真实性、自我剖析的勇气及明晰、优美的文笔,在当时及其后世均收获了无数粉丝。

在历史学逐步走向专业化的19世纪,以政治、军事、外交精英为主要书写对象的历史人物传记,不仅深受大众欢迎,而且还被认为具

---

① [英]大卫·休谟:《人性论》(下册),关文运译,商务印书馆,1996年,第453页。

有与政治史同等重要的学术价值和社会效用价值,是培育现代公民德性、实现民族国家认同的一种重要方式,因而又被称为政治-传记史范式。根据美国历史学家斯科特·E.卡斯帕(Scott E. Casper)的考察,19世纪的美国知识界曾经出现过"传记狂热"(Biographical Mania)现象,彼时,"传记家、批评家和读者都相信传记拥有一种塑造个人生活及性格的能力,并且有助于定义美国的民族性格"[①]。此时的读者在历史传记作品中体悟到了人的创造力与自由之间的关系。俄罗斯著名宗教哲学家尼古拉·别尔嘉耶夫就曾十分深刻地指出,文艺复兴之所以被认为是人类进入近代史的一个重要标志,其根本原因就在于人的创造力得到了释放。"近代经验无非是自由地发挥人的力量的经验。历史上出现新型欧洲人的人文主义,这对于人的创造性自由真正得到体验来说是必然的……在近代初期,人的创造力得释放,其影响一直持续到19世纪。整个近代是历史上的文艺复兴时期。这一历史时期以如下特征为标志:释放人的创造力,在精神上由集中转为分散,脱离精神中心,区分社会生活和文化生活的各个领域,而人类文化的一切领域都是自主的。……社会生活和文化生活的一切领域不再受到束缚,都已变得自由。这是整个近代史的一个显著特点。"[②]概而言之,在现代民族主义兴盛的19世纪,历史人物传记作品在西方世界颇受青睐。

然而,就是在美国历史学家鲁滨逊举起"新史学"大旗反对传统史学,以及法国年鉴学派倡导问题史学范式的20世纪上半叶,传记史学家却只能在这股新史学浪潮涌动的过程中"望潮兴叹",传记书写"被定义为二流学术"[③],似乎已沦落为历史业余爱好者的"职业"。

---

① Scott E. Casper, *Constructing American Lives: Biography & Culture in Nineteenth-Century America*, The University of North Carolina Press, 1999, p. 2.
② [俄]别尔嘉耶夫:《历史的意义》,张雅平译,学林出版社,2001年,第104页。
③ Lois W. Banner, "Biography as History," *The American Historical Review*, Vol. 114, No. 3, Jun. 2009, p. 579.

20世纪20年代发生在魏玛德国的那场"历史传记之争"便集中反映了传记书写的这种尴尬处境。"历史传记"(Historische Biographie)究竟是历史研究的"新学派"(或"新史学")还是被排斥在专业史学之外的"历史通俗文学"(Historische Beletristik)是那场"历史传记之争"的焦点。彼时,以罗斯托克大学教授威廉·舒斯勒(Wilhelm Schüßler)为首的一批专业历史学家批评当时畅销且高产的历史传记作家埃米尔·路德维希(Emil Ludwig,1881—1948)书写的作品"带着笨拙的政治倾向",属于"业余爱好与毫无功底的无考证特性的五彩斑斓之混合物",指责他以"不公正的、缺乏理解的、充满仇恨的态度对待俾斯麦建立的帝国"。在这些专业历史学家的眼里,传记作品简直就是"带有倾向性的小说",不过是"历史通俗文学"而已。路德维希当然不甘示弱,他立即发表"雄文"——《史学与诗学》——予以反击,坚持历史传记的学术合法性。"他认为自己的历史传记并没有摧毁史学本身,反而凸显了历史研究的真正特质,即把史学追求的'理性'与诗学追求的'情感'融为一体,增强了写作术在历史书写中的重要性。"[①]最后,这场争论以坚持实践人文主义—修辞式的历史书写传统的路德维希败北而告终。在30年代期间,当精神分析学家弗洛伊德得知与他通信往来已有十来年的德国小说家阿诺德·茨威格(Arnold Zweig,1887—1968)打算为他作传时,立即在回信中几近尖刻地警告对方:"变成传记作者的人,就等于让自己不得不满口谎言、文过饰非、伪善、巧饰,甚至不懂装懂,因为,传记的真相根本无法取得,即使我们能够取得真相,也无法运用。"[②]

第二次世界大战结束后,在法国年鉴学派执世界史学之牛耳的"辉煌三十年"间,人物传记书写的处境愈加糟糕,"被一种致力

---

① 孟钟捷:《魏玛德国"历史传记之争"及其史学启示》,《历史研究》2017年第3期。
② 转引自[美]彼得·盖伊:《弗洛伊德传》,龚卓军等译,商务印书馆,2015年,"前言",第1—2页。

于普遍性的科学的历史学驱逐出境"①。尽管 20 世纪最重要的古典历史学研究专家、意大利学者阿纳尔多·莫米利亚诺(Arnaldo Momigliano,1908—1987)在 1971 年特地发表了一部研究古希腊传记的编纂学著作——《希腊传记的嬗变》(*The Development of Greek Biography*),旨在强调人物传记(包括自传)作为一种古老的叙述类型,是历史学不可或缺的一种研究方式。然而,直到叙事主义史学理论与微观史学实践互动活跃的 70 年代中后期,人物传记才开始逐渐受到欧美历史学家的重视,其后在新文化史学蓬勃发展的 90 年代,重新回到了历史学大家庭的怀抱。在美国十分受欢迎的历史学家芭芭拉·W. 塔奇曼(Babara W. Tuchman,1912—1989)在 80 年代提及自身的历史书写经验时反思道:"我经常在写书时刻画一些人物,不仅是因为我想写这个人,更因为它往往呈现了一个时代的特征……我相信这是一种极其有效的写作方法,但最重要的理由是它能够成为最显著的范例。"塔奇曼进一步指出,人物传记研究之价值不仅仅在于验证历史学关心的个案特性,而且还在于能够发现历史共性。"作为能够折射出历史的三棱镜,传记引人入胜,让读者去关心更大的主题。人们都对彼此、对他人的命运感兴趣。"②20 世纪 90 年代以降,随着传记理论在西方文学领域日益受到重视,历史传记书写进入了一个属于自己的崭新时代,许多杰出的历史学家纷纷加入了书写自传的行列。在若干主要学术刊物——《妇女史》(*Journal of Women's History*)、《性别与历史》(*Gender & History*)、《传记》(*Biography: An Interdisciplinary Quarterly*)、《历史传记》(*Journal of Historical Biography*)、《美国历史评论》(*American Historical Review*)、《史学反思:理论与实践》(*Rethinking History:*

---

① [法]安托万·普罗斯特:《历史学十二讲》,王春华译,北京大学出版社,2012 年,第 73 页。
② [美]芭芭拉·W. 塔奇曼:《历史的技艺:塔奇曼论历史》,张孝铎译,第 66、68 页。

the Journal of Theory and Pratice)、《法国历史研究》(French Historical Studies)及《加拿大历史评论》(Canadian Historical Review)等——和有关出版社的积极推动下,职业历史学家书写新传记的热潮不断高涨,随即涌现出一大批优秀的历史传记文本。

2000年9月7日至9日,美国内布拉斯加大学历史系举办了首届"传记与历史分析"("Biography and Historical Analysis")专题讨论会,邀请了六位杰出的美国历史学家分享他们书写历史传记的个人经验与心得。事实上,除了文学家和历史学家之外,其他学科的从业者及自由职业者也投身于传记书写的热潮之中。特别是2011年10月24日《史蒂夫·乔布斯传》(Steve Jobs: A Biography)在全球发售,被认为是全球出版界的一件大事。故此,2011—2012年被称为西方出版业的"传记时代"(biography age)。如今,人物传记作为一种新型的历史书写形式,已经得到国际史学界的普遍认可,成为历史学的一个重要分支学科,汇入新史学的洪流,与其他新史学分支一道共同捍卫历史学的学科自主性。欧美国家一些大学还专门创立了传记研究中心,比如美国的夏威夷大学马诺阿分校和纽约市立大学、英国的爱丁堡大学、荷兰的格罗宁根大学等。更为重要的一个事实是:在信息大爆炸的今天,公众对历史产生了前所未有的兴趣。"今天,历史真正是属于大众的:确实,虽然历史课程在学校里有所萎缩,但社会大众对历史的兴趣却前所未有的高涨(搞不好这种高涨正是历史课程的萎缩所致)。"①

此处需要声明的是,本书关注的"传记转向"指向的是西方新传记史学家自20世纪90年代以来以历史上的"人"——个人和群体——为研究对象和主题的书写。它既非传记作家、文学家或新闻

---

① [英]大卫·康纳丁:《今日,何谓历史》,梁永安译,立绪文化事业有限公司,2009年,第315页。

记者书写的人物传记,亦非传记作家、历史学家或科学技术史学家以人之外的物为研究对象和主题的传记书写,即"为物的生命立传"。譬如,前者有美国著名传记作家、新闻从业者沃尔特·艾萨克森(Walter Isaacson)书写的《史蒂夫·乔布斯传》,旨在以公正、客观的立场呈现一个真实的乔布斯,阐述被誉为"苹果教父"的科技传奇人物乔布斯施与整个世界的影响。后者有印裔美国人类学家阿尔君·阿帕杜莱(Arjun Appadurai)主编的论文集《物的社会生命:文化视野中的商品》(*The Social life of Things: Commodities in Cultural Perspectives*),特别是该论文集中由美国宾夕法尼亚大学艺术与科学学院教授伊戈尔·科普托夫(Igor Kopytoff)书写的《物的文化传记:商品化过程》(*The Cultural Biography of Things: Commoditization as Process*)一文,清晰地显示了西方学界"物转向"的研究趋势,以及英国著名传记作家、小说家、历史学家彼得·阿克罗伊德(Peter Ackroyd)书写的《伦敦传》(*London: A Biography*)和英国著名历史学家、法国史专家科林·琼斯(Colin Jones)书写的《巴黎传》(*Paris, Biography of a City*),均以人物传记的写作手法追寻商品和城市的生命轨迹,探析它们对人类世界的影响,旨在打破西方学界长期以来的"人与物"或曰"词与物"的二元对立认知模式,破除人类中心主义和本质主义的偏见,从而革新或深化人们对人类文明史及当下世界的理解。

一、"传记转向"何以发生

新传记史学在 20 世纪 90 年代的兴起,从历史学科自身的发展来说,它既是部分西方历史学家批评和反省 20 世纪的历史书写和历史学职业化的产物,是对宏大叙事和结构主义史学的一种反动,也是后现代叙事主义理论与微观史学、新文化史学研究实践不断对话的一个结果。20世纪上半叶,在社会科学的强烈影响下,各种社会理论在历史研究中日益占据重要地位,历史学家的关注点随之从人、从个体转向了结构。众所周知,第二次世界大战结束之后,在结构主义理论和法国年鉴学派的统领下,西方世界的历史研究以对人的去中心化为基调,过度强调结构和制度在历史演变过程中的决定性作用,以长时段理论和结构决定论代替规律,运用社会科学的研究方法,力图把历史研究社会科学化,从而导致历史书写"迈向不见人影之历史"成为一种学术风尚。由于广大普通读者难以从这些充满各种分析性术语的历史著作中嗅到人(情)味,感受不到可理解的、与自身及现实生活有更多联系的人类过往,体察不到历史人物的主体性——自由意志和自由心性——之存在,无法从历史中获得直面现实生活的勇气和新生的力量,因此不得不对其抱持一种敬而远之的态度。换言之,历史作品有意无意地弄丢了学院之外的广大读者。"二战"后,随着历史学社会科学化的趋势愈演愈烈,囿于学院的历史学与广大普通读者之间的隔阂也日益加深。事实上,即便是历史学自身的从业者,也有不少人公开表示阅读充满统计图表、结构、地理学名词等专业术语的大部头历史著作是一件令人生畏的事,并进一步指出这种非人格化的、简化主义的、高冷的历史著述,在学术评价机制的规训下,从根本上说是一种拒绝历史知识大众化的表现,已经远离了历史学作为一门学科安身立命的学术宗旨,正在将历史学置于危险境地。

60年代的"历史学家自己'对这门学科的怀疑和不满'比以往任何时代都更加广泛了"[①]。事实上,西方史学家对启蒙历史取向的叙事产生的这种不安、不满情绪一直延续至今。譬如,英国著名文化史

---

① [英]杰弗里·巴勒克拉夫:《当代史学主要趋势》,杨豫译,北京大学出版社,2006年,第12页。

学家彼得·伯克(Peter Burke)在 90 年代曾经有过揭示:"我们正生活在一个对所谓西方文化发展的'宏大叙事'普遍感到不安的时代——即便不是普遍拒斥,它叙述古希腊、古罗马、文艺复兴、地理大发现、科学革命及启蒙运动等,这是一种可以用来合法宣称西方精英阶层具有优越性的叙述。"①1973 年,美国历史哲学家海登·怀特(Hayden White,1928—2018)书写的名作《元史学:19 世纪欧洲的历史想象》(*Metahistory: The Historical Imagination in Nineteenth-Century Europe*)出版。怀特在书中对历史著作普遍存在着的诗学本质——"本质上尤其是语言学的"②——的探讨,标志着历史学的叙事特质进入了历史哲学理论和史学理论的反思前沿。在后现代运动日益走向高潮的学术背景下,在怀特提出并阐释的叙事主导性模式理论的启迪下,越来越多实践着的西方历史学家开始认识到,有必要把对经验料材的分析与理论问题的探讨结合起来,并坚信历史学的魅力恰恰在于它的人文主义特性,而非社会科学式的技术特性。③ 在反抗"宏大叙事"和以分析、封闭为根本特征的结构主义史学的语境下,西方历史学界开始转向讨论事件和人物传记回归的可能性,由此在书写层面上出现了一股"叙事史学的复兴"潮流。这股潮流的主要引领者是法国年鉴学派的第三代历史学家埃马纽埃尔·勒华拉杜里(Emmanuel Le Roy Ladurie)、享誉国际学术界的意大利历史学家卡洛·金兹堡(Carlo Ginzbur)及英国著名社会史学家劳伦斯·斯通(Lawrence Stone,1919—1999)。1975 年,勒华拉杜里的大作《蒙塔尤:1297—1324 年奥克西坦尼的一个山村》(简称"《蒙塔尤》")出版。

---

① Peter Burke, *Varieties of Cultural History*, Cambridge: Polity Press, 1997, pp. 190-191.
② [美]海登·怀特:《元史学:十九世纪欧洲的历史想象》,陈新译,译林出版社,2009 年,第 35 页。
③ Stephen B. Oates, *Biography as High Adventure: Life Writers Speak on Their Art*, University of Massachusetts Press, 1986, p. 54.

该著以传统的历史叙事手法生动地再现了14世纪初法国一个小山村在经济、社会、宗教方面的日常生活，以及牧民们丰富的心灵世界。1976年，金兹堡花了十四年时间完成的《奶酪与蛆虫：一个16世纪磨坊主的宇宙》（简称"《奶酪与蛆虫》"）出版。该书由于生动有趣，可读性很强，因而很快就被翻译成二十多种语言在许多国家出版。金兹堡采用大量丰富的细节和类似于小说的精巧构思，生动地叙述了一个生活于16世纪意大利东北弗留利地区的能读会写、勇于思考的磨坊主的生命故事，吸引着读者屏住呼吸聆听主人公梅诺基奥发出的声音——那些"从脑袋里琢磨出"的想法，即作为个体的梅诺基奥的独立思考。显而易见，《蒙塔尤》和《奶酪与蛆虫》与"二战"后那个时代充满分析性、技术性语汇的长时段-结构史学著作，以及以图表、数据和模型为中心的计量史学著述形成了鲜明的对比，不仅赢得了难以计数的普通读者的青睐，而且推动了叙事史学的强劲复兴。由于这两部历史著作书写的主人公属于各自那个时代的普通人和边缘人，探讨的主题是人的自由意志和历史决定论，再现的图景是与宏大的民族国家单元叙事形成鲜明对立的微观的日常生活，因此被学界公认为是微观史学的开山之作、经典之作。事实上，今天我们回过头去审察微观史学，诗学性和文学性的历史写作显然是其鲜明的特色。当然，从根本上说，从现代宏大叙事到微观见著的史学范式的转移，意味着反映时代需求的史学观念的革新。也就是说，《蒙塔尤》和《奶酪与蛆虫》主动应和了战后不久兴起的民权运动对人民历史观的肯定和伸张，彰显的是"由下而上"的治史理念。从人文学术的角度观之，则集中体现于70年代中后期人文学科对"主体回归"（subject regress）和庶民研究（subaltern study）的呼求及其实践。

值得注意的是，正是在20世纪70年代中期，西方世界兴起了一场由认知语言学家引领的关于人类如何理解自身的革命，即"具身革命"(Embodiment Revolution)。这场认知革命促使历史学家从历史时段理论中抽离出来,转而关注历史上某时某地的某人,即关注具体的个体和群体在特定的历史情境中是怎样经验/体验生活世界的,其背后的社会、文化权力机制是如何发挥效力,并在发挥效力的过程中显现其限度的。1982年,由加拿大新文化史家娜塔莉·泽蒙·戴维斯(Natalie Zemon Davis)书写的、被列为微观史学三大经典之作的《马丁·盖尔归来》(Le Rretour de Martin Guerre/The Return of Martin Guerre)一书的出版,事实上体现的正是这场认知革命与历史学的有效对话。《马丁·盖尔归来》专注于按照时间顺序讲述一个西方世界早已熟知的传奇故事。然而,读者不难发现,戴维斯讲述这个传奇故事时运用的并非是传统史学所惯用的肯定性叙事,而是非全称判断叙事。原因在于,讲述关于社会底层人物的故事,往往面临缺乏直接有效的史料之困境。鉴于此,戴维斯独辟蹊径,从探讨史料的形成入手,并在探讨的过程中加入了自己的推测和想象(或发明),从而有力地质疑和挑战传统史料观所坚持的史料之透明性与确定性。戴维斯对史料的这种新认识,实质上体现的是一种后现代主义的相对主义史观,即不同的认识主体对同一史料的理解是各不相同的,因而历史叙述具有相异性。另外,值得注意的是,戴维斯声明这部历史著作是献给劳伦斯·斯通的,这在很大程度上表明了她对叙事复兴的认可和接受,以及她对历史学之特性——通过讲述某个具体事例来论证某个特定问题——的根本看法,即个案研究对于全局的历史而言是具有普遍意义的。仅仅五年之后,戴维斯书写的又一部力作——《档案中的虚构:16世纪法国的赦罪故事及故事的讲述者》(Fiction in the Archives: Pardon Tales and Their Telles in Sixteenth-century France)——面世。在这部颠覆传统史料观的学术著作中,戴维斯以追问特定人物如何叙述故事——"叙述的技巧"——为线索,通过展现过去被历史学家排除在史料范畴之外的赦罪故事文本的历史证据价值,揭示了隐藏于其背后的真实的文化场景,从而赢得了学术共同体的高度赞赏。

戴维斯书写的这两部史学著作之所以在学界获得高度认可,依笔者管见,它们还在方法论的视域中证明了历史叙事的两个重要功能,其一是历史叙事必须通过逻辑推理来认定历史事实;其二是历史叙事能够与广大读者在事实建构即历史论据这一维度上进行有效的对话,从而共同发展一种批判性的历史思维。意大利微观史学家乔瓦尼·列维(Giovanni Levi)就曾指出,叙事的特殊功能有两个特点:"第一个特点是,通过对确凿事实的描述,试图证明社会某些方面的真实功能,这些功能会被其本身所使用的一般化和定量形式化所扭曲,因为这些操作将以功能主义的方式强调规范体系和社会变革的机械过程的作用。换言之,展示了规范体系与为个人创造的行动自由之间的关系,这些行动自由是通过那些始终存在的空间以及作为任何标准和规范体系一部分的内部矛盾所获得的。第二个特点是将研究过程本身、文献的局限性、说服技巧和解释性结构纳入叙事主体。这种方法显然打破了历史学家传统上所采用的自信的、威权的话语形式,他们把现实作为客观存在加以记述。……对研究过程进行了清晰的描述,文献证据的局限性、假设的提出以及所遵循的思路不再被掩盖起来,而为外行所了解。读者参与了某种对话,参与了建构历史论据的全过程。"①

众所周知,正是在20世纪60、70年代新的新史学兴起的这一时期,历史学遭到以"叙事的转向"或"语言学的转向"为主要标志的后现代主义思潮的"侵袭"和严重挑战,迫使不少职业历史学家不得不奋起捍卫历史学的合法地位和正当性。与此同时,一个新的历史研

---

① [英]彼得·伯克主编:《历史写作的新视野》,薛向君译,北京大学出版社,2023年,第118页。

究领域正处于兴起阶段,即新文化史的兴起。1982 年出版的《马丁·盖尔归来》就被称为新文化史的"最佳典范"。在这一时期,法国著名哲学家、解释学家保罗·利科(Paul Ricoeur,1913—2005)激烈批判对历史进行目的论解释的书写范式,力主历史学家必须研究人性,认为人性的不可控,是绝对考验的概念。利科从阐释主体性议题入手,梳理了主体性的概念及其主体形成的过程,强调"历史学最终想解释和理解的,就是人",历史学家应该书写的就是生命本身。① 保罗·利科的主体性研究及其相关论断激发了一些历史学家重塑历史学人文精神的欲望,比如说年鉴学派内部的另外一位史家弗朗索瓦·多斯(François Dosse)就是一个显例。在利科倡导的主体性哲学研究的启发下,法国大名鼎鼎的历史学术编辑、当代史教授米歇尔·维诺克(Michel Winock)于 1978 年在创办《历史》杂志之后,很快就对年鉴学派的第三代史家菲利普·阿里埃斯(Philippe Aries,1914—1984)进行了以反思个人学术生涯为主题的自传访谈,敦促更多史家关注主体性问题和当代史。1980 年和 1982 年,阿里埃斯和勒华拉杜里书写的自传专著分别出版。1980 年,在法国学术出版界比肩于维诺克的另外一位知名学术编辑,即近年来国内学界十分熟悉的学者皮埃尔·诺拉(Pierre Nora),与哲学家马塞尔·戈谢(Marcel Gauchet)一起创办了跨学科杂志《争鸣》(*Le Débat*)。1983 年,《争鸣》以"历史学:昨日、他处与明日"为主题刊发了四篇论文,其中一篇便是年鉴学派的第三代核心人物乔治·杜比(Georges Duby,1919—1996)书写的《论自传》(*De L'autobiographie*)。

  从西方史学史的视角来看,这些历史学家的积极尝试在学术界和出版上获取的成功,得益于"二战"后西方新史学的整体繁荣。尤

---

① [法]克里斯蒂昂·德拉克鲁瓦等:《19—20 世纪法国史学思潮》,顾杭、吕一民、高毅译,商务印书馆,2016 年,第 318 页。

其是自 70 年代以来，在美国人类学家克利福德·吉尔茨（Clifford Geertz，1926—2006）阐发的文化阐释理论——其论文集《文化的解释》(*The Interpretation of Cultural*)出版于 1973 年——的影响下，新社会史和新文化史分别在英国和美国形成了声势浩大的学派，妇女史和性别史在美国兴起，身体史、家庭史和儿童史在法国兴起，日常生活史和微观史在德国和意大利出现，它们汇流而成斯通所观察到的"叙事史学的复兴"之潮流，从而使二十多年前"不要研究环境，而要研究环境中的人"的治史理念得以实践。[①] 广大普通读者欣喜地在上述具有叙事特征和故事功能的微观史学和新文化史学著作中遇见了缺席已久的历史主体——人，尤其是作为个体的人，惊觉作为人类社会主体的人又回到了历史研究的中心，重新认识到人（哪怕是普普通通的小人物和不受待见的社会边缘人物）的自由意志一直都在人类社会历史的演变过程中发挥着或大或小的作用。从微观史学的书写实践来看，曾经遭到以年鉴学派为代表的新史学鄙视的事件（史）在方法论层面上得到了新的认识，发挥着一种研究路径或研究视角的作用，叙事的解释功能和方法论意义有所体现。总而言之，叙事主义理论与微观史、新文化史研究实践的活跃互动，使历史学呈现出崭新的面貌，结构史正在向着叙述史转变。

此外，以民族国家为中心的宏大叙事的崩溃，进一步推动历史学家们反对并抵制研究抽象的"概念人"，从而开始将研究的重心转移到作为个体和某个特定的群体而存在的鲜活而具体的人身上，日益着力于发掘历史上的普通人和边缘人作为新的主体，致力于让他们发出自己的声音，拥有自己的历史。进入 80 年代，在后现代主义思想运动、人类学及文学理论的进一步影响下，有一批西方历史学家们

---

① H. R. Trevor-Roper, *History, Professional and Lay*, Oxford, 1975, p. 21. 转引自劳伦斯·斯通：《历史叙述的复兴：对一种新的老历史的反省》，古伟瀛译，《历史：理论与批评》2001 年第 2 期。

越来越自觉地转向关注社会底层人在历史上的日常生活,强调活生生的具体的人——尤其是作为普通人和边缘人的个体——是历史的主体,而非客体,认为他/她们在日常生活中的所思所为不仅以一种"润物细无声"的方式影响着历史的发展,而且从一种微观的视角揭示着宏观的历史及其真相。因而,他们极力主张从人类学家那里获得方法论取向意义上的启示。特别令人瞩目的是,这些历史学家从美国著名文化人类学家克利福德·吉尔茨那里借鉴"地方性知识"(local knowledge)理论和"深描"(thick description)观,以及田野调查的个案研究方法。这里有必要解释一下"地方性知识"理论及"深描"理论的核心思想。"所谓的'地方性知识',不是指任何特定的、具有地方特征的知识,而是一种新型的知识观念。而且'地方性'(local)或者说'局部性'也不仅仅是在特定的地域意义上说的,它还涉及在知识的生成与辩护中所形成的特定的情境(context),包括由特定的历史条件所形成的文化与亚文化群体的价值观,由特定的利益关系所决定的立场和视域等。'地方性知识'的意思是,正是由于知识总是在特定的情境中生成并得到辩护的,因此我们对知识的考察与其关注普遍的准则,不如着眼于如何形成知识的具体的情境条件。"[①]吉尔茨把实证中的"深描"视为文化人类学的根本指标,所谓的"深描",指的是从某些简单的动作、话语或事件入手,探寻它们所隐含的无限社会内容以及多层意蕴,旨在展现文化符号意义结构那复杂的社会基础及其含义。就彼时日益受到人文科学研究者青睐的文化这一概念而言,彼得·伯克观察到:"长期以来,历史学与人类学就有紧密的接触……在它们长期的接触中所发生的最重要的变化是从多元的视角以及在越来越广泛的意义上使用'文化'这一概念。"[②]年

---

① 盛晓明:《地方性知识的构造》,《哲学研究》2000年第12期。
② [英]彼得·伯克:《什么是文化史》,蔡玉辉译,杨豫校,北京大学出版社,2009年,第34页。

鉴学派的第四代著名历史学家罗杰·夏蒂埃(Roger Chartier)亦敏锐地观察到,此时的西方历史研究已经"从文化的社会史转变为有关社会的文化史",即新文化史已在美国悄然兴起。① 美国著名欧洲文化史专家罗伯特·达恩顿(Robert Darnton)则旗帜鲜明地提出"文化史属于诠释性的科学",因为"个体无不借由同行的语法从事自我表达,我们经由学习而对种种感受进行分类,并且在我们的文化所提供的网络之内通过思考而了解事物的意义。因此,这个模式应该可以让历史学家发现思想的社会方向,并且梳理文献的意义,只要他们深入故纸堆探索其与周遭环境的关联,在文本与其文义格局之间来回穿梭,直到清出一条通道穿越陌生的心灵世界"②。

1989年,美国历史学家林·亨特(Lynn Hunt)在为《新文化史》(The New Cultural History)论文集书写的导论"历史、文化与文本"(History, Culture, and Text)中首次将这种研究范式称为"新文化史",颇为尖锐地指出:"年鉴方式在对'总体史'(totoal history)的追求中失去了所有的具体性",新一代"史学家们越来越意识到他们对叙事技巧和分析形式看似实际而单纯的选择,其实也有着社会和政治含义",他们越来越强调对人的个体生命、权利及尊严的阐释和张扬,"文化史的重点是仔细检视文本、图画和行为,从对检视的结果持开放的态度,而不是去详尽阐述一些新的主流大叙述或者社会理论,以取代马克思主义的物质简约主义(materialist reductionsim)和年鉴学派"③。美国女性史研究开创者、南加利福尼亚大学历史与性别研究教授洛伊斯·巴纳尔(Lois Banner)认为,新的人物传记史学

---

① Chartier, "Le Monde comme représentation", Annales: economics, sociétés, civilizations, 44(1989), pp. 1505-1520. 转引自[英]彼得·伯克:《什么是文化史》,蔡玉辉译,杨豫校,第88页。
② [美]罗伯特·达恩顿:《屠猫狂欢:法国文化史钩沉》,吕健忠译,商务印书馆,2014年,第10页。
③ [美]林·亨特:《新文化史》,姜进译,华东师范大学出版社,2011年,第3、19、20页。

研究与新文化史学之间有着诸多相似的地方,比如,它们都是建立在档案材料之上的实证性研究,它们都反映着当前的政治关切和理论关切,新传记文本不仅强调通过叙述发现自我的多样性,而且强调文化权力对自我的形塑等。① 无论是微观史学还是新文化史学,均十分重视叙事的解释功能和价值观建构意义之于历史学的重要性。"微观史学转向最为有意思的结果之一就是重新开启了有关历史解释的争论。"② 达恩顿则毫不掩饰地表明了自己对待解释的态度:"我强调诠释,因为我了解历史学就像其他的人文科学,本质上都是在进行诠释。历史无非是要理解别人如何理解人类所处的情境。"③ 然而,结构主义史学在本质上是抗拒解释和价值观建构的。在年鉴学派内部,年轻的多斯尖锐地批评年鉴学派的历史书写中对叙事和个人的漠视和回避,他指责长时段理论和结构决定论导致"历史学科面临着分化瓦解的危险"。"《年鉴》杂志的社论还承认传记曾受实证主义和唯科学主义的影响,忽略了历史学的解释层面……这种实证主义忽略了历史学的人文层面和个人的自主性。尽管个人受到种种环境因素的制约,但他有能力通过独特的实践来实现和表现自我。"④ 尽管当时的年鉴学派历史学家们大都似乎摆出一副不理会多斯批评话语、不受其影响的姿态,但暗地里亦不得不承认,多斯还是切中了结构主义史学的要害。此后,多斯一直不遗余力地推动法国历史学家改变先前轻视哲学的态度,认为他的同行们应该积极与哲学家——尤其是对历史学影响巨大的解释学家保罗·利科——展开学术对话,进而达

---

① Lois W. Banner, "Biography as History," *The American Historical Review*, Vol. 114, No. 3, June 2009, p. 580.
② [英]彼得·伯克:《什么是文化史》,蔡玉辉译,杨豫校,北京大学出版社,2009年,第53页。
③ [美]罗伯特·达恩顿:《屠猫狂欢:法国文化史钩沉》,吕健忠译,商务印书馆,2014年,第4页。
④ [法]弗朗索瓦·多斯:《碎片化的历史学:从〈年鉴〉到"新史学"》,马胜利译,北京大学出版社,2008年,"再版序言",第XVI页。

到革新历史学的根本目标。多斯本人则身先士卒,为保罗·利科作传——《保罗·利科:生命的意义》(*Paul Ricoeur: Le sens d'une vie*)。夏蒂埃在谈到社会学、历史学、人类学等社会科学正在设法走出两难境地,即20世纪60年代主导这些学科的那种注重结构、等级和客观立场的研究方式,以及复原个人的行动、策略和表象、人际关系的愿望时,就明确指出历史学家们"又开始转向旨在思考主体作用的研究方式。因此,人物传记和对人物意向的研究出现回潮"的现象。①

对此,法国著名史学史研究专家尼古拉·奥芬斯塔特(Nicolas Offenstadt)总结道:"从20世纪70年代开始,对宏观社会与宏观经济的研究视角之效果的质疑,导致为数众多、服膺各种思潮的史学家强调更多以行动者而非结构为中心的视角('行动者的回归'),考察有限的对象来回答整体性问题。相关的讨论曾经并且仍然很热烈。"②毋庸置疑,从微观视角出发的新传记史书写便是这样一种参与史学论争的方式。故此,新传记史研究的兴起,可视为是对现代宏大叙事力量和对年鉴学派结构-功能研究范式的一种反抗和批判,是在吸纳叙事主义理论之后对微观史学新主体发掘行动以及新文化史再度张扬历史学之具体性的肯定。

新传记史学在20世纪90年代的兴起,与西方人文及社会科学领域正在发生的"历史的转向"(The Historical Turn)有着密切的关联。关于这场"历史的转向",有学者指出,"这一转向至少在三个意义上来说都具有'历史意义'。首先,它代表了一个新时代的转向,与第二次世界大战刚结束社会科学就在一定程度上与'历史学'相对立

---

① [法]皮埃尔·布尔迪厄、罗杰·夏蒂埃:《社会学家与历史学家:布尔迪厄与夏蒂埃对话录》,马胜利译,北京大学出版社,2012年,第63页。
② [法]尼古拉·奥芬斯塔特:《当代西方史学入门》,修毅译,黄艳红校,北京大学出版社,2022年,第92页。

的状况相比。其次,它涉及一个有争议而绝非定义明确的历史转向——比如过去、进程、语境等,但不一定就是学科——作为跨越各种领域的智识研究的组成部分。最后,它正在引发学者们对学科话语及研究者在历史中的建构进行新的探究"①。譬如,有两位美国著名的人类学家在这场"历史的转向"中获得了学术洞见。一位是马歇尔·萨林斯(Marshall Sahlins,1930—2021),这位以研究18世纪英国伟大的航海家詹姆斯·库克(James Cook)而闻名的学者,强调人类学家必须依靠史料,并通过发现隐藏于史料之中的结构去揭示历史真相。"除去谁是叙述者这一问题外,还有另外一个历史编纂学的问题,这是由那些引述的文本提出来的,即叙述内容的历史价值。……一份报告可能在历史方面不准确,或者缺乏事实方面的支持,但在结构上仍然具有相当的展示力。……一个死板的咬文嚼字者,面对文本时,是无法领会这一文化维度的。"②另一位人类学家则是西敏司(Sidney W. Mintz)。这位被誉为"饮食人类学之父"的学者亦极力主张人类学研究必须注重历史学思维的运用,在其书写的那本广受好评的《甜与权力——糖在近代历史上的地位》中,他运用"顺延"和"广延"这两个概念,以探讨蔗糖的产生和传播的过程为核心内容,不仅阐明了资本主义的发展历程和世界市场的形成过程,而且还揭示出在具体的历史场合中究竟是哪些社会群体在控制着整个社会(权力的操控者)。可以说,西敏司这项出色的学术研究,主要源于一种高度的历史自觉意识:"人类创造了社会结构,并赋予其活动以意义;然而这些结构和意义自有它们的历史源流。正是这

---

① Terrence J. McDonald, "Introduction," *The Historic Turn in the Human Sciences*, edited by Terrence J. McDonald, The University of Michigan Press, 1996, p. 1.
② [美]马歇尔·萨林斯:《"土著"如何思考:以库克船长为例》,张宏明译,上海人民出版社,2003年,第47—48页。

历史源流在塑造、制约并最终帮助我们去解释上述人类创造力。"①美国著名传播学者埃弗雷特·罗杰斯(Everett Rogers)则创造性地将理论、历史及人物传记结合起来,书写了传播学领域最受欢迎的名作之一——《传播学史:一种传记式的方法》(*A History of Communication Study: A Biographical Approach*)。

事实上,自60、70年代以来,其他人文学科和社会科学研究者在各自的研究领域内日益意识到特定历史情境的不可或缺性,因而视历史事实为其研究灵感和证据的源泉。根据伦敦政治经济学院国际发展系副教授艾利奥特·D.格林(Elliott D. Green)对从"Google Scholar"上收集的引用数据进行分析,就"二战"后公开出版的人文和社会科学著作的被引用率来看,被引用最多的书籍有二十五本。其中,美国科学哲学家、科学史学家托马斯·库恩(Thomas S. Kuhn,1922—1996)书写的《科学革命的结构》,法国著名哲学家、思想家米歇尔·福柯(Michel Foucault,1926—1984)书写的《规训与惩罚》和《性经验史》,均位居前列。就推动西方人文和社会科学转向历史而言,库恩和福柯的确起到了至关重要的作用。众所周知,1962年出版的《科学革命的结构》一书被认为是科学哲学的历史学派的奠基之作,开篇便论述"历史的作用",强调科学史并非编年史。如今被频繁应用于各个学科的"范式"(paradigm)概念及"范式转移"(paradigm shift)理论,便是由库恩在这本"划时代著作"——《斯坦福哲学百科全书》将《科学革命的结构》一书誉为"有史以来被引用最多的学术类著作之一"——中首次提出并阐释的。库恩认为,在人类历史上,每个时代都有在科学界占主导地位的"范式","范式就是一种公认的模型或模式",它是一种理论框架,既指某个特定的科学家共同体的成

---

① [美]西敏司:《甜与权力——糖在近代历史上的地位》,王超、朱建刚译,商务印书馆,2010年,第14页。

员们有意识地坚持的信念、价值、技术及模型等而构成的整体,又指这个整体中的一个单一的元素,是具体的问题解答。"在学习范式时,科学家同时学到了理论、方法和标准,它们通常是彼此缠结、难分难解的。因此当范式变化时,通常决定问题和解答的正当性的标准,也会发生重大变化。"库恩从历史中领悟到,革命是世界观的改变,科学革命的本质便是"范式转移","接受一个新范式的科学家会以与以前不一样的方式来看这个世界"①。

在为纪念《科学革命的结构》诞生五十周年而出版的第四版导读中,加拿大哲学家、语言哲学家伊安·哈金(Ian Hacking)称赞该著不仅极具学术价值,而且在塑造公共文化方面起到了巨大的作用。"尽管《结构》对于当时的科学史学家共同体有着巨大的影响,但其更为持久的效应,却体现在科学哲学,以及公共文化方面。"②事实上,早在1996年库恩去世之时,《纽约客》杂志撰稿人及畅销作家格拉德威尔(Malcolm Gladwell)一语道破了《科学革命的结构》中的思想被广泛应用于人文和社会科学的根本原因:对科学与社会之间的紧密联系的解释。"科学的进程基本上是很人性的,科学发现不是缓慢的理性活动的结果,而是人类的智慧与政治和个性共同作用的结果,科学最终是一个社会过程。"哈佛大学伯克曼互联网与社会中心的资深研究员戴维·温伯格(David Weinberger)则揭示了该著在认识论方面的突破性贡献。温伯格认为,即便《科学革命的结构》的核心概念范式及其理论遭到了一些学者的诟病,但它还是让人们抛弃了近代以来流行的科学发展观(科学发展有赖于知识的累积)和知识进步观(知识是持续不断地进步的),理解了具体的个体生命与特定的社会

---

① [美]托马斯·库恩:《科学革命的结构》(第4版),金吾伦、胡新和译,北京大学出版社,2012年,第23、93、97页。
② [加]伊安·哈金:"导读",托马斯·库恩:《科学革命的结构》(第4版),金吾伦、胡新和译,第4页。

语境之间的互动关系。"在对科学的历史记述中,我们现在期望听到人的性格、社会因素的影响,貌似无私的、理性的行为背后维持和行使权力的企图。"①美国著名的史学理论家阿兰·梅吉尔(Allan Megill)则注意到了范式概念对历史学家的吸引力,"从20世纪70年代早期开始,历史学家就接受了库恩的'范式'概念,并将其应用到自己的学科中,程度之深引人注目。库恩对历史学的影响已经由大卫·霍林杰在其1973年的文章《库恩的科学理论及其对史学的意义》中讨论过"②。

意大利当代著名哲学家吉奥乔·阿甘本(Giorgio Agamben)认为,尽管福柯本人并未公开承认他的文本受到了库恩提出的范式概念及其理论的影响,但事实上他却"不止一次地抓住了库恩的范式概念",并且把他本人阐发的"话语机制"与范式的概念"对立起来"③。70年代末,继宣告"人之死"之后,福柯提出"生命政治"(Biopolitics/Life Politics)这一概念来指称肇始于18世纪的自由主义的治理机制或治理术,通过阐释种种规训和治理的技术,揭示民族国家是如何把个体生命纳入其权力机制的。"我把它理解为从18世纪起,人们以某种方式使那些由健康、卫生、出生率、寿命、人种等这些在人口中构成的活人总体之特有现象向治理实践所提出的种种问题合理化。我们知道,从19世纪起,这些问题不断占据更多的位置,并且直到今天仍旧是政治和经济的关键之处。在我看来,我们不能把这些问题与一种政治上的合理性框架脱离开来,前者是在后者之中出现并变得尖锐。这种合理性框架就是'自由主义',因为正是相对于它来说,那些问题才显得是一种挑战。在一个要尊重法律主体以及个体的主动性自由的系统中,'人口'现象及其效应、其特殊问题如何能够被重视

---

① 转引自薛巍:《范式转换》,载于《三联生活周刊》第683期,2012年5月21日。
② [美]阿兰·梅吉尔:《历史知识与历史谬误:当代史学实践导论》,黄红霞、赵晗译,赖国栋、黄红霞校,北京大学出版社,2019年,第305—306页。
③ 《什么是范式》,载于"爱思想网",2010年6月19日,http://www.aisixiang.com/data/34371.html。

起来？我们能够以什么名义，根据何种规则对其管理？"①根据福柯的观点，经济人和市民社会不仅是新自由主义的核心，同时也是生命政治的治理术之核心所在。在他看来，只有把不同类型的人放置到历史进程的各种关系中，才可能弄清楚人是如何成为主体的。"使我感兴趣的恰是合理性的形式，人类主体通过这些形式关注自身……而我则向自己提出这样的问题：人类主体怎样使自身成为认知之可能的对象(objet de savior possible)，通过哪些合理性形式，通过哪些历史状况，以及最后，付出了什么代价？"②福柯强调生命的价值和意义应当成为评估治理机制或治理术效能的唯一标准。美国著名的性别史研究开拓者琼·斯科特(Joan Scott)曾经说过，在当代的西方学者当中，福柯极有可能是"二战"后对历史学研究产生影响力最大的一位。以她个人的学术创新为例，福柯所阐发的权力-话语理论直接激发了她对性别史研究领域的开拓。③ 事实上，西方人文社会科学界耳熟能详的一批著名学者，以阿甘本为主要代表，都曾经对生命政治概念及其理论进行过理性建构或价值评判。同时，学者们对西方世界政治和资本掌握话语权并输出价值观的现象始终保持着高度的警醒，担心这极有可能最终导致意义的虚无等"礼崩乐坏"的严重后果，因而认为第二次世界大战后的当务之急是要重新探求和确立人自身的价值，创建一种新的人文主义文化。

越来越多的西方人文学者公开强调，静态切面的人和社会，只是一种理论上的存在，在真正的现实生活中并不存在。因而，人文学科研究者有必要采用历史的方法，探究不同类型的人的具体的历史实

---

① ［法］米歇尔·福柯：《生命政治的诞生》，莫伟民、赵伟译，上海人民出版社，2018年，第419、420页。
② ［法］米歇尔·福柯：《结构主义与后结构主义》，载于杜小真选编：《福柯集》，上海远东出版社，1998年，第496页。
③ Joan W. Scott, "Gender: A Useful Category of Historical Analysis," *The American Historical Review*, Vol. 91, No. 5(Dec. 1986), pp. 1053-1075.

践过程。这一思想不禁让我们联想到两位西方先哲关于人的论断，即马克思为阐明人在本质上是社会性的而做出的论断——"人是一切社会关系的总和"，以及古希腊哲学家亚里士多德为阐明人最大的任务是参与社会的政治活动而提出的命题——"人天生就是政治的动物"。换言之，政治（包括宏观政治和微观政治）是人无法摆脱的生存处境；人的外部生活（社会生活）和内部生活（日常生活）无不展示和体现着社会权力-关系。从本质上说，常人（普罗大众）和常识（日常共识）均为前人经过不断的努力（实践）而得到社会普遍认可的一种生活状态；对于社会政治而言，常识既具有一种保障性的作用，同时又吊诡地拥有一种制约性的力量。从人类自我认知的视角来看，唯有理解了常人的生活经验/体验，才可能真正建立其公正的社会生活秩序。显然，在这些西方思想家所建构的生活政治理论视域中，芸芸众生的生活/生命体验——政治性地参与现实生活世界——或许才是真正值得我们关切的对象。故此，以人类社会整体为旨趣研究而著称的社会学也发生了以生活史为路径的传记转向，而隐藏于其中的是一种后结构主义的人民大众的历史观，彰显的是一种对具体的个体或某个特定的群体之生命（社会学以田野调查为主的质性研究方法本身就具有浓厚的人文主义色彩）及其尊严的关怀与维护。有论者指出，即便是曾在 1986 年提出"传记幻觉"（biographical illusion）这一批判性概念的法国著名社会学家皮埃尔·布迪厄（Pierre Bourdieu，1930—2002），也不可避免地在他的多部作品中体现出一种"自传性反思"[①]。

　　生命政治理论的提出，或许是对 20 世纪初德国著名社会学家马克斯·韦伯所提出来的"我们这个时代的命运"这一问题的继续思考和回应，它进一步激发了西方历史学家"把人带回来"的人文主义渴

---

① 鲍磊：《布迪厄论"传记幻觉"：意义及其限度》，《广东社会科学》2020 年第 2 期。

望,为新传记史学的书写提供了理论认知的一个可能方向。另外,"二战"后西方人文社会学科的部分研究者越来越意识到,对于解决如何保持人的独立性和主体性的问题,"语言"可能是一个比较有效的路径。换言之,人文学者们意识到了"语言"对被视为主体的人的建构作用,以及"叙事"的解释张力。其一,正如维特根斯坦所说,(我的)语言的界限,就是(我的)世界的界限。其二,"叙事"本身所固有的解释功能对于表达和传播学科研究成果具有重要价值。他们认为"叙事"是人文社会学科所共享的基本特征,它在本质上是超越学科边界的,同时承认讲述故事是一种描述和解释过去的有效方式,无论是政治叙事,还是伦理叙事或审美叙事,基本上都是关乎人类德性——尤其是区别于动物的道德责任——的主题,是主张正当权利,甚至获取某些自由价值的策略之一,因此极力主张以叙事或者说讲故事的形式表达人类对自身及其社会环境的理解,对于自我身份认同具有强大的建构作用。"每个人的一生都在找寻一种叙事……因为讲述故事的冲动是而且一直是追求某种'生命协调'的愿望。在我们这个充满断裂的时代……叙事赋予我们一种最为切实可行的身份形式,即个性和共性的统一。"[①]这种叙事-身份建构与保罗·利科所主张的讲故事可以使讲述者获得叙述认同(narrative indentity)和自我性(selfhood)的认识,在本质上是一回事,即,主张从人自身出发来认识人,原因在于人是有着自我意识的存在。

新传记史学在 20 世纪 90 年代的兴起,还受到了西方世界反全球化思潮的深刻影响,以及来自日益兴盛的文学传记理论的鼓舞。当"全球化"(globalization)这一概念出现于上个世纪 80 年代中期时,它被用来描述人类社会跨边界的互动网络正以前所未有的加速

[①] [爱尔兰]理查德·卡尼:《故事离真实有多远》,王广州译,广西师范大学出版社,2006年,第15页。

度不断被强化。80年代末90年代初,随着冷战结束和以信息技术为代表的新科技革命的到来,世界各国之间以经济联系为基础的各种方面的联系大大强化,现代世界进入了真正意义上的全球化时代,人类普遍交往的方式和速度均发生了巨大的变化。全球化思潮是伴随着世界全球化,尤其是经济全球化浪潮而在西方兴起的一股思想潮流,以尊崇世界走向相互依存网络为基本理论假设,强调以全球化的视野看待和治理人类共同面临的全球性问题。然而,这场全球化思潮反映出其在初期阶段具有浓厚的西方中心主义色彩,它以美国全球化价值观——强调自由化和市场化的全球经济自由主义——为主导。因此,就在全球化思潮大行其道之时,一股反全球化的思潮亦随即出现。

反全球化的人士强烈批判新自由主义经济理论、强权政治和霸权主义、文化帝国主义话语和宏大叙事,认为全球化进程是西方现代化的普遍主义模式在全球范围内的扩张,指出全球化的实质是以美国为代表的西方国家操控的资本逐利之游戏。毋庸置疑,反全球化思潮的兴起,是对全球化的直接反动。不少西方历史学家参与了这场反全球化运动,他们在历史学的实践中极力主张从历史的角度大胆揭露全球化的阴暗面,同时倡导以关注人的命运为中心,目的在于防止全球化再度演变为剥削和压迫弱者的武器。对于这场反全球化思潮的核心要义,有论者精辟地指出,"在全球化思潮下,强者似乎把人类'物化'了,于是大部分的弱者群聚汇合成'反全球化'逆流……当全球化之路走偏的时候,反全球化反而能反映出人本的精义……"反全球化思潮倡导以人为本的思维,"以维护全人类之人道精神、人性尊严、人伦规范与人权保障等原则为崇高的理想目标。换言之,在不违抗全球化之潮流下,反全球化更是要监督或扶正全球化不要走入歧途,或被少数滥用科技文明、盲目追求财富、制造世界更多贫富悬殊和仇恨者,避免重蹈剥削与压迫的覆辙,发挥公平正义之良知,确保人类的和平共存"[①]。在反全球化思潮的涌动中,微观史学的书写出现了"全球转向",并于21世纪形成了一股新的研究潮流和趋势,即微观全球史(global micro-history)。从目前已经面世的出版物来看,微观全球史的书写通常以历史上某个具体的普通人为主人公,采取追踪其行动轨迹的方式考察全球化的历史演变,旨在揭示全球化本质上是一种多中心现象,而非西方世界默认的单一的西方中心现象。在此,我们必须思考一个问题:微观全球史与以普通人为主人公的新传记史之间,泾渭真的分明吗?窃以为,二者在历史书写的主旨思想,即回应全球性的某些重大议题,以及将普通人或小人物视作历史主体,并着重彰显他们的自由意志或能动性的维度上,其实是高度一致的。若要严格地进行区分的话,我们只能说,微观全球史侧重于从全球的视角考察微观的个人或物,而新传记史则重在描述小人物和普通人在全球化场域中的处境或命运。换言之,作为新史学领域的分支,无论是微观史、微观全球史还是新传记史,其史学理论的思考着眼点在于反思,即通过反思现代主义历史书写或宏大叙事,发掘新的历史主体——具体的某个普通人或小人物,以展现书写者新的历史思维,以及历史学科的自律性。

除了受到反全球化思潮的深刻影响之外,新传记史学还受到了文学传记理论的鼓舞。1978年,时任夏威夷大学教授的美国著名传记作家里昂·埃德尔(Leon Edel)和同仁在该校创建了传记研究中心,并创办了西方世界第一份从事传记研究的专业刊物——《传记:跨学科季刊》(*Biography: An Interdiscipline quarterly*)杂志,标志着传记研究开始步入一个新的时代。作为一名耗时三十年完成、被誉为"20世纪最伟大的传记作品"——《亨利·詹姆斯的一生》

[①] 黄人杰:《全球化思潮下中西方对"人学"思维之对话》,《"全球化与人的发展"国际学术研讨会论文集》,北京,2005年,第303—323页。

(*Henry James: A Life*)——的传记作家,埃德尔提出了"文学传记"(Literary Biography)概念,主张传记作品应该以构建传记作家和传主双方的主体性为核心内容,并且在传记创作中将文学性和历史性融为一体。一方面,埃德尔坚持传记必须以历史学和文献学为基础,认为"事实只有在论证的链条中才具有重要性",因而主张传记家要像历史学家那样,成为一个客观的"介入型观察者",并将弗洛伊德式的精神分析方法——被埃德尔本人称为"文学心理学"——和福尔摩斯式的侦探方法结合起来解释传主的行为及人格。另一方面,埃德尔在强调传记是一门艺术的同时,继承了西方传记写作的人文主义—修辞传统,坚持认为"传记家与小说家、历史学家完全一样,都是讲故事的人,传记家是个特殊的历史学家",同样需要揭示传主的行为与其生活之间的关系。① 埃德尔阐释的文学传记理论很快就引起了西方人文学者的关注,并在 90 年代中后期掀起了一股讨论和书写传记的学术热潮。"作为当时最引人瞩目的写作形式之一,传记风靡一时,吸引了众多新生力量,英美的评论家们常常将这个时期称为传记时代。"②

在 70 年代末以降的"叙事的复兴"及 80 年代末以降的新文化史学的学术语境中,传记写作的繁盛使许多历史学家备受鼓舞,并从埃德尔提出的文学传记理论中获取了灵感,认为传记与新社会文化史之间有着诸多相似的地方,"今天的新传记作家把人格定义为多面的",有历史学家在探究传主的自我身份时,有意识地使"新传记不仅强调自我的多样性,而且强调文化权力对自我的形塑",如果将传主视作"文本",将周遭文化视作"语境",那么个别的"文本"就不仅反映"语境",而且还影响着"语境",它们之间表现为一种对话形式的交互

---

① Leon Edel, *Writing Lives: Principia Biographica*, W. W. Norton, 1984, p. 98. Leon Edel, T*elling lives*, *The Biographer's art*, edited by Marc Pachter, New Republic Books, 1979, p. 20.
② Robert Fulford, "Examined Lives: The Biography Boom," *Maclean's*, 6 Oct., 1997.

作用。在传记史学家描述这种交互作用的过程中,"传记作家既是侦探家,又是阐释者。试图阐明过去,并将诸多线索交织进崭新的、具有说服力的模式当中去"①。进入新世纪,美国传记作家奈尔杰·汉密尔顿(Nigel Hamilton)指出,传记的"黄金时代"已经到来,"在个人身份成为各类讨论的焦点,并且真人秀和博客主导西方文明的这个时代,传记在西方世界从古至今的重要性怎么能被继续忽视呢?"他呼吁有更多的大学和学者支持并参与文学传记理论的研究和实践。②显而易见,与20世纪20年代发生在英国的那场传记革新运动——以著名小说家、传记作家弗吉尼亚·伍尔芙(Virginia Woolf,1882—1941)于1927年发表的论文《新传记》这一标题命名之——相比,此时的文学传记家们力图改变作为一种文类的传记在西方学术史上的"私生子"之尴尬地位,旨在提高传记作为一种文体的地位。③

在新的文学传记理论及其关照下的传记文本获得巨大成功的鼓舞下,越来越多致力于研究新社会史的历史学家对人物传记书写的兴趣与日俱增,很快就推动了劳工史研究中的传记转向。为此,有历史学家专门探讨了人物传记与新社会史二者之间的"亲密关系"(Intimate Relationship),认为人物传记书写是认识历史变化的一个主要途径:"在更广阔的社会语境中理解一种特殊的生活,其价值在于:通过个体以及个体与复杂的公共、私人力量的斗争来审查历史变化的过程。"尽管人物传记"不是历史书写的唯一形式,但是它确实

---

① Lois Banner, "Biography as history," *The American Historical Review*, Jun. 2009, Vol. 114, pp. 580, 581, 582.
② Nigel Hamilton, *Biography: A Brief History*, Harvard University Press, 2007, p. 280.
③ Steve Weinberg, "Biography, The Bastard Child of Academe," *The Chronicle Review*, May 9, 2008. 转引自[加]伊丽莎白·波德尼耶夫斯:《新千年,新传记》,刘卉译,载于梁庆标选编:《传记家的报复:新近西方传记研究译文集》,广西师范大学出版社,2015年,第129页。

为我们提供了一个有价值的视角"①。哈佛大学肯尼迪学院教授、世界和平基金会主席罗伯特·罗特贝格(Robert Rotberg)则认为人物传记与历史学编纂是一种"互为证据"(mutual evidentiary)的关系,人物传记在"本质上是一个需要学科交叉研究的历史分支学科",需要有专业素养的历史学家来书写,"唯有训练有素的历史学家才可能写出令人满意的历史传记",他们拥有渊博的历史知识和开阔的历史视野,能够将整体性思维和细节性考察有机地结合起来,"学识渊博的历史学家能够在更广阔的区域史和全球史视域中呈现传主的个人生命与成就:他们能够将内在和外在的因素都结合在一起;他们能够准确地评估传主选择的作为或不作为,并能够独立探索传主内心深处的动机……"②

最后,新传记史学在90年代的兴起,有其深刻的社会背景和时代的现实需求。冷战结束后不断加速的全球化进程,致使西方资本主义经济世界遭受了结构性的制约,社会分配差距日益扩大,人类不平等现象更加突出。法国著名经济学家托马斯·皮凯蒂(Thomas Piketty)认为这一后果是由不加制约的资本主义导致的。"经济、社会和政治力量看待'什么正当,什么不正当'的方式,各社会主体的相对实力以及由此导致的共同选择——这些共同塑造了财富与收入不平等的历史。不平等是所有相关力量联合作用的产物。"③与财富分配不平等相应的是,西方发达国家内部政治力量发生了不同程度的分化和重组。西方社会的现代世界观和传统价值观遭遇了巨大的挑战,现实生活中充斥着巨大的断裂感和虚无感,消费主义大众传媒的

---

① Nick Salvatore, "Biography and Social History: An Intimate Relationship," *Labour History*, No. 87(Nov. 2004), pp. 190, 191.
② Robert I. Rotberg, "Biography and Historiography: Mutual Evidentiary and Interdisciplinary Considerations," *Journal of Interdisciplinary History*, XL: 3 (Winter 2010), pp. 306, 320.
③ [法] 托马斯·皮凯蒂:《21世纪资本论》,巴曙松译,中信出版社,2014年,第22页。

飞速发展对传统的道德情感认知产生了不可逆的影响,西方社会进入了一个众神隐退、上帝缺席的时代。更加令人担忧的是,过去被认为具有客观真实性的历史文化正在急速地丧失公共性,历史感和自我意识正在逐渐丧失,"历史感的消逝"或"历史感的危机"成为西方知识界的一个共识。随着互联网和社交媒体的普及,人成了信息的载体,西方社会加速进入了一个轻视客观真实性的后真相(post-truth)时代。其一是各种信息和大数据日益泛滥,其二是人对真实性的判断力不断减弱,甚至变得模糊不堪。这一后真相的时代症候,充分暴露了历史时间的缺位及历史感的危机。2006 年度诺贝尔经济学奖得主埃德蒙·费尔普斯(Edmund Phelps)毫不留情地指出,西方国家的当代人失去了生活的目标,陷入了一种迷茫状态,"人们不再把创新过程理解为生活的兴盛发达,即变革、挑战以及对原创、发现和不落俗套的毕生追求"[1]。2007 年金融危机之后,西方自由民主体制陷入了泥沼,失去了自信。西方社会再度出现了尼采所指称的"上帝已死"的近代基督教信仰破灭状态——精神危机,相对主义和虚无主义(Nihilismus)再度成为新世纪西方社会的一个症候,信念崩塌导致价值的贫乏和空虚——价值虚无主义——越来越明显可感,人们普遍对人类文明社会的进步信仰感到悲观失望。更具体地说,当下现实世界深刻的社会危机和精神危机表现为人的社会存在与自我意识的冲突与对立。"世界彻底丧失了其精神的外观,没有任何事情是值得做的,对可怕的空虚、某种眩晕甚或我们的世界与肉体发生断裂的恐惧。"[2]然而,伴随着互联网成长起来的一代人十分注重个体的心理需求问题,渴望充分运用自己的自由意志以实现自我价值。

---

[1] [美]埃蒙德·费尔普斯:《大繁荣:大众创新如何带来国家繁荣》,余江译,中信出版社,2013 年,前言,第 xx 页。
[2] [加拿大]查尔斯·泰勒:《自我的根源:现代认同的形成》,韩震等译,译林出版社,2008 年,第 22 页。

当代著名社会理论家齐格蒙特·鲍曼（Zygmunt Bauman，1925—2017）敏锐地观察到了个体"生活政治"的客观存在。"幸福生活不再是国家的责任，它取决于无数的个体本身。现代国家政治曾经宣布要负责的任务都落入了生活政治的领域。甚至比寻求全球问题的地方解决方案更不协调的是，人们正在积极寻找并希望发现社会问题的个人解决方案。"①在这样一个恐慌、消极和颓废成为社会大环境表征的时代背景下，人性危机凸显，"真"的价值亟待重建，来自人文和社会科学领域的一些学者不断质疑以科技和金融为中心的经济全球化是否真正有益于进一步发扬西方社会所珍视的方法论意义上的个人主义和自由主义，或者说至少不会贬损西方社会的这一核心价值观。故此，众多西方人文学者不约而同地聚焦于人在全球化过程中的处境、人的现代性处境——现代人的意义迷失，在抨击工具理性的宰制这一现代性命题的同时，对西方文明的进程、民主制度的未来发展产生了悲观的看法，不确定性已然才是生活的常态，他们尤其是在年轻人这个本应充满活力和未来向往的群体身上观察到巨大的疑惑和虚无主义思潮盛行，观察到越来越多的年轻人丧失了对现实生活的感受力，无力感和无意义感陡增，因而试图通过反思性地复兴曾经在中世纪晚期赋予西方文明新生命的人文主义——这种思考理路被称为后人文主义（Post-humanism），以及18世纪勃兴的启蒙思想，寄希望于重塑人的主体性和自由意志，激发人们的思想及精神活力，重建西方现代文化和人们对未来生活的知识及道德信念。究竟应该如何拯救日趋堕落的西方世界？

法国著名思想家让-弗朗索瓦·利奥塔（Jean-Francois Lyotard，1924—1998）一方面批判和揭示西方传统的人文主义"以发展的名

---

① ［英］齐格蒙特·鲍曼：《被围困的社会》，郇建立译，江苏人民出版社，2005年，第23页。

义"构造拥有普遍价值的"非人",致使"灵光"丧失;"人类主体之个人或集体的经验及围绕其周遭的灵光在利润的盘算、物欲的满足及其成功的自我确认(auto-affirmation)中消散",而当下"缺乏的正是以我们自身的命运为目的的美的形式"。另一方面则诉诸后现代先锋艺术所呈现的崇高美学,试图由此恢复人的生命之天然本性——情感性或感受力。"和显微学一样,先锋派艺术并不致力于在'主题'中的东西,而是致力于'在吗?'和致力于贫乏。它就是以这种方式归属于崇高美学的。"① 美国著名文化史学家雅克·巴尔赞(Jacques Barzun, 1907—2012)则在20世纪90年代末指出,尽管西方文化正在走向衰落,然而,"衰落这个词指的只是'减弱'。它不意味着生活在这个时代中的人丧失了精力、才能或道德观念。正相反,现在是一个非常活跃的时代,充满着深深的关切和忧虑,又有着它特有的躁动不安,因为它看不到清晰的前进道路。它失去的是可能性……现在的主要历史力量是厌倦和疲乏"②。巴尔赞对当代西方文化精神的这一诊断可谓十分精准。

90年代是互联网爆炸性发展的一个重要时期,互动式数字化复合媒体和"无时间之时间"(timeless time)③——时间压缩到极致——是这个时代的主要标志,社会生活方式的急剧变化,使得年轻一代看待问题和接受问题的习惯与媒体、虚拟世界紧密联系在一起,社会交往和人生价值观几近瓦解,个体开始逐渐失去能够掌控自我命运的思想意识和感觉,失去了归属感和存在感,一些逃避现实的、迷茫的年轻人迫切地想找到存在的意义和生命的意义。知识产生和

---

① [法]让-弗朗索瓦·利奥塔:《非人:时间漫谈》,罗国祥译,商务印书馆,2000年,第117、131、115页。
② [美]雅克·巴尔赞:《从黎明到衰落:西方文化生活五百年,1500年至今》,"序言",林华译,中信出版集团,2018年,第xix页。
③ [西班牙]曼纽尔·卡斯特:《网络社会的崛起》,夏铸九等译,社会科学文献出版社,2001年,第530页。

知识的自我生产、传播途径的根本改变,促使人们渴望获得具体的历史知识及智慧,而非抽象的概念及其原则,期待通过与历史上一个个鲜活而具体的人——无论是个体还是群体——建立某种可理解的联系,以获得强烈的真实感和掌控感,进而能够不断地与自己的生命历程进行相互印证,由此思考如何在自己的生活中摒弃前人的偏见和错误,善用前人的经验和智慧,从而探寻更好的自我,赋予自己的现实生活某种确定性——安顿身心,并由此筹划未来的走向,从而在对过去的移情和对未来的想象中感同身受地推动人类命运共同体的构建。可以说,正是西方现代世界人文精神的日渐衰落这一客观事实,促使"重新发现(具体的)人"这一命题在文艺复兴之后,再度成为新世纪的强音。一部分历史学家转向人物传记的历史书写,吹响了新传记历史书写的号角,他们义不容辞地承担起新时代赋予的社会责任,即新的文化使命,实则体现出一种高度的文化自觉意识。

二、西方新传记史学的主要特征

毋庸置疑,新史学是史学思想的前沿探索。西方新传记史学之所以被冠名为"新",主要在于其体现了年鉴学派的第三代核心人物雅克·勒高夫(Jacques Le Goff,1924—2014)所指称的"新问题、新途径、新对象"三个方面,从而与传统的传记史学大相径庭。我们从细读现有的新传记史学文本切入,就会发现新的历史人物传记研究不仅呈现了有别于传统的历史人物传记研究的新问题、新方法和新对象,而且与其他新史学研究一道推动了历史学科的发展,一方面给读者提供了客观有效的历史知识,另一方面在很大程度上塑造了读者的历史意识和历史思维,培育了读者的审美感知力。具体说来,便是体现在史学观念的更新、史学方法的突破、史学对象的多元及史学风格的独特。在新的历史人物传记文本中,即使是一些诸如与社会精英甚或反面人物密切相关的政治、军事、经济、宗教之类的老命题,也在新的问题意识和理论视野下被重新检视和解释,从而显现出某种陌生化的意义上的历史面相。西方学界近三十来年的历史人物传记研究,无论是聚焦于阐述历史上的个体、群体或集体对周遭世界的体验、感受及理解方式的认识论建构,还是侧重于以个体、群体或集体为研究取径和事实依据的方法论思考,"重新发现(具体的)人"始终是其问题视域和研究旨趣,体现着新传记史学家对历史学和现实世界的双重关切和革新意图。在书写新传记文本的西方历史学家看来,人类对世界的理解和认知始终是一种实践性的、情景性的、具体性的主体性活动,因而历史书写应该阐明人的境况,充分体现出对人的精神状况和生活方式的关切和尊重,从而在此基础上阐明历史学的性质、对象、价值与方法。[1] 依笔者管见,作为一种崭新的历史书写范式,西方新传记史学具有如下四个鲜明的特征。

首先,西方新传记史学具有强烈的史学反思和综合特征。众所周知,在 20 世纪 60、70 年代后现代主义思潮及其运动的"侵袭"之下,历史学很快就陷入了危机之中。历史学家应该采取何种行动,才能让克里奥女神重新焕发生机,展示其独特的魅力?这是那个时刻西方历史学家们亟须解决的一个重要问题。为捍卫历史学的独立的学科地位,新传记史学家们立足于现实世界的需求,在西方史学史的视域中深刻反思了以民族(国家)为历史主体的宏大叙事,以及由法国年鉴学派所倡导和实践的结构主义史学范式,批判性地接受了新马克思主义和后现代主义理论的诸多主张,积极探索"主题传记"的研究范式,试图由此阐明历史学科的独特性和合法性。纵观自上个

---

[1] Jill Roe, "Biography Today, A Commentary," *Australian Historical Studies*, 43, 2012, pp. 107-118.

世纪 90 年代以来的新历史人物传记文本,"主题传记"的研究范式成为其十分鲜明的特征之一。"主题传记",顾名思义,指的是通过讲述历史上作为个体和群体的一个个人物的生命故事的方式,以探究某个特定的历史主题。在"主题传记"的研究范式中,新传记史学家通常着力于构建标志着传主自我意识觉醒的历史时间,即"传主时刻",以阐释传主的生命经验之独特性或差异性为核心内容,意图以此质疑和挑战西方历史学家共同体自近代以来的线性的、目的论的历史解释范式,以利于反抗民族国家历史话语霸权和进步主义的历史观。鉴于此,新传记史学家不再按照从传主出生到离世的时间顺序来全面地讲述一个完整的人生故事,而是采取笔者称之为"传主时刻"的历史时间建构,讲述一个以生命为核心的故事。笔者这里提出的"传主时刻",主要表现在两个方面。从认识论的视角来看,新传记史家认为在知识大众化的新时代背景下,随着公众对历史知识的渴求越来越强烈,相应地,从不同类型的历史人物身上汲取力量的渴望也越来越强烈。换句话说,每个人都可能成为自己的历史学家的时代已经到来。从方法论的视角来看,指的是新传记史学家往往只撷取传主的一个或几个具有历史意义的人生片段,通过聚焦于传主在某个特定的或者具体的时刻与社会、文化、政治环境的互动或对话,以表现传主在其生命体验历程中的自我交互作用和反思性活动为主旨思想,从而阐明某些具体的历史事件或某个具体的历史时期的复杂性或悖论性,以便于深化公众对传主身处其中的历史情境的理解和认识。换言之,新传记史学家在阐释传主身上所表现出来的代表性、特殊性和具体性的同时,并未放弃对抽象的普遍性之追求,而是旨在从具体而微的传主生命故事中发现具有普遍意义的价值观和道德观,致力于把人的整体存在秩序作为思考的对象。因此,他们在讲述传主的生命故事时,既注重表现历史时间的结构性特征,又试图揭示个体时间的差异性和特定空间的再生产性。从根本上说,新传记史学家在其书写的传记文本中所展现出来的反思行动,是对历史理论和史学理论的性质之认知和实践,旨在回答历史是什么、历史学是什么及历史学有什么用处的重要问题,也是西方学术界历史书写自20世纪60、70年代以来所推崇的多元史观的一种表现。

在西方新传记史学家这里,强烈的史学反思意识及其行动,比如,在关于如何获取科学性(准确性)与艺术性(文学品质和审美伦理)之间的融合这一问题上就体现得淋漓尽致,不仅是其历史学意义上的人物传记文本之价值的自我确证,更是推动历史学科革新的主要动力。窃以为,新传记史学家并未完全抛弃年鉴学派主导的结构-功能史学,而是肯定并汲取了结构与发生机制的论说,竭力将历史人物传记路径取向研究与社会情势研究结合起来,并且同时追求着整体史/总体史——体现为整体性思维——的目标。众所周知,文学的主旨在于求美,哲学的主旨在于求解,史学的主旨在于求真。新传记史学则试图将三者整合为一体,不仅旨在让读者获得某种启示和教益,而且更在于使历史学在新世纪焕发出新的活力与光彩。

其次,新传记史学彰显了一种以生命的价值与尊严为核心理念的多元融合的文明史观。毋庸置疑,历史学家的历史观至关重要,历史观,即作为主体的人看待历史的态度,它实则是历史学家(或人们)看待现实与未来的方法和角度。更进一步说,历史学家的历史观深刻地影响着,甚至是塑造着大众对历史、对现实及未来的认识。有论者敏锐地洞察到:"归根到底,即使是那些从来没有阅读过任何一本历史著作,甚至可能根本就没有听说过历史学家的名字的人们,也是透过历史学家的眼镜来认识历史的。"[1]从研究对象传主的维度观之,传统的传记史学的研究对象基本上都是作为个体的公共人物,尤其

---

[1] [英] F. A. 哈耶克编:《资本主义与历史学家》,"导论,历史学与政治",秋风译,吉林人民出版社,2003年,第4页。

是那些在历史上叱咤于政治、军事、外交等公共场域的男性大人物，一直以来都是历史学家们青睐有加的书写对象。新传记史学家以历史真正的载体是人的生命轨迹为书写前提，立足于任何个体及群体的生命价值都值得尊重之认知，认为身处全球化时代的历史学家，不仅应该主动地、积极地为历史上不同类型的个体及群体——特别是那些在历史上长期处于"失语或沉默"状态的个人和群体——发声，而且更应该讲述具体的人、特定的群体之生命经验（或体验）故事，以便于推动"文化的演化"、深化对文明史意涵的理解。故此，在阐发新的传记史观的史家们看来，男性历史人物仅仅是众多传主中可供选择的一种类型的研究对象，不同性别的普通人（常人）、底层人及边缘人，无论其拥有何种身份、职业及地位，在新传记史学家心目中都是一个个具有同等价值的鲜活的生命。不言而喻，新传记史学家所秉持的这种态度本身就是文明的题中应有之义，是来自内心深处的人性关切。

传统的历史传记书写多以单个的人物为对象，而新的历史传记的传主则包含具体的个人和特定的群体。因此，新传记史学家的研究对象具有鲜明的多元化、多类型且包容的特点，并且视建构多重主体性身份为自己的历史书写目标。从根本上说，传主的多元化或类型化，表明新传记史家不仅尊崇新社会史学家的研究视角，即研究普通人或边缘人的日常生活和精神世界或心灵世界时所采取的由下而上的视角，而且还体现出诸如研究帝王将相和社会精英的历史处境及其种种行动时所采取的由上而下的视角，恢复或重建不同群体的历史地位，发掘并讲述他们的生命故事，使得不同群体的历史经验得以探究，从而有利于读者获取更完整、更立体、更客观、更具多样性的历史知识，有利于读者更加立体地窥视某个具体的或者特定的历史时期的不同社会面相，最终深化对人类文明史的理解和认知。当然，这并非是摒弃英雄史观（或伟人史观）和人民史观（或群众史观)的简单、粗暴态度,而是以文明的进步为准则,通过展示历史细节来书写形形色色的人的生命故事,以利于审视人类文明的演变。

传主的多元化或类型化取向在很大程度上反映出新传记史家对西方人文主义传统的继承和深化,即肯定人——主要是指具体的个人——的尊严和多样性,对人的生存与人的文化表现出极度的关切,"人文主义是具体而自由的关怀"①。具体地说,传主的多元化或类型化取向,体现了新传记史学家对全球化时代民粹主义的舆论专制——主要表现为标签化和污名化(stigmatization)——的一种反抗精神及其行动,是一种从永恒的人性的维度争取人类解放及自由的斗争,因而颇具发掘人类文明进步的革命性意义。从广大普通读者的角度来说,其价值或许主要体现在警觉和辨析被当下的主流社会所裹挟的假性自我这个层面上会有所启迪。

传主的多元化或类型化,事实上意味着传统史料观所表达的材料之确定性和透明性在很大程度上已然失效,但这也恰恰表明史料的生产性受到了高度重视,其多样性和丰富性自然亦得到了拓展。在新传记史学家眼里,原始史料不仅不再是评判历史研究成果优劣的唯一标准,而且还是必须接受质疑和考证其生产过程的对象,史料也不再局限于官方档案和私人的日记、书信、账簿、读书笔记等,特别是在致力于书写普通人或边缘人传记的史学家那里,考察某些史料的形成过程构成了讲述传主生命经验历程的重要路径,而那些曾经在历史学职业化的过程中不被认可的文学作品、艺术作品,如今已然成为新一代历史学家情有独钟的史料来源,尤其是那些充满历史感和表现历史意识的文学作品和艺术作品,它们所具有的史料价值或

---

① [澳] 克莱夫·詹姆斯:《文化失忆:写在时间的边缘》,丁骏等译,北京日报出版社,2020年,第vi页。

许远胜于原始史料。从学术对话的维度观之,在认识论层面,新传记史学家往往以后现代主义、新马克思主义和存在主义哲学为理论思考的导向,以身处某种特定的历史情势中某一具体的个人、群体及集体的经验或体验为中心,阐发历史学家对其生命的人道主义关照,并由此探索人类自身存在的有限性和超越性。在方法论层面,新传记史学家除了采取我们通常所熟知的以文、艺证史或证伪的方法,大都竭力避免历史学的社会科学化和僭越理性的单一归因方法,而是选择以极为审慎的态度反思依照时间序列而推断出来的历史因果律,竭力避免根据结果倒推原因的做法,着力于追问生命意义问题和各种相关性历史元素。

为了考察传主(个体和群体)的多维度的生产、生活实践,新传记史学家们积极主动地采取多学科交叉、融合的方式进行研究,除了不断与微观史、新社会史、性别史、新文化史、日常生活史、新政治史、事件史、概念史、情感史、全球史、阅读史、口述史、计量史等 70 年代以来兴起的各个新史学分支展开互动之外,还经常借助文化人类学、知识社会学、心理学、文学批评和文化研究等人文社会科学学科的理论、方法和概念,体现出整合或融合历史学各个分支学科的强烈愿望,竭力避免历史学趋向碎片化或零碎化(fragmentization)的问题。正所谓"他山之石,可以攻玉"。无论是处理与历史名人相关的繁多材料,还是面对与处于"失语或沉默"状态的个体和群体相关的史料的缺损状况,新传记史学家都必须掌握与研究对象有关联的学科知识,了解诸如修辞学、地质学、病理学等学科的相关知识,以便于挖掘、甄别、选择、解读史料,最终在建构历史事实的基础上探寻历史真相。

新传记史学家们试图采取与其他新史学研究领域的同仁们积极对话的方式,与当代史学家共同体一道构造一个多层面性和多维度性的学术思考环境,共同推动历史学科的革新。这般彰显跨学科的思维与视野的思考与行动,实则体现的是历史学的进步。依笔者管见,叙述一个个单数或复数传主的多样化经历和独特体验,必然造就一个研究视角多元化、历史观点多样性、历史意义丰富性的社会语境,经过时间的汰洗,一部分正确的观点和方法必将被保留下来,而后在学术共同体的努力下得到发展和升华,从而生产出有益于构建新的社会共识及其文化语境的历史知识。必须承认,新传记史学家为融合各种新理论和新史学所做出的努力,以及由此所彰显的多元互动的文明史观,为21世纪处在十字路口的历史研究开启了新的视角,不仅有利于更新历史证据观,拓展并深化人们从文明的视角去看待历史的演变,而且促使人文社会科学的学者们进一步思考当下的世界局势,更加重视知识重构的问题,以筹划未来的行动,从而有利于建构适应新世纪需求的时代文化,塑造新时代的人文精神。

再次,西方新传记史学以文化记忆概念及理论为导向,具有鲜明的新时代问题意识的特征。众所周知,19世纪以来的传统历史人物传记书写主要是面向市场和普通读者,常常是应出版社的邀约而书写,因而以道德示范或道德垂训和可读性为导向的意图十分明显。然而,身处大众化时代的新传记史学家的书写目的则在于表明历史学作为一个学科的独特性,捍卫历史学科存在的合法性和正当性,提升大众的历史感知力,培养大众的历史思维能力。因此,他们在预设其理想的受众之时,在叙事策略上往往对历史学同行和普通读者采取一视同仁的态度。新旧传记史学二者在预设理想受众的这个层面上所体现出来的显著差别,从根本上说,是新传记史学家的问题意识革新——往往与世界观、价值观及全球伦理道德观的变化紧密相连——的一个必然结果。在此,值得注意的是,"价值观"和"全球伦理道德观"不仅是新传记史学家在其研究文本中明确表达的一个要旨,事实上而且是当代西方历史学家共同体在其历史书写过程中力图阐释的对象。窃以为,历史学家的价值观和全球伦理道德观问题是我们在西方史学史研究中必须高度关注的研究对象。这标志着自20世纪60、70年代以来,西方人文科学研究从认识论转向了价值论。有学者针对这一转向,指出价值兼具主体间性和客体间性:"批判实在主义者否认价值是我们投射到一个无意义的'祛魅'世界的'主观'之物;相反,价值源于我们与这个世界和他人之间实实在在的互动。它们既具有主体间性,也具有客体间性。"①一方面,新传记史学家抛弃了传统传记史学家把社会精英人物的自传、回忆录及口述史视作重建历史事实的重要材料的做法,而是以文化记忆概念及理论为导向,把它们视为一种文化记忆,认为这些文本所呈现出来的过去是一种选择性的过去,因而有必要在"选择性"上下功夫。在致力于建构传主身份认同(有时是多重性的身份认同)的同时,以解释或阐明其背后发挥作用的(社会)文化权力体系为己任。另一方面,新传记史学家认为现代史学的功能在于为社会现实生活服务,因而坚信书写新型的历史人物传记是构建适应全球化时代需求的现代文化的重要途径之一。

从历史认识论的层面上来说,新传记史学家大都深受解构主义理论和新马克思主义批判理论的影响,意识到日常生活经验是认识和理解世界最可靠、有效的路径,坚信人不可能跳出自身的视角,只能从自身的境域(私人世界)出发来认识周遭世界这个普遍境域。因而,他们通常选择普通人(常人)作为叙述的传主,以表现历史上某个具体的人或特定的群体在某个特定的历史时刻或时段那活生生的、具体的生活经验为核心内容,主要通过考察他们在具体的或者特定的历史情景中的生活体验或认知方式,即历史上的不同范畴、不同类

---

① [美]菲利普·S.戈尔斯基:《规训革命:加尔文主义与近代早期欧洲国家的兴起》,李钧鹏、李腾译,北京师范大学出版社,2021年,第35页。

型的人看待和感知世界的方式,来呈现他们与所处历史时代的交互性关系,揭示人的自由意志及其选择性行动,同时揭示对人起到影响甚至塑造作用的、或隐或现的制度和体制(结构)及其运作方式,以此展现人类历史演变的多样性、复杂性及不确定性,并反抗各种形式的历史决定论和支撑西方文明的普遍真理与客观真理的历史宏大叙事。新传记史学家渴求通过与作为个体和群体的各种类型的历史人物展开跨越时空的、平等的、开放的对话,围绕人的自由意志、束缚与责任、伦理与道德、智慧与判断等诸多核心问题,通过阐明传主人生历程中的某个重要时刻去探寻历史动因,理解人存在的意义,这不仅是对事件史和体验史/经验史的重新认识,也是对历史学科独特性的申辩。尤其是投身于书写自我史的历史学家,他们从根本上视自我为历史学家群体中的一个自律的主体,更具彻底的自我意识或思维能力,故而采取不断反思的方式,革新自身的历史问题意识、研究方法及叙事策略。他们不仅仅是在历史编纂学意义上进行整体性的反思,即,重新思考用于叙述人类个体经验以及他们共同的历史概念和认知框架;更重要的是在自我历史意识的养成意义上进行个体性的反思,即,强调作为历史学家的"自我"的主体性和历史性,以生成一种关于20世纪历史的知识,亦即重写20世纪史。

无论是整体性的反思还是个体性的反思,实质上都蕴含着价值观和全球伦理道德观的革新。故此,当新传记史学家书写有别于自我史的个体传记和群体传记时,必然关涉移民、性别、阶级、种族、跨种族、信仰、教育、服饰、家具、日常生活等诸多具体的历史问题,于是便向我们生动地呈现了诸如个体记忆、群体记忆、同情式想象、历史表现、历史经验、叙事策略、史料格式化等诸多理论取向是如何得以重新思考并实践的。毋庸置疑,书写人物传记的专业历史学家均坚信,历史研究的价值和历史学作为一个独立学科的地位之稳固及提升,均取决于历史学家共同体能否敏锐地意识到自身所处时代的根本性变化，并根据这些变化向已经成为过去的历史提出诸多崭新的问题，以及探究可能的解决方案，尝试由此塑造崭新的时代精神，从而达到运用历史来建构人类命运共同体的目标。

最后，新传记史学十分注重历史知识生产的传递方式，其叙事策略可视为一种理解性的史学范式。新传记史学家们深知，他们的传记研究文本不仅要接受同行的学术审查及批评，而且更重要的是，有必要获得广大普通读者的认可。因而，他们在叙事策略上自然就把可理解性放在首要位置，通常选择采取一种可能性的开放式叙述手法，意图与两个不同的受众群体展开多层次的对话。从 21 世纪以来出版的新传记史学文本来看，越来越多的新传记史学家依然在不断地探索着历史知识的传播方式，为捍卫人的尊严和价值而努力彰显文、史、哲、艺融通之审美意蕴，把新的历史人物传记书写视作探索 21 世纪新人文方案的一个实践路径。一是新传记史学家通过将对历史语境的宏观分析与对传主的微观分析结合起来，以期修正、补充、丰富我们对历史的理解，更进一步说，试图更新那些为大众所熟知的历史知识，并由此类比性地思考当下的现实生活，构建以新的社会共识为核心内容的当代文化。二是新传记史学家倾向于追求文、史、哲、艺的融通，通常以特定的叙事策略——主要采取情节化的叙事模式——将社会的、政治的、文化的、经济的线索编织到一个颇有说服力的解释框架中，以期激起读者的共鸣、唤起读者的想象张力，以及对自我建构或自身处境的感悟和深度思考，甚至期待能够促使读者积极地借助自己过往生活经验的联想去填补历史学家似乎没有充分表达出来的那些空白——有些是新传记史家有意而为之的留白或模糊处理（制造想象空间），由此邀请读者一道参与历史的重构，因而在叙述上显示出一种极强的对话性。三是在叙述手法的故事讲述（storytelling）层面，新传记史学家常常采取一种可能性的开放式叙述手法，以及文学上的类比手法，偏重于细节描写和解释，使文本具有极强的对话性。实质上,把对话作为历史书写的一个要素,本身就彰显了文明史观的要义。总体而言,新传记史学家在以文学性叙述和历史分析为书写特征的框架内,重构交织着公共事件、政治制度、社会结构和经济结构变化的人类历史。

整体而言,西方新传记史学具有十分鲜明的历史学科及时代问题意识,彰显出基于人性关怀的反思性和思辨性。新传记史学家们关切的是全球化时代的人们应该如何应对和解决由现代性所带来的迷茫感或混沌感,关切的是全球化进程中的个人和群体的处境。窃以为,兴起于20世纪60、70年代的西方新史学与以兰克学派为代表的传统史学的根本性区分在于:新史学力主书写以具体的个人和特定的群体为主体的历史,而传统史学追求的则是书写以民族国家为主体的历史。书写人的历史,尤其是书写关于某一具体的个人和某一特定的群体的历史,从根本上说,实则维持了历史知识对独特性、个体事件的研究兴趣,而非社会科学旨在对一般性或原则性的探究。换句话说,在新传记史学家的心目中,历史的意义存在于个别的事件之中,存在于具体的人物之中。新传记史学作为新史学的一个分支,它在理论视野上大大突破和超越了传统传记史学的研究框架,从而开辟了一个崭新的理论平台;它在方法论层面上所展现出来的对某一特定历史主题的叙事策略,以及学科交叉特性和新史学分支整合性,是对史学思想的一种前沿探索,显然已经成为一个行之有效的历史分析工具。

20世纪初,美国历史学家威廉·罗斯科·塞耶(William Roscoe Thayer,1859—1923)在批判依照进化论的基本原则而书写的、以体现线性时间观为主旨的大写历史时,坚定地提出历史学家应该将自己的研究转向传记:"我们最持久的兴趣是我们自身。……我们转向传记是为了聆听人类的声音,如果可能的话,看一看人类的双眸,确保那些曾经打造男男女女的激情事件再度点燃生活的激情。"①20世纪40年代,对后世世界各国的历史学家们的治史观念产生了重大影响的英国哲学家、历史学家、考古学家柯林伍德强调:"历史学是'为了'人类的自我认识……历史学的价值就在于,它告诉我们人已经做过了什么,因此就告诉我们人是什么。"②今天,新的历史传记书写的关切点不再局限于精英人物或公共人物在历史上的作用或者他们之于社会进步、人类文明发展的重要性,而是通过聚焦于各种类型的传主之言说与行动,审察和反思人的自由意志及人性、人心在广阔的社会历史画卷上留下的印记,以便于深化人们对人类自身文明历史的理解,以及对人性、人心的认知。在实践着的新传记史学家心目中,历史人物传记那极富温暖亲切感的"人味"(human touch)是克里奥女神永远熠熠生辉的基本特征。年鉴学派的创始人之一、法国著名历史学家马克·布洛赫(Marc Bloch,1886—1944)在献给另外一位学术合作伙伴吕西安·费弗尔的书中充满感情地说道:"长期以来,我们曾共同致力于拓宽历史学的领域,为了使历史学更富有人性而并肩努力。"③事实上,早在1843年,马克思就在驳斥布鲁诺·鲍威尔关于宗教解放问题的错误观点——《论犹太人问题》一文——时明确地指出,只有当抽象的人格回归到现实的个体自身当中时,人的解放才得以完成。西方新传记史学把生活于具体时间和特定空间中的具体的人和人群作为自己的研究对象,关切他们的生活及命运,描述他们具体的生活经验或体验,探究他们是如何成为主体的历史的,从而让那些出现在传统历史文本中的冷冰冰的数字回归具体的个体和群体,回归鲜活的生命。换言之,西方新传记史学家回归并复兴了柯林

---

① William Roscoe Thayer,"Biography," *The North American Review*,Vol. 180,No. 579,Feb. 1905,pp. 264-265.
② [英]柯林伍德:《历史的观念》(增补版),何兆武、张文杰、陈新译,第11页。
③ [法]马克·布洛赫:《历史学家的技艺》,张和声、程郁译,上海社会科学院出版社,2019年,第6页。

伍德所建构的历史学之性质、研究对象及意义：历史学是一门人性的科学，它的研究对象是人类有目的的行动，故而，研究历史是为了人类的自我认识。

第二章
发掘与突破:"无名氏"个体传记书写

> 他们无法表述自己,他们必须被别人表述。①
>
> ——卡尔·马克思

> 最令人激动、最有创意的历史研究,应该通过个别事件挖掘出前人的人生体验和当时的生存状况。这类研究有过不同的名称:心态史、社会思想史、历史人类学或文化史(这是我的偏好)。不管什么标签儿,目的是一个,即理解生活的意义:不是去徒劳地寻找对这一伟大的哲学之谜的终极答案,而是从前人的日常生活和思想观念中去探求和了解前人对此问题的回答。②
>
> ——罗伯特·达恩顿(Robert Darnton)

毋庸置疑,历史研究的对象是社会场域中活生生的人。在1725年出版的《新科学》(全名为《关于各民族的共同性质的新科学原则》)一书中,意大利学者詹巴蒂斯塔·维科(Giambattista Vico, 1668—1744)提出了彼时被视为"异端"的一个重要观点:人是自身历史的创造者。其实,在西方史学史的长河中,"活生生的人"长期以来在历

---

① [德]马克思:《路易·波拿巴的雾月十八日》,《马克思恩格斯选集》第1卷,人民出版社,1976年,第629页。
② [美]罗伯特·达恩顿:《拉莫莱特之吻:有关文化史的思考》,萧知纬译,华东师范大学出版社,2002年,第6—7页。

史编纂中被化约为精英阶层和社会名流,特别是被化约为占据社会统治地位的政治精英或军事上的伟大人物。因而,自历史学在现代学科体系中拥有了一个合法的地位以来,传统历史学家们基本上都认为是伟大人物推动了人类社会的进步。严格地说,这种伟人史观自从罗马帝国早期的文学家、散文家普鲁塔克(Plutarch,约46—120)书写了对后世影响深远的《希腊罗马英豪列传》(又称《希腊罗马名人传》)以来,经过19世纪唯心主义认识论和历史主义理论的塑造,已内化于绝大多数现当代人的历史意识之中。回顾历史学职业化——以历史学科的建置、现代史学共同体的诞生、历史学科方法论的自觉为主要标志——的历程,虽然说"19世纪是历史学的世纪"这一论断有些主观,但是历史学职业化的稳步推进始于19世纪则是确凿无疑的事实。在这个过程中,历史学不断地模仿自然科学,把精确性、科学化作为自身的理性追求目标,对各种档案和官方文献的完备性要求很高,而且甄别与分析的工作也做得很细致。1804年,德国在确立第一个历史学教席之际,其所强调的历史学家"必须满怀纯粹的真相意识"[①]的主张逐渐成为一种专业共识。1859年,西方世界的首个历史学专业期刊《历史杂志》(*Historische zeitschrift*)——由被后世称为"近代历史学之父"的德国柏林大学教授利奥波德·冯·兰克(Leopold von Ranke,1795—1886)的弟子海因里希·冯·西贝尔(Heinrich von Sybel,1817—1895)——在慕尼黑创办,并很快影响并带动法国、英国、美国等先后创办了历史学专业刊物。在这些学术期刊上公开发表的原创性论文,主要关注的是体现意识形态和爱国价值观的政治史、军事史及外交史。

此外,在这三个我们今天统称为政治史(传统史学)的书写实践中,当时对西方史学界极具影响力的兰克及其学派极力提倡描写"具

[①] 范丁梁:《19世纪德国历史主义史学的学科塑形力》,《江海学刊》2018年第4期。

有巨大内在力量的伟人"①。于是,历史上某个特定的男性大人物(great man)便顺理成章地成为19世纪西方传记史学研究的理想对象。例如,德国柏林大学的语文学教授约翰·古斯塔夫·德罗伊森(Johann Gustav Droysen,1808—1884)书写的《亚历山大大帝传》于1840年出版,而他本人也正是在这一年从柏林大学转到了基尔大学,并且成功地转型为"一位研究领域扩展到中世纪、近代和当代的历史学家(Historiker)"②。在新民族主义和唯心主义认识论的主导下,名人或者说伟人成为历史学的合法研究对象。"历史是自由的、有目的的人类行动之场景。……历史学家并不关注人类生存的整个领域,而是聚焦于决策者身上,聚焦于制定和执行政策的精英人物。一种贵族式的偏见支配了历史研究。大众的历史、日常生活史和大众文化史都不具有历史价值,唯有意识领域才是历史学家的合法关切点……历史研究无数个体的具体的动机和行为……因此,历史是关于独特性的科学,叙事的表现形式最适合它。"③20世纪初,兰克及其学派的政治史书写范式在西方世界遭遇了重大挑战。在主张研究文化史的另外一位德国历史学家卡尔·兰普雷希特(Karl Lamprecht,1856—1915),以及主张拓宽历史研究领域和研究对象的法国历史学家亨利·贝尔(Henri Berr,1871—1954)、美国历史学家詹姆斯·哈维·鲁滨逊(James Harvey Robinson,1863—1936)等人的激烈批判下,政治史、军事史及外交史的地位开始动摇。此时,历史人物传记研究也开始引入了心理学的分析方法,少数历史学家由此转向了心理传记的书写。然而,虽然心理传记着力于探究传主的人格类型,以解释传主的各种行动之动因,但是直至50年代末美

---

① 田汝康、金重远:《现代西方史学流派》,上海人民出版社,1982年,第20页。
② 吕和应、冷金乘、李玥彤:《德国现代史学》,四川人民出版社,2019年,第102页。
③ Georg G. Iggers and Harold T. Parker, *International handbook of Historical Studies: Contemporary Research and Theory*, Greenwood Press, 1979, p.4.

国精神分析学家爱利克·埃里克森(Erik Erikson，1902—1994)书写的心理传记《青年路德》出版，传主的主体身份仍然未变，即，历史上的男性显要人物(personages)这一事实并未得到根本性的改变，这表明传记史家仍然秉持名人史观或伟人史观，承袭了"从上向下"看待历史的思维模式。

鉴于此，尽管美国历史学家塞耶称心理传记为"新传记"，但是这种心理传记史学在本质上仍然属于传统传记史学的范畴，强调的是传主自我身份意识的统一性。从历史认识论的角度来看，在传统传记史学家的心目中，历史(特别是民族历史)乃为身份显赫的男性大人物所创造，书写他们的人生故事就是在书写某段具体的历史。从史学方法论的角度来看，政治、军事及社会显要人物的一切行动几乎都可以在官方档案馆里得到查证，不必为其真实性而担忧。然而，对于绝大多数女性和各种男性"小人物"而言，他们被认为在历史上处于附属地位，他们的所作所为、所思所感也往往无从查证，因而常常用一个个冰冷的数字来统摄他们。他们的人生故事也往往只能由文学家采取虚构的手法进行讲述。换句话说，他们是一群没有历史的人。在以民族国家为单元建构的传统史学叙述中，"民族以人民的名义兴起，可是授权民族的人民却不得不为了他们自身的主权而被再造"①。卡尔·马克思在 1851 年至 1852 年间书写的《路易·波拿巴的雾月十八日》中郑重地指出："他们无法表述自己，他们必须被别人表述。"从历史学的角度观之，若要使"无法表述"的他们拥有自身的历史，就必须发掘和重建他们在历史上的主体性身份。从现代学科分工的这一视角来看，讲述没有历史的人在历史中如何生活的这一任务自然最适合由历史学家来完成。

---

① Prasenjit Duara, *Rescuing History from the Nation: Questioning Narratives of Modern China*, University of Chicago Press, 1995, p. 32.

随着20世纪30年代经济危机的迅猛蔓延及法西斯主义的兴起,这种传统的男性历史显要人物传记书写范式失去了合理性和正当性,紧接着很快就在第二次世界大战结束之后兴起的新史学语境中遭遇了"滑铁卢"。简而言之,西方历史学家的史学观念在"二战"后发生了根本性的变化,即西方马克思主义史学所倡导的"由下而上"的历史研究取向逐渐获得了主导地位。"必须被别人表述"的"他们"逐渐吸引了历史学家的目光,成为历史学家关切的对象。

一、新的主体

柯林伍德指出,历史学在本质上是一种探究,但是这种面向人类过去的探究必定是在现实世界的刺激下发生的。自20世纪60、70年代以来,在目睹或亲历了席卷西方世界的一系列社会运动之后,社会运动是大众政治工具的共识,这促使越来越多的西方历史学家深刻地认识到,要回答"何谓历史"这一问题,那么就应该将"谁的历史"这一问题置于首要位置,即,首先必须弄清楚谁是历史的行动者这一问题。1963年,享誉世界的英国新社会史学家爱德华·汤普森(Edward Thompson,1924—1993)发表的被称为具有"史学革命"意义的伟大著作——《英国工人阶级的形成》(*The Making of the English Working Class*),回答了"谁的历史"这一问题,即,通过聚焦于英国工人阶级这个群体的主观经验——共同的阶级意识的生发过程,来确认其为18世纪80年代至19世纪30年代这个新兴资本主义历史阶段的行动者,他们创造了工人阶级自身的历史。汤普森对英国工人阶级这一群体的研究,实现了他本人于1966年在《泰晤士报·文学副刊》上发表的论文《由下而上的历史》(History from Below)的视角转换,从根本上突破了聚焦于"上层人物的历史"的传统史学范式,大大拓展了历史中的行动者的定义,启发了西方新社会史学家们不断地发掘并细化历史上不同的人群和个人,关注并研究他们在社会关系网络中的位置和所思所想所为,希冀更充分地展现历史的复杂性和多面性。此外,《英国工人阶级的形成》为"二战"后的英国工人阶级提供了一种归属感和认同感,表明历史研究或书写具有促进自我认同的社会功能。《英国工人阶级的形成》自出版以来,至今仍然好评不断,许多西方历史学家和人类学家都承认它为自己意欲开展的由下而上的研究指明了方向,树立了榜样。可以说,在《英国工人阶级的形成》一书的影响下,芸芸众生开始进入历史学家和人类学家的研究视野,在各种新史学研究范式中拥有了历史主体身份。

80 年代初,美国人类学家埃里克·沃尔夫(Eric Wolf,1923—1999)在完成了《欧洲与没有历史的人民》之后反思道:"我们再也不能仅仅满足于只书写一种'胜者为王'的历史,或者只满足于书写被支配族群的屈服史了。社会史学家和历史社会学家已经表明,普通大众虽然确实是历史过程的牺牲品和沉默的证人,但他们同样也是历史过程的积极主体。因此,我们必须发掘'没有历史的人民'的历史——'原始人'、农民、劳工、移民以及被支配的少数族群的鲜活历史。"[①]就在新文化史学在 80 年代末形成之时,越来越多的西方历史学家将注意力转向了新的行动者,挖掘在过去的"正规"历史叙述中了无身影,不能发出声音的人群。面对新的历史行动者,新文化史学家进一步突破传统史学关于精神世界与物质世界之间的二元划分思维模式,竭力将二者结合为一体进行探究。就是在新文化史学声望日隆的 90 年代,美国著名法国史专家莎拉·马札(Sarah Maza)以诘问的口吻提出历史学家应该本着人性的、平等的精神来对待历史上

---

① [美]埃里克·沃尔夫:《欧洲与没有历史的人民》,赵丙祥等译,"前言",上海人民出版社,2006 年,第 2 页。

那些被"正规"历史遮蔽的行动者,"过去绝大多数人没有物质和教育资源,没有办法记录下自己的梦想或不满;但难道他们的故事不也应该被述说,难道他们愤怒和蔑视的姿态、他们令人困惑的信仰,不应该被认真对待吗?"①

众所周知,20 世纪爆发的两次世界大战,给人类带来了深重的灾难,促使历史学家们不得不深刻反省现代性的宏大叙事,认识到启蒙时期所确立的人类拥有一种不断从一个中心迈向共同进步的历史不过是理性的虚妄,线性的进步主义历史观根本就站不住脚。随着"二战"后一系列新兴民族国家的诞生,尤其是 60、70 年代民权运动和妇女解放运动的兴起及不断高涨,后现代主义思潮中的解构主义理论关于去主体化和社会建构的探讨,以及对以民族国家为中心的宏大叙事及单一的白人男性叙事的强烈批判和解构,对历史学家的思想观念产生了强烈的冲击,他们开始检视和反思 20 世纪 20 年代末以来建构并主导西方历史学话语体系的法国年鉴学派。结果,他们发现年鉴学派对人类社会结构及其演变过程的过度强调,致使个人和事件在历史上的地位和作用被隐匿,人的价值遭到贬抑,导致历史学几乎丧失了其合法性与独特性。尽管吕西安·费弗尔承认并强调"人们是历史学的唯一对象",但是必须注意的是,他指称的这个唯一对象是作为复数形式的人类,或者说是抽象的人类,而非历史上一个个具体的、有血有肉的人。"历史学的对象是集体性的:'不是单个人,再说一遍,从不是单个人。而是人类社会,是有组织的群体。'"②

部分历史学家发现年鉴学派第二代领军人物费尔南·布罗代尔(Fernand Braudel,1902—1985)在"二战"后所倡导的长时段理论,以及年鉴学派所推崇并实践的结构史学蕴含着浓厚的保守意识或者

---

① [美]莎拉·马札:《想想历史》,陈建元译,时报文化出版社,2018 年,第 52 页。
② 转引自[法]安托万·普罗斯特:《历史学十二讲》,王春华译,北京大学出版社,2012年,第 131 页。

说甚至是悲观意识，反而使其自身走向了他们一直以来所排斥的传统政治史的另外一个极端，这种情形不仅不利于对人类历史的全面认识，而且还阻碍了历史学作为一个独立学科的发展。对此，作为年鉴学派的第三代核心人物，雅克·勒高夫在70年代主编《历史研究》时对此就有着清醒的认识，他开宗明义地说道："对于我们来说，史学革新集中在三个方面：新的研究问题对史学本身提出了疑问；新的研究途径改善着、丰富着或彻底变更着史学的传统领域；在史学认识论范围中则涌现出一系列的新对象。"①确实，正是在60、70年代"史学革新"的反思氛围中，有不少历史学家在马克思主义唯物史观的指导下，把目光转移到物质力量和处于社会下层的广大人民群众身上，然后在此基础上提出了从历史的最底层往上看的观点，并由此开辟了新社会史研究领域。在新社会史秉持的由下而上的史学观念的观照下，微观史、日常生活史、妇女史等各种新史学纷纷兴起，过去被视为普通人或边缘人的男男女女在这些新史学中拥有了一席之位，特别是在微观史学和妇女史学之中。故此，学界普遍认为历史学在这个时期开始呈现出民主化、多元化、大众化的新趋势，进入了一个崭新的史学发展阶段，为从历史的角度看待、理解和书写新的人物传记创造了一个良好的学术氛围。90年代初，以书写普通人或者边缘人中的个体生命经验故事的新传记史学兴起，这表明新传记史学首先在研究对象上实现了视角的转换，把发掘新的传主视为重新发现（具体的）人的重要手段。众所周知，这些普通人或者边缘人一直遭到传统传记史学的漠视和压制。

今天，当我们阅读西方新传记史学文本时，首要的冲击力便是来自被美国女性主义史学开创者格尔达·勒纳（Gerda Lerner，1920—

---

① ［法］雅克·勒高夫、皮埃尔·诺拉主编：《史学研究的新问题、新方法、新对象：法国新史学发展趋势》，郝明玮译，社会科学文献出版社，1988年，第3—4页。

2013)所指称的一个个"无名氏"传主,即,上文提到的普通人或者边缘人群体中的个体,继而才是作为陌生化叙述和分析处理的传统传记史学文本中的显要人物传主。我们观察到,在"传记转向"发生的90年代,最初的"无名氏"传主是历史上长期处于"失语或沉默状态的"女性,她们属于"必须被别人表述"的重要对象。而且,令人瞩目的是,率先为这些女性书写个人传记的历史学家也是女性群体。在这些女性历史学家书写的新传记史学文本中,以往只能在历史编纂学中充当注脚的普通女性和边缘女性个体化身为一个个新的历史主体,从而与传统传记史学文本的传主个体——历史上的显要人物(包括女性)——形成鲜明的对照。当然,我们在这里必须很快补充说,被视为普通人和边缘人的男性个体也很快就顺理成章地进入了这些女性历史学家的研究视野。毋庸置疑,倘若要为这些历史上默默无闻普通人和遭到贬抑的边缘人作传,便意味着要将他们作为个体的私人故事转变为历史,即要思考如何将私人性建构为公共性。从书写实践的操作层面来看,新传记史学家首先要解决的问题是:作为"无名氏"个体的她或他何以能够成为新的历史主体?对这一问题的回答,必然关涉新传记史学家预设的一个认识论前提:人类学和社会学的研究告诉我们,在日常生活中,恰恰是普通人——而非精英人物——最能够集中反映一个社会的普遍问题。

我们这里仅以美英两国的四位女性新传记史学家和一位男性新传记史学家书写的"无名氏"个体传记史学文本为例。其一是于1991年荣获普利策奖、由哈佛大学历史系教授劳雷尔·撒切尔·乌尔里奇(Laurel Thatcher Ulrich)书写的《一名助产士的故事:1785—1812年玛莎·巴拉德日记下的生活》(*A Midwife's Tale: The Life of Martha Ballard, Based on Her Diary, 1785-1812*)(下文简称"《一名助产士的故事》")。其二是于2006年荣获林肯奖、由纽约大学历史系教授玛莎·赫德(Martha Hodes)书写的《船长的妻子:十九世纪真实的爱情、种族和战争故事》(*The Sea Captain's Wife: A True Story of Love, Race, and War in the Nineteenth Century*)(下文简称"《船长的妻子》")。其三是 2007 年出版并入选该年度《纽约时报》十大畅销书、由英国国家学术院研究员(现任教于普林斯顿大学历史系)琳达·柯利(Linda Colley)书写的《她的世界史:跨越边界的女性,伊丽莎白·马许与她的十八世纪人生》(*The Ordeal of Elizabeth Marsh: A woman in the World History*)(下文简称"《她的世界史》")。通过三位女性传记史家的发掘,"一位沉默的女助产士"——玛莎·巴拉德(Martha Moore Ballard)、一位普普通通的白人女工——尤妮斯·康纳利(Eunice Connolly)及"一位非凡但却不为人所知的妇女"——伊丽莎白·马许(Elizabeth Marsh),进入了我们的视野。其四便是荣获 2004 年美国历史学会设立的莫里斯·D.福克奇奖(The Morris D. Forkosch Prize)、由英国布里斯托大学历史系罗伯特·毕可思(Robert Bickers)教授书写的《帝国形塑了我:漂泊在上海的一个英国人》(*Empire Made Me: An Englishman Adrift in Shanghai*)(下称"《帝国形塑了我》"),为旧上海工部局巡捕房的"一个无名小卒"——英国警察理查德·莫里斯·廷科勒(Richard Maurice Tinkler)——作传。最后一部是 2005 年出版的、近年来为国内学界所熟知的英国学术院院士、牛津大学东方系教授沈艾娣(Henrietta Harrison)所书写的《梦醒子:一位华北乡居者的人生(1857—1942)》(*The Man Awakened from Dreams: One Man's Life in A North China Village, 1857‐1942*)(下文简称"《梦醒子》")一书,让中国山西省一位"相对不为人所知"的下层男性知识分子刘大鹏很快就成为学界和普通读者共同关注的对象。

　　这里需要特别指出的是,或许是意大利微观史学自 80 年代以来在国际史学界影响巨大的缘故,抑或是国内学界不时冒出一种给学术研究贴上某种标签的冲动或倾向,目前国内有部分学者把《她的世界史》和《梦醒子》视作微观史著作,更有人根据美国汉学家欧阳泰(Tonio Andrade)以他的老师史景迁书写的《王氏之死:大历史背后的小人物命运》(The Death of Woman Wang)、《她的世界史》及戴维斯书写的《行者诡道:一个 16 世纪文人的双重世界》(Trickster Travels: A Sixteenth-Century Muslim Between Worlds)(下文简称"《行者诡道》")为典范,提议书写一种"全球微观史"(global microhistory),即倡导将微观史和人物传记的研究方法结合起来探索全球史的书写①,于是就把《她的世界史》视作一部全球微观史学著作。② 对此,笔者认为有必要做一点说明。通常而言,作为新史学的一个分支,微观史学的研究旨趣主要表现为对具体而微的个人境况及其命运的关注,以反抗过去那种体现启蒙历史取向的以重大历史事件为主题的大写历史。正是在这一点上,显而易见,新传记史学范畴中的"无名氏"个体传记书写与微观史学产生了交集。然而,本章所提及的五部新传记史学文本,它们最鲜明的特征是围绕着某个特定的历史主题来讲述传主的个体生命故事,更加强调被宏大叙事所忽视的传主作为历史行动者的自我意识之觉醒,以及在传主的自我意识觉醒过程中存在着的种种可能性。笔者把这种紧扣某个特定的历史主题而完成的人物传记研究称为"主题传记"。何谓"主题传记"? 顾名思义,就是讲述历史上作为单数或复数的人物的生命故事,以探究和阐明历史上的某个主题。具体地说,就是新传记史学家通常预先确定某个具体的主题,然后通过讲述能够阐明该主题的某个(类)具体的历史人物的生命故事,细节化地、深入地展现传主的惯习和场域,意图改变或深化读者对该主题的理解和认知,从而生产新

---

① "A Chinese Farmer, Two African Boys, and A Warlord: Toward A Global Microhistory," *Journal of World History*, Vol. 21, No. 4(December 2010), pp. 573-591.
② 蒋竹山:《探寻世界的关联:全球史研究趋势与实践》,载于《历史研究》2013 年第 1 期。

的历史知识。

作为一种新型的历史传记,"主题传记"的要旨在于探究历史上或者历史学的某个主题,因而对传主人生故事的讲述不再拘泥于从出生到坟墓的线性叙事框架,而是根据阐明主题的需要而做出时段上的抉择,有时可能仅仅需要聚焦于传主人生中的某一时段。《一名助产士的故事》和《船长的妻子》的主题是社会权力网络,《她的世界史》的主题是全球化与帝国主义扩张,《帝国形塑了我》的主题是帝国(海外)统治-管理机制,《梦醒子》的主题则是现代化。柯利在《她的世界史》一书的序言中阐明了她的个人史书写主旨:"伊丽莎白·马许在世的期间,正好是世界历史上一个独特的、变动剧烈的阶段,各个大陆与大洋之间的关系,以各式各样的方式拓宽,并发生改变。这些全球景观的变化,一再形塑、扭转伊丽莎白·马许个人的生命进程。因此,本书既要在一个人的生命之中勾勒世界,也要在世界之中描绘一个人的人生。这也是在重新打造、重新评估传记的价值,将传记作为深化我们了解全球过去历史的一种方式。"① 有趣的是,沈艾娣也认为她书写的是现代化这一主题之下的个人(传记)史。鉴于有西方学者将《梦醒子》视作微观史学文本,沈艾娣在《梦醒子》的中文版序言中特地声明:"事实上,《梦醒子》并非典型的微观史。"② 根据沈艾娣与赵世瑜的对谈,她曾经打算把国家精英作为博士论文的研究对象,由此书写一部伟人传记。然而,她的导师、牛津大学中国研究所的科大卫(David Faure)教授建议她书写一部以边缘人物为研究对象的个体传记。最终,她接受了科大卫的建议,选择中国近现代历史上的一位普通人——刘大鹏——作为自己的研究对象,试图通过讲述

---

① [英]琳达·柯利:《她的世界史:跨越边界的女性,伊丽莎白·马许与她的十八世纪人生》,绪论,卫城出版/远足文化事业股份有限公司,2022年,第40—41页。
② [英]沈艾娣:《梦醒子:一位华北乡居者的人生(1857—1942)》,赵妍杰译,北京大学出版社,2013年,中文版序,第3页。

刘大鹏的生命故事来探讨现代化这一议题。①

根据法国当代著名社会史家安托万·普罗斯特（Antoine Prost）的观点，历史上有三种类型的个人是历史学家心目中的理想传主："要使历史学对某个人感兴趣的话，这个人必须像人们所说的那样，有代表性，他代表了许多其他人，或者他必须对其他人的生活与命运真正产生了影响，抑或他必须因其自身的独特性而突显出某个特定时代的一个群体的常态与习惯。"②普罗斯特在这里所提及的"必须对其他人的生活与命运真正产生了影响"，指向的正是传统传记史学家的历史认识，即，认为伟人或名人创造了历史，或者说伟人或名人对人类历史的进程产生了重大影响。在传统传记史学家的心目中，由于伟人或名人的称谓本身就表明了他们在历史上的显要地位，因而人物范畴化遵循的显然是一种命题逻辑。然而，新传记史学家对"无名氏"小人物个体的发掘，体现的则是以"代表性""独特性"或"吊诡性"为标准的思考取径，遵循的是一种问答逻辑。勒纳所指称的"无名氏"便是一种将人物范畴化的方式，主要针对的是被以前的历史学家选择性遗忘的那些作为普通人和边缘人的女性。她最初怀着社会性别平等的价值理念，决意要为她们争取到在历史上的一席合法之位。不言而喻，勒纳所使用的"无名氏"这一修辞，标识的正是新传记史学与传统传记史学的一个显著区别。

作为一名拥有专业技术才能的女性助产士，玛莎·巴拉德为何没能在任何公开场合发表她本人的工作成就，甚至她关于妇产科及医疗制度的诸多专业见解，而是选择默默地将它们记录在日记里，然后再小心翼翼地保存起来？以这一不起眼但却非常具体的问题为导

---

① 《沈艾娣赵世瑜对谈〈梦醒子〉：时潮激荡，下层士绅如何自处》，澎湃"私家历史"，2015年9月18日。
② ［法］安托万·普罗斯特：《历史学十二讲》，王春华译，北京大学出版社，2012年，第131—132页。

向，乌尔里奇教授查阅了大量的相关资料，得知生活在 18 世纪后期至 19 世纪早期北美新英格兰缅因州牛津小城镇的巴拉德，是那个时代拥有一定专业技术的女性群体中一位颇具代表性的人物。乌尔里奇意识到，讲述巴拉德的个人生命故事，可以窥探到美国工业革命时期的女性（尤其是拥有专业技术的女性）在家政和当地市场经济中的地位、婚姻及性关系的本质，探索当时当地医疗实践的许多细节，从而让我们得以审视这一历史时期新英格兰地区的医疗保健体系和社会控制机制的运作方式，审查它们是如何操弄性别观念对女性主体意识及其身份认同的。紧扣这一主题，乌尔里奇教授采用"代表性"为主要标准去发掘新传主巴拉德，并建构其身份。玛莎·赫德的思考逻辑与乌尔里奇别无二致。为了阐释 19 世纪北美新英格兰地区的"真实的爱情、种族及战争"，赫德也视代表性为发掘新传主的主要标准。她在导论中坦言，之所以发掘并选择将尤妮斯·康纳利这位 19 世纪中后期北美新英格兰地区普普通通的白人女工作为自己的研究对象，是因为女性个体的生命经历作为一种客观存在，可以真正起到见微知著的效果，具有鲜明的代表性。一言以蔽之，"她的生活细节就是 19 世纪许多其他女工的生活细节"，而且，更为重要的是，她的私人生命故事尤为适合探讨美国历史的若干宏大主题——机会、种族主义、内战及自由。① 就 1735 年出生于伦敦的混血女性伊丽莎白·马许而言，她的个人生命故事与支撑不列颠帝国 18 世纪中后期海外殖民体系运转的皇家海军紧密相连。换句话说，琳达·柯利试图把书写女性个体传记作为考察和阐明不列颠帝国的全球扩张的一个取径，从而讲述一名普通女性的全球史故事。作为 18 世纪的一名普通女性，马许既被动又主动地跟随皇家海军舰队，她的足迹遍及

---

① Martha Hodes, "Introduction," *The Sea Captain's Wife: A True Story of Love, Race, and War in the Nineteenth Century*, Alfred A. Knopf Inc., New York, 1990, p. 18.

欧非美亚四大洲,亲历了全球化的早期阶段。柯利敏锐地观察到,在一个特殊的历史时段——全球化的早期阶段——游历四大洲的个人经历,使得马许身上呈现出一种吊诡性:"一方面是非常惊人地非典型,另一方面,她的人生又透露了非常多的事儿,奇特,而有代表性。"①在毕可思看来,廷科勒是大英帝国海外殖民体系中诸多边缘人群中的一员,是大英帝国众多仆人中的一个小人物,其代表性自然不言而喻。"上海是大英帝国生活的一个边缘社区……上海工部局巡捕房的警察是边缘人群……这是一部书写无名小卒的传记……殖民地显赫人物的传记已经不计其数……殖民地的男男女女臣民需要发出声音,需要留下自己的名字和活生生的历史。"②沈艾娣则在此基础上进一步指出,发掘历史上曾经存在过的一个真实而又具体的小人物,本身就是对某个具体的历史时段的大众生活样态的考察,这是一个极具价值的学术行动,同时也是历史学家义不容辞的一份社会责任。"对个人的关注不可避免地带来一个问题,即刘大鹏具备代表性么?答案显然是否定的。"那为何还要坚持为刘大鹏作传呢?"我之所以写他是因为我希望他作为一个真实的人——而非任何抽象的某个阶级或者某一类人的化身——能启发我们重新思考生活在 20 世纪中国的变革当中会是什么样子。"③也就是说,沈艾娣意图探讨的是 20 世纪中国的变革(现代化的路径)及其对普通人所产生的影响。

　　前两位新传记史学家发掘的新主体是普通人群体中的个体,而后三位新传记史学家发掘的新主体则是边缘人群体中的个体,特别是柯利和毕可思,均在其书写的历史文本中称两位传主为帝国的"局外人"。在笔者看来,当这五位新传记史家以"代表性""独特性"或

---

① [英]琳达·柯利:《她的世界史:跨越边界的女性,伊丽莎白·马许与她的十八世纪人生》,绪论,第 41 页。
② Robert Bickers, *Empire Made me: An Englishman Adrift in Shanghai*, p. 11.
③ [英]沈艾娣:《梦醒子:一位华北乡居者的人生(1857—1942)》,序言,赵妍杰译,第 6、7 页。

"吊诡性"为标准,决意发掘历史上真实存在过的五位具体的普通人或边缘人作为新的主体之时,他们的史学思想维度便从历史认识论转向了历史价值论。这一转向,尊崇的实则是社会生活的先在性,即,先有社会生活,而后才产生了理想,用以规范社会生活的所有理想规则无不脱胎于既有的社会生活。新传记史学家们关心的是活生生的个体及其命运,因而在选择传主时不再从典型性意义的角度进行思考。在西方史学史的视域中,这五位英美新传记史学家对新的(历史)主体的发掘,不仅是对传统传记史学家阐述的伟人史观的一种拒绝和否定,更是对国家权力、知识精英话语所主导的宏大历史叙事的一种质疑和挑战。从根本上说,反映的恰恰是五位新传记史学家对人类历史本身及历史学的学科性质的认知。首先,她(他)们认为人类历史本身就是多元的,并非是一个为某些概念框架或抽象理论所统摄的形而上的统一体。其次,历史学的核心要义就是一视同仁地关切历史上每一个真实的、具体的人及其命运,每一个普通人或者边缘人,也都是独特的人,其生命故事都值得讲述。最后,虽然历史知识常常以抽象的概念呈现在读者面前,但历史知识却主要源自由具体的人施行的具体行动。将具体与抽象有机地融合为一体,这正是历史学作为一门学科的独特魅力。

必须指出,上述五位新传记史学家发掘"无名氏"小人物作为新的主体的行动,并非创新之举。众所周知,发掘普通人或边缘人——被米歇尔·福柯称为"无名者"——作为自己的研究对象,是新社会史学家和微观史学家早在60、70年代就已经发起的开创性探究行动,即历史研究的眼光从帝王将相下移至社会底层的小人物和边缘人物身上。在历史学领域之外,西方世界的人类学家也在这个时期开始以社会底层的小人物为对象,并运用生活史的研究方法,在历史人类学的视域中探寻社会心理的变化历程。譬如,人类学家西敏司在60年代初,即以加勒比海甘蔗地里劳作的工人塔索先生(Don

Taso)为研究对象,书写了《甘蔗地里的工人:一个波多黎各人的生活史》(*Worker in the Cane: A Puerto Rican Life History*),首开社会科学家书写乡村少数人群生活史的先河。西敏司试图通过讲述这位非典型的白人劳工的个人故事,以及他的家族及其所生活的村庄的故事,探寻至今仍存留于加勒比海的社会心理的变化历程。以历史上的女性作为研究对象,也已经有美国女性历史学家在 70 年代初就开辟了一个崭新的研究领域——妇女史。这里值得一提的是,美国的妇女史研究很快在 80 年代就转向了性别史,并且对其他新史学分支领域的研究产生了重要影响。必须承认,就发掘新的历史研究主体而言,新传记史学家直接受惠于微观史学、庶民研究和美国性别史研究,特别是后者。众所周知,微观史学通常以普通人的命运为研究对象,发掘历史上的普通人作为新的研究主体是其主要特征。

关于庶民研究,学界最初是从全球知名的后殖民理论学者贾娅特里·C. 斯皮瓦克(Gayatri C. Spivak)在 1985 年发表的《庶民能发声吗?》(*Can the Subaltern Speak?*)一文而得知的。事实上,早在 1981 年,斯皮瓦克便在构思此文了。1982 年,印度裔澳大利亚学者拉纳吉特·古哈(Ranajit Guha)在其主编的《庶民研究》(*Subaltern Studies*)中提出,一定要让庶民发出他们自己的声音,尽管这种声音可能很微弱。此外,古哈还指出,女性问题并非是一个边缘的问题,而是一个结构性的问题,需要从性别理论入手,解构性别在维持权力结构中的关键作用。在微观史学和庶民研究的启示下,美国性别史研究突飞猛进,取得了不俗的成绩。2005 年,勒纳在回顾自己自 70 年代初开创、深耕妇女史和性别史研究领域以来的学术人生时,坚信女性历史学家在致力于挑战男性知识精英的历史话语权的时候,首先应该让历史上的"无名氏"发出她/他们的声音,讲述她/他们自己的故事:

直到最近,历史作为一项专业,其姿态往往是排他性的,是一小群训练有素的男性知识精英以自身的形象与词语来诠释过往。在短短的四十年间,女性学者开始挑战以下这种荒谬的成见:那些仅仅呈现出一半人类数目的观点之历史,不应该总是被视为普遍有效的。所有往昔被否认拥有历史的团体,现在皆重新获得了所应得的人性遗产。这个发展在世界历史上确实是十分重要的事件。我们在民主化与人性化上屡有进展。我们已经指出过去的"无名氏"实有他们的声音,并且能够述说自己的故事。我们让过去被忽视的史料重现天日,并且学习到新的诠释方式。我们质疑史家定义重要事件的标准为何。①

勒纳在此处的"无名氏"范畴指称,实质上表明她的关注点已经从历史研究的客体转移到了主体,转移到了史学认识论的问题上。她所言说的"质疑史家定义重要事件的标准为何",其价值并不仅仅局限于宣示了女性历史学家在历史书写实践上对宏大叙事精英主义的一种反抗姿态及其精神,更在于体现出研究视角的根本转变:一方面,从传统政治史学所主张的"从上至下"的思考取径,转变为新社会史学家所主张的"由下而上"的思考取径;另一方面,坚持"去中心化"(decentering),摒弃整体论思想,注重从边缘和个体的视角来看待并研究历史。从根本上说,这是这一时期的西方历史学家在对现实生活和历史书写史的双重思考下,自觉地更新史学问题意识的一个结果。具体而言,自上个世纪 60 年代以来,民权运动和妇女解放运动的兴起及其发展,以及 70、80 年代解构主义理论在人文学术领域的蔓延,促使许多历史学家一方面回过头去审视发生在 50、60 年代那场关于历史学到底是科学还是艺术的争论,另一方面不断反思

---

① 陈建守主编:《时代的先行者:改变历史观念的十种视野》,陈建元译,(台北)独立作家出版公司,2014 年,第 314 页。

"二战"后如日中天的年鉴学派的历史书写范式,日益把自己的关注点放在"谁拥有历史"这个问题上,希冀历史学成为介入社会公共问题论辩的有用工具。

　　在解构主义思潮的刺激下,关于多种议题研究的新史学纷纷兴起,多元史观出场。埃马纽埃尔·勒华拉杜里和卡洛·金兹堡正是在70年代多元史观和左翼思潮高涨的"激进政治气候"的双重语境中,开创了微观史学书写范式,其最显著的标志便是发掘了遭到以往的历史学家们漠视的新主体——下层民众或称普通人,真正实践了"由下而上"的治史理念,以及从边缘探究历史的新视角,从而对传统的进步主义史观和年鉴学派的结构-功能史学构成了巨大的挑战。历史在微观史学家的眼中"不再是一个统一的过程、一种许多个人都隐没不见的宏大叙事,而是一种享有许多个人中心的多面流动。现在关注的不是一种历史,而是多种历史,或者更应该说是多个故事"①。两位微观史学家对普通人的关注和对史学权威的挑战,引起了广大读者的共鸣,这并非意外之事。特别是卡洛·金兹堡以作为"无名氏"的个人及其大众文化为中心的开创性研究,贯穿了挑战政治权威和宗教权威之主题,因而他的历史书写行动被认为是那个时代民权运动的一个构成部分。卡洛·金兹堡本人对此也颇感自豪:"微观史学颠覆政治和史学方面的等级制度,所凭借的东西根植于遥远的过去。"②随着90年代历史学大众化的趋势越来越明显,以及对以民族国家为单元的主流史学的反思不断深化,历史学家们愈发自觉地强烈抵制政治对历史产品的"侵入",意识到历史遭到滥用的问题越来越严重。于是,"谁拥有历史"这个问题在西方世界最终演变

---

① Georg G. Iggers: *Historiography in Twentieth Century: From Scientific Objectivity to the Postmodern Challange*, Hanover, NH: Wesleyan University Press, 1997, p. 103.
② [意]卡罗·金兹堡:《我们的话语和他们的话语:关于历史学家之技艺的反思》,李根译,陈恒、王刘纯主编:《新史学》(第十八辑),大象出版社,2017年,第251页。

为一个亟待解决的"政治问题"。海地革命研究专家米歇尔-罗尔夫·特鲁洛(Michel-Rolph Trouillot)带着几分激愤的情绪尖锐地指出:"当我们有些人还在为历史是什么和曾经是什么而争辩的时候,殊不知历史的定义权已经牢牢掌握在别人手中了。"特鲁洛服膺米歇尔·福柯阐释的知识-权力话语理论,已经洞察到权力与话语是不可分离的,历史定义权以一种话语的形式表现出来,并对主体性产生了形塑作用。然而,作为一名杰出的历史学家,特鲁洛本人并未因此对历史学丧失了信心,他坚信历史学家在当下反而大有可为,"历史是权力的结果,但权力本身从未透明到使对它的分析变成多余之举的程度。权力的终极特征可能是它的隐蔽性;终极挑战则是揭示其根源。"① 也就是说,历史学家必须承担起解释权力根源的义务。美国著名历史学家埃里克·方纳(Eric Foner)也中肯地指出,历史学家应该自觉地运用自己的专业素养参与公共问题的讨论,勇于担负起"公共职能"。历史"每个人都拥有,也没有一个人拥有,而这正是为什么对过去的研究是一个不断发展、没有尽头的发现之旅的缘故"②。言下之意,历史的主体处于不断变化之中,历史学家的职责便是努力去发掘他们。另外,微观史学和公众史学所取得的非凡成就,使越来越多的历史学家坚信历史学在全球化时代具有更加重要的公共价值,能够创造一种"自我文化",引导当下的人们——尤其是年轻人——提升主体意识,要在政治事件中形成自我判断,从而实现自我定位。"历史学对公民的用处不只是支持文化认同和尊重其他文化。它为人们提供了一种基本的思维方式,使他们能够加深对问题的理解,而作为公民,他们将被要求提出自己的看法……简而言之,我们捍卫史

---

① Michel-Rolph Trouillot, *Silencing the Past: Power and the Production of History*, Boston: Beacon, Foreword, Preface, 1995, pp. xiii, xxiii.
② Eric Foner, *Who Owns History: Rethinking the Past in a Changing World*, Hill and Wang, 2003, p. xix.

学教育做出的贡献,不是捍卫这种或那种分散的知识点,而是一种与公民实际相关的思维训练。"①事实上,当新传记史学家有意去发掘新的主体——"无名氏"个体——之时,这些在历史上长期处于"失语或沉默"状态的普通人或边缘人的个体便与当下的现实生活建立了联系,从而获得了主体性身份。确实,实践且敏于反思的历史学家必定是关切现实的,其历史研究必然具有关乎当下的问题意识:"当现实生活的发展需要历史时,死历史就会复活,过去的历史就会变成现在的。"②

如前所述,解构主义理论所显示的反本质主义和去中心化的立场,强烈地冲击了20世纪70年代初的西方人文学术界。在法国著名哲学家、后结构主义代表人物雅克·德里达(Jacques Derrida, 1930—2004)和米歇尔·福柯等学者的影响下,美国的女性主义文学批评和女性主义史学迅速兴起并成长起来。1970年,女性主义先驱、美国作家凯特·米利特(Kate Millett,1934—2017)发表了她的文学博士论文《性政治》(*Sexual Politics*)。米利特不仅在该书中提出并阐释了"性即政治"(sexual is political)的观点,而且首次引入了"父权制"(Patriarchy)这一概念,指出历史上妇女受压迫的根源在于父权制,从而拉开了新女权主义运动(或称第二波女性解放运动)的序幕。在新的女权主义运动——第二波女权主义运动——的直接激励下,妇女史(women history)在美国迅速兴起,成为历史学领域的一个独立分支。值得注意的是,作为美国妇女史学的开创者,勒纳自"二战"后就一直参与美国各种社会草根的抗议活动,并在1963年以43岁的"高龄"进入哥伦比亚大学历史系攻读博士学位之后,一直秉

---

① [英]约翰·托什:《历史学的使命》,刘江译,上海人民出版社,2021年,第133—134页。
② [意]贝奈戴托·克罗齐:《历史学的理论与实际》,傅任敢译,商务印书馆,1986年,第12页。

持女权主义理论所倡导的"个人即政治"(personal is political)这一主张,不仅继续积极参与民权运动和妇女解放运动,而且对"一半的人类"——女性——所遭遇的被历史编纂学"漏掉"的命运感到非常愤慨。"我完全无法接受……我总是透过过去的生活经验来检验新获得的知识。我之所以将个人摆回历史中,与我的思想取径密切相关,我从来无法接受理论与实践分开。我对于妇女史热情的奉献深深根植于自己的人生经验。"①彼时,西方国家有少数大学开设了专门的妇女史课程,但是由于有勒纳坚持不懈的努力和推动,要数美国的妇女史研究发展势头最为迅猛。

最初,以勒纳为代表的美国妇女史研究者基本上秉持男女社会地位和权利平等的价值理念,以反抗既有的男性意识历史研究范式为学术目标,故而将研究对象定为女性,主要将妇女作为一个社会边缘群体来进行研究,关注家庭组织、两性关系、姐妹情谊等主题,努力展现妇女在公共生活中所发挥的作用,由此弥补以往的历史编纂中女性的缺位。客观地说,这个时期的美国妇女史研究并未冲破传统史学的藩篱,颠覆原有的历史观念,因而未能真正带给人们崭新的历史知识。1975 年,美国创办了一份跨学科的学术刊物《符号:文化与社会中的妇女》(Sign: Journal of Women in Culture and Society),成为女性主义学者进行学术对话的一个重要平台。梳理这份学术刊物,不难发现这一时期的西方妇女史研究者深受法国女性主义哲学思想的影响。具体而言,法国著名女哲学家西蒙娜·德·波伏娃(Simone de Beauvoir, 1908—1986)在她那本被誉为"女权主义圣经"的《第二性》中喊出的那句名言,即"女人并非是天生的,而是被变成的"(One is not born a woman, but becomes one),为 70 年代西方妇女史研究提供了重要的问题意识基础。西方女权主义者在区分"性"

---

① 陈建守主编:《时代的先行者:改变历史观念的十种视野》,陈建元译,第 304 页。

(sex)与"社会性别"(gender)概念的基础之上,提出了以权力和抗争为中心的社会性别差异理论。这在很大程度上打开了历史研究者的新视野,刺激了妇女史研究的性别转向。1976年,娜塔莉·泽蒙·戴维斯透过文化人类学家吉尔茨提出的意义阐释理论视野,客观地评价了这一时期西方妇女史研究的得与失。戴维斯犀利地指出,女性主义理论家提出的社会性别概念及其差异理论,虽然确实促使妇女史研究者意识到社会性别是一个历史问题,但由于在认识论上并未真正摆脱本质主义和结构主义的桎梏,因而忽略了不同的社会条件和文化对性别的塑造(表现)作用。鉴于此,她提醒妇女史的研究者们,"我们的目标是发现存在于不同社会和历史时期的性别角色和性别象征意义的不同种类,目的在于理解它们的意义何在,以及它们是如何发挥维持社会秩序或促进社会变革的功能的"[①]。

1980年,作为历史学科的一份专业刊物,《妇女史》(*Journal of Women's History*)在美国创刊,从其创办者的思想主旨和整个80年代公开发表的论文来看,"性别政治"成为当仁不让的核心议题,这表明妇女史的研究者事实上已经转变为女性主义史学家。在具体的研究实践中,他们往往预设女性的生活经验即为活生生的、真实的历史,先后采取新社会史和日常生活史的研究进路,通过拓展史料的范畴,考察处于国家管理机制中"正式权力"之外的各种社会关系中的女性地位及其权利,由此探究具体的社会及其文化是如何建构妇女身份及其认同的。这种研究范式或可称为妇女-社会性别史(women-gender history)。此外,在整个80年代,可以清晰地观察到妇女-社会性别史学家与女性主义文学批评理论家之间展开了频繁且有益的学术交流和对话。1986年,琼·斯科特在她那篇对人文学

---

① Natalie Zemon Davis, "'Women's History' in Transition: The European Case," *Feminist Studies*, Vol. 3, No. 3/4 (Spring-Summer 1976), pp. 83-103.

术影响深远的论文《社会性别：一个有用的历史分析范畴》(Gender: A Useful Category of Historical Analysis)中，阐发了"社会性别"（gender）这一"关系性概念"(a relational notion)的内涵及意义，从而开辟了性别史的研究领域。斯科特在米歇尔·福柯阐释的权力话语理论的深刻影响下，以社会性别是历史中形成的认识为前提，围绕社会性别概念之于历史学意义的议题，提出了社会关系构成要素论和权力关系建构观，认为历史上的不同文化对性别的界定影响着个人的认知、身体以及社会的权力结构。"社会性别是构成社会关系的一种要素……并且，社会性别是指涉权力关系的基本方式。"① 故此，她倡导女性主义史学家应该把未来的研究重心放在考察性别社会化的复杂过程及性别的象征意义上。其后，随着西方唯物主义女性主义者对女性(woman)概念的阐释，对女性身份的主体性建构进入了后女性主义阶段。

1988年春，女性主义理论家们聚焦于"平等还是差异"(equality-versus-difference)这一议题展开了激烈的争论。美国女性主义文学批评家玛丽·朴维(Mary Poovey)在唯物主义女性主义观的主导下，把马克思主义的历史唯物主义方法与女性主义关于父权制的社会历史结构分析结合在一起，旗帜鲜明地指出解构主义理论仍然是当下的"重要的批评武器"：

> 由于解构主义可以拆解二元对立的逻辑和特征……唯物主义女性主义者需要同时完成两个任务。一方面，我们需要认识到"女性"既是处于主导的二元象征秩序中的一个位置，同时这个位置又是一个任意（和虚假）的统一体。另一方面，我们需要记住历史妇女确实是存在，她们之间的差异揭示了过去与现在

---

① Joan W. Scott, "Gender: A Useful Category of Historical Analysis," *The American Historical Review*, Vol. 91, No. 5(Dec. 1986), pp. 1053–1075.

的统一"女性"的范畴之不足。真正妇女所处的多重位置——譬如由种族、阶级或性别差异所支配的位置——提醒我们注意分析二元对立逻辑和完整自我的缺陷,同时让我们不要忘记这个逻辑已经支配了和正在支配妇女的社会待遇中的某些方面。这样,我们就可以开始质疑被认为是女性主义基础的非历史性质……从长远而计,唯物主义女性主义者不仅需要书写妇女受压迫的历史,而且要书写性别差异的未来。我们必须脱离重新产生性别的本质先于存在论的运动,开始质疑作为我们的历史基础的本质论。在这一点上,认识真正的妇女是答案的一部分,但它也是问题的一部分。解构主义是政治工作中的关键组成部分,但是如果解构主义不对自身展开解构主义的批评,它就会使我们再一次跌入推崇"女性"的陷阱中,而不是向我们提供摧毁二元对立的方法。如果解构主义认真对待女性主义,它将不再是解构主义;如果女性主义按照解构主义所说的来认识解构主义,我们就可以开始拆毁把所有妇女都归纳到单一特征和边缘位置的系统。[①]

在这场以建构主义理论视角为中心的学术论辩式对话中,斯科特再度运用法国解构主义理论中的语言、话语、差异及解构等概念作为分析工具,进一步阐发她所坚持的社会性别权力建构观。斯科特尖锐地指出:"解决'差异困境'(difference dilemma)的方案既不是忽视,亦非欣然接受,因为它是规范地构成的……由于女性主义者(和历史学家)已经认识到权力是被建构的,同一性是平等的一个必要条件这种陈腐论调在她们那里就成了一种不可维持的立场,必然会遭

---

① Mary Poovey, "Feminism and Deconstruction," *Feminist Studies*, Vol. 14, No. 1 (Spring 1988). 转引自张京媛主编:《当代女性主义文学批评》,张京媛译,北京大学出版社,1991年,第343—345页。

遇来自差异立场的挑战。"①斯科特阐述的社会性别后现代认识论对西方女性主义史学家产生了巨大的影响。

1989年,《性别与历史》(Gender & History)在美国创刊,标志着妇女史的研究范式正式转变为性别史的研究范式。1991年,在米歇尔·福柯阐释的性存在观念,即性是一种历史构造而非自然事实的观念的深刻影响下,一份新的学术刊物《性存在史》(Journal of the History of Sexuality)在美国成功创办。从研究范式来看,一方面,性存在史将一切与性相关的情感、想象都作为研究对象,强调性的存在是历史建构的产物,其产生具有偶然性,可是却在历史变迁的过程具有了某种结构性,受到了某种法则的支配。另一方面,性存在作为一种生活常态,兼具个体特性和社会属性,时时影响乃至塑造着人们的行为模式和思维方式。性存在史的出现大大拓展了性别史研究领域,推动性别史跨越空间的、人种的、文化的、阶级的边界,逐渐迈向总体性的大历史。90年代西方学界出版的性别史研究文本,不仅成果卓著,而且使用"话语""文本"等后现代术语的频次非常高,对语言和意义的关注和强调亦十分明显。更为重要的是,社会性别成为史学家们探析重大历史问题的"一面至关重要的透镜"②,它与此前广为史学界所熟知的种族、阶级等分析范畴一道,被交叉运用于其他历史学分支领域及大历史论著。例如,在新兴的新帝国史研究中,许多学者们都选择了性别史的研究取径。出版于1998年的新帝国史学论文集《驯化帝国:法国和荷兰殖民主义中的种族、社会性别及家庭》(Domesticating the Empire: Race, Gender, and Family Life

---

① Joan W. Scott, "Deconstructing Equality-Versus-Difference: Or, the Uses of Poststructuralist Theory for Feminism," *Feminist Studies*, Vol. 14, No. 1 (Spring 1988), pp. 32-50.
② Susan B. Whitney, "History through the Lens of Gender," *Journal of Women's History*, Vol. 11, No. 1 (Spring 1999), pp. 193-202.

in French and Dutch Colonialism)中,十三位撰稿人基本上都采取了性别史的研究视角和分析框架,不仅使用"话语"(discourses)、"文本"(text)及"凝视"(gaze)等后现代概念阐释欧洲殖民者与殖民地居民的社会关系构成,而且还竭力挖掘与性别有关联的图像及隐喻、借喻等文本作为历史证据。① 故此,有论者惊呼"性别狂欢"(gender benders)②已成为90年代西方史学研究变革的一个显著特征。2000年,《女性主义理论》(*Feminist Theory*)在美国创刊,与女性主义史学家近三十年的学术探索分不开。由于性别史研究关涉自20世纪80、90年代以来社会科学和人文科学中频繁出现的"认同"(identity)概念,以及大众化时代的身份政治,因而具有了更多的可能性。2012年,贺萧(Gail Hershatter),这位美国性别史的开创者之一,呼吁女性主义学者走出"社会性别之屋",尝试将社会性别视作开辟未知领域的一种方法。③ 可见,从妇女史到性别史、性存在史,西方的新史学研究一直走在不断反思、开拓进取的道路上。

本章所关注的五部新传记史学文本,在新主体的发掘上充分体现了来自社会性别理论的视角启示,它们想要阐明的是关于(某种某类)人的概念——比如女性的概念、自我的概念——是如何形成的,从而论证人是什么。以《她的世界史》为例,柯利指出,马许的个体生命故事所表现出来的吊诡性,在很大程度上要从社会性别的视角去理解,因为她的娘家和夫家的男性中"有许多人的生计都跟不列颠政府、不列颠帝国、皇家海军和大海、东印度公司,以及长距离贸易密不

---

① Julia Clancy-Smith and Frances Gouda (eds.), *Domesticating the Empire: Race, Gender, and Family Life in French and Dutch Colonialism*, University Press of Virginia, 1998.
② Grace M. Armstrong, "Recent Gender Benders," *Women in French Studies*, Vol. 6, 1998, pp. 114-126.
③ "Disquiet in the House of Gender," *The Journal of Asian Studies*, Vol. 71, No. 4 (Nov. 2012), pp. 873-894.

可分,他们不可避免地被卷入这场战争(指美国独立革命战争——笔者注)的动荡与暴力,以及有关的一些议题与理念之中。这反过来又影响了伊丽莎白·马许,不仅是因为她人生中有这个反复出现的矛盾吊诡:她有创意、有决心、自立,而又富有行动力,但她同样是个无法独立的个人。她之所以偏离当时习俗上的女性常态,其实并不是因为她比一般女性更能够自给自足,而是相反,是因为她无法自给自足"①。此外,本章所关注的五部新传记史学文本中对五位"无名氏"新主体的发掘,揭示出新传记史学家怀有一个明显具有语言学转向特征的信念:唯有在世界被区分为被指称的和未被标记的情况下,历史上的各种主体才是可观察的、可言说的。美国著名的新文化史学家彼得·盖伊(Peter Gay,1923—2015)曾精辟地指出:"维多利亚时代的人,其实并非如我们所想象的那么'维多利亚'。"②福柯则借斯蒂芬·马尔库斯之口称娼妓、嫖客、拉皮条的、精神病医师及其歇斯底里的病人是"另一类维多利亚时代的人"③。可见,彼得·盖伊和米歇尔·福柯均认为笼统的或抽象的历史概念遮蔽了历史的复杂性和丰富性,有时甚至导致历史真相变得模糊不清。究其原因,这是西方所谓自由主义的意识形态在历史编纂学上的一种反映,实质上是一种以进步性为名的文化霸权思想,往往导致关乎具体的人或者说具体的社会情境的历史知识无法获取,是产生历史虚无主义的缘由之一。或许,这两位卓越的历史学家在提醒我们不要忘却历史学的初心使命:关心独一无二的个人和事件。

在发掘"无名氏"个体作为新的主体之后,新传记史学家接下来必须思考的一个重要问题便是:应该怎样书写"无名氏"个体传记?

---

① 琳达·柯利:《她的世界史:跨越边界的女性,伊丽莎白·马许与她的十八世纪人生》,绪论,第332页。
② 陈建守主编:《时代的先行者:改变历史观念的十种视野》,韩承桦译,第283页。
③ [法]米歇尔·福柯:《性经验史》(增订版),余碧平译,上海人民出版社,2002年,第4页。

二、传主时刻

众所周知,历史学自古以来就是一门关于时间的科学,是一种时间序列叙事。"史学是时间的科学。"从根本上说,"时间本身就是一个研究对象。通过探询其研究的行动者如何感知单数时间和他们的复数时间,如何在行动与考验中动用时间和过去,历史学界常常获益匪浅"①。究其原因,关于时间的观念涉及历史学家如何思考历史、如何认识历史学的问题。毋庸置疑,历史学家总是要依据各种编年现实和因果关系的理论来进行自己的研究工作。享誉世界的史学大师布罗代尔踌躇满志地说:"时间坐标,这是唯有我们历史学家才懂得如何把握的。没有它,无论过去还是现在的社会和个人都不能恢复生活的面貌和热情。"在历史学家的具体实践中,"任何历史研究都关心如何分解过去的时间,根据或多或少有意识的偏爱或排斥选择不同的编年现实"②。经由20世纪上半叶诸多西方现代理论家对时间问题的探究,如今我们已经清醒地认识到线性时间观乃为人类想象力的一种虚构。故此,表征进步和统一观念的历史时间观在"二战"后遭遇了严重的质疑。当然,历史学视域中的时间绝非物理学家牛顿指称的那种被视为同一连续体的"绝对时间",即一种客观存在物。从根本上说,出现在历史学视域中的时间,必定是与历史学家在思考过去的某个人物或者事件发生的那个时刻的某种价值理念或意识形态类型产生了紧密的关联。确切地说,我们平时谈论的"历史时间"这个概念,实质上是历史学家对人类某种文化或者文明类型的反思

---

① [法]尼古拉·奥芬斯塔特:《当代西方史学入门》,修毅译,黄艳红校,北京大学出版社,2022年,第8页。
② [法]费尔南·布罗代尔:《论历史》(上),刘北成、周立红译,北京大学出版社,2021年,第23、32页。

性认知，它往往通过历史学家所阐发的历史观而得以彰显，比如自早期基督教思想家奥古斯丁以线性时间观取代古希腊的循环时间观以来，伴随着工业文明的迅速发展，这种将时间作空间化处理的思考理路，在19世纪历史学职业化的历程中，最终建构了历史时间的统一性，并在历史研究实践中以所谓理性的进步主义史观表现出来。

今天我们耳熟能详的理性主义时代和启蒙时代这样的称谓，以及编年史、通史及断代史中常见的各种历史分期，还有专题著述中所指称的具有不同运动节奏的各种时段表征，均在历史学家所阐发的历史观中体现出来。众所周知，布罗代尔所阐发的文明史观，主要通过历史时间多元化的思想而得以体现。他主张运用不同的时间标志看待不同的历史事物，从而提出了迄今为止学界均耳熟能详的历史时段理论，即以长时段、中时段和短时段的概念分别标示地理时间、社会时间和个人时间。然而，许多学者误以为布罗代尔只看重地理时间和社会时间，轻视个人时间，因而将人逐出了历史学的家园。事实上，布罗代尔所阐发的文明史观，建立在将历史时间进行平行分解的认识之上，它旨在解构近代以来的线性时间观所独有的统一性，主张将不同类型的人置于具体的历史情境中进行研究。1946年，布罗代尔在其皇皇巨著《地中海与菲利普二世时代的地中海世界》中很清楚地表达了这一点："我们终于能够把历史分解为几层平面。或者也可以说，我们终于能够在历史时间中区别出地理时间、社会时间和个人时间。或者不如说，我们终于能够把人分解为一系列人物。"①也就是说，布罗代尔认为历史时间不仅具有多样性，而且是"重构的"，只有在由历史学家分解的不同的历史时间维度中，我们才可能获得对人（准确地说，是不同类型的人）自身的真正认知。50年代中期，布

---

① ［法］费尔南·布罗代尔：《地中海与菲利普二世时代的地中海世界》，第一版序言，唐家龙、曾培耿等译，吴模信校，商务印书馆，2013年，第10页。

罗代尔进一步阐释了长时段的历史时间观对于认知人类自身的重要性,"我们并不想否认事件的现实性和个人的作用。那样做就太幼稚了。但必须指出,在历史中,个人往往只是一个抽象的存在。在活生生的世界里,并不存在完全囿于自我的个人;所有的个人活动都植根于更复杂的现实之中,社会的现实如社会学所说,是'相互盘错'的现实(une realite 'entrecroisee')。问题不在于用个人遭到偶然性的侵袭来否认个人,而是用某种方式来超越他,识别他与独立于他的力量"①。1983 年,针对 1982 年法国中小学历史教学的争论,布罗代尔严厉地指出,"有谁能够否认历史学的强烈作用呢?……重要的问题在于,历史学是一个至关重要的组成部分,没有它,民族意识就无法维持下去,而没有这种民族意识,就不可能有独创的文化,不可能有真正的文明"。进而,他又在史学史的方法论视域中,从历史解释所具有的多重性这一客观事实出发,通过将节奏引入历史时间,在节奏与事件、时期及文明之间建立起关联。"历史学所提供的解释的明显的多重性,不同观点之间的分歧,甚至它们相互间的矛盾,合在一起构成了一个为历史学所独有的辩证法(dialectique),而且它建立在它所描述的不同的时间之上:与事件相关的迅捷的时间,与时期相关的较为缓慢的时间,以及与文明相关的更为缓慢甚至迟钝的时间。在学习不同内容时,应该选择不同的时间。"②依笔者管见,布罗代尔对于历史时间的上述论述,实际上说明任何一位真正具有反思能力的历史学家均深知,人在本质上是一种时间性的存在,而时间性深刻地映照着人类文明的嬗变。因而,历史时间也是新个体传记书写必须要着力解决的首要问题。

在传统的传记史学家那里,如前文所述,作为传主的社会精英,

---

① [法] 费尔南·布罗代尔:《论历史》(上),第 11—12 页。
② [法] 费尔南·布罗代尔:《文明史:人类五千年文明的传承与交流》,常绍民等译,中信出版社,2017 年,"自序",第 xxvi 页;"导言",第 xxxi-xxxii 页。

由于预设了传主在公共领域乃至私人生活领域的行动与历史演变的节律及特点密切相关,故而坚信传主的个人自然生命时间与历史时间具有同一性,他们作为个体处在某个具体的空间秩序中的核心地位,以及对空间秩序的塑造也自然是不证自明的,因而并不需要传记史家为其专门建构一个特定的历史时空。然而,这种关于个体时间即历史时间的认知显然不适用于历史上的"无名氏"个体。幸运的是,现代社会学家的研究告诉我们,人的思想和行为具有结构性特征,并必定会以各种宏观和微观的形式表现出来,继而影响甚至塑造历史的样态。换言之,当历史学家讲述历史上某个具体的人的生命故事时,必定会清楚地认识到,个体的故事离不开共同体的故事,历史身份与社会身份往往是重合在一起的。英裔美籍著名伦理学家阿拉斯戴尔·麦金太尔(Alasdair MacIntyre)从日常生活的角度指出了个人身份的二重性:"我的生活的故事总是穿插在我从其中获得自己身份的那些共同体的故事中。……历史身份的拥有与社会身份的拥有是重合的。"①其实,从"人的行动"这一普遍性视角去考察人类历史,即便是普普通通的个体,也必定有意识地发挥着自己的作用。奥地利学派思想家路德维希·冯·米塞斯(Ludwig von Mises,1881—1973)将"人的行动"(human action)这一概念明确界定为"人们将意志付诸实施、运用合适手段以实现给定目的的活动"。也就是说,人的行动有其自身逻辑和目的。"人之所以有行动,是因为他有能力发现那些决定宇宙变化和形成的因果联系。行动需要并且必须以因果关系的范畴为前提。只有能借助因果关系来改变世界的人才适于行动。"②基于这一前提,可以推断出,如果说"大人物"对历史的影响或

---

① [美]阿拉斯戴尔·麦金太尔:《追寻美德:伦理理论研究》,宋继杰译,译林出版社,2011年,第280页。
② [奥地利]路德维希·冯·米塞斯:《人的行动》,余晖译,上海世纪出版集团,2013年,第17、29页。

形塑,是在宏观或中观的维度上表现出来的,那么"小人物"对历史的影响和形塑则是在微观的维度上表现出来的。因而,对于历史上的"无名氏"个体而言,她或他对历史的影响便表现在具体而微的日常生活之中。也就是说,她或他的历史时空是由人类活动造就——她或他参与创造——的日常生活。那么,作为常人的她或他,其历史时间是海德格尔所指称的那种日常生活中的"流俗的时间"——过去-现在-将来的线性序列时间——吗?利奥塔对该问题做出了思考。他以家庭共同体本身是家庭成员日复一日不断劳作的作品为例,强调恰恰是习俗确保了常人的个体时间与历史时间的同一性。"这些劳作一边运作一边构成了自我和习俗……习俗驯化时间,也驯化附带事件和偶然事件的时间,它还驯化不确定的附近地带的空间。"①一代代人在习俗的时间体制中讲述着各自的生命经验故事,从而构造了人类自身的文明史。透过新传记史学文本,我们不难观察到,当新传记史学家聚焦于日常生活经验而阐释个体生命经验史观时,他们巧妙地将历史时间做人格化处理,并通过将其置于不同的文化背景之中显现出来。换言之,正是在不同的文化背景下,由不同个体的日常生活经验衍生了各种不同的历史时间观。

  从叙事的表层来看,上述五部新个人传记史学文本呈现的是传主个体自然生命时间的视角。如果说五位新传记史学家显而易见地有背离传统传记史学家的书写范式的地方,那便是并未按照传主个人从出生到死亡的历程展开序列时间叙事,而是定位于"无名氏"传主人生中的某个具体时段。读者可以在文本中很清晰地看到:针对玛莎·巴拉德(1735—1812)这位白人女助产士,乌尔里奇教授的时间定位是 1785 年至 1812 年之间的这个具体时段。显而易见,从个

---

① [法]让-弗朗索瓦·利奥塔:《非人:时间漫谈》,罗国祥译,商务印书馆,2000 年,第 209 页。

人自然生命时间的角度来看,这 27 年只是巴拉德自然生命历程中的一个阶段。然而,赫德给予白人普通女工尤妮斯·康纳利(1831—1877)的定位时间是从 1849 年至 1880 年之间的这个具体时段。对于对外部世界充满好奇心和勇于冒险的伊丽莎白·马许(1735—1785),柯利教授的时间定位是 1755 年至 1785 年之间的 30 年。从《梦醒子:一位华北乡居者的人生(1857—1942)》这个标题来看,沈艾娣教授似乎关照了刘大鹏个人完整的自然生命时间,但是读者在阅读了整本书之后便会发现,沈艾娣教授定位的时间是从 1891 年至 1942 年这个近乎半个世纪的特定时段。毕可思为廷科勒(1898—1939)所拟定的时间定位是 1919 年至 1939 年期间的这 20 年。

从地理空间的呈现上来看,这五部"无名氏"个人传记史学文本似乎也与传统的个人传记史学文本并无实质上的区别,都主要是依据传主个人行动的展开来进行空间定位。巴拉德和康纳利都出生并成长于北美新英格兰地区的一个小城镇,有所不同的是,前者是长期稳固地生活于斯,后者则在 18 岁结婚之后不久就跟随丈夫到南方腹地谋生,内战结束后又返回新英格兰,几年之后再婚的她漂洋过海到了英属西印度群岛;至于拥有堪称全球化的"航海人生"的马许,她四海为家,其生命的轨迹遍布中美洲、欧洲、非洲、亚洲四个大洲。廷科勒的个人行动主要在上海展开,尽管他曾经在第一次世界大战期间,即 1916 年参军到法国前线,参加对德作战,但后者显然不是毕可思教授想要的空间定位,否则此书的标题就不会出现"上海"这个地名了。作为中国传统社会的一名旧式读书人,除去曾经八次到太原和京师赶考之外,刘大鹏一辈子都生活在山西省太原县赤桥村。这种叙述形式绝非是新传记史学文本所指涉的精准的时间和空间定位,而是常见于传统传记史学文本的历史时空定位方式,即结构主义的时空一体化思维。这种将时间作空间化处理的思维方式,在柯林伍德看来是一种陷入思维的幻觉。

如前文所述,历史上的"无名氏"个体的行动主要在日常生活这一特定的私人场域中展开,因而新传记史学家必定要通过重建她或他的日常生活世界的方式来讲述其私人故事,这自然就要指涉"无名氏"个体的时间定位,即,新传记史学家必须为此而建构一种历史时间观,才有可能使其私人故事具有公共性,从而转变为历史。从现有的"无名氏"个体传记文本来看,被发掘的新主体基本上都是具有一定读写能力的个体,她或他留下了亲笔书写的一定数量的日记、书信、旅行游记及其他文字文本,特别是真实度极高且私密性极强的日记文本。本章所选取的五部"无名氏"个体传记文本,其传主都留下了上述原始文献材料。在巴拉德成为一名助产士的 27 年里,她坚持在每次外出接生时都随身带着一本笔记本,把成功接生孩子的诸多情况都记录下来,甚至连产妇为感谢她而支付的先令、食物或其他日用品,以及产妇的名字也都记录下来。除此之外,有着家学渊源的她还在日记里细致地书写了很有学术分量的一些医学见解,表达她对美国早期的公共卫生问题、医疗保健体系及社会控制机制的看法。乌尔里奇坦言,"没有日记,她的传记就只不过是一连串的日期而已……没有日记,我们将对她的人生一无所知,对她在 1785 年至 1812 年期间成功完成的 816 次接生一无所知。我们将甚至不知道她曾经是一名助产士"①。康纳利没有日记保留下来,但她与家人在约 30 年的时间里相互往来的多达 500 封(收藏于杜克大学)的家书则基本上完整地保留了下来。因丈夫和弟弟均在美国内战中阵亡,为了养育两个幼儿,为了摆脱极端贫困的境况,从南方回到新英格兰的康纳利,不得不在 1869 年之后"选择"与一位拥有自由身份的非裔加勒比船长再婚,在辗转于美国不同地区的过程中因种族隔离政策而饱

---

① Laurel Thatcher Ulrich, "Introduction," *A Midwife's Tale: The Life of Martha Ballard, Based on Her Diary, 1785-1812*, Alfred A. Knopf Inc., New York, 1990, pp. 2-3.

受他人不同程度的歧视,最终不得不"选择"跟随丈夫搬迁到他的家乡英属西印度群岛生活。康纳利在千里之外的异乡很孤独,十分想念家人,她在家书中尽情地"袒露着平凡生活的爱与恨",信中"反复出现"的内容基本上来自她在日常生活中的感知(feeling)。① 相比之下,马许留下的日记数量很少,她仅仅在"主动"离开家人"独自"到印度东部去旅行的时候书写下了少许日记。但她与其他几个传主不一样的地方在于,由于受英法七年战争的影响,从事洲际贸易的丈夫在1767年的时候破产了。于是,为了赚钱养活自己和两个孩子,她不得不于1769年出版了匿名自传《女俘虏:发生在柏柏人之地的一个真实故事》(*The Female Captive: A Narrative of Facts Which Happened in Barbary*)(以下简称《女俘虏》)一书。这是英语世界第一部讲述女性在北非摩洛哥见闻的纪实性著作。通过这部自传,我们得知马许在1756年被摩洛哥苏丹西底·默罕默德俘虏,但她事实上并未因此而成为奴隶。马许克服了种种困难,果敢地决断,和后来成为她丈夫的另外一名男性俘虏詹姆斯·克里斯普(James crisp)一起成功逃脱。在廷科勒写给妹妹伊迪丝(Edith)、女友莉莉·威尔逊(LiLy Wilson)及姑妈的一批信件(大部分保存于伦敦战争博物馆档案部)中,主要讲述他在上海的日常生活经验以及如何"创造人生"的一些行动,既展现出大英帝国体制烙在这位"帝国忠诚的仆人"身上的印记,又显示出他观察到大英帝国殖民管控能力不断下降而思考如何逃离帝国的另一面。毋庸置疑,刘大鹏在长达半个世纪(51年)的时间里书写的日记——被后人编辑为《退想斋日记》和两篇自传——《卧虎山人》与《梦醒子》,是沈艾娣教授能够讲述其私人故事和探究一段反现代化历史的前提条件。

---

① Martha Hodes, *The Sea Captain's Wife: A True Story of Love, Race, and War in the Nineteenth Century*, p. 18.

我们注意到,这五位新传记史学家在他们所书写的五部"无名氏"个体传记文本中,常常逐字逐句且频繁地引用传主的日记和书信,特别是乌尔里奇,几乎每一章都引用了巴拉德书写的日记。柯利更是以近乎一章(第四章)的篇幅探讨了马许书写的《女俘房》文本。可以说,如果仅仅是凭借这些作为原始材料的日记、信件及著述,我们是无法完整地了解"无名氏"传主的生命经验故事的,当然也就更谈不上了解某个特定时代的历史面貌。故此,我们禁不住产生了疑问:为何新传记史学家会如此重视这些由"无名氏"个体亲笔书写的日记、信件及著述呢?难道仅仅因为它们是原始材料吗?答案显而易见是否定的,因为还存在其他类型的原始文献材料可供使用。细读文本之后,我们发现,新传记史学家在"无名氏"个体是否具备传主身份资格这个问题的主导下,从证据的真实性和可靠程度的角度出发,把上述这些原始材料当作证词来使用,意图让读者"看见"传主在历史上的真实存在,即审视新传记史学家针对这些原始文献所展开的批判性思维过程。新传记史学家认为"无名氏"个体不仅是这些原始文献材料的言说者,而且还是他们所记录的点点滴滴的在场者。换言之,他们就是彼时在场的历史见证人,他们的记录体现了鲜明的时代意识。面对作为普通人或者边缘人群体中的个体所书写的日记、信件或著述,新传记史学家向自己提出了如下问题:这些原始文献材料是否能够成为证明海德格尔所指称的"此在"(Dasein)——"我的存在"——的历史证据?作为证词,这些原始文献材料是否能够展现"无名氏"作为个体的自我意识之觉醒及其判断?一言以蔽之,这些原始文献材料是否能够证实彰显传主身份的个体性及历史存在?我们这里以《她的世界史》和《梦醒子》为例来考察新传记史学家的这一问题意识。

在柯利看来,由马许所书写的《女俘房》一书实质上是一部反思性自传,一方面是她本人作为一位女性的个体性表达,另一方面也是那个时代的产物,它真实地揭示了马许在丈夫破产之后其生活陷入困顿时的内心世界,以及那个时代广阔的现实世界。"就像她做过的许多事情一样,既是她彻底个体的表演,同时也展现了她的时代更宽广的当代潮流。"其一,旅行文学是当时不列颠资本主义书籍市场上"相当重要的出版类别",大多文笔优美、构思精巧,十分畅销。柯利进一步陈述了那个时代的社会文化背景,旅行是18世纪中叶大英帝国一部分男男女女臣民的日常生活方式,由此而诞生的旅行文学影响了大英帝国臣民对被视为他者的世界原住民社会的想象。其二,1769年在不列颠出版的女性作家(来自上层社会)书写的文学作品(比如言情小说)是1750年的两倍多,是女性理解自我、表达自我的重要方式,这些女性作品具有"个人反思"——独立人格和自我意识——的鲜明特征。这对马许个人的女性书写产生了不小的影响。虽然与当时的旅行文学相比,《女俘虏》"只是一本不重要的著作,作者是个教育程度不高的女子,人在马格里布的时间也非常短暂。不过,书中有着前所未有的族群与政治观察,而且是一本游记"。换言之,身为不列颠帝国的边缘人,马许并非是传统史学叙述中那种历史的被动者形象——"并非只是帝国的受害者",而是不列颠帝国及其皇家海军的殖民扩张过程的主动参与者,即她主动地参与了(不列颠帝国)历史的殖民扩张。关于这一历史认识论思想,马克思早有论断:"历史的每一阶段都遇到有一定的物质结果、一定数量的生产力总和,人和自然以及人与人之间在历史上形成的关系,都遇到有前一代传给后一代的大量生产力、资金和环境,尽管一方面这些生产力、资金和环境为新的一代所改变,但另一方面,它们也预先规定新的一代的生活条件,使它得到一定的发展和具有特殊的性质。由此可见,这种观点表明:人创造环境,同样环境也创造人。"[①]其三,作为一份

[①] 《马克思恩格斯全集》第3卷,人民出版社,1960年,第43页。

反思性证词,《女俘虏》证明了传主马许对自己有限的生命历程的理解和认知。但它又不仅仅是一份反思性证词,更是一种女性主义叙事,而叙事本身就意味着一种自我身份的建构。事实上,柯利之所以倚重于《女俘虏》这一自传文本来建构马许在资本主义历史进程中的主体身份,主要源于它不仅证实了作为历史上一名真实存在过的女性对自我生命及其价值的理解,即,揭示了属于女性的个人主义信念在商业资本主义历史阶段的客观存在,而且还揭示了以不列颠帝国皇家海军跨越各大洋的扩张殖民为中心的商业资本主义体制对身处其中的个体进行的文化再生产,即,客观地再现了不列颠帝国对全球资源及其配置的主宰地位。

相较于不列颠帝国的臣民马许,中国腹地山西乡绅刘大鹏运用书写自传和日记的方式进行自我身份建构的意图更为明显,他的自传和日记均内含儒家内省和慎独的意蕴。针对刘大鹏每天起床后即先书写日记的习惯,沈艾娣一针见血地指出,这既是一种"道德框架"——道德性的内在约束——在起作用,更是一种刘大鹏本人表达自我意识,进而建构自我身份的需要。"这种道德框架是刘大鹏理解自己及周遭一切的一种重要方式。可以这么说,日记是他实现自我期许的一种方式……经年累月之后,日记记满了日常生活的点点滴滴,从早到晚他都会去记日记。"也就是说,日记这种书写形式实质上是书写者进行自我认知的一种理解方式,是一种关于自我生命成长的叙事,它天然地具有个人史的特性。保罗·利科把叙事视为人们认识自我的一种基本理解方式,是主体反思历史时间的一种重要方式。"要回答'我是谁'的问题……就要讲述一个人的生命故事。"[①]沈艾娣向我们展示,刘大鹏作为一位以耕读为业的儒生型乡绅,他的日

---

① Paul Ricoeur, *Time and Narrative*, Vol. 3, trans, K. Mclaughlin and D. Oellauer, University of Chicago Press, 1988, p. 246.

记里除了一部分道德反省和少量时政新闻方面的内容,记录更多的是日常生活世界里那些不断重复的生产安排及家务琐事。可以说,刘大鹏以写日记这种具有自我意识的行动来实现对自我的认知与定位,意味着他摆脱了大众化,表征的恰恰是他作为一个"真实的人"的个体性。"在一个珍视文字的社会里,尤其如此……把单调的日常生活写下来,他给原本普普通通的生活赋予了一种特殊的价值。通过将个人生活置于国家和地方事件的语境之中,他将自己从湮没无闻中拯救了出来。"尽管刘大鹏后期有过经营石门煤窑、参与市场生产的经历,但他对自我的认知和定位却与现代化进程格格不入,他"对儒家思想的虔诚并不为众人所奉行"。我们知道,生产制造了人们的时间观和日常生活,但是这在刘大鹏那里似乎并不起作用,他固执地、倔强地坚守着本己的自我,他自觉地批判西方式的现代化,在个体生命体验的有限世界里抵抗着现代性的侵蚀。我们在刘大鹏的日记言说中窥见现代化概念丧失了其规范性的维度,现代化在他的主观经验里不过是一种理想化的范式而已。在沈艾娣看来,这是刘大鹏本人的主体意识、自由意志和思想独立性的体现,是个体能动的、自觉的行为实践,实乃建构自我主体身份的一种生命实践,他并未屈从于外在的政治和审美,而是在日常生活世界中有意识地建构自我身份认同的目标,"在给自己创造一个可以在日常生活中践行的身份认同"[①]。换言之,沈艾娣认为个体心灵上的情感认同最深沉、最真挚,也最持久、最牢靠,这显然有别于近代以来由政治和社会精英有意构筑的国家认同。无论是柯利,抑或是沈艾娣,均在日常生活时空路径中发现了主人公对其自身的定位过程,亦即她/他的社会身份范畴化的过程。

---

① 〔英〕沈艾娣:《梦醒子:一位华北乡居者的人生(1857—1942)》,赵妍杰译,"序言",第10、11、13页。

随着琳达·柯利和沈艾娣从本体论的角度拷问言说的本质意义,将《女俘房》和《退想斋日记》作为证词,进而上升为历史证据的批判性思维的展开,我们在马许和刘大鹏的身上看到了今天公认的个体性的基本内涵——独立性、特殊性及创造性。"个体是一种为个人行使正当的判断和意志创造空间的地位。"①显而易见,新传记史学家认为"无名氏"个体在言说中实现了对自我身份的建构,关键在于发掘了他们身上展现的人之为人的最珍贵的"个体性"(Individuality),每当面临生死抉择的时候,他们均展现出不同程度的决断能力和意志自由,尽管后者要受到不同的文化背景之制约,但这仍然证明了人是有着自我意识的独特存在这一客观事实,并由此回答了"人是什么"这一重要问题。在新传记史学家的心目中,历史是个体在自我中的感知存在。这些属于原始文献材料的日记、书信和著作,与新传记史学家提出的"无名氏"是否具备传主资格的历史问题密切相关,它们由证词上升为直接的、有意的历史证据。我们在这一份历史证据中观察到,传主透过自己有意而为之的行动——自由意志的展开,构造了人与人、人与物之间的关系和意义之网络,而这个网络又帮助或限制了她/他的某些具体行动。在新传记史学家看来,无论是不列颠帝国的普通女性伊丽莎白·马许,还是中国的乡绅刘大鹏,他们在著作和日记中的言说,实质上关涉的是表征自我意识及其身份的"个体性"这个核心概念,而这恰恰与他们在日常生活中的个体生命体验密切相关。当两位新传记史学家带着这一具体的历史问题寻找和判断何物为历史证据时,他们首先想到的是要在"无名氏"个体的传主身份问题与他们留下的证词之间建立起历史时间上的关联网络,因为"真正存在的是过去对现在所产生的作用"。时间"是一个永远持

---

① [英]拉里·西登托普:《发明个体:人在古典时代和中世纪的地位》,贺晴川译,广西师范大学出版社,2021年,第414页。

续变化的现在，它以某种方式连接着一个不存在的将来和一个不存在的过去"①。因受到七年战争的冲击，马许一家被迫从梅诺卡岛逃往直布罗陀，由于担心法军将会继续采取军事行动，这位年轻的女主人公努力说服父母同意她独自回到英格兰。柯利运用历史的眼光，将马许这一独立选择的行动定性为专属于"她"的历史时刻，即女性自我意识的觉醒和对掌握自身命运的渴求。"因为眼下正是伊丽莎白·马许开始挣脱家庭安排、跨洲力量与事件之网络，试图掌握自己人生的时刻。"柯利的这一论断让熟悉英国现代文学的读者不由得联想到英国著名作家弗吉尼亚·伍尔芙所写的意识流小说《达洛维夫人》开篇那句耳熟能详的女性主义话语——"达洛维夫人说，她要亲自去买花。"然而，厄运降临。马许乘坐的"安号"商船行至途中遭到摩洛哥巡洋舰堵截，她就这样成了一名俘虏。对于一名年仅19岁的欧洲女性新教徒而言，在性命攸关之时与伊斯兰异质（陌生）文化的相遇，必定是一次刻骨铭心的苦旅（ordeal）。因而，13年之后因生计而提笔书写《女俘房》，这事实上给予了马许一个探索内在自我的机会，意味着自我意识的进一步觉醒。"她是在强迫下旅行，精神上与身体上的压力都在不断地增加，因此她所描述的这趟旅行，部分而言是一趟内在之旅，是对自己内心与恐惧的一次探索。"②紧接着，两位新传记史学家考虑的是将这些证词归属于历史证据的可理解性能否实现的问题，其核心思想在于其言说的可理解性，即个体的政治与审美在历史时间中的意蕴。即便是为生活所迫而进入采煤行业，转变

---

① R. G. 柯林伍德:"关于时间的困惑：一个尝试性解答"(R. G. Collingwood, "Some Perplexities about Time: With an Attempted Solution")，《亚里士多德学会公报》(*Proceedings of the Aristotelian Society*)新系列第26卷，1925—1926年，第144、145页。转引自陈慧本:《论历史时间的空间化及其与隐喻、叙事的关系》，载于《史学月刊》2019年第4期。
② [英]琳达·柯利:《她的世界史：跨越边界的女性，伊丽莎白·马许的十八世纪人生》，第111、128页。

为一名商人,刘大鹏在日记里也竭力把山区描绘成一个"逃离现代化国家政治的避难所",一个与世隔绝的世外桃源,而他本人"也醉心于山区百姓的泯然无知",从而有意识地为自己建构出另外一重(理想的)身份,即"把自己描述为遁世的儒家隐士"①。换句话说,刘大鹏十分清楚他本人是如何并且以什么样的姿态存在于世界之中的,这不仅是他对自己生命及生活的价值与目的之认知,同时也是他对"人是什么"这一问题的发问及回答。在他的精神世界里,儒家文化机制所发挥的作用一目了然。我们完全可以认为,刘大鹏以自我的认同为核心,在儒家文化机制的主导下,构建起了一个与现代化逻辑背离的自主的知识体系。这个自主的知识体系所揭示的个体时间观,挑战了近代以来西方主流知识界所奉行的线性的时间机制,后者常常把时间想象为进步和发展,并在历史学家对民族国家这个共同体的建构中显现出来。可见,言说既是某位"无名氏"个体自我相信和自我确证的进程,又是她或他的个人知识——个体性与客观性辩证地互动——生产的一个过程。这在英国著名社会学家安东尼·吉登斯(Anthny Giddens)思维图式中,便是个人在日常生活中的一种"反思性监控"。从形式上看,个人知识是主体在观察身边的人和社会的过程中形成的;从内容上看,个人知识往往表现为关于人和社会的观念。正如英籍犹太裔物理化学家和哲学家迈克尔·波兰尼在探究知识的本质及其合理性问题时所指出的那样,个人知识"只有在观察人和社会的过程中相信我们能够发挥自己的求知热情,我们才能形成关于人与社会的种种观念,人和社会也都才能认可我们的这一信念并在社会中维持文化的自由"②。

---

① [英]沈艾娣:《梦醒子:一位华北乡居者的人生(1857—1942)》,赵妍杰译,序言,第107—108页。
② [英]迈克尔·波兰尼:《个人知识——迈向后批判哲学》,许泽民译,贵州人民出版社,2000年,第216页。

根据当代西方知识论,知识是"得到辩护的真信念"。我们在"无名氏"个体传记文本中看到,新传记史学家竭力把个体性在普通人或边缘人的个体的生命经验/体验维度中得到彰显的那个时刻确定为传主的历史时间,即我们通常所说的"历史性时刻",便是一种确立真信念且为其辩护的学术行动。显然,新传记史学家阐发的"历史性时刻",属于传主个人及其跟传主一个类型的群体,这是一种个体性的历史时间观,我们不妨称之为"传主时刻"。一方面,"传主时刻"让我们窥见个人的自由意志或精神自由在这个历史时间维度中得到极大的开发和升华。正如在"一战"期间服役的著名奥地利哲学家路德维希·维特根斯坦(Ludwig Wittgenstein,1889—1951)所思考的那样,人基于对自我生命的唯一性的意识,创造了宗教、科学和艺术。"人是微观宇宙。我是我的世界。……人们所不能思维的东西,人们也不能谈论。诸事物只是通过其与我的意志的关系才获得其'意义'的。"[①]另一方面,透过"无名氏"个体和周遭世界的相处方式,新传记史学家向我们揭示了历史时间的二元性质,即人类历史演变的过程具有二元性质,分别在个体经验与社会结构的维度中得以呈现。正如马克思从"比较发达的生产力"的角度所指出的那样:"有个性的个人与偶然的个人之间的差别,不仅是逻辑的差别,而且是历史的事实。"这种差别不是"为一切时代划定的","而是每个时代本身在它所发现的各种不同的现成因素之间划定的……"[②]更重要的是,在新传记史学家看来,普通人或边缘人在历史上被长期漠视而成为"失语"人群,这是一个不争的事实。然而,这些"失语"人群的身份所具有的不稳定性、多重性和建构性之特征,唯有在生命经验的维度方可达成不同主体间的相互承认,从而生产出有效的历史知识,最终沟通和说

[①] [奥]路德维希·维特根斯坦:《战时笔记:1914—1917年》,韩林合编译,商务印书馆,2005年,第241页。
[②] 《马克思恩格斯选集》第1卷(上),人民出版社,1995年,第122—123页。

服读者。这一历史认知论思想,实质上与社会学视域中对"社会"的定义——社会是人与人进行相互交往时身心变化的产物——达成了共识。鉴于此,我们可以认为这两位新传记史学家对马许和刘大鹏的"传主时刻"之建构,是对吉登斯在讨论美国社会学家欧文·戈夫曼(Erving Goffman,1922—1982)关于有认知能力的行动者反思性运用的过程构成了社会整合的基础这一命题时提出的那个问题——"行动者对于他们在行动者生产和再生产出的社会系统的那些特征,在何种意义上是'有认知能力的'?"——的一种解答。"传主时刻"的建构过程,事实上形成了与吉登斯的学术对话,印证了后者关于个体认知能力的历史性的论述,即"认知能力包含在构成日常生活主体的实践活动中,是社会世界的一项构成性特征。作为社会世界的组成者,行动者有关社会世界的知识是和这个世界分不开的;他们有关实存客体或事件的知识也是如此"①。

此外,值得注意的是,在本章所考察的"无名氏"个体传记史学文本这里,新传记史学家在给予"无名氏"个体时间定位、建构其传主身份的过程中,充分考虑到了受众问题,为大众而书写历史的意图十分明显,从而使其研究文本具有了当下性和大众性。贝奈戴托·克罗齐(Benedetto Croce,1866—1952)早就告诫过,编年史并不是真正的历史,只有与当下的现实生活情境有着密切关联的历史才是真正的历史。"以证据为依据的历史归根结底完全是一种外在的历史而绝不是根本的、真正的历史,根本的、真正的历史是当代的和当前的。"②这便是乌尔里奇教授所说的没有日记便不可能为玛莎·巴拉德书写传记的真正含义,她其实是在提醒同仁,历史学家的主要任务是探究一个个具体的问题,而非对某个时代进行走马观花式的

---

① [英]安东尼·吉登斯:《社会的构成:结构化理论纲要》,李猛、李康译,中国人民大学出版社,2016年,第83、84页。
② [意]贝奈戴托·克罗齐:《历史学的理论与实际》,傅任敢译,第108页。

白描，因而有必要聚焦于具体的历史情境。故此，新传记史学家对"无名氏"个体进行精准的时空定位，必定要在如何建构传主身份这个历史问题的导引下才可能有所施为。

不言而喻，个体性的历史时间观完全不同于现代性视域下整体性的历史时间观，即把现代性等同于人类社会不断进步的线性进步史观，因而可视其为是对后者的一种反抗和消解。尼采揭示线性进步史观就是粗暴地把单一的形式和意义强加到过去之上，是一种有害的历史决定论，是资产阶级的意识形态骗局。正如德国文化批评家沃尔特·本雅明（Walter Benjamin）所指出的那样，为了摆脱线性时间观这副脚手架，"历史学家需要将研究对象与时间从它们既定的时间序列中剥离出来，以便把握它们的意义，并理解存在于同一历史时段当中的不同时间性，理解现代当中蕴涵的古代"[1]。此外，新传记史学家还进一步意识到，传主的个体性和历史意识得以彰显的那个时刻并没有一个明确的方向，并非呈现为"流俗时间"，即连续性的或者直线性的过去-现在-将来这三个维度，而是呈现为一种网状的结构，这是一个交织着时间与空间、内在与外在、主观与客观的意义之网，希冀可以通过描述它来考察某个特定时代的文化观念或集体心理状况。对于时间观念与文化变迁的关系，我国科学史专家吴国盛曾精辟地指出："时间不仅仅是一个科学或哲学的概念，而且还是一个时代文化意识的重要组成部分，时间观念的变化一定揭示了文化变迁的奥秘。……时间在文化的交汇与冲突之处神秘地浮现出来，预示着旧的毁灭和新的降生，预示着对传统的反叛同时又是对传统的革新。"[2]事实上，我们可以在西方史学史的视域中，推断个体性的历史时间观乃为新传记史学家在西方学界对现代性进行反思的语

---

[1] 转引自［英］西蒙·冈恩：《历史学与文化理论》，韩炯译，北京大学出版社，2012年，第127—128页。
[2] 吴国盛：《时间的观念》，第一版序，北京大学出版社，2006年，第3页。

境——现代史学形式被认为是现代性的产物——中,批判性地反思19世纪以来的历史主义理论(Historismus)的一个结果。众所周知,19世纪起源于德国的历史主义理论的核心概念——个体性——被历史学家视为一个特定的观点或者一个中心视角,由此揭示历史过程中个别阶段之间的差异或者历史实体发展的每一个阶段独一无二的特征。兰克曾有言:"每个时代或谓每个历史阶段都具有其特有的原则和效能,而且都有资格受到尊重。"①

第二次世界大战之后,鉴于德国历史学家秉持的个体性原则给予纳粹德国存在的合理化解释,以及滑向价值中立主义和相对主义的危险,西方各国的历史学家们开始猛烈批评历史主义理论。1968年,为我国历史学家所熟知的德裔美国思想史家、史学史专家格奥尔格·G. 伊格尔斯(Georg G. Iggers, 1926—2017)书写的《德国的历史观》一书出版。该书采取英美自由主义的立场,在政治伦理的层面上批判衍生于历史主义的德意志民族国家观招致了20世纪的灾难性事件。伊格尔斯批判道:"倘若一切真理和价值判断都是个别的和历史性的,那么历史中就不再有什么稳定的支点……能够保留下来的全部东西不过就是主观的个体。"②在"语言学转向"发生之后,西方有越来越多的史学理论家开始从叙事主义理论的视角去检视和反省历史主义理论,比如海登·怀特针对波普尔的历史主义批判而提出的历史表现论,即认为每一种历史表现都包含了传统上称之为历史主义的诸多因素。自上个世纪90年代以来,更新19世纪的历史主义成为西方史学理论界的学术热点之一。荷兰著名的历史哲学家弗兰克·安克斯密特(Frank Ankersmit)便是其中很有代表性的一位

---

① [德]利奥波特·冯·兰克:《历史上的各个时代》,杨培英译,北京大学出版社,2010年,第7页。
② [美]格奥尔格·G. 伊格尔斯:《德国的历史观》,彭刚、顾杭译,译林出版社,2006年,第332页。

学者。安克斯密特曾提出以叙事主义来更新历史主义,试图以一个崭新的历史概念——叙事实体(narrative substance)——来取代个体性概念。笔者曾经对此有过论述。"在安克斯密特的历史主义更新论思想中,我们发现,历史主义以个体性原则为中心视角(特定的观点)关注具体化的过去,而叙事主义则以叙事实体揭示的多样性或者差异性原则为中心视角关注历史上不同人群的生活经验或体验。"新传记史学家明显注意到了以安克斯密特为代表的史学理论家对历史主义理论的革新。他们在"无名氏"个体传记中所表现出来的个体性的历史时间观,一方面以个体性原则为中心视角,关注"无名氏"个体的生命体验维度,另一方面则有意识地将自己的个体传记叙述与历史主义理论视角下的历史书写区分开来,关注个人之为个人的意义之生成,即关注独异性,以个人的自我解放和自由为旨归。个人乃近代化之后公民社会的产物,卢梭说出的那句名言,即"臣民关心整体和谐,公民关心个人自由"便是其注解。在"无名氏"个体言说的那个特定的时刻,是生命真实而又具象的表达,他们将自己定义为某种中心,以个体化的独特视角观察世界和筹划生活。新传记史学家恰恰在此理解并把握住了这个中心节点,竭力表现一种历史的陌生感和疏离感,试图让读者领略不同的历史文化风景,并由此获得崭新的历史知识。"历史主义的历史写作以移情为原则来克服时间间距,企图通过历史学家的语言将过去与现在连接在一起,认为历史学家的语言并没有反映出过去本身的连贯性或关联性,而是意向性地将连贯性赋予了过去。我们在阅读叙事主义历史文本或者安克斯密特认为最能表征他所提出的陌生化理论的微观史或日常生活史时,必然会产生一种关于过去的陌生感,一种过去与现在的疏离感,但恰恰是这种陌生感或疏离感在安克斯密特本人看来却展示了一种美学主义,一种源自于视角变换……的审美判断。因此,他认为叙事实体这个崭新的历史概念不仅有利于我们对差异性的掌握,而且使得关于过去的全景式画面之呈现有所可能,并且变得更加清晰。它在开阔我们的视野的同时,深化了我们的历史思想,使我们更能理解和包容异质文化(他者)。"①简而言之,赞扬差异性和倡导多元主义的历史文化是安克斯密特历史主义更新论的意旨。

透过德国史学史,我们观察到历史主义理论视野下的个体性概念,在19世纪后期至"二战"前的德国,它指向的是民族和国家单元。然而,"二战"结束之后,历史主义理论在西方战胜国的学术界发生了根本性的变化,即个体性概念指向的是个人,尤其是作为普通人或者边缘人的个体,并且,它往往与自由主义、民主原则融为一体,产出了一些具体的个人知识。换句话说,当个体性概念被用于阐明作为整体的民族和国家的历史时,必将导致灾难性后果,两次世界大战的惨痛教训已经足以佐证这一点。然而,当个体性概念被用于阐明个人的历史时,必将使个人的主体性、能动性和创造性得以彰显,它必将启迪广大普通读者:尊重个体那鲜活而具体的生活经验,捍卫个人的尊严就必须承认人类的存在具有多样性,由此汲取日常生活的信心和力量。个人主义理念历经几个世纪的洗礼,如今在西方社会已经成为一种常识。加拿大当代著名哲学家查尔斯·泰勒(Charles Taylor)从道德哲学的角度指出:"个体在现代西方文化中无可置疑的优先性,这是现代道德秩序构想的核心特质……个人主义已经是常识。现代人的错误,便是认为这种对个体的理解是理所当然的。……我们最初的自我理解深深地镶嵌于社会之中。我们的根本认同是作为父亲、儿子,是宗族的一员。只是到了后来,我们才把自己看作是一个自由的个体。"②在这五位新传记史学家这里,我们观察到他们将个体性和人的自由之立意融入普通人平凡而又具体的日常

---

① 陈茂华:《安克斯密特的历史主义更新论》,载于《史学理论研究》2011年第3期。
② [加]查尔斯·泰勒:《本真性的伦理》,程炼译,上海三联出版社,2012年,第4页。

生活中,使传主成为可理解、可沟通读者的历史人物。故此,我们说新传记史学家所阐明的个体性的历史时间观,最终以一种个体化生命经验史观得以彰显,它以承认和接受个体的自由意志为前提,试图由此达成的是一种伦理道德之信念层面上的普遍主义。

三、个体生命经验史观

毋庸置疑,人的主要属性是生命。在将"无名氏"个体这个新的主体建构为传主之后,新传记史学家便开始追踪她或他的言说和行动,试图将其个体的私人故事转变为历史。在新传记史学家看来,此问题关涉的是"无名氏"个体在日常生活中的体验和感知。当然,这在信奉伟人史观或英雄史观的传统传记史学家那里,不会成为一个需要解决的问题。因为传统的传记史学家是在民族国家的基本框架之内为显要人物作传的,他们往往聚焦于某个显要人物在公共领域的行动(言说与表现),以叙述他的生平故事与民族国家的历史演变具有逻辑上的一致性为目标。退一步说,即便关注到传主在私人领域的行动,其历史研究的框架也并不会因此而发生变化。然而,对于历史上的普通人或者边缘人群体中的个体而言,他们通常都是公共领域的缺席者,其言说和行动也基本上都是在私人领域展开,因而新传记史学家只能聚焦于指向私人领域的日常生活,试图由此建构她或他的个人生活史。

由于作为普通人或者边缘人的传主的行动基本上都是在日常生活中展开的,因而新传记史学家决定从"日常性"(dailiness)这个概念入手。当许多历史学家辩称玛莎·巴拉德的日记与农妇的日记没有什么不同,充斥着家务琐事和无足轻重的消遣,因而不值得关注时,乌尔里奇教授却认为玛莎·巴拉德在展现自我、塑造自我,"玛莎·巴拉德的日记的真正价值就在于日常性,在于彻底的、重复的日常性……她不是一个内省式的日记作者,然而在这谨慎的记录行动中,就像她偶尔做的忏悔一样,她展现了自我……对于她而言,生命要以行动来衡量。没有一件事情是琐碎之事"①。也就是说,"日常性"指的是日常生活的全部,包含一切言说和行动,且具有自身的连续性和变化模式,是人类生活世界的本真。在乌尔里奇教授的历史认识中,考察作为普通人或边缘人的个体的日常生活经验或体验,"日常性"极有可能才是透视人类历史演变的最佳路径之一。正如史学大师勒高夫所言,新的研究对象的出现必定意味着历史学家的史学观念首先在认识论层面发生了新的变化。本章所列举的这几位新传记史学家深受解构主义理论"去中心化"和摒弃整体论方法的主旨的影响,大大深化了个体性原则,促使自身的问题意识和研究旨趣发生了根本性的变化。

在致力于书写"无名氏"个体传记的历史学家看来,如果说发生在公共领域的行为或事件对历史的演变产生了显性的重要影响,从而被认为是生成历史的要素,那么市井小民的日常生活虽然看似平淡无奇,但实际上却表达了某个时代的集体心态或精神状态,因而同样具有历史重要性。一方面,作为历史上长期处于"失语或者缄默状态"的普通人或边缘人的个体,其日常生活经验或体验不仅是他/她的社会实践本身,而且还是我们理解某个具体的历史时段最为权威、最为真实,但却常常被忽略的历史证据。因为人首先生活在一个以自我为中心而建构起来的周遭文化世界里,他或她不可能跳出自身的视角,只能从自身的境域(私领域)出发去认识周遭世界这个普遍境域,从自身的文化世界出发去构造其他陌生的世界。故此,从认识论的观点来看,有必要将日常生活经验/体验问题化,即考察日常生

---

① Laurel Thatcher Ulrich, "Introduction," *A Midwife's Tale: The Life of Martha Ballard, Based on Her Diary*, 1785-1812, p. 7.

活经验/体验何以成为日常生活经验/体验。另一方面，作为普通人或者边缘人的个体，她或他往往具有透视层层权力关系的独特视角，因此对她或他的日常生活经验/体验的考察正是理解各种权力交织运作的一个重要窗口，不仅可以揭示某个具体历史环境的复杂性和多样性，从具体的情景追问生活的意义，而且还可以解决新社会史学一直未能解决的一个重要问题——如何理解个体经验/体验与总体结构之间的关系。例如，《一名助产士的故事》的学术价值就不仅仅在于让读者了解了18世纪晚期至19世纪初北美新英格兰地区一名拥有专业技术的女性在一个城镇医学实践领域的非凡成就，认识到了普通女性在某种程度上凸显独立性的自我意识和历史重要性，而且还在于通过这位助产士的日常生活实践阐明了在宏大的社会情境下，美利坚合众国建国初期那一具体的历史时代社会生活的诸多方面，包括妇女在家政和当地市场经济中的地位、婚姻和性关系的本质，以及医疗实践的诸多细节，从而让我们得以审查那个历史时期的医疗保健体系和社会控制机制的运作方式。此外，乌尔里奇对传主玛莎·巴拉德作为一个城镇助产士的日常生活经验和体验的描写，不可避免地涉及了医疗体系内男性的职业活动的描写，由此包含了对两性关系及其历史作用的思考。在这位女性历史学家看来，塑造了玛莎·巴拉德的女性主体意识及其身份认同的日常生活实践，本身就是长期以来社会性别观念塑造的一个结果，是一种社会实在，具有客观性。乌尔里奇教授透过日常生活考察玛莎·巴拉德的生命意义及其价值的意图很明显：实现女性意识的觉醒、解放与自由，使女性不再成为性别的他者。这实际上彰显的是一种新的女性主义思想，它的诉求主要在于自我和独立，而不是任何来自外界的认可，也不是简单地要和男权社会进行"平权"和"平等"。不言而喻，一旦乌尔里奇在玛莎·巴拉德传记文本中透露出"平权"的诉求，就意味着她本人思想意识里的女权主义其实还是没有逃脱自卑的自我身份定义。同理，在《帝国形塑了我》所显示的日常生活经验问题视域中，廷科勒这位来自大英帝国社会中下层家庭的普通年轻男性，一个处于帝国殖民体系的边缘人，在成为上海工部局巡捕房的一名警察之后，也就是说，身处中国人的社会情境之中，即便为了工作的顺利开展而学会了上海闲话（沪语），并且他个人的财政经济常常陷入困顿，但是却在日常生活中时时显示出一种种族主义的"优越感"和傲慢姿态，面对原本跟他一样处于社会下层的上海市民毫无同情心，并且力主以武力手段维持上海的社会秩序。在毕可思教授看来，廷科勒的日常生活经验/体验绝对不寻常，它既凸显了大英帝国意识和殖民话语体系对他的形塑，同时也映射了大英帝国日薄西山的颓势。

纵观人类历史的演变历程，人如何与周遭世界相处，如何应对不确定性，或者说如何应对命运，一直都是一个极其重要的历史主题。西方历史学之父希罗多德巧妙地借埃及国王阿玛西斯之口，以及波斯人的国王冈比西斯临死之前的悔恨话语——"我现在看到，没有一个人有能力扭转命运……"，表达了他对人类命运的看法，"没有一个人能够把另外一个人从他的注定的命运中挽救出来……"①在唐纳德·R.凯利看来，就西方历史编纂学而言，希罗多德和修昔底德的后继者们关注的其实都是人类命运这一主题，"实际上他们可能被当作同一领域内致力于同一研究的人，假如人们是从命运意义上而不是历史著作写作的意义上来关心历史的话，至少如此"②。就历史学而言，它自古以来就被理解成是一种有关陌生经验的知识，人类对自身过往经验的关注和反思一直以各种形态存在，人类一直都在积极地关注着自身的命运。德国历史学家莱因哈特·科泽勒克（Reinhart

---

① ［古希腊］希罗多德：《历史》（上），王以铸译，商务印书馆，2009年，第261、250页。
② ［美］唐纳德·R.凯利：《多面的历史：从希罗多德到赫尔德的历史》，陈恒、宋立宏译，生活·读书·新知三联书店，2003年，第8页。

Koselleck，1923—2006)指出："经验是现在的过去,其中事件已经融入了现在,并且能够被记起。在经验中包含了理性的加工和无意识的行为方式,这些行为方式必然不是或不再是在意识中的在场的(present)。除此之外,还有一种陌生的经验,它包含且保存在通过世代和制度来传递的特殊经验中。"[①]自上个世纪90年代以来的西方新(无名氏)个体传记文本之"新",关键在于它聚焦于某时某地具体的个体生命的日常生活经验/体验——特别是他们与所处日常生活世界的相处方式,通过讲述一个个普通人或者边缘人传主的个体生命经验故事,强化了将与普通人或边缘人密切相连的日常生活经验/体验问题化的意识,认为是日常生活经验/体验塑造了个体生命的自我意识及其个体性,并由此建构起普通人或边缘人的个体生命经验史观。

新传记史学家坚信普通个体是不可替代的存在,其生命的意义是通过个人应对日常生活中的各种挑战或不确定性得以展现的。鉴于此,从普通人或边缘人的个体生命经验的角度来思考和研究历史,不仅能够揭示人类社会过往的诸多真实面相,而且能够获取具体的历史知识,而非抽象的历史概念,从而在很大程度上克服历史虚无主义。即便是几乎穷其一生均在"移动"的伊丽莎白·马许,她"本人的故事不只是个帝国的故事。……这名女子一辈子经历的种种变局与文化变迁,也不仅只是'全能的西方,是推动历史的主要轨迹'的一种展现。打从一开始,非欧洲人就决定了她生命中的关键阶段。……欧洲之外的民族与社会对她造成的冲击,也不只是偶然中的意外遭遇。……西底·默罕默德在摩洛哥的统治,显示在十八世纪中叶时,不是只有西方国家在打造超长距离的经济与文化连结。实现连结的

---

① 转引自陈慧本：《历史时间、历史实在与历史表现——科泽勒克与当代史学理论》,《史学理论研究》2020年第3期。

方式,也不是只如西方心目中的印象"。琳达·柯利试图以这名处于不列颠帝国的社会边缘的普通女性那"四海为家"的日常生活经验为实例,旨在消解欧洲中心论和西方式现代化逻辑。"回顾伊丽莎白·马许的人生,仿佛是在世界史两个阶段的分界线上保持平衡。一方面,她被卷入某些关键的发展节点,这些发展节点在传统上被人们认为催生了一个暂时由西方主导更多的世界:不列颠海军力量兴起、七年战争的领土变化、美国革命与美国建立,以及欧洲在1750年之后步调一致地侵入太平洋地区。另一方面,她的故事也清楚呈现西方国家在她在世时的若干局限,以及几个非西方的行动、创新与交流中心,其持续不断的创造力。"①

从词源学的角度来看,"Biography"源自希腊语词"biographia",其词根"bio"指的是生命、生活的意思,"graph"则指的是书写的意思,翻译成中文就是"生命传记"。确切地说,关于日常生活经验重要性的历史认识,是"二战"后西方新史学不断深化其史学思想的一个必然结果,它促使历史学家在平等主义和生命至上的视角下,以经验主义和大众主义的进路来阐释历史的演变,并由此围绕不同的研究对象形成了新的新史学(New New Hisotry)领域。新传记史学家将日常生活经验问题化的意识,为进行"无名氏"个体传记的研究提供了新的内容、思维和方向,从而在思想架构和研究取向上呈现出了新的探讨。日常生活经验问题化的意识,启示新传记史学家认识到阐述传主个体的"生活经验"和"生活方式"是重建普通人或边缘人个体生命经验史的重要路径。然而,普通人或边缘人在日常生活所指向的"私人领域"内的"生活经验"和"生活方式",是他们"特定的与其历史、身份和生活价值密切相连的经济、社会和文化机构及活动",即基

---

① [英]琳达·柯利:《她的世界史:跨越边界的女性,伊丽莎白·马许的十八世纪人生》,第408—409页。

本上都是与具有符号和象征意义的物质及其机制联系在一起的,因此,唯有重新思考并建构这些生成和再生产与作为个体的他们之间的关系,才可能更好地理解作为普通人或边缘人的个体传主的生活模式,从而进一步探明各种体现或者象征统治意识的(权力)机制的运作,并提高普通人或边缘人在现实社会生活中对权力运作机制的敏感度。正是在这种带有强烈的文化唯物主义色彩的思考方式下,新个体传记史学家往往秉持生活或生命至上的价值观,选择从文化演进的视角或者说以新文化史的进路来阐释传主的"生活经验"和"生活方式"。换言之,作为历史人物的"无名氏"个体,她或他所面对的问题都是真实的日常生活中的一个个真问题,他们基于主体的本能感受和理性反思而进行的任何言说和行动,都具有其特定的历史价值。正如维特根斯坦所言,生命就是世界,没有主体便没有世界,善与恶的性质皆有赖于主体而非世界的存在。"正如主体不是世界的任何一个部分,而是它存在的前提,善的和恶的也是主体的谓词,而不是世界中的性质。"[1]鉴于此,笔者有理由得出如下结论:新传记史学家在阐发个体生命经验史观之时,将生命视作抵消一切形式的虚无的创造性本源,由此有力地批判了历史虚无主义。

毋庸置疑,新传记史学家意图通过讲述普通人或者边缘人的个体生命经验故事,增进对传主所处历史时代的整体了解,通过揭示历史真相来探寻人类生存的真正意义和价值。欧洲文化史专家罗伯特·达恩顿(Robert Darnton)高度赞扬这种以考察日常生活经验/体验为中心的历史研究方式,认为"理解生活的意义"应该成为历史研究的最高价值:"最令人激动、最有创意的历史研究,应该通过个别事件挖掘出前人的人生体验和当时的生存状况。这类研究有过不同的

---

[1] [奥]路德维希·维特根斯坦:《战时笔记:1914—1917 年》,商务印书馆,韩林合编译,2005 年,第 232 页。

名称：心态史、社会思想史、历史人类学或文化史(这是我的偏好)。不管什么标签儿,目的是一个,即理解生活的意义：不是去徒劳地寻找对这一伟大的哲学之谜的终极答案,而是从前人的日常生活和思想观念中去探求和了解前人对此问题的回答。"事实上,当新传记史学家将研究对象定位于历史上某个具体时代的某个默默无闻的"无名氏"个体,并尝试地以平等主义和整体主义的视角来阐释她或他的日常生活经验是如何建构其主体性意识及其身份(认同)时,他们促使人文学科领域的研究者愈来愈清醒地认识到：日常生活经验不再只是人类学的重要课题,它亟须打破人文学科之间人为的界限,积极展开多维度的对话。

从 20 世纪西方人文社会科学的发展脉络来看,个体生命经验史观所彰显的日常生活经验/体验问题化意识,主要得益于现代存在主义哲学(包括精神分析学)、文化人类学的洞见之启示与对话。自 20 世纪以来,越来越多的西方哲学家如现象学大师胡塞尔和海德格尔、后结构主义思想家米歇尔·福柯及马克思主义的继承者卢卡奇、列斐伏尔等学者,都对日常生活这一经验现象进行了理性思考和价值评判,强调常人和常识是人类社会运行的根本动力。在他们的日常生活批判理论视野下,日常生活不仅是一个有意义的经验性领域,更重要的是,日常生活是一个被我们对象化了的客观世界,它凸显了个体与存在主义的问题视域。在这些哲学家当中,米歇尔·福柯和被西方公认为"日常生活批判理论之父"的法国现代著名哲学家、思想家亨利·列斐伏尔(Henri Lefebvre)及其高徒匈牙利著名思想家阿格妮丝·赫勒(Agnes Heller, 1929—2019)对历史学研究影响最大。米歇尔·福柯尖锐地批判道,资本主义社会行政管理体制的隐性权力关系系统性地通过话语实践来实现对人的控制。"不幸和不轨的微小过失不再借助坦白中几乎难以听见的隐秘倾吐上达天庭;而是在地上,借助书写的痕迹积累下来。这就在权力、话语和日常生活之间建立了一种完全不同的关系,一种颇为不同的管制日常生活、阐述日常生活的方式。这样就诞生了一种日常生活的新的'演出'。"故此,米歇尔·福柯赋予自己的使命是书写"一部关于现在的历史",揭示隐身于平常之事的真相,"有义务讲出最平常的那些秘密",由此阐释"权力对生命的作用,以及从中产生的话语"①。

在列斐伏尔那里,日常生活所呈现的个体相关性、平凡性和重复性(再现),揭示了人是在日常生活当中"被发现"和"被创造"的这一事实。也就是说,日常生活在本质上是个体生产和再生产的实践活动领域,个体恢复自我的主体性,也是在日常生活实践的过程中完成的。"日常生活是生产方式的'基础',生产方式通过计划日常生活这个基础,努力把自己构造成一个系统。这样,我们不是面对一个封闭整体的自我控制。日常生活的计划有强有力的手段供其支配:日常生活的计划包含了机遇的元素,也包含了能动性;日常生活计划对日常生活的发展具有推动作用。无论发生什么,日常生活的变更始终会是变化的衡量标准。"②正是在列斐伏尔阐释的日常生活批判理论这里,不断有历史学家得到启示,意识到要阐明历史上长期被排斥在"公领域"之外的普通人或边缘人的处境,就必须揭示隐藏在日常生活领域之中的权力(结构性法则)运作机制。在日常生活批判理论的视野下,日常生活是个体最直接的生存境况。匈牙利哲学家阿格妮丝·赫勒(Agnes Heller, 1929—2019)在阐释其生命政治理论时的表达似乎更为简洁明了:"日常生活存在于每一个社会之中;的确,每个人无论在社会劳动分工中占据的地位如何,都有自己的日常生活。"因而,日常生活是"个体的再生产"。应该如何界定"日常生活"呢?阿格妮丝·赫勒主张将社会再生产与个体的再生产结合起来

---

① [法]米歇尔·福柯:《无名者的生活》,李猛译,载于《社会理论论坛》1999 年第 6 期。
② [法]亨利·列斐伏尔:《日常生活批判》之第三卷《从现代性到现代主义》,叶齐茂、倪晓辉译,社会科学文献出版社,2018 年,"引言",第 579 页。

考虑,"我们可以把'日常生活'界定为那些同时使社会再生产和成为可能的个体再生产要素的集合"。对于个体而言,"个人的再生产总是具体个人的再生产,即在特定社会中占据特定地位的具体人的再生产"①。在"(个)人何以为(个)人"的这个问题上,文化人类学跟日常生活批判理论一样,都坚持认为是日常生活"创造"了人,但前者更强调从文化演化的视角来进行阐释。"文化人类学(cultural anthropology)(也称为社会或社会文化人类学)是对人类行为、思想及情感模式的研究,它关注作为文化生产及文化再生产产物的人类。"在文化人类学的视域下,文化传统乃社会的符号表征,一经形成便对人们的日常生活起到规范的作用。对于个体而言,其日常生活经验便是规范的结果,而文化中的世界观即为根本性的规范力量。"文化中的世界观帮助个体理解自身在世界中所处的位置,以及面对重大变化和挑战:每一种文化都为其成员提供某些使其能够对生与死的意义进行创造性思考的传统观念和仪式,许多文化甚至带给成员想象来生的可能,人们因此找到了治愈丧亲之痛的方法,即停止疑惑不解并进入想象状态。"②"无名氏"个体传记研究范式中普通人或边缘人的动因,其言说与行动、自我身份意识及其认同、女性何以成为女性、大英帝国仆人何以成为种族主义者的论述,均在强调无名氏个体的文化世界是活生生的当下的生活世界,他们的言说和行动在很大程度上受到了文化中的世界观和价值观的主导。那么,应该如何界定文化呢? 或者说,文化究竟是以何种形态体现出来的呢? 对此问题的回答,需要考察"无名氏"个体传记史学家所秉持的史学方法论思想。

众所周知,一直以来,"无名氏"个体传记研究中面对的一个难题

---

① [匈]阿格妮丝·赫勒:《日常生活》,衣俊卿译,重庆出版社,1990年,第3页。
② [美]威廉·哈维兰等:《文化人类学:人类的挑战》,陈相超、冯然等译,机械工业出版社,2014年,第11、35页。

是如何解决史学理论与史料稀少之间的紧张关系,而"无名氏"传记文本的研究对象——历史上长期被遗忘或者忽略的小人物——留下的私人档案材料和公共资料基本上都呈片段式,因而如何在"碎片式的证据"基础上构建她/他们的生命故事,是一个关乎史学方法论的根本问题。梳理西方"无名氏"个体传记的研究成果,我们不难发现在研究进路上有一条从新社会史到新文化史的方法论主线。但必须指出的是,当"无名氏"个体传记史家转向新文化史学领域中的物质文化研究时,她们很快就超越了"物的转向"(material turn),在西方新马克思主义者提出"文化唯物主义"(cultural materialism)概念的理论逻辑那里获得了启示,找到了解决史料稀缺难题的方法。新传记史学家们积极吸收了西方新马克思主义者为反抗将唯物主义简单化、庸俗化的"经济决定论"而提出的文化唯物主义方法论,她/他们充分认识到,文化唯物主义概念指向的是特定人群和阶级所共有的集体无意识,是普通人的"生活经历",这里的文化是"一种整体的生活方式",具有物质性和生产性。"文化唯物主义"概念出自英国新左派理论家雷蒙德·威廉斯(Raymond Williams)于1977年发表的《马克思主义与文学》(*Marxism and Literature*)一书。作为一名新马克思主义学者,威廉斯在历史唯物主义的视域中,主张从人的存在论的角度来考察文化,将文化视为人们存在的方式,从而阐发了"文化是寻常的"的思想主旨。① 换言之,文化和经济一样,是一种社会实践活动,是社会的基础,而非"上层建筑"。威廉斯阐释的文化唯物主义观凸显了文化活动的物质实践形态,从而把精英主义者所秉持的那种高高在上的、静止的精神性或者观念性存在转化为普通人的生活方式,强调了文化是一种随着生活方式的变化而变化的实践性存在。

---

① 这句话出自威廉斯的著作《文化是寻常的》(*Culture is Ordinary*),后来成为他的文化唯物主义思想的座右铭。

"文化唯物主义坚持认为文化无法(也不可能)超越物质力量和生产关系。文化不是对经济政治制度的一种简单的反映,但也不能独立于经济政治制度之外。"①显然,这种以一定的生产方式解释文化的思考理路,不仅将人之为人的总体性思维与日常生活经验领域联系在一起,而且揭示出文化的特性是一种生产性和物质性的力量,它总是处于不断生产之中,对个体和社会具有基础性的塑造作用,与社会之间的关系是一种相互构成的总体性关系。文化代表了一种"整体的生活方式",是"集体的经验","对文化的思考,只能是对人类的共同经验的思考"②。英国当代马克思主义文学批评家和文化理论家特里·伊格尔顿(Terry Eagleton)院士把威廉斯的文化唯物主义理论概括为,"文化唯物主义,即文化生产的物质形式,写作的社会规约制度"③。据此,我们可以认为,"无名氏"个体传记研究在历史学"文化转向"的学术语境中,深化了对文化唯物主义方法论思想的理解和运用。

如今,越来越多的新传记史学家将文化视为一个动态的脉络,据以解释普通个体(差异性)有意义的言说与行动,旨在强调文化权力对"无名氏"个体的自我意识及其身份认同具有形塑的作用。无名氏个体传记的研究范式,因其关切的是芸芸众生的生命及其尊严之议题,故而更能彰显历史学独特的人文性价值。诚如波兰历史学家埃娃·多曼斯卡(Ewa Domanska)所言,自 19 世纪以尼采为代表的生命哲学诞生以来,"生命,作为历史最根本的要素,就成了历史关怀的

---

① Jonathan Dollimore and Alan Sinfield, *Political Shakespeare: New Essays in Cultural Materialism*, Manchester University Press, p. viii, 1992, 转引自欧阳谦:《"文化唯物主义"的理论建构及其意义》,《教学与研究》2010 年第 12 期。
② Raymond Williams, *Culture and Society*, New York: Harper and Row, 1966, pp. 273, 162.
③ [英] 特里·伊格尔顿:《历史中的政治、哲学、爱欲》,马海良译,中国社会科学出版社,1999 年,第 266 页。

规范和目标,而历史则被视作关于人类生活的科学"①。然而,在笔者看来,新传记史学家对"无名氏"个体生命经验史观的阐发,恐怕有着更大的学术抱负,即试图从人的生命本身出发去重新定义"文明"这一概念。据西方学者的考察,今天被人们奉为圭臬的"文明"概念的诞生是西方殖民主义的产物,是一种征服"他者"的霸权主义意识形态。"'文明'这一术语于18世纪50年代在法国创造出来并很快在英国被采用,它通行于这两个国家中,用于解释它们帝国主义剥削的优越成就及正当理由。……'文明'不具备多元性,它指的不是不同社会的独特的存在方式,而是总体上人类社会的理想秩序。""文化"这一概念则具有多元性,是对"文明"概念所蕴含的启蒙的归纳推理原则的反抗。"'文化'这一现代人类学信条起源于德国,同样是在18世纪后期,但恰恰是在挑战盎格鲁-法兰西'文明'的全球性自大的过程中产生的。"②

四、可理解性的叙事综合策略

对于一部优秀的历史作品而言,叙事策略是不可或缺的一个要素。对于一部优秀的历史传记而言,叙事策略似乎就显得更为重要了。19世纪著名的苏格兰评论家、历史学家、哲学家托马斯·卡莱尔(Thomas Carlyle,1795—1881)曾经感慨地说道:"一部写得好的传记,如同过得精彩的人生一样,都是稀缺之物。"③自古典时代以降,叙事技巧或叙事策略就成为西方传记文学家和传记史学家共同关注

---

① [波兰]埃娃·多曼斯卡:《邂逅:后现代主义之后的历史哲学》,北京大学出版社,2007年,第319页。
② [美]马歇尔·萨林斯:《"土著"如何思考:以库克船长为例》,张宏明译,上海人民出版社,2003年,第14页。
③ Thomas Carlyle, "Richter," *Edinburgh Review*, XLVI(1827), p.177.

的对象。自18世纪之后,由于数量庞大的证据陡然出现,导致传记书写面临"最大危险"。在此紧要关头,叙事文体应运而生。"传记家及读者要摆脱这一负担,就要通过一位叙事角色的出现,而更重要的是叙事文体的出现。"①事实上,叙事(narrative)是人类的基本思维方式之一。自古以来,叙事——指通过叙述而呈现出来的故事——是历史认识的一种最古老的方式,自然被认为是历史学家的一项重要技艺,而传记书写或许是历史学领域中最能体现其叙事特性的一个文体。即便是在年鉴学派的结构-分析型历史书写统领西方历史学的那个时期,即年鉴学派发展的第二个阶段——1945年至1968年,也仍然有一部分历史学家倔强地实践着历史书写的叙事模式,比如剑桥大学近代史专家乔治·麦考莱·特里威廉(George Macaulay Trevelyan, 1876—1962)。1973年,史学理论大家海登·怀特书写的《元史学:19世纪欧洲的历史现象》出版,标志着叙事主义的历史哲学取代了分析的历史哲学,促使史学理论研究者开始关注叙事在历史文本的生产过程中所起到的作用。1979年,原本对结构-分析史学书写范式持赞赏态度的美籍英裔社会史家劳伦斯·斯通转向叙事史学,发表了《叙事的复兴:对于一种既新且旧的史学之省思》(*The Revival of Narrative: Reflections on a New Old History*)一文,批判自兰克及其学派以来历史学高度社会科学化的弊端,倡导恢复发端于古希腊历史书写的叙述功能。其后,在异军突起的新文化史所取得的显著成就的鼓舞下,愈来愈多实践着的西方历史学家开始把历史学学科视为认知、理解、解释和重建过去的一种叙事性模式,因而尤为注重叙事策略。在历史学领域,叙事策略,通俗地说,就是指如何讲好历史故事。叙事策略的运用取决于传记史学家意图为

---

① [加]艾拉·布鲁斯·耐德尔:《传记与理论:通向诗学之路》,载于《传记家的报复:新近西方传记研究译文集》,王军译,广西师范大学出版社,2015年,第32页。

读者呈现或提供一个怎样的历史人物形象及其何种历史知识。在传统的个体传记文本中,受制于书写意图的叙事策略往往体现在传记史学家对史料的选择与编排上。在"无名氏"个体传记文本中,细心的读者将会察觉到新传记史学家主要怀有两个书写意图：其一是追寻普通人或边缘人群体中的个体的生命意义,渴求重建历史上这些被漠视的个体生命应该具有的意义和价值；其二是意图捍卫历史学作为一门独立学科的合法地位。前者从历史学本体论的视角看问题,主要表现为新传记史学家对个体生命经验史观的阐释,即把为普通人或者小人物作传视为审视某段历史的一种方法,从而摆脱历史学家传统上对民族国家单元的路径依赖。后者从历史学方法论的视角看问题,主要表现在新传记史学家的叙事策略上。关于后者,我们可以从叙事框架和历史解释——任何叙事都必然包含解释——两个方面来窥探一番。

从叙事框架来看,"无名氏"个体传记文本愈来愈显示出整体主义思维的宏观视野,往往通过将"无名氏"个体传置于世界（全球）性视野中,使个人史与世界史或全球史融合为一体,由此呈现出新的历史图景,生产出新的历史知识。事实上,乌尔里奇在上个世纪 80 年代书写《一名助产士的故事》时,就采取了整体主义的宏观视野,以玛莎·巴拉德的个体生命经验故事为进路,探讨 18 世纪晚期至 19 世纪初期的美利坚合众国在政治、经济及社会方面的变化。我们知道,彼时,西方学界正在讨论史学碎片化的问题,职业历史学家往往怀有根深蒂固的普遍化意识,因而担忧微观史学会导致历史学失去宏观视野,丧失整体认识的功能,从而将自身置于危险境地。1987 年,弗朗索瓦·多斯书写的《碎片化的历史学：从〈年鉴〉到"新史学"》(*L'histoire en miettes: Des Annales à la "nouvelle histoire"*) 一书出版,便是这一史学反思现象的一种反应。可以说,乌尔里奇的"无名氏"个体传记书写实践是对史学碎片化批评的最好回应。时至今日,《一名助产士的故事》一直被西方学界奉为在宏观的历史视野中,利用微观而具体的个体传记探究重大历史问题的新社会史典范之作。"是有史以来写得最棒的著作。乌尔里奇只用了一位女性的日记,但是她以此为出发点,搜集到了各种其他记录和二手文献。这样,她从一个点出发扩展开来,并根据她所能找到的所有材料,构建了一整个世界。"①"劳雷尔·撒切尔·乌尔里奇书写的《一名助产士的故事》新型的传记文类,它探究了一个十分普通的人的生命历程,她经历了许多重要的社会力量及其事件。"②自进入21世纪以来,随着跨国史和全球史研究在物质文化层面的不断推进,一方面,"把统计数据转变为人"③的呼声也愈来愈高,另一方面,哈佛大学历史系教授大卫·阿米蒂奇(David Armitage)和布朗大学历史系教授乔·古尔迪(Jo Guldi)模仿着马克思在《共产党宣言》中的句式和口吻而大声疾呼:"一个幽灵,短期主义的幽灵,正困扰着我们这个时代。"④归根结底,历史书写急需出现新的范式。总体而言,跨国史和全球史的书写旨在强调各个社区、地域,以及各个社会群体、各种文明等之间的互动和联系(参与、共同点),并认为这些互动和联系正是历史发展的动力。在跨国史和全球史的视野中,无论是作为个体的人还是作为群体的人,其行动都是历史过程的基本要素。然而,在书写实践中,基本要素却往往以船舰、贸易公司及各种机构等跨国力量的物质形式出现,个人的力量及其作用却隐而不彰。有论者在探讨全球转

---

① 孔达珍(Jane Hunter):《孔达珍谈跨国经历与女性主义》,"澎湃新闻",2020年2月16日。
② Eric Homberger and John Charmley, *Reflections on Biography*, Oxford, 1999, p. 21. Jill Lepore, "Historians Who Love Too Much: Reflections on Microhistory and Biography," *The Journal of American History*, Vol. 88, No. 1 (Jun. 2001), pp. 131-132.
③ Randy J. Sparks, *The Two Princes of Calabar: An Eighteenth-Century Atlantic Odyssey*, Harvard University Press, 2004, p. 5.
④ [美]乔·古尔迪、[英]大卫·阿米蒂奇:《历史学宣言》,孙岳译,上海人民出版社,2017年,第1页。

向发生之后意大利微观史学是否还有未来时指出，自 20 世纪 80 年代以来，不少西方历史学家坚信一种微观的个体传记书写最能透视 16 世纪欧洲地理扩张之后，由于不同社会之间日益增多的接触与冲突而产生的多种文化传统之间的纠葛，故而竭力发掘出一批跨越多种语言、政治及宗教界线的个体，并引入全球性主题，希冀将微观史与全球史结合起来，书写一种新型的全球史。① 这一"新型的全球史"便是欧阳泰所指称的"全球微观史"，即从普通人或小人物的个体视角书写全球微观史。从根本上说，"不可能也不应该有一种奥林匹亚版本的世界历史，一直都是人和个人维度的世界历史"。有鉴于此，在某个全球性主题之下，"采取微观史和传记的研究路径，有助于使我们的模型和理论中有真实的人，以书写全球微观史。……把个体的生命故事置于全球性脉络当中"②。事实上，本章所选取的五位新传记史学家均体现了这样的历史思考趋向，他们充分意识到总体性的历史是被体现的，并且是被多重视角所体现的，"无名氏"个体作为全球化的参与者，他或她的视角完全有可能体现一种整体的历史。

新传记史学家不仅认识到把世界看作一个整体对于展现历史上不同阶段不同地方的"无名氏"个体的生活境遇的重要性，而且发现当前的全球史书写范式并未真正跳出其力图抵制的欧洲中心论、民族中心主义及目的论历史叙述的怪圈，这表明现代性的普遍主义假设仍然存在。鉴于此，新传记史学家尝试将"无名氏"个体的生命经验故事置于世界性或全球性视野中，以微观分析的方式反抗乃至消解欧洲中心论和民族中心主义，检验宏观解释范式的有效性，从而革新世界史或全球史的书写范式。在琳达·柯利看来，从普通人或边

---

① Francesca Trivellato, "Is There a Future for Italian Microhistory in the Age of Global History?" *California Italian Studies*, 2(1), 2011.
② Tonio Andrade, "A Chinese Farmer, Two African Boys, and a Warlord: Toward a Global Microhistory," *The Journal of World History*, 4 (2010), p. 574.

缘人群体中的个体视角（微观策略）去考察世界历史的变迁，即，从参与者个体的角度——人的流动而非物质的流动——去理解跨文化和群体之间那些多样的、重叠的连结——连结问题常常是全球史研究最难做出解释的，可以让我们从不同的角度、更全面地理解现代世界是如何在不同的社会体系、不同的文化及不同的文明之互动（连结）中形成的，从而消解各种各样的自我中心论图式。"伊丽莎白·马许卷入的某些变局是如此的巨大、重要、无远弗届，仿佛只能以无名、抽象的方式来领会。不过，如果我们只从完全抽象的角度来看这些范围超越各大陆的变化和影响，就意味着我们的理解并不全面。我们不能也不应该有奥林匹亚天神的世界史版本，因为世界史中总是有人性与个人的维度。在本书中，我的关怀是去检视：一个扩张的家族，如何经历全球史上如此重大、如此动荡的时期。我试图揭露，'与个人无涉的、发生在最遥远地方的转变'和'人类自我最私密的特征'之间，其实存在着多元而丰富的关联。"[①]可见，琳达·柯利的书写意图并非仅仅在于呈现18世纪中后期不列颠帝国一位边缘女性伊丽莎白·马许的个体生命经验故事，即呈现一部属于小人物个体史的所谓小历史，她书写"无名氏"个体的小历史的真正意图事实上是指向大问题的，即指向的是现代世界是怎样形成并演变的这一大历史。这其实也是微观史学家的学术抱负，但他们的书写对象通常局限于男性，认为女性和儿童在全球史的早期阶段不太可能有跨洋"旅行"的经历。然而，琳达·柯利讲述的伊丽莎白·马许的故事，却证实了女性——即便是普通女性——作为一种社会存在，也被动地参与了全球化早期阶段，参与了殖民社会空间的资本主义再生产，即资本主义社会关系的扩展。

---

① ［英］琳达·柯利：《她的世界史：跨越边界的女性，伊丽莎白·马许与她的十八世纪人生》，第412页。

我们以《她的世界史》为例。琳达·柯利在平等主义和整体主义的视野中,将全球史视作一种整体联系的方法,以点面结合、层层递进的讲述方式,通过将伊丽莎白·马许这位普普通通的不列颠帝国女性"四海为家"的个体生命故事,与她的小家庭、大家族故事及不列颠帝国的、全球的故事结合在一起,穿插若干复线——皇家海军大臣和印度总督等显要人物的个人传记及家族史,呈现出传主置身事内的社会体系和文化体系的种种纠葛的历史图景,修正了一些常见的观念和偏见,传递给读者不少崭新的历史知识。譬如,摩洛哥的苏丹西底·默罕默德并非是一位前现代的穆斯林信徒,而是一位极具现代意识的统治者,他积极开拓跨洲贸易,是首位承认美利坚合众国独立的非欧洲国家统治者。最令人耳目一新的历史知识或许是伊丽莎白·马许将美国独立战争视作一场"世界战争"(world war)的论述。伊丽莎白·马许认为这场战争不仅影响了她本人及其家人的生活——导致她老公破产而不得不远渡重洋去印度冒险,而且战火蔓延至世界的每一个海洋,因为这场战争而产生的经济和外交影响几乎遍及每一个大陆,甚至殃及遥远的中国和新南威尔士,导致出现了一个个家庭革命(family revolutions),即体现个人主义(individualism)观念的核心家庭(nuclear family)产生。

从史学方法论的角度来看,当琳达·柯利采取还原具体历史情境的整体联系的方法,将伊丽莎白·马许的个体生命故事及其家族故事放置在跨越几大洲的世界环境中去叙述时,不仅解决了个体性与总体性之间的主客体对立关系,帮助我们理解个体经验与总体结构之间的辩证关系,并由此为现实的变革提供某种可能性路径,而且大大消除了60年代末以来饱受诟病的"历史研究中必然具备愈演愈烈的共时性和短期主义特征"。可以说,琳达·柯利构思的这一叙事框架,为我们提供了一个解决史学理论中个体性与总体性(整体性)、共时性与历时性之间二元对立关系的范例。"我们希望复兴的是这样一种历史,它既要延续微观史的档案研究优势,又须将自身嵌入到更大的宏观叙事,后者要采信多种文献数据。这样,历史上实实在在的个体生命所经历的事件依旧会为我们提供令人震撼的、丰富的历史信息,依旧值得史学家去反思、回味、分析和评述,但此时的历史背景却被大大拓宽了。……微观史档案研究与宏观史框架的完美结合将为历史研究展现一种新的境界,研究者可以从中砥砺自己把握历史流转和制度变迁的能力,可以习得跨越世纪、放眼全球的视野。"[1] 琳达·柯利清晰地表达了她的书写意图及其叙事框架:"本书既要在一个人的生命之中勾勒世界,也要在世界之中描绘一个人的人生。这也是在重新打造、重新评估传记的价值,将传记作为深化我们了解全球过去历史的一种方式。"言下之意,传记作为一种史学体裁,在历史学领域获得了新的生命力,正是源于它研究的对象是人,是具体的人。"这是一本游走在传记、家族史、不列颠史与帝国史,以及复数的全球史之间的书。由于我们这个时代的特性使然,历史学家愈来愈关注,试图把世界视为一个整体。……世界史与全球史的撰写(我从中获益良多),有时看来就跟全球化本身一样,极端地非个人。但是在这本书里,我打算反其道而行,探究时人眼中的跨国、跨洲,甚至是全球性的变局,是如何以前所未有的程度,贯穿并困扰一群人的生活——特别是一位虽不世故,但绝非没有洞察力的女性。我试图在个人与世界的历史之间纵帆操舵,'借此让两者同时映入眼帘'。"[2]事实上,琳达·柯利在此委婉地批评了当前的全球史研究局限于物或物质的流动,即所谓"物转向"的研究范式,认为这种研究范式在相当程度上损害了历史学的特性。

有鉴于此,我们说琳达·柯利的此种认识深刻地反映了新传记

---

[1] [美]乔·古尔迪、[英]大卫·阿米蒂奇:《历史学宣言》,第61、151页。
[2] [英]琳达·柯利:《她的世界史:跨越边界的女性,伊丽莎白·马许与她的十八世纪人生》,第40—41、53—54页。

史学家秉持的一个历史学信念：对具体而又鲜活的个体生命故事的历史叙述，必然通向一致性和普遍性。因为个人必须在社会化中才能成为个人，人的本质是一切社会关系的总和，关键在于个体"自由的有意识的活动"。马克思认为任何人类历史的第一个前提无疑是有生命的个人的存在，不仅如此，"人们的社会历史始终只是他们的个体发展的历史"。因为人类社会的历史是一个"已成为桎梏的旧交往形式被适应于比较发达的生产力、因而也适应于更进步的个人自主活动类型的交往形式所代替"的过程。① 在整个世界受到一股主要来自西方社会"反全球化""逆全球化"浪潮冲击的当下，我们在《她的世界史》文本中观察到，琳达·柯利并未因为她本人研究的对象是个案而失去普遍联系的整体视野，亦并未因为传主及其言说与行动的具体性和特殊性而放弃对历史知识普遍性和系统性的追求。恰恰相反，琳达·柯利试图通过书写一个默默无闻的女性的个人历史，例证了历史学作为一门以具体的人物和特殊的事件为研究对象的学科之合法性。在琳达·柯利阐发的历史本体论思想中，人类社会的发展，并非呈现为启蒙史学家所构想的单一直线性的进步，而是表现为多维度、多层次的延伸。作为构成人类社会的个体和各种群体，均在一个个不同的领域、不同的社会层面发挥着各自的主观能动性。用著名的政治哲学家汉娜·阿伦特的话语来描述，这就是人之所以为人的"活动生命"。"人的条件包括的不仅是生命被给予人的那些条件。人也是被条件规定的存在者，因为任何东西一经他们接触，就立刻变成了他们下一步存在的条件。活动生命置身于其中的世界，是由人的活动所产生的物组成，但是这些完全由于人方得以存在的物，常常反过来限制了它们的人类创造者。除了人在地球上的生活被给定的那些条件外，人也常常部分地在它们之外，创造出他们自己的、人为

---

① 《马克思恩格斯文集》第1卷，第36页。

的条件。"①"活动生命"强调的是个人价值的优先性,它有利于人类追求更美好的生活。"强调个人的价值,重视人人各有不同的特质,承认每一个人的权利应当优先于无视个人的群体,也都可以大大降低偏执封闭的团体吸收足够成员而为害的可能性。"②历史上的无数个无名氏,正是通过各自的劳动、工作和行动,展现了生命的意义和价值,参与了人类社会历史的创造。

从历史解释的层面来看,新传记史学家跟微观史学家一样,都擅长人类学家般的深描细写,试图通过呈现历史那错综复杂的种种细节,详尽地展现自己的细部研究功力,但深描细写指向的却是历史文本——这里的"文本"一词指的是方法论和阐述过程——的可理解性。在"无名氏"个体传记史学文本中,新传记史学家通常都会有意识地向普通读者展现自己的历史思维过程和专业训练程度,试图与广大普通读者展开积极的对话,尽可能地吸引普通读者参与到自己的历史书写当中来。乌尔里奇在《一名助产士的故事》中开篇就说,为了让20世纪的读者更好地理解传主玛莎·巴拉德的个体生命故事及其美利坚合众国建国初期缅因州的整个社会状况,她会在每一章都完整地呈现传主的日记,同时向读者展示她是如何使之与其他诸如遗嘱、税单、证书、法庭记录、牛津镇会议记录等原始文献材料构成多重历史证据的,是如何运用历史比较的方法解读另外一篇历史文本《奥古斯塔史》(History of Augusta)的。于是,读者不仅发现乌尔里奇在文本比较中甄别出了若干错误的或主观的观点,而且领悟到不能把历史事实等同于原始史料,进而认识到历史事实是被历史学家建构出来的。"通过这种方式把这些原汁原味的日记与解释并列在一起,我希望提醒读者注意历史重建的复杂性和主观性,希望

---

① [美]汉娜·阿伦特:《人的境况》,王寅丽译,上海人民出版社,2017年,第3页。
② [美]丹尼尔·希罗、克拉克·麦考利:《为什么不杀光:种族大屠杀的反思》,薛绚译,生活·读书·新知三联书店,2012年,第8页。

让他们感受到历史与文献资料之间的密切关系及距离。"①此外,鉴于某些英语单词的拼写及语法在近两个世纪里发生了某些变化,为避免读者有时代隔膜之感,乌尔里奇还细致入微地为普通读者书写了四条阅读指南。这在琳达·柯利那里,则采取古今类比的手法和使用当下时代的用语,或者说采取使语言诗化的方式来拉近与普通读者的距离,增强文本的趣味性,由此向普通读者传递历史知识。"今天的英文之所以用'导览'(navigating,原意为导航)与'浏览'(surfing,原意为冲浪)为网络用语,不是没有原因的。在米尔伯尔尼·马许(伊丽莎白·马许的父亲——笔者注)的时代,海洋就好比今天的网络空间,是个重要的门户,能进入一个四通八达的世界。因此,拥有专业海事技术的人都有机会在经济上力争上游,经常也会获得社会地位的提升。"②在此,常识发挥了关键性作用。正是利用常识,琳达·柯利在两个相距甚远的时代找到了共同的可理解的逻辑,使读者在阅读的过程中瞬间就有一种身临其境的感觉,化身为传主或专注社会关系中的某位历史人物,拥有很强的代入感。通常而言,历史学家对普通读者的历史意识的塑造,实际上就是在这个过程中"润物细无声"地完成的。再比如,沈艾娣也常常采取不同历史时代类比的手法来进行解释,甚至在历史研究者与普通读者的身份之间自如地切换。比如,沈艾娣在解读刘大鹏的两份自传文本——《卧虎山人》和《梦醒子》——时,先是站在大多数读者的角度,拿自比卧虎山人的刘大鹏与被后世称为"田园诗人"的陶渊明作比较,接着又以历史学家的智识指出刘大鹏其实就是一个农夫,"却将自己想象成统治阶级的一员",即便是后来他采用"梦醒子"作为自己的笔名,"也是

---

① Laurel Thatcher Ulrich, "Introduction," *A Midwife's Tale: The Life of Martha Ballard, Based on Her Diary, 1785-1812*, p. 16.
② [英]琳达·柯利:《她的世界史:跨越边界的女性,伊丽莎白·马许与她的十八世纪人生》,第88页。

从刘大鹏读书入仕的自我认知和现实情状之间的冲突中生发出来的"①。窃以为,普通读者能够在这些类比中感受到作为个体的人的自我意识,即他或她对命运的抗争,而这正是人类历史的核心内容。

值得注意的是,自 20 世纪 80 年代以来,虚拟条件句式和"可能""大概""也许"等推测性语词不时可见于西方史学文本,特别是微观史、新文化史和新传记史文本。在传统的史学观念中,这样的解释策略似乎很不利于揭示历史的真相。如前文所述,新传记史学家常常不得不面对史料稀少且类型单一的不利状况。每每遭遇证据缺失的情况,他们就会对读者如实相告,会承认证据在哪里是不完整的,在哪里不得不进行猜测,由此提醒读者事实与判断之间的区别。毕可思就在文本中坦率地告诉读者,关于廷科勒在 1931 年 1 月底至 1934 年 2 月这个期间的言说与行动,根本就找不到任何证据。因此,他采取叙述这个时段发生在上海——尤其是租界——的诸多历史事件,并根据廷科勒的个性和人际网络关系,来想象他在这几年的处境。"让我们来想象一下莫里斯·廷科勒返回这个城市的经历。……也许、可能……有可能……"②琳达·柯利也诚恳地和盘托出,没有任何留存于世的资料使她能够获知伊丽莎白·马许的母亲的种族身份,也缺乏传记作家通常会知道的一些基本信息,比如传主的长相、肤色等。也就是说,他们消解掉了绝对的真实,并未以历史真相的代言人自居。"历史的真相尤为反对历史编纂学训导性的叙述赋予自己代表真相的做派。这些叙述只能给人以'逼真的'或'近似的'形象。"③然而,他们却都立足于具体的历史语境,在问题的导引下,细致地展

---

① [英]沈艾娣:《梦醒子:一位华北乡居者的人生(1857—1942)》,赵妍杰译,第 107—108 页。
② Robert Bickers, *Empire made Me: An Englishman Adrift in Shanghai*, pp. 218-220.
③ [法]米歇尔·德·塞尔托:《历史书写》,倪复生译,中国人民大学出版社,2012 年,第 329 页。

现了各种可能性，由此将读者带入历史情景之中，让读者自行选择其中的一种历史解释。

为何新传记史学家敢于冒犯历史学的"精确性"的科学规训呢？美国著名史学理论家多米尼克·拉卡普拉(Dominick LaCapra)认为当代的历史书写实质上是一种"救赎性阅读"(redemptive reading)，历史学家往往立足于历史学的社会功能，将当下的价值观投射到过去。"救赎性阅读常常通向对过去的投射性再加工，可以获得比解构更可靠、更令人自我满足的结果，因为得到救赎的意义通常是一个人在当下所渴望的，历史上的人物往往成为当代价值观的载体和话筒。"[①]国内的史学理论专家陈新也持相同的观点，认为是日常生活的各种原则起到了可理解的中介作用，得以沟通和说服读者。"……使用'也许''可能'这样的词语，它们造成的假设性语气所引导的陈述，通常也暗藏了一些获得作者确认的个人效能规则或社会行为规范。我们在日常生活中作为个体或深浸于社会中的成员，用自己理解的生活中那无尽的规则、规范，作为历史叙事文本之下隐藏的根基，支撑起了文本的可理解性。"[②]也就是说，历史学的基本价值并未因为绝对真实的消解而丧失，而是恰恰相反：普通读者正是在参与"假设性"和"可能性"的历史解释中领悟到历史学的意义和存在价值。然而，必须指出的是，这一历史方法论是以问题-证据一体化思想为前提的。正如柯林伍德所言，"可以用来解决任何给定问题的证据，都是随着历史方法的每一个变化和历史学家们的能力的每一种变动而在改变着的。用以解释这种证据的原则也在变化着；因为对证据进行解释乃是一个人必须运用他所知道的全部事物的一项工作"。更进一步说，"问题与证据，在历史学中是相互关联的。任何事物都是

---

① Dominick LaCapra, "History, Language, and Reading: Waiting for Crillon," *The American Historical Review*, Vol. 100, No. 3 (Jun. 1995), p. 819.
② 陈新：《简论历史理性与历史叙事》，载于《学术研究》2012年第12期。

能使你回答你的那个问题的证据——即你现在正在问的问题的证据"①。从历史认识论的角度观之,美国著名传记史学家戴维·麦卡洛(David McCullough)尖锐地批判了实证主义史学的心理建构范式,提醒同仁在历史认识论中引入"可能性"的思维方式:"在撰写历史或人物传记时,你必须牢记,没有任何事情的结果是注定的。……事情有可能在任何时候向任何方向演变。只要你用'过去时',那件事好像就被固定在过去了。但是,从来没有一个人生活在过去,人只生活在现在。……历史学家所面临的最大挑战是让读者不再认为发生于后者就必然是其结果,相反,事情的发展是有各种各样的可能性的。"②换句话说,探究具体的历史事件或现象时,要摒弃传统史学那种从事后的角度,由事件的最终结局,反推和强调导致此种结局的各种原因——特别是利益因素,而忽视在事件发生过程中存在的其他可能性,以及其他各种与事件的结局并无直接关系的历史事实或趋向;然而,正如新传记史学家所认识到的那样,这些可能性或趋向,对于重建彼时的历史真相,其重要性并不低于那些原以为导致事件最终结局的各种历史事实和因素。

我们不难发现,新传记史学家重建"无名氏"个体的生命经验故事,正是以传主的日常生活为中心的,而广大普通读者的认知结构也是在日常生活中习得的。新传记史学家所表述的这种或然性历史解释,是对宏大叙事中必然性叙述的一种反抗,它以人类主体行为的可知性为前提,促使"无名氏"个体传记史学文本呈现出鲜明的开放性、包容性及对话性的特征,从而对历史虚无主义进行了颇为有效的解构,而这正是其历史叙事的意义所在。法国著名思想家雷蒙·阿隆(Raymond Aron,1905—1983)在20世纪70年代初就精辟地指出:

---

① [英]柯林伍德:《历史的观念》(增补版),何兆武、张文杰、陈新译,第245、277页。
② 转引自[美]柯文:《历史三调:作为事件、经历和神话的义和团》,杜继东译,社会科学文献出版社,2015年,第8页。

"事实上,我确信历史叙事的意义不在于指出事情不可能不那样发生,这种叙事的意义就在于指出每时每刻事情都有可能按不同的方式发生;我倾向于认为,想把一个特殊联系或一个个人决定归于一般命题之下是一种虚构,因为我们永远也找不到这样的一般命题,并从中演绎出某一决定的必然性,实际上,人们很可能做出另外的决定。但是,行为人根据自己的处境和意向做出决定,人们完全可以指出其决定的可知性。"① 可以说,"无名氏"个体传记史学文本在很大程度上激发了普通读者的历史想象,启示普通读者去思考历史的各种可能性,从而打破了各种历史唯一论和决定论。新传记史学家们期待普通读者运用自身的经历和已有的历史知识进行历史的类比,填补文本中留下的空白,从而实现在现实生活中的自我定位。这既是新传记史学家在面对整个西方社会陷入价值虚无的时刻为人们寻求安身立命而提供的智识力量,也是今天这个自媒体时代的普通读者希望与历史学家携手共建的文化目标之一。故此,海登·怀特更进一步深化了历史叙事的意义解构作用:"历史叙事不仅是有关历史事件和进程的模型,而且也是一些隐喻陈述,因而昭示了历史进程与故事类型之间的相似关系,我们习惯上就是用这些故事类型来赋予我们的生活事件以文化意义的。"②

客观地说,新传记史学家以广大普通读者的阅读体验为中心的解释策略,是应时代之变而"变"的主动出击。以电子信息与传播技术为核心的互动式数字化复合媒体在20世纪90年代的出现,使得知识产生和知识的自我生产、传播途径均发生了根本性变化,人们的社会生活方式也随之发生了急剧变化。在以数字化、个性化、交互

---

① [法]雷蒙·阿隆:《论治史:法兰西学院课程》,冯学俊、吴泓缈译,生活·读书·新知三联书店,2003年,第159页。
② [美]海登·怀特:《话语的转义——文化批评文集》,董立河译,大象出版社,2011年,第95—96页。

性、超时空性为主要特点的社会生活情景中,人们渴望获得具体的知识,而非抽象的概念。然而,与此同时,人们发现自己处于一个真相竞争的时代,以自媒体形式涌现出来的巨量的具体知识,常常让人陷入认知的迷宫之中。在倡导多元和异质的时代语境中,新传记史学家准确地把握新时代的脉搏,顺应新时代的潮流,认识到历史学的生命力在很大程度上取决于受众——广大普通读者——的信任感和认可度,因而应该在书写的过程中把注意力放在历史文本的可理解性上,力图在保持学术价值以接受同行的审查、批评的同时,竭力改变传递历史知识的方式。

在怀特的叙事主义理论视野中,叙事策略主要有"形式论证"(formal argument)、"情节编织"(emplotment)及"意识形态蕴涵"(ideology implication)三种形式,但它们并非单独出现在某一历史作品之中,而是在同一部历史作品当中交互运作,并由此显示历史作品主要包含认知的、审美的和伦理的三个维度。本章所选取的"无名氏"个体传记文本的叙事策略,当然也可以包含这三种形式及其维度,但在史学理论和史学史研究者的眼里,其叙事策略可能还是旨在更新人们对历史学作为一门学科的认识:历史学的真正魅力在于历史学家能够面向过去而提出具有普遍意义的问题。正如意大利著名微观史学家乔凡尼·列维(Giovanni Levi)所指出的那样,"历史学家不应该使自己的答案普遍化;历史学的真正定义:它是一门使诸多问题普遍化的学科,也就是说,它是一门提出的问题具有一种普遍意义,但却又承认可能会有无数答案的学科,因为这取决于局部语境(local context)"①。在本章所选取的这五部"无名氏"个体传记文本这里,五位作为普通人或小人物的传主的生命故事,是探究具有普遍

---

① 转引自 Francesca Trivellato, "Is There a Future for Italian Microhistory in the Age of Global History?" *California Italian Studies*, 2(1), 2011。

意义的社会(文化)权力体系怎样出现以及如何演变的最佳选择对象。这里我们不得不重温阿兰·梅吉尔提醒历史学家们的一段话语:"作为对'叙事本身有没有认知价值?'这个问题的回答,第一种答案必须是肯定。叙事当然有其自身的认知价值,叙事的连贯一致性意味着一个可能世界的连贯一致性。无论叙事所投射的图像是不是实际存在,它都在叙事中存在,而且完全可以存在于构想出这个叙事的人的思维之中。但是同时,也许还更应当强调的一点是:我们还必须说叙事本身没有认知价值。恰恰相反,它所具有的是一种极具诱惑力的力量——人们可以轻而易举地使用这种力量以便将叙事中可能的景象表达为现实存在。这里,我们必须对叙事说'不':为抵抗叙事美丽而崇高的诱惑,我们必须运用方法和批判那日益衰微的力量。此外,这还意味着历史学家必须用实例说服别人,尽力做到对历史知识之事小心谨慎,尽量对论证和证明的过程保持开放性,以检验和提炼历史以及其他的宣称——因为似乎很明显,我们永远不会发现绝对真实。"[1]此外,值得注意的是,当新传记史学家向广大普通读者展现自己的史料运用及推论过程时,事实上他们同时也是在证明历史学作为一门独立学科的存在价值;当他们采取类比的手法解释并引人入胜地进行叙述时,其实就是在证明历史学所具有的艺术性。有鉴于此,我们或许可以得出这样一个结论:20 世纪 50、60 年代的那场历史学"二重性"争论——历史学到底是科学还是艺术,在"无名氏"个体传记的历史文本中得到了解决。

从本章所选取的五部"无名氏"个体传记历史文本来看,以主题传记的方式书写小人物的个人史,聚焦于他们的日常生活,关注的是

---

[1] [美]阿兰·梅吉尔:《历史知识与历史谬误:当代史学实践导论》,黄红霞、赵晗译,赖国栋、黄红霞校,北京大学出版社,2019 年,第 107—108 页。

某个具体历史时段小人物的种种行动及其命运。故此,它们对以民族国家为中心的宏大叙事及伟人/英雄史观的强烈批判和深度反思令人瞩目,它们所阐释的历史观被认为是一种真正的生命经验史观,彰显的是对每一个个体生命及其命运的尊重和关怀,就此而言,它在摒弃伟人/英雄史观的同时,亦超越了微观史学文本所传达的民众/人民史观,真正彰显的是人类文明史观。如果我们将伟人/英雄史观和民众/人民史观放置到西方史学史和思想史的双重视域中来考察的话,不难发现,这种二元对立思维其实与具体的现实政治密切相关。鉴于此,我们说"无名氏"个体传记的历史书写,尽管其研究旨趣与微观史学具有高度的一致性,即关切历史上的普通人和边缘人,视人人生而平等的价值观为基本原则,然而,"无名氏"个体传记则更为显著地聚焦于体现人类文明进步的生命价值观,即强调每一个生命都是独一无二的,都值得尊重和关爱。事实上,这是西方史学研究从认识论转向价值论的一个重要表征。如果要严格地进行区分的话,微观史学关注的是宏大历史背后的普通人或边缘人的命运,因而对长时段历史的叙述必定会占据文本内容的大部分,往往表现为对宏观的或者中观的大众文化史和社会生活史的细描。相较而言,"无名氏"个体传记的历史书写则以讲述作为普通人或小人物的传主的个体生命故事为核心内容,其中,对传主个性的描写是必不可少的内容,个性概念充分表明了各种可能性的存在。此外,"无名氏"个体传记的学术"野心"似乎也不及微观史学。换句话说,"无名氏"个体传记史学家常常着力于通过跟随传主的个人视角和展现传主的具体感知来揭示她或他正置身于某个历史时段看似不可能的具体处境中,以便于强调传主拥有自己私人化的生活空间,即传主在其中发挥着自己的主观能动性,因而往往会聚焦于某一具体的短时段历史,聚焦于对某些大众耳熟能详的历史事件的再度理解、解释或重建。

有鉴于此,我们说"无名氏"个体传记史学更多地显示为一种视角,它偏重于审察正式权力和非正式权力对传主的双重甚或多重影响,她或他从处于弱势的位置感受社会支配关系,感知并有可能反思自身的生活世界,这本身就是一种真切的历史。在她或他的生命故事中出现的那些趋向或可能性,对于重建"无名氏"传主所生活的那个时代的历史真相,其重要性并不亚于那些导致重大历史事件最终结局的诸种史实和因素。从历史编撰学的角度来看,"无名氏"个体传记研究反抗体现启蒙理性进步史学话语霸权的意味更为强烈。在研究方法上,"无名氏"个体传记史学家通常围绕某个特定的主题讲述传主的个体生命故事,十分注重细致地梳理和解读传主的日记、书信及一切文字、口头表述,也更为注重吸收其他新史学分支领域的研究成果,并主动地与其他人文社会科学进行对话,且常常批判性地借鉴它们的研究视角及其成果。当然,微观史学家也常常采取学科交叉的方法探究小人物的日常生活,但他们真正探究的对象是大众文化的运作机制。在叙事策略上,为了能够引起同为普通人的庞大读者群体的情感共鸣和历史思考,"无名氏"个体传记史学家十分注重讲好一个历史故事的能力,因而在故事情节的编排上往往着力于探索传主的各种社会关系,由此建构传主的多重身份。微观史学家当然也强调讲好小人物的故事的能力,但由于其所设定的历史书写目标是探查社会支配体系对小人物日常生活的影响,因而他们笔下的小人物的身份及身份认同通常具有一致性。然而,在笔者看来,无论是"无名氏"个体传记的历史书写还是微观史学文本,它们对当下世界所起到的现实意义及其价值不可小觑,甚至比长时段的大历史书写发挥的作用更为显著。

　作为历史书写的一种方式,它们有助于鼓舞作为普通人的广大读者从历史上的小人物身上获取当下生活的勇气和智慧,体悟个体生命的价值和意义,从而在生活世界中树立起人之为人的尊严感和自信力。诚如澳门大学历史系教授王笛所言,在历史书写中,缺失了普通人或边缘人的地位,必将影响到当下的普通老百姓对自己的认知。"当我们来到这个世界上,没有做出事业或者惊天动地的事业,我们自己就觉得不配在历史上留下一笔;我们自己认为自己人微言轻,只好当沉默的大多数,不能有独立的思想和人格;甚至受到不公正的待遇和屈辱,也默不作声;我们不断地被驯服,自我感到卑微;我们敬畏和崇尚权力,任何来自权力的命令,我们就无条件地服从;我们不能得到充分的尊重,我们的声音不被听到似乎被认为是理所当然;我们甚至很难看到像詹姆斯·斯科特所说的那种'弱者的反抗'。"①更进一步说,"无名氏"个体传记的历史书写向广大普通读者群体传达了人类一个基本的价值观:每个人的生命都是宝贵的,每个人的命运都值得关注,每个人的生命故事都值得书写。"捍卫人文科学最紧要的说法是它有传承——并拷问——价值观的使命,往往是绵延数个世纪、数千年的价值观。"②更具体地说,生命的意义及其价值往往就体现在每个人的日常生活之中。正如饱受集中营折磨的存在-分析学说领袖人物维克多·埃米尔·弗兰克尔(Viktor Emil Frankl,1905—1997)所主张的那样,人只有通过自己的生活,才可能获知生命的意义何在。"生命的意义因人而异,因时而变。因此,重要的不是一般性的生命意义,而是一个人在某一特定时间内生活的特定意义。……人不应该寻求抽象的生命意义。每个人在他的生活中都拥有需要完成的特定的事业或使命。因此,他的个体不能被替代,他的生活也不能被重复。每个人的任务与他实现这一任务的特定机会一样,是独一无二的。因为生活中的每一种情形代表了对于

---

① 王笛:《历史研究要回归日常——一个新文化史的思考》,人民文学出版社官方公众号,2022年12月23日。
② [美]乔·古尔迪、[英]大卫·阿米蒂奇:《历史学宣言》,孙岳译,上海人民出版社,2017年,第6页。

人的一种挑战,提出了一种需要他加以解决的问题,生命意义的问题实际上被颠倒了。最终,人不应该问他的生命意义是什么,相反,他应该认识到,被询问的应该是他自己。总之,每个人都应该追问生命的意义;并且,每个人只有通过承担他自己的生活才能向生命做出回答;他只有通过成为负责任的人才能对生活做出反应。"①作为20世纪最重要的哲学家之一,萨特提出的"存在先于本质"的命题指向的正是此种意义上。鉴于此,我们似乎可以认为,"无名氏"个体传记史学复兴了兰克开创历史学专业的初心:个别的便是普遍的,即探究个别事实是为了论证确立于个别事实之上的通则和规律。从史学方法论的维度观之,"无名氏"个体传记史学实现了走出个案获取普遍性意义的目的。诚如史学大家伊格尔斯所言:"兰克相信历史学也要探寻普遍真理,但这个真理只能通过个别来理解。通过使自己专注于个别,他就试图'直截了当地'表述一般。"②

窃以为,讲述历史上的"无名氏"——普通人或边缘人——的个体生命故事,记叙同时代的各种小人物——特别是边缘人物——的故事,应该成为今天世界各国历史学家的一项学术使命。其价值不仅仅在于为后人留下同时代的真实记录,更重要的是,这意味着历史学家在书写当下史,其真实的目的是建构当代的历史文化,塑造当下时代的价值观,并且重新思考何谓人类文明的问题。对此,法国著名历史学家伊凡·雅布隆卡(Ivan Jablonka)已经为我们树立了卓越的榜样。2016年,他书写的《蕾蒂西娅,或人类的终结》(*Laëtitia , ou la Fin des Hommes*)成为该年度唯一入围法国龚古尔文学奖的非虚构类作品。这是一部针对发生于2011年1月18日至19日的一起绑架谋杀18岁女服务员案件("蕾蒂西娅案件")而书写的个体生命

---

① [奥]维克托·E.弗兰克尔:《追寻生命的意义》,何忠强、杨凤池译,新华出版社,2003年,第110—111页。
② [美]格奥尔格·G.伊格尔斯:《德国的历史观》,彭刚、顾杭译,第87页。

史著作。在凶手受到法国社会的整体性"吹捧",而受害人则遭到无情"贬低"和"消费"的情势下,历史学家的职业良知促使雅布隆卡把探析"人性的深处"作为自己的研究主题,决心把可怜的蕾蒂西娅"复原为活生生的人",通过细致地书写她的个人生命故事,意图为她作证。"我的书中只有一个英雄——蕾蒂西娅。我们心念所系,就是让她复旧如初,重拾自己的尊严和自由,认同一次回归之旅。"雅布隆卡以一位历史学家应该具有的历史眼光洞悉到,低微的蕾蒂西娅,"在世人眼里,她诞生之时就是她死亡的那一刻"。在世人的眼里,具有当下性的社会新闻似乎与历史研究毫不相干。然而,在历史学家雅布隆卡的眼里,社会新闻是一种全面的信息,是进入人类和历史深处的天然对象。"一则社会新闻可以作为一个历史对象加以分析。一则社会新闻从来就不是简单的'事实',它也不具有'多面性'。相反,蕾蒂西娅案件掩盖了人性的深度和某种社会状态——破碎的家庭的孩子的隐痛、过早参加工作的年轻人;还有19世纪初叶的国家,包括穷人的法国、城市边缘地带、社会的不平等。我们发现了调查的机制、司法机构的转变、媒体的作用、行政机关的运作,以及如同情感修辞一般的刑事诉讼制度的逻辑。在一个变动的社会中,社会新闻就是个地震中心。"蕾蒂西娅被害案绝不是简单的个案和特例,从生活史的视角观之,它具有绝对的社会普遍性。历史学家应该积极作为的是揭示反常中的一致性、单一性中的共性。"蕾蒂西娅的重要性并不只是取决于她的死亡。对我们来说,她的生活同样重要,因为它就是一个社会事实。她身上体现了两种比她自己更重要的现象:儿童的脆弱和女性承受的暴力。"在深度调查——访谈蕾蒂西娅生前的家人、朋友、同事,以及她离世后参与调查案件的法官、警察、专家、律师、记者——的坚实基础上,雅布隆卡饱含一种人道主义的情感书写了一部个体生命传记史。"要理解蕾蒂西娅的一生,便意味着要追溯其过去,直至她和其他孩童没有差别的时候;也要描述使她消失的绑架和谋杀。这是一部和犯罪调查纠缠在一起的生命史,一部在身后延展开的传记。"在历史学家雅布隆卡的眼里,呈现在"Facebook"上的蕾蒂西娅的私人日记,是自 18 世纪中后期以来女性的自画像,是在现代性的社会处境中对探寻真正的自我的一种期许。"作为文物,她的脸书账号激活的是私人日记,它表现了自 1760 年以来女性化和青春期的特点。整个 19 和 20 世纪期间,一些秘密笔记和私人日记,它们或平庸或深刻,或简短或丰富,用菲利普·勒热纳的用语来说,它们都记录了'贵族女子的自我'。这些文本的功能是什么?内省的趣味、写作的愉悦、对独特性的颂扬、怀旧的诱惑、为取得对自我(也对他的一些读者)的透视而付出的努力,这些都证实了'赤裸'的自画像,肉与灵。这是现代性诸种矛盾中的一种:通过新的媒体,手机、博客、脸书等,将古老的习惯延续了下去。"私人日记表明蕾蒂西娅"是自己的作者、道德家和剧作家"。虽然蕾蒂西娅只在这个世界上活了 18 年,但在历史学家雅布隆卡看来,她活过了几个世纪。一名历史学家的使命感促使雅布隆卡以深度调查的方式,意图在梳理和解释蕾蒂西娅——"现代的奥菲丽娅"——的私人日记——社交媒体"Facebook"记录——的基础之上,通过叙述这位处于社会边缘地位的年轻女性的生命轨迹,揭示"一个新的政治时代已经到来","蕾蒂西娅的死亡展现出一个新的好政府和坏政府的寓意。……一个正义的、公平的和无私的政府的基础在于,它的运作是透明和集体参与的,由对真理的讨论所培育"。可现实却恰恰相反,雅布隆卡无所畏惧地严厉批判和指责时任法国总统萨科齐制造了恐惧和民粹主义,"在尼古拉·萨科齐的口中,话语就像托尼·梅隆手中的金属锯子:一个切割的工具,一把剁肉刀。他的演说是制造分裂之举,社会因此变得血肉模糊。正是在这个意义上,在死亡引发的情绪之外,蕾蒂西娅代表了法国"。当然,也正是在国家这个高度上,雅布隆卡哀痛地下了一个结论:蕾蒂西娅悲剧性地"将自己的肉体献给了民主"①。依笔者管见,雅布隆卡将当下社会新闻转化为历史问题的思考方式,并将其具体展现于书写蕾蒂西娅的个人生命史,这种探究方式一方面大大拓展了历史学的研究视野,将历史与个体及大众的现实生活世界紧密地联系在一起,另一方面则回答了历史学在科学技术大爆发的 21 世纪有何用处的尖锐问题。不得不说,雅布隆卡在很大程度上赋予了历史学新的生命力。

事实上,即便是没有任何专业学术背景的普通人,也理应积极投身于书写小人物的历史之事业。可喜的是,自 21 世纪以来,由学术机构之外的人士所书写的关于小人物的历史叙事越来越多。曾在"二战"期间苏德战场上厮杀的一名叫京特·K.科朔雷克的德军机枪手,根据他在战争期间记录并得以保留的若干日记,以历史小说的形式,回顾并表现了底层士兵——大多数是被动的参与者和受害者——的遭遇、经历、见闻及感受。"这本书是一份真实可靠的记录,描述了我个人难以忘怀的经历、印象和看法——这是一个普通前线士兵的观点……本书的目的是向无数无名战士致敬。……我并不打算告诉读者所有真实的姓名,书中也没有我所在部队的确切番号,因为我想让这本书集中于我个人的经历以及我的印象和观察上,另外也包括我对这场战争的感受和看法:如果有我过去的战友碰巧读到了这本书,无论怎样,他们都能辨认出自己的身影。"鉴于此,我们相信,在历史学从业者的眼里,科朔雷克留给我们的最宝贵的智识遗产是他那强烈的个体生命价值意识和崇高的历史使命感:

> 今天,距离"二战"结束已经六十多年,仇恨的画面、残暴行径的镜头通过各种媒体传入我们的家中,灌输给我们。这些事件可能会造成后脊背的一阵寒意涌起,也可能会使你的眼中噙

---

① [法]伊凡·雅布隆卡:《蕾蒂西娅,或人类的终结》,陈新华译,柯玲香校,中信出版社,2018 年,第 2—4、193、269 页。

满泪水,但没人会真正了解受害者所遭受的真正的伤害。人们看着那些残酷的暴行和兽性,可能会惊得目瞪口呆,他们也许会讨论他们所看见的东西,但这些画面很快会被他们遗忘。只有切实经历过当年那些事情的人才会在自己的意识深处感受到一种悲剧性的影响,往往只有时间才能愈合他们灵魂深处的创伤并减轻他们的伤痛。我在"二战"中所负的伤,随着时间的流逝已经痊愈,但我依然能感觉到身上的伤疤以及被深深植入我灵魂中的创伤。每当我看见或读到当今世界所发生的令人不安的事件时,那些战争期间可怕的经历所形成的恐怖画面便会从我的内心世界跃入眼前。这些记忆明确无误地驱使着我,在经历了几次不成功的尝试后,以我的笔记为基础,写一本书。隐藏在身后的几乎是我整个的生命,最后,等我终于提起笔来书写时,它从我的灵魂深处涌出,我从未这样真正地释放过自己。……之所以写这本书,是因为我感觉到一种不容妥协的责任感。……上一场大战的幸存者,有责任代表那些战场的阵亡者成为劝勉使者,因为阵亡的战士已经永久地沉默了。这本书是我的贡献,现在,我觉得已经完成了自己的义务。①

---

① [德]京特·K.科朔雷克:《雪白血红:一名德国士兵的东线回忆录》,小小冰人译,汕头大学出版社,2012年,"前言"。

第三章
修正与革新：新名人个体传记书写

> 写出一部好的传记，可能和度过一个好人生一样困难。①
>
> ——利顿·斯特拉奇(Lytton Strachey)
>
> ……最终认识到一个令人生畏的事实：历史传记是历史研究最困难的方式之一。②
>
> ——雅克·勒高夫(Jacques Le Goff)

西方世界最早的名人传记书写可以追溯至古典时期。彼时，享有"传记之王"美誉的文学家、历史学家普鲁塔克，用希腊文书写了对后世影响深远的《希腊罗马英豪列传》。在这部意图对罗马帝国公民进行道德教育的著作中，出身于贵族家庭，并拥有丰富的从政经验的普鲁塔克，以大量的历史文献和实地调查为基础，采取将希腊与罗马历史上的若干男性公共人物——统治者、军事将领、立法者及演说家——做平行比较的形式，挑选他认为最能揭示传主性格和道德品质的私人生活片段，着力为读者描绘一个个值得世人效仿的英雄形象。值得注意的是，为了与前人希罗多德和修昔底德书写的历史专

---

① ［英］利顿·斯特拉奇：《维多利亚名人传》，周玉军译，上海三联书店，2007年，第2页。
② ［法］雅克·勒高夫：《圣路易》(上卷)，许明龙译，商务印书馆，2016年，"引言"，第4页。

著有所区别,普鲁塔克特意提醒读者,他书写的并非是惊心动魄的历史事件,而是以描写人性为核心内容的人物传记,"大家应该记得我是在写传记而非历史。……我们从那些最为冠冕堂皇的事功之中,并不一定能够极其清晰看出人们的美德或恶行,有时候一件微不足道的琐事,仅是一种表情或一句笑谈,比起最著名的围攻、最伟大的军备和最惨烈的战争,使得我们更能深入了解一个人的风格和习性。如同一位人像画家进行细部的绘制,特别要捕捉最能表现性格的面容和眼神,对于身体其他的部分无须刻意讲求。因之要请各位容许我就人们在心理的迹象和灵魂的征兆方面多予着墨,用来追忆他们的平生,俾能专心致志于人物灵魂的特征及其表现,并借此描绘每个人的生平事迹,把光荣的政绩和彪炳的战功留给其他作家去撰写"①。换言之,实用性——"道德目的"(moral purpose)——而非真实性,才是普鲁塔克书写人物传记的真正意图,这是他与将求真与致用并举为书写目标的古希腊历史学家希罗多德、修昔底德的根本区别。故此,普鲁塔克更加注重的是书写技巧,尤其是修辞手法。当然,从历史语境主义理论的角度来看,自古希腊哲学家亚里士多德做出诗歌(文学)地位高于历史学的判断以来,直至以普遍性取代神性的启蒙运动时期,西方学者均在整体上接受了这一论断。鉴于此,我们可以推断普鲁塔克所做的这一有意区分实属情理之中。此外,聚焦于名人们的私人生活而非公共生活,则是《希腊罗马英豪列传》与《希波战争史》及《伯罗奔尼撒战争史》的又一个显著区别。质言之,《希腊罗马英豪列传》彰显的是以人性为核心内容的古典人文主义史观。古罗马历史学家苏维托尼乌斯书写的《罗马十二帝王传》,实际上承袭了《希腊罗马英豪列传》所彰显的这一古典人文主义道德史观。如果

---

① [古希腊] 普鲁塔克:《希腊罗马英豪列传》(第六册),席代岳译,安徽人民出版社,2012年,第155页。

仅从社会教化功能的角度来看，中世纪时期的帝王传和圣徒传，亦继承并发展了普鲁塔克创立的传记书写传统。从文艺复兴时期欧洲的书籍史、阅读史及接受史的角度看，《希腊罗马英豪列传》对人文主义思潮的兴起起到了不可低估的作用。众所周知，被誉为"文艺复兴之父"的意大利人文主义学者佛兰齐斯科·彼特拉克（Francesco Petrarca，1304—1374），既是一位伟大的诗人，同时又是一位历史学家。他运用拉丁语完成的叙事史诗《阿菲利加》（Africa），描写了古罗马统帅、政治家大西庇阿带领意大利人民抗击并战胜迦太基大将汉尼拔的英雄事迹。这部史诗彰显了彼特拉克敏锐的历史意识和人文主义世界观，为其赢得了彼时一个文人所能享受的最高荣誉，即"桂冠诗人"的称号；而彼特拉克同样运用拉丁语完成的《名男子》（De viris illustribus）一书，则是一部真正意义上的历史名人传记。该书通过讲述23位古罗马历史上男性名人的英雄事迹，展现了古罗马帝国波澜壮阔的历史画卷。鉴于彼时意大利长期处于四分五裂的状态之事实，以及彼特拉克在1341年拒绝了巴黎大学伸出的橄榄枝，但却接受罗马元老院的邀请之选择，读者很容易在《名男子》中感受到他在阐发英雄史观时所散发出来的那股爱国主义激情，并觉察到他书写历史名人传记的意图，即激发意大利人的民族自豪感及自信心。不久之后，在彼特拉克的影响下，位列意大利文艺复兴三杰之一的乔凡尼·薄伽丘（Giovanni Boccaccio，1313—1375）书写了另外一部与男性相对的女性传记作品——《名女人》（De Mulieribus Claris）。与《名男子》不同的是，《名女人》一书不仅收录了历史上和彼时现实世界的著名女子，而且还将神话和传说中的女性也收录其中。从人物形象上看，既包括被后世奉为楷模的女性，又有遭到后世唾弃的臭名昭著者。然而，无论是彼特拉克还是薄伽丘，他们大体上都继承并发扬了普鲁塔克的历史名人范例观，深知讲述历史名人的人生故事，有利于将一种言行上的美德和精神上的自觉传递给彼时的意大利人,因而彰显的是普鲁塔克所论述过的古典的人文主义道德观。一百多年之后,就是在思想观念逐渐世俗化的文艺复兴时期,被誉为近代政治思想奠基者的尼可罗·马基雅维利(Niccolò Machiavelli,1469—1527)于1520年写了一部历史名人传记《卡斯特鲁乔·卡斯特拉卡尼传》(*The Life of Castruccio Castracani*)。在这部明显编造了诸多细节的传记作品中,马基雅维利并不注重历史考证式的研究,而是着力于锻造出引人入胜的修辞风格,并且运用这种修辞风格来阐释伟大人物是如何利用自身的才干直面和挑战命运女神,从而将机运的作用降低到最小的,尽管卡斯特鲁乔在临终前对其继子留下遗言:机运——而非勇气、优秀、美德——才是人类事务的主宰者,承认命运女神是不可完全战胜的。有鉴于此,美国当代著名政治学家、战略学家菲利普·博比特(Philip Bobbitt)称马基雅维利"是一位历史修辞学家,而不是一名学究",他追求的是一种效果史学,意在培育读者——马基雅维利在"奥里切拉里花园"结识的两个青年友人——的进取心和判断力,进而生发出一种新的认识,一种关乎现代共和制的新认识。"在他笔下,历史表现为一种精妙的历史故事,此时,他着力探究的是其效果而不是其'经验教训',马基雅维利的历史编纂学既是循环的也是有方向的,其构成要素既是因时而变的,也是永恒的。尤其是,它是目标明确的,因为它的目的是吸取马基雅维利在他的外交与政治职业生涯中所观察到的东西和他从古典世界所获悉的东西,进而锻造一种新的认识,使得能够成功地创造一种新的政治秩序:现代的、新古典的国家。"① 如此,马基雅维利便大大深化了普鲁塔克关于伟大人物及其道德教训对于当下意大利统一大业的功用主义意识。时隔三十年,被后世誉为西方艺术史鼻祖的

---

① [美]菲利普·博比特:《朝服:马基雅维利与他所创造的世界》,杨立峰译,商务印书馆,2017年,第112页。

意大利著名画家乔尔乔·瓦萨里(Giorgio Vasari，1511—1574)为艺术家书写的《意大利艺苑名人传》初版于1550年，不仅在叙事模式上模仿《希腊罗马英豪列传》，而且对杰出人物的自由意志和创造力的褒扬也与普鲁塔克别无二致。有趣的是，瓦萨里是第一个把这个艺术辉煌的时期称为"文艺复兴"的人，用以褒扬人的精神特质及其在世间所取得的成就。总而言之，《希腊罗马英豪列传》直至今日仍被认为是具有典范作用和历史意义的传记作品，而传记书写则被认为是纪念伟大人物、垂范后世的一种重要形式，不仅具有十分重要的史料价值，而且其本身就是古代希腊罗马的历史，等同于我国传统历史编纂学的纪传体类型。论及《希腊罗马英豪列传》究竟是一部历史著作，还是一部文学意义上的传记，有学者拿它与我国的第一部纪传体通史——《史记》——进行了比较，认为它就是一部纪传体正史。"普鲁塔克虽然已经说明传记与历史有很大的不同，事实上他所写的传记就是古代希腊罗马的历史，将两个古老的文明中最重要的环节连接起来。要是与我国的史书架构作比较，它就是一种纪传体的正史……个人认为本书是一部历史典籍，就范围和深度来说虽然不及《史记》，就目的、功能和运用的著述方式而论，看来是无分轩轾。"[①]然而，用今天学科建制的眼光来看，彼时的西方传记大体上是一种文学体裁，关注点是历史人物对当下世界所能起到的范例作用。即便是瓦萨里在叙述文艺复兴时期260多位意大利最伟大的画家、建筑师和雕刻家的生平及其创作活动时，已经拥有了明显的历史意识，即以客观公正的态度描述已经成为过去的事实，并竭力赋予其历史性。据澳大利亚悉尼大学历史系教授芭芭拉·凯恩的考察，直到17世纪初英国唯物主义哲学家弗朗西斯·培根提出了传

---

① [古希腊] 普鲁塔克：《希腊罗马英豪列传》(第一册)，席代岳"译序"，安徽人民出版社，2012年，第12页。

记即历史的见解,才真正挑战了自古典时代以来关于传记与历史区分的认知。

一、传统的历史传记书写与英雄(伟人)史观

西方近代史学的兴起与宗教改革息息相关。"近代史学开始于宗教改革和反宗教改革。……既然宗教改革是以历史为武器进行的斗争,所以反宗教改革也不得不利用同样手段,从而对史学发展具有不可估量的重大意义。……宗教改革时期的政治和战争,把直到那时众人一向无从看到也无法知道的成千上万的档案和其他手稿公之于世,从而推动了、也便利了人们对历史发生兴趣……"在宗教改革的过程中,极少数人认识到不是在神授的律法中,而是在人类的基本动机及这种动机如何产生中去探寻社会如何运作的线索。这一突破性认识逐渐勃兴,并借助约翰·古腾堡(Johannes Gutenberg,1398—1468)发明的西方活字印刷术传播开来,从而推动了一个崭新的时代的到来。"在新的时代,产生了新的兴趣、新的学术条件和新型学者。"[①]培根便是这个崭新时代的新型学者之一。在当时的欧洲知识界,中世纪的圣徒传记被认为是文学形式的一种体裁,它采取"罗马方式"(romantic)——今天我们所熟知的浪漫主义方式——进行书写,这是一种用罗曼什语(Romansh)而非拉丁语写成的英雄史诗。这位经验主义之父把图书分为三类:历史、诗歌和哲学,在"完美的历史或者公正而完备的历史"范畴下又分三类:编年史、传记和纪事。培根认为个人传记比编年史更为有用、比纪事更为真实,"好的个人传记的职责在于描述个人的生平,传主的作为无论大小,无论

[①] [美]J.W.汤普森:《历史著作史》(下),第三分册,孙秉莹、谢德风译,李活校,商务印书馆,1996年,第1、2、3页。

公开隐蔽,都应该穿插糅合,叙述得真实、自然、生动"①。随着培根书写的《学术的进展》于 1605 年出版,他所阐释的传记历史观逐渐得到了一些西方学者的认可。西方知识界开始承认历史著作中关于传记的那个部分更有活力、更能吸引人、更富于教育意义。② 培根对编年史、传记和纪事三者进行的区分,事实上已经关涉历史学的价值(功用)论和认识论思想。到了 18 世纪二三十年代之交,在伟大的启蒙运动诞生地——法国,作为启蒙运动的重要领袖和导师,伏尔泰因书写了三大历史名著——《查理十二传》《路易十四时代》和《风俗论》——而被后世史学界称为"文化史之父"和"近代史学先驱"。在这三部以理想主义史学而著称的名著中,伏尔泰的历史认识论思想,即人类进步史是人类理性天赋释放的历史,常常通过他所秉持的英雄史观而得以体现。

然而,就整个西方世界而言,传统的历史传记书写的兴盛与 18 世纪后半期掀起的浪漫主义运动及 19 世纪现代民族国家急剧扩张的状况紧密相连。英国著名哲学家、历史学家伯特兰·罗素(Bertrand Russell,1872—1970)曾断言:"从十八世纪后期到今天,艺术、文学和哲学,甚至于政治,都受到了广义上所谓的浪漫主义运动特有的一种情感方式积极的或消极的影响。"③这场浪漫主义运动继承并发展了德国"天才时代"(18 世纪七八十年代)另外一场声势浩大的全国性文学解放运动——"狂飙突进"运动——推崇天才、崇尚创造性力量的思想主旨。"狂飙突进"运动之父约翰·格奥尔格·哈曼(John George Hamann,1730—1788)本人便是"浪漫的个人主义对理性主义和极权主义发起战争的伟大的第一枪",是"作为具体

---

① [英]弗朗西斯·培根:《学术的进展》,刘运同译,上海人民出版社,2007 年,第 68 页。
② Barbara Caine, *Biography and History*, Palgrave Macmillan, 2010, pp. 9-10.
③ [英]罗素:《西方哲学史》(下),马元德译,商务印书馆,1963 年,第 213 页。

性、特殊性、个性、非系统性的一个捍卫者"①。在被尊为"浪漫主义精神之父"的法国启蒙思想家让-雅克-卢梭(Jean-Jacques Rousseau, 1712—1778)那里,受到法国有教养人士尊崇的"善感性"(lasensibilit)气质是反抗理性主义的有力武器,而自我的情感、个人特性及自由则是评判一切事物的标准。总体而言,浪漫主义运动开启了一个强调英雄——个人的自由意志——和人的情感或直觉的新时代,即时间跨度为18世纪下半叶至19世纪上半叶的浪漫主义时代。英国哲学家和政治思想家以赛亚·柏林(Isaiah Berlin,1906—1997)敏锐地指出,作为启蒙对立面出现的浪漫主义,其实是人类思考事物的一种模式,它认为世界是人类永无止境的创造,"浪漫主义最基本的要点:(承认)意志以及这个事实:世上并不存在事物的结构,人能够随意塑造事物——事物的存在仅仅是人的塑造活动的结果"②。正是在这种历史的唯意志论思想氛围当中,浪漫主义文学和艺术领域的创作共识——主张通过想象达致同情的理解和充满激情的自我表达——被历史学家广泛接受,个人有能力在关键的历史时刻塑造或创造历史的观点得到广泛传播。

1791年,英国文学大师、传记作家詹姆斯·鲍斯威尔(James Boswell,1740—1795)书写的《约翰逊传》(*Life of Johnson*)出版,创造了一种崭新的传记文学风格。《约翰逊传》被公认为最伟大的英语传记,鲍斯威尔也因此而被称为"西方近代传记的鼻祖""英国传记教父"。众所周知,塞缪尔·约翰逊是英国文学史上的泰斗,因其独立编撰对英语发展影响深远的《英语词典》(*A Dictionary of the English Language*)而扬名英语世界,被认为是比肩于莎士比亚的英国文化大师,而他所生活的18世纪也被称为约翰逊时代。从《约翰

---

① [英]以赛亚·柏林:《启蒙的三个批评者》,马寅卯、郑想译,译林出版社,2014年,第337、355页。
② [英]以赛亚·柏林:《浪漫主义的根源》,吕梁等译,译林出版社,2008年,第127页。

逊传》一书对第一、二手资料的全面搜集和辨析,以及鲍斯威尔本人与这位英国文坛领袖二十多年来的忘年之交来看,这部传记作品就真实性而言,确实如同19世纪著名的历史学家卡莱尔所言,犹如一面镜子般地映照出了一个真实的塞缪尔·约翰逊,同时也给后世留下了关于18世纪英国社会状况的珍贵史料。也就是说,鲍斯威尔把真实性视为传记作品的生命力所在,因而将对第一、二手资料的考辨视作书写名人传记的专业技能。事实上,也正是在这一时期,史料考证被认为是历史学家的必备技能。此外,从人物传记的书写形式来看,除了以单个的名人为传主的历史书写,以作为群体出现的名人为传主的历史书写也开始出现,国民集体传记的兴起就是其最好的例证。譬如,英国分别于1747年和1885年编纂出版了《不列颠传记》和《国民传记辞典》;在英国的榜样示范下,欧洲大陆几乎所有的民族国家都出版了国民集体传记辞典。甚至在历史研究"源不远、流不长"的美国,公理教教会牧师杰里米·贝尔纳普(Jeremy Belknap, 1774—1798)则于1791年创建了美国独立后第一个地方史学团体——马萨诸塞州历史协会,而他书写的《美国名人传》以彰显早期美国的民族主义意识为己任,从而成为美国名人传记书写的先声。

众所周知,19世纪是现代民族国家急剧扩张的时代,也是西方世界十分注重史实准确性的时代。在历史学于19世纪80年代至第一次世界大战之间成长为一门独立的学科这个时期,西方各民族国家深受法国大革命和拿破仑战争的影响,爱国主义情感迸发,以民族国家为取向的政治史遂成为占据绝对统治地位的正统史学。19世纪初,浪漫主义观点在英国流行开来。著名历史学家爱德华·奥古斯塔斯·弗里曼(Edward A. Freeman, 1823—1892)的名言"历史就是过去的政治,政治就是当前的历史",道出了这一时期英国历史研究实践的认识论取向。相应地,政治精英人物及其言行顺理成章地成为历史学家们选择研究的理想对象,历史学家们在研究和表现政治史的过程中不可避免地要涉及诸多政治精英人物,要叙述这些政治精英人物的活动史,展现他们的自由意志。这种历史的唯意志论,即相信个人有能力在关键的历史时刻塑造历史的理论被引入了历史书写,这在作为浪漫主义运动起源地的德国尤为明显。耶拿战役之后,对伟人拿破仑的仰慕几乎达到了顶峰,"是拿破仑重新唤起了沉睡已久的爱国主义情感"。例如,青年时代的兰克"崇拜拿破仑,认为拿破仑是人类的英雄,并负有神圣的使命"①。后来,由于对"时代巨人"拿破仑充满仰慕之情,兰克和他的弟子们产生了"对人类个体所固有的力量和可能性的新意识……拿破仑的经历似乎表明,个人的意图、洞察力和意志能够主导事件,因而让人对是否存在历史必然性进程产生了怀疑"②。兰克撰写的一系列欧洲政治显要人物传记论文,在 1917 年被集结为两卷本《世界历史人物》(*Männer der Weltgeschichte*)再度出版,据他本人说是为了鼓舞德意志民族的士气而作。以历史学家身份并凭借四卷本《罗马史》而荣获 1902 年诺贝尔文学奖的特奥多尔·蒙森(Theodor Mommsen,1817—1903),在为书写这部皇皇巨著而着手收集和整理所有流传下来的文献时,异常重视碑铭学和人物传记。尽管蒙森未曾为某个历史人物单独作传,但他在《罗马史》第三卷中透露出伟人历史观,即他毫无吝啬地赞美恺撒是一个立法者,一位对欧洲乃至世界历史进程产生了深远影响的伟大政治家。正如德国当代古典文学教授马库斯·绍尔(Markus Schauer)恰当地指出的那样,蒙森对恺撒的赞美"提及了恺撒推动的两项历史进程:西欧的罗马化,以及为罗马帝国的建立所

---

① [法]安托万·基扬:《近代德国及其历史学家》,黄艳红译,北京大学出版社,2010 年,第 15 页。
② [美]费利克斯·吉尔伯特:《历史学:政治还是文化》,刘耀春译,北京大学出版社,2012 年,第 11 页。

作的准备。作为'前身',罗马帝国又预示着日后所谓的德意志民族神圣罗马帝国的形态,给后者立下了典范。欧洲的国家体制和君主政体正是恺撒一手缔造的政治军事成果,是其留给后世的遗产,君主制国家的代表至今仍顶着恺撒的头衔,即皇帝(Kaiser)或沙皇(Zar)"①。总而言之,为历史上的某个政治精英人物专门撰写一部传记成为这个时期的历史学家们的学术志向,譬如德罗伊森书写的《亚历山大大帝传》。

值得一提的是,德国历史学家路德维希·桂德(Ludwig Quidde,1858—1941)在19世纪末书写的《卡利古拉传》很受德国人的欢迎。然而,真正系统地、旗帜鲜明地阐发伟人传记史观的重要人物是托马斯·卡莱尔。在大英帝国经济文化即将开启全盛景象的19世纪40年代,在加尔文主义和德国观念论的影响下,作为敏锐地对维多利亚时代作出"有病的与失序的时代"诊断的"第一位也是最伟大的先知"②,卡莱尔赞赏前辈史学家亨利·哈兰(Henry Hallam,1777—1859)和托马斯·麦考莱(Thomas Macaulay,1800—1859)的辉格史观,极为推崇杰出人物之于人类社会进步的重要作用,认为讲述历史本质上就是在讲述杰出人物的行动与抱负,拥有"超人智慧的"杰出人物是拯救世界的英雄。卡莱尔在1830年发表的《论历史》(On History)一文中,直接在传记与历史之间画上了等号,"历史是无数传记的精华"③。1840年,卡莱尔进一步提出世界史是伟人的传记的主张,强调伟大人物在历史上的重要性,阐释了世界历史由英雄的特质所创造的思想主旨。"世界历史……实质上也就是在世界上活动的伟人的历史,他们是民众的领袖,而且是伟大的领袖,凡是一切普

---

① [德]马库斯·绍尔:《发明历史:〈高卢战记〉中的史实与欺骗》,翁庆园译,社会科学文献出版社,2022年,第1页。
② 方志强:《平民的先知:卡莱尔与英国维多利亚社会》,台北大学出版中心,2011年,第175、1页。
③ 转引自方志强:《平民的先知:卡莱尔与英国维多利亚社会》,第11页。

通人殚精竭虑要做或想要得到的一切事物都由他们去规范和塑造，从广义上说，他们也就是创造者，我们所见到的世界上存在的一切成就，本是来到世上的伟人的内在思想转化为外部物质的结果，也是他们思想的实际体现和具体化……整个世界历史的精华，就是伟人的历史。"①卡莱尔这里表述的正是广大中外历史读者十分熟悉的英雄史观或称伟人史观，这种英雄崇拜精神完美地体现在其1837年出版的《法国大革命：一部历史》(*The French Revolution: A History*)一书中。

在民族国家建立时间尚短，且历史书写基本上由业余的贵族史学家承担的美国，1845年，哈佛大学历史学教授贾里德·斯帕克斯(Jared Sparks, 1789—1866)——美国首位历史学教授——编写的《美国传记丛书》(*The Library of American Biography*)出版。该丛书共25卷60部，是一部真正意义上的名人群体传记，是对美利坚民族国家的自我身份认同的建构。巧合的是，也正是在这一年，卡莱尔在给被林肯总统称为"美国的孔子"和"美国文明之父"的思想家、散文家拉尔夫·沃尔多·爱默生(Ralph Waldo Emerson, 1803—1882)的回信中，建议这位北美贵族从历史上找到一位美国英雄，一位他本人真正热爱的美国英雄，然后通过讲述这位英雄的人生故事来阐发其渴望为之辩护的个人主义信念和自立精神。爱默生采纳了卡莱尔的建议。1850年，爱默生将他几年来在全国各地的演讲集结为《代表人物》(*The Representative Men*)一书出版。这部历史人物传记文学作品，在按照时间顺序分析柏拉图等六位伟人在人类文明进程中作用的架构中，有机地结合了美国历史与文化发展，并巧妙地将美国人的自由，即建立一个新的自我阐释为美利坚合众国的

---

① [英]托马斯·卡莱尔：《论英雄、英雄崇拜和历史上的英雄业绩》，周祖达译，商务印书馆，2005年，第1页。

民族精神。作为卡莱尔倡导的历史传记观的一名域外阐发者,爱默生一方面认为"上帝、自然和人类是一个神秘的同一体",另一方面则提出人要充分信赖自己,坚定地倡导个人主义,"实行个人主义,但要的是更纯洁的,从宗教和道德出发的个人主义,而不是从空洞狭窄的物质利益出发的"①。在个人主义和自立精神的基础之上,爱默生进一步提出了历史人物传记书写对于塑造美利坚民族的精神特质——一个个美国人"透明的自我"——而言大有裨益的主张。"尊敬个人的一切都是暂时的,未来的,就像个人本身一样,他正在超越自己的局限,进入一种普遍的存在。我们从来没有得到任何天才真正的最好的利益,只要我们相信他是一个原动力。一旦他停止作为一种起因帮助我们,他就开始作为一个结果更多地帮助我们。到那时,他就作为一个更加博大的心灵和意志的讲解者出现。那不透明的自我,有了'初始起因'的光,就变成透明的了。"②时至今日,爱默生仍然被美国知名历史学家、2007年班克罗夫特奖获得者罗伯特·D.理查德森(Robert D. Richardson, Jr.)赞誉为美国"个人主义和自立精神的伟大代言人",并将他比肩于最受美国人民尊敬的政治家——杰斐逊和林肯,"爱默生本人的生活及其作品正在持续不断地影响和改变着美国人的自我认知"③。

  随着19世纪下半叶以辉格史观为主导的政治史书写统领地位的确立,爱默生所阐发的历史传记-民族国家观得到了若干美国历史学家的尊崇。在美国传记史家精心阐述的保守的自由主义进步史观中,美国总统和军事将领如华盛顿的生平故事成为例证美利坚民族

---

① [美]查尔斯·博哲斯:《美国思想渊源——西方思想与美国观念的形成》,符鸿令、朱光骊译,山西人民出版社,1988年,第143页。
② [美]R. W. 爱默生:《代表人物》,蒲隆译,生活·读书·新知三联书店,1998年,第27页。
③ [美]罗伯特·D.理查德森:《爱默生传:激情似火的思想家》,陈建刚译,浙江文艺出版社,2022年,"前言",第1,2页。

国家主要特质或民族精神的有力证据。19世纪60年代以后,由于第二次工业革命以一种前所未有的力量推动了社会生产力的发展,科学主义和物质主义开启了交互影响着欧美社会价值观的历程。与此同时,以竞争法则或进化论思想为核心的社会达尔文主义日渐成为席卷欧美的一种社会文化现象,为正处于崛起阶段的民族主义之正当性和合法性摇旗呐喊。由于卡莱尔对维多利亚时代的欧美知识界和政界均具有无与伦比的影响力,故而他所阐述的历史传记观和英雄史观/伟人史观为传统的历史传记书写(这里的"传统"用语对应于现代史学界对兰克实证史学的界定)定下了主基调,尤其是在他所书写的六卷本《普王弗里德里希二世传》(History of Friedrich II of Prussia)出版之后,阐发英雄史观的历史名人传记书写受到了那个时代西方主流社会的追捧,并且有意识地向殖民地社会传播,使之成为帝国统治艺术的构成部分。就在历史知识——以19世纪80年代的"科学史学"为主要标志——已经占据了人类知识谱系中的独立地位之后不久,被认为对历史学专业化具有奠基性意义的英国剑桥大学历史系教授阿克顿勋爵(Lord Acton),在他于1895年发表的就职演说《论历史研究》中,强调优秀的历史学家应该以书写丰碑式的人物传记为己任:"我们不能无视伟大人物和那些值得纪念的生命,他们一定是值得敬佩的人物。"[1]阿克顿勋爵的历史传记观道出了一个基本事实:传统名人传记的书写是在民族国家历史研究框架内进行的,是传统政治史不可分割的一个部分。当然,阿克顿勋爵本人就是维多利亚时代名人群体中的一位。

19世纪末,俄国马克思主义哲学家普列汉诺夫在反对和批判俄国19世纪中后期以来出现的民粹主义者和无政府主义者的过程中,

---

[1] Lord Acton, *Inaugural Lecture on the Study of History*, London: Macmillan, 1895, p. 13.

专辟一地高度赞扬卡莱尔阐释的英雄史观/伟人史观。普列汉诺夫称赞卡莱尔把伟大人物称作创始者是"非常恰当的"见解。"伟大人物之所以伟大,不是因为他的个人特点使伟大的历史事变具有个别的外貌,而是因为他所具备的特点使得他最能为当时在一般原因和特殊原因影响下产生的伟大社会服务……他会解决先前的社会智慧发展进程提上日程的科学课题;他会发挥首倡精神来满足这些需要。他是个英雄。其所以是英雄,不是说他似乎能够阻止或者改变事物的自然进程,而是说他的活动是这个必然和无意识的进程的自觉的和自由的表现。这就是他的全部意义之所在,这就是他的全部力量之所在。而这是一种极其巨大的意义、一种了不起的力量。"①如果说卡莱尔和普列汉诺夫阐述的英雄史观,采取将英雄与人民大众进行对比的二元比较思维方式颂扬伟大历史人物的独特个性及伟大性,从而不可避免地产生了法国社会学家布尔迪厄批评的"传记幻觉"之嫌疑,那么19世纪瑞士著名文化史学家雅各布·布克哈特阐述的伟人史观,则试图以二元辩证法的眼光看待历史人物个体与作为一个整体的社会之间的关系,主张应该将伟人视作其所属群体的代表,伟人的所思所为均为其所属群体心声的集体体现。"一个伟人的意愿实际上构成了他所属群体全部成员共同意愿的一部分。有的时候,这种全体意愿非常明了。在这种情况下,一个伟人所进行的战争和惩罚性的行动只不过反映了整个民族或者整个时代的意愿。这样的例子有亚历山大大帝征服波斯,俾斯麦统一德国;有的时候,这种全体意愿不是特别明了,换句话说,一个伟人意识到他的民族所必须采取的步骤,并且将其付诸实现,而他的民族则事后才认识到他的行动的正确性,并且承认他的伟大性。这方面的例子有恺撒征服高卢,理

---

① [俄]普列汉诺夫:《论个人在历史上的作用问题》,王荫庭译,商务印书馆,2017年,第55页。

查德大帝占领萨克森。"①显然,布克哈特将历史看作是一出以伟人意志为转移的木偶剧。然而,究其实质,二者均属于19世纪资产阶级所宣扬的唯心史观,被当作国家认同的建构工具使用。

其实,甚至在20世纪初历史学开始呈现出新史学趋势的语境中,当美国新史学家爱德华·艾格斯顿(Edward Eggleston,1837—1902)②为反对科学史家赫伯特·巴克斯特·亚当斯(Herbert Baxter Adams,1850—1901)提出的"历史即政治"的观点而与之展开辩论,并倡导书写文化史时,另外一位历史学家威廉·罗科斯·塞耶(William Roscoe Thayer,1859—1923)就已经在思考如何通过书写历史名人传记来融合政治史与文化史的问题了。五年之后,塞耶在学界公开呼吁,为了加强民族国家认同和凝聚民族精神,历史研究者应该视书写名人传记为己任。塞耶以普鲁塔克为榜样,从现实主义工具性的角度指出:"《希腊罗马英豪传》给那个时代的人们提供的历史信息,或许比修昔底德、李维和塔西佗书写的历史著作所能提供的还要多。"③此后,塞耶本人连续书写了三部杰出的历史名人传记。1911年,他为19世纪意大利政治家加富尔书写的传记——《加富尔的人生与时代》(*The Life and Times of Cavour*)——出版;1915年,他以亚伯拉罕·林肯的私人秘书约翰·海伊(John Hay)为传主而书写的两卷本《约翰·海伊生平及书信集》(*The Life and Letters of John Hay*)出版;1922年,《乔治·华盛顿传》(*George Washington*)出版。这些历史传记文本均反映了塞耶对当时盛行的科学史学研究范式的不满和反抗,他呼吁历史学应该将研究具体历史情境中

---

① [瑞士]雅各布·布克哈特:《世界历史沉思录》,金寿福译,北京大学出版社,2007年,第230页。
② "新史学"(The New History)源自艾格斯顿在1900年美国历史协会上的主席演说标题。
③ William Roscoe Thayer, "Biography," *The North American Review*, Vol. 180, No. 579, Feb. 1905, pp. 264-265.

的人性作为自身的宗旨。1919年,时任美国历史学会主席的塞耶敦促美国历史学家要努力"把历史学从各种科学公式和科学目的的枷锁之中挽救出来,让我们赋予历史学人性吧……人性才是历史学家必须研究的内容"①。需要指出的是,塞耶在此所阐发的史学人性论思想主旨与历史学在20世纪早期正在遭遇的学科地位危机息息相关。

20世纪初,从整体上说,为避免陷入马克斯·韦伯所批判的"理性铁笼",西方知识界开始进入了反思启蒙运动以来理性主义价值观的一个新阶段,自然科学的公理应该应用于人类所有的学科,从而一劳永逸地解决人类困境的这种认知正在逐渐走向崩塌。在历史学内部,如德国历史哲学家奥斯瓦尔德·斯宾格勒(Oswald Spengler,1880—1936)这样的"文化先知",不再相信全人类拥有一种统一的、进步的历史。换句话说,西方史学界出现了史学观念的变化,新的历史认识论已然产生。一批"文化先知"抛弃了以西方历史为中心的线性进步史观,他们以"生命有机体"——文化——为核心,提出了文化形态学理论,主张每种文化都拥有自身独特的个性特征和个体价值,应该得到平等的看待。这里补充一句,文化形态学理论可视为历史学领域最早的反现代化理论。在历史学外部,被称为社会学奠基人之一的法国学者埃米尔·涂尔干(Émile Durkheim,1858—1917)就十分轻视历史学,在他意欲构建的以社会学为基础的学术综合体中,他提出历史学只能作为一门辅助学科。涂尔干派的经济学家弗朗索瓦·西米昂(Francois Simiand,1873—1935)则指责"历史学家有三个'偶像':政治偶像(沉迷于政治事件之中)、个人偶像(将历史等同

---

① William Roscoe Thayer, "Vagaries of Historians," *The American History Review*, Jan. 1919, Vol. 24, No. 2, p. 192.

于某个伟人的活动),以及编年纪事偶像(关于'起源'的错误成见)"①。

事实上,除了社会学家之外,这个时期质疑历史学的合法地位的还有文学家和文学理论批评家。1904 年在英国伦敦工人街区布卢姆茨伯里兴起的左翼文人团体——布卢姆茨伯里派(Bloomsbury Group),以反传统思想而闻名于世,其核心人物传记作家利顿·斯特拉奇(Lytton Strachey,1880—1932)和现实主义与女性主义先锋弗吉尼亚·伍尔芙,在弗洛伊德精神分析学说的影响下,批判维多利亚时代的人物传记书写不仅缺乏真实性和鲜活性,而且缺乏对历史时间的考虑,因而未能揭示传主的人格特质之变化过程。他们斥责这种一味褒扬名人的杰出品质的传记书写,不但不能起到为现实生活中的人提供榜样的作用,反而导致人们丧失了对客观事实和叙述准确性的基本尊重。有鉴于此,他们主张将传主的私人生活领域与公共生活领域结合起来,书写偏重于发掘传主的内在精神生活,以便于进而窥探历史真相的"新传记"(new biography)。利顿·斯特拉奇书写的《维多利亚时代名人传》(*Eminent Victorians*)和《维多利亚女王传》(*Queen Victoria*),以及伍尔芙书写的《奥兰多》(*Orlando: A Biograohy*)及一些传记批评著述,的确在很大程度上立体地展现了传主的个性、精神品质、自我身份意识之形成及发展过程。从根本上说,斯特拉奇和伍尔芙所表现和阐发的新传记观,是对历史的一种重构,反映了文学界意欲统摄历史学的一种野心。当然,它也在很大程度上反映了当时西方知识界对科学史学的一种怀疑态度:历史没有唯一的真相,并且历史学家根本就无法避免自身的主观性。"有时,我们以为,这下可以破解百年来让历史学家困惑不清的秘密,结果手稿上却出现一个指头大的窟窿。我们费了九牛二虎之力,试图根据

---

① 转引自[美]卡萝尔·芬克:《为历史而生:马克·布洛赫传》,郑春光等译,北京师范大学出版社,2019 年,第 39 页。

虽已烧得支离破碎却存留至今的文件,一点点拼凑出一个梗概,却常常还得去推想、猜测,甚至要凭空虚构。"①在剑桥大学关于历史学科性质的争论中,钦定近代史讲座教授约翰·巴格内尔·伯里(John Bagnell Bury, 1861—1927)和乔治·麦考莱·特里威廉——旧译"屈威廉"——各执一端。伯里认为"历史是一门科学,不多也不少"。特里威廉则认为历史学是一种文学门类,是"学术中的艺术","历史学家的主要技艺是叙事的艺术"。后来,他又补充道:"历史有三种不同的任务,我们可称之为科学的、想象的或推测的和文学的。"②事实上,这两位著名的近代史专家的历史学言说,分别指向的是历史考据和历史书写两个层面。特里威廉主张历史学兼具科学性与文学性(艺术性),他认为最好的历史学家是那些能够把事实证据同最大规模的智力活动、最温暖的人类同理心以及最高级的想象力相结合的人。鉴于20世纪初的历史学二重性辩论语境,我们可以推断塞耶所阐述的史学人性论和传记史观,其意图在于捍卫历史学独立的学科地位。

纵观19世纪中期至20世纪30年代之前这段时期西方史家书写的名人传记文本,尽管在自然科学主导科学标准的语境下("scientist"一词1883年才被发明出来,并于1884年首次出现在西方印刷物中),作为修辞用语的"科学"在历史学领域出现的频次越来越高,科学史学的研究范式被奉为圭臬,但是传记在西方世界仍然被视为一门讲故事的艺术,即便是二三十年代以心理分析为主要特征的新传记曾经一度引起史学界的极大关注,大多数历史学家们仍然坚持认为"传记首先是一门艺术"③。这种传记认知观,可以说与科学

---

① [英]弗吉尼亚·吴尔夫:《奥兰多》,林燕译,人民文学出版社,2003年,第66页。
② [英]约翰·托什:《史学导论》,吴英译,北京大学出版社,2007年,第192页。
③ Howard Mumford Jones, "Methods in Contemporary Biography," *The English Journal*, Vol. 21, No. 2(Feb. 1932), p.122.

史学盛行的那个时代对精确性的追求是背道而驰的。然而,我们必须充分意识到,它的产生是以"理想受众"这一预设为前提的。无论是作为思想家的爱默生,还是作为专业历史学家的塞耶,他们均在倡导名人传记书写之时,预设了自己心目中的理想受众,即 19 世纪至 20 世纪美国社会的精英阶层及正在形成中的中产阶级。对此,我们可以透过塞耶给他的美国同行乔治·迈尔(George B. Myers)书写的《乔治·华盛顿传》所作的书评中提出的两个问题加以印证。1923 年,塞耶在书评中质问道:"有多少有教养的美国人阅读过华盛顿传记?有多少大学生甚或教授阅读过?"① 其次,就历史名人传记的研究对象而言,在西方传统的传记史学那里,传主无论是居功至伟的军事将领还是荒淫无道的君主,基本上都是活跃在历史公共舞台上的白人男性,实用性——主要是道德教化——是传统历史名人传记的主要书写意图。在实用性这个意义上,普鲁塔克在《希腊罗马英豪传》中表达的名人传记社会功能观——服务于本国利益的意识形态——在历史学专业化的场域中重新焕发了生机。20 世纪 30 年代,英国外交家、历史学家爱德华·卡尔(Edward Carr,1892—1982)书写了三部传记作品,即分别出版于 1931 年、1933 年及 1937 年的《陀思妥耶夫斯基》《浪漫的流放者》及《迈克尔·巴枯宁》,关注的对象仍然是男性名人——19 世纪俄国作家和思想家。令人惋惜的是,直至 20 世纪 50 年代,名人或称伟人传记——尤其是政治精英传记——一直都是历史学家传记书写的主流,并且被理所当然地认为等同于或附属于政治史——政治史研究的一个有益补充。即便是由 20 世纪西方学界最具争议的英国著名历史学家艾伦·约翰·珀西瓦尔·泰勒(Alan John Percivale Taylor,1906—1990)所写的《俾斯麦传:凡人

---

① William Roscoe Thayer, "George Washington," *The Sewanee Review*, Vol. 31, No. 4 (Oct. 1923), p. 500.

与政治家》(Bismarck: The Man and the Statesman,该著出版于1955年,得到了许多德国历史学家的高度赞赏,认为是俾斯麦传记作品中研究水平最高的一部),以及由被誉为20世纪最优秀的英国古罗马历史研究专家罗纳德·塞姆(Ronald Syme,1903—1989)所书写的《塔西佗》(Tacitus,出版于1958年)一书,也未能真正突破传统历史传记和政治史的书写架构。

然而,就在民权运动和妇女解放运动高涨的60年代,这种传统的"已故白人男性"的伟人(Great Man)传记已经完全"失宠",被降格为"历史学的继子",成为只有奔着商业利益而去的业余史学家才会"宠幸"的书写类型。[①]

二、"世上是否真的存在希特勒传记"

20世纪世界历史上为世人所熟知的几位反面人物,比如希特勒,一直以来都是各路学者和导演热衷研究和搬上荧幕的对象。2004年,由奥利弗·希施比格尔执导的《帝国的毁灭》(Der Untergang)上映,该片随即荣获代表德国电影最高水平的巴伐利亚奖和奥斯卡最佳外语片提名奖。这是一部在全球引起巨大争议——比如,绝大多数德国观众认为该片具有高度的历史真实性,而法国观众则认为该片企图为纳粹翻案——的纪实性电影,根据德国历史学家约阿希姆·费斯特(Joachim Fest)书写的《希特勒的末日》(Der Untergang: Hitler und das Ende des Dritten Reiches)和希特勒最后一位私人女秘书特劳德尔·容格(Traudl Junge,1920—2002)的回忆录《直到最后时刻》(Bis zur Letzten Stunde)创作而成。面对放映后的种种争

---

① Roderick James Barman, "Biography as History," *Journal of the Canadian Historical Association/Revue de la Société historique du Canada*, Vol. 21, No. 2, 2010, pp. 62, 63.

议,德国媒体提出了一个问题:"我们是否可以把希特勒作为一个人来刻画?"正是这个问题让德国著名历史学家、传记作家、《时代周报》专栏作家福尔克尔·乌尔里希(Volker Ullrich)产生了书写一部希特勒传记的冲动。2013 年,由乌尔里希书写的《希特勒传:跃升年代(1889—1939 年)》(*Adolf Hitler Biographie: Band Die Jahre des Aufstiegs 1889-1939*,上下册)出版。

毋庸置疑,阿道夫·希特勒是 20 世纪最为知名的反面历史人物——没有之一,这意味着他必定是第二次世界大战之后西方知识界最感兴趣的人物之一。德国学者鲁道夫·奥古斯丁(Rudolf Augstein)在 1986 年反思道:"毫无疑问,希特勒是世界上最后一个千古罪人,他就像是一个我们永远无法彻底解决的大难题和大问题。只有这个星球有朝一日空无一人之时,人们才不会继续指责他的罪行。"[1]据统计,有关希特勒的书籍多达 12 万本。自然,希特勒传记文本如过江之鲫。"从没有哪个历史人物被如此全方位多侧面地研究过,相关文献能够填满一座图书馆。"尚在希特勒权势滔天的 30 年代中期,《法兰克福报》驻慕尼黑记者康拉德·海登(Konrad Heiden)就在流亡瑞士期间书写了两卷本希特勒传,试图以此"认清希特勒现象的历史意义",这也是被乌尔里希评价为"算得上能够不断给予人们灵感的重要经典"的四部希特勒传记文本之一。另外三部传记文本分别是:由英国历史学家阿兰·布洛克(Alan Bullock)书写的两卷本《希特勒:一项暴政研究》(*Hilter: A Study in Tyranny*),出版于 1952 年;由约阿希姆·费斯特书写的《希特勒传》(*Hitler: Eine Biographie*),出版于 1973 年;由英国历史学家伊恩·克肖(Ian Kershaw)书写的两卷本《希特勒传》,上卷《傲慢》(*Hitler, 1889 -*

---

[1] [德]哈贝马斯等:《希特勒,永不消散的阴云——德国历史学家之争》,逢之、崔博等译,生活·读书·新知三联书店,2014 年,第 200 页。

1936: Hubris)和下卷《报应》(Hitler, 1936-1945: Nemesis)分别出版于1998年和2000年。尽管乌尔里希本人谦虚地说:"本书没有全新的见解",但学术界还是把他书写的《希特勒传》与前四部著述并列为最经典的希特勒传记文本,"为学术人士和普通大众而写……成为这位纳粹独裁者的最佳传记之一"①。乌尔里希给予了上述四部传记作者极高的评价,尤其是对第三帝国史研究专家伊恩·克肖充满了敬意。然而,他认为这四位传记作者提供给读者的是一幅不完整的希特勒画像,特别是对他们忽视或轻视希特勒在公开的政治活动之外的私人生活感到非常不满。克肖甚至认为希特勒"完全没有私人生活",误以为希特勒在人际关系中是一个十足的白痴,因而在书写中将他的个人形象与公众形象合二为一,导致读者难以将一个具体的人与制造出来的神话区分开。

乌尔里希书写的《希特勒传》,全书共21章,叙述了希特勒从1889年出生至第二次世界大战正式爆发前攀上权力巅峰的人生历程。就文本内容而言,该书最大的亮点在于披露了希特勒过去不为人知的私人生活,最大的遗憾则是仅仅写到1939年4月20日,即希特勒50大寿庆典那天就止笔了。这里所说的"最大的亮点"和"最大的遗憾"恰恰反映了乌尔里希给希特勒立传的意图,即,回答前述德国媒体提出的"我们是否可以把希特勒作为一个人来刻画"这个问题。在这本传记中,他给出了答案:不仅能,而且必须把希特勒作为一个人——一个真实的人物——来刻画,才可能真正地理解"希特勒现象",从而破除元首神话和将希特勒妖魔化的历史叙述。"我的目的是打破1945年后长久弥散在文艺作品和公众讨论中的影响广泛的希特勒神话,即所谓'怪物产生的邪恶魅力'。"

---

① Roy G. Koepp, History: Reviews of New Books, July 2017, Vol. 45, No. 4, pp. 102-103.

与此同时,乌尔里希强调:"将希特勒刻画成一个人并不意味着同情他或者替他开脱罪责。"①熟悉希特勒传的读者都知道,在此之前,即1973年面世的、由费斯特书写的《希特勒传》就是一部从人性角度——双重性格——刻画希特勒的佳作。

众所周知,"二战"后曾经在很长一段时间里,关于希特勒私人生活的资料十分稀少,这位纳粹独裁者不仅非常隐秘,而且在自杀前夕就命令他的一个助手销毁了他所有的个人文件。幸运的是,2000年之后出版了一大批崭新的档案文献,其中最重要的是希特勒1933年的备忘录和演讲、第三帝国总理府官方文件、希特勒在1935年至1936年期间的礼品清单及纳粹宣传部部长约瑟夫·戈培尔的完整日记。这些崭新的档案文献成为乌尔里希能够书写希特勒私人生活的重要前提,而在20世纪90年代伊恩·克肖书写希特勒传记时,这些资料尚未能面世。在交叉参考各种类型的历史文献和引用不同证词的基础之上,乌尔里希聚焦于费斯特提出的"角色扮演个性"概念,以描述希特勒的政治生活和私人生活为中心,揭示出希特勒具有"冰与火"的双重性格,为读者呈现了一个工于心计、演技精湛的政治戏子形象。乌尔里希发现,希特勒绝非传统传记史学家眼中的"眼界狭隘、能力有限的庸才",恰恰相反,他拥有一种独特的表演天赋,擅长跟形形色色的人打交道,在不同的人面前就换上不同的人格面具,这种欺骗性堪称"深不可测"。然而,正是这种"深不可测的欺骗性"为希特勒一步步地获取政治权力、最终成为大独裁者提供了巨大的能量。比如,与大多数传记研究者——特别是克肖——均赞同的希特勒常常发表"简单、重复"的即兴演讲截然相反的是,新近公开的私人日记、信件等第一手资料已经充分显示,希特勒对待每一场公开演讲

---

① [德]福尔克尔·乌尔里希:《希特勒传:跃升年代》,"前言",亦青译,东方出版社,2016年,第2、13、11页。

都十分上心，一定会在事前做足了功课，而且，这不只是体现在演讲的主题、内容及用语上，还体现于全方位和每个细节之中，就连诸如手势应该如何配合语言使用也是提前反复练习过的。希特勒刻意身着"朴素的制服"，针对不同的听众精心设计词句、语气语调、肢体语言（主要是情绪和表情管理）、现场布置（比如象征符号的运用），甚至有时会故意延迟半小时到场，目的是吊足听众的胃口，从而制造出最热烈的现场效果，企图使听众更加狂热地支持自己的政治主张，进而崇拜自己。乌尔里希告诉读者，希特勒深谙法国社会心理学家古斯塔夫·勒庞（Gustave Le Bon，1841—1931）阐释的群众心理学，这一点光是在他的自传《我的奋斗》中就有所显露。这本 1925 年首次出版的、充斥着 16 万多处语法和句法错误的小册子，其极端民族主义的话语实际上反映了希特勒对大众的轻视，以及把大众当作工具利用的企图。乌尔里希提醒读者，值得注意的是，希特勒在撰写《我的奋斗》之前就已经开始按照德国媒体宣传中的形象，处心积虑地篡改个人历史了。

对于希特勒"冰与火"的双重性格，需要通过对照其私人生活与公共生活的言说和行动，才能更好地进行审视。希特勒在私人交往中的个人魅力给许多人留下了良好的印象，而在政治行动中却表现得像个十足的精神分裂症患者。"他在私人交往中有多么可爱、热心和充满同情，同时他在实现政治目标时就有多么冷酷、漠视人类感情和无情。"即便是在被希特勒本人称为"快乐总理餐厅"的午餐会上，也"根本谈不上无拘无束的快乐，反而笼罩着诚惶诚恐的气氛"，因为他的一众幕僚和仆人们不知道哪句话、哪个举动会招惹到元首，从阳光灿烂秒变雷鸣闪电。乌尔里希揭示这种双重性格在很大程度上是第一次世界大战留下的后遗症，是 20 世纪二三十年代整个德国社会现实状况的一种真实写照。据德国作家弗里德里希·莱克（Friedrich Reck，1884—1945）在 1936 年 8 月 11 日的《绝望者日记》

中的描述和分析,希特勒遭受了"巨大的精神创伤"。"他的投机主义、他渴望成名的巨大野心、心比天高的虚荣心,都有一个共同的基础——他有一种强烈的欲望想掩盖内心因巨大的精神创伤而产生的痛苦。"[①]希特勒的表演天赋主要体现在:为了把自己塑造成一个为德意志民族大业而牺牲私人生活、一心一意为人民服务的卓越的政治家形象,希特勒有意制造了"苦行僧式简朴生活"、舍弃一切私人情感的假象,居然连戈培尔和当时的几位著名历史学家和知名记者都被蒙骗了。"希特勒的策略——让自己变成一个没有家庭的人——不仅极其成功地影响了他的同时代人,还给后世的史书留下了深刻的痕迹。否则我们如何解释,为何重要的希特勒传记作者——从海登到布洛克、从费斯特到克肖——无一例外地认为这个'非人'的私人生活不值得描写呢?"用今天的话来说,希特勒根据不同的需要为自己精心打造了各种"人设",是一种关于自我的神话。乌尔里希通过描述希特勒与女人们的关系,以及以1937年7月建成的贝格霍夫别墅为中心而构造的私人社交圈,揭示出希特勒在营造私人关系方面颇有一套,极具欺骗性。况且,希特勒的公共生活——政治生活——常常与私人生活重叠在一起。"他的政治生活和私人生活没有严格的分界线,在很大程度上不同寻常地混在一起,这一点也极为独特。"一方面,贝格霍夫是希特勒消遣散心的避风港。"与总理府不同,贝格霍夫小圈子有更多的家庭氛围,有更多女性元素的加入。"另一方面,贝格霍夫是柏林总理府之外"第三帝国"的"另外一个政治中心"。希特勒在贝格霍夫"兴高采烈、活泼热情地"接见了若干位重要的外国政治家,包括来自伦敦的温莎公爵夫妇,而这些外国来访者都很喜欢他,且无不折服于他的领袖魅力,而他本人在与英国政要会面

---

① [德]弗里德里希·莱克:《绝望者日记:纳粹德国时期的政治与社会生活》,何卫宁译,新华出版社,2015年,第19页。

而受夸赞时"显然也感到受宠若惊"。鉴于此,乌尔里希做出推断,对于希特勒独裁统治的罪恶行径,私人化的贝格霍夫小圈子是完全知晓的,并且有意构成了同谋关系,他们共同施行了 20 世纪那场骇人听闻的反人类罪行,因而应该承担相应的罪责。"作为元首神话一部分的爱娃·布劳恩"等人在"种族主义政治信仰"上——排斥和迫害犹太人问题上——"达成了共识"①。

公正地说,乌尔里希并未就希特勒的私人生活——日常生活行动——而提出令人耳目一新的观点,但是他却成功地为读者描述了一个让人不寒而栗的希特勒形象。原因恰恰在于,这幅画像因更具有人性而更具有可理解性。也就是说,乌尔里希所采取的新文化史的人性叙述方式,以及当下性原则,使这部《希特勒传》产生了新的意向。通常而言,以希特勒为研究对象的传记作者们都旨在探究希特勒为何能够深刻地改变了 20 世纪世界历史的进程,给人类带来了前所未有的灾难。然而,德国的传记作者——尤其是职业历史学家,还必须从现实主义的角度去思考罪责问题和民族身份认同问题。自上个世纪 90 年代以来,在后现代主义思潮和 1986—1987 年联邦德国"历史学家之争"——由右翼历史学家恩斯特·诺尔特(Ernst Nolte)为代表的德国历史修正主义者挑起——的影响下,德国的日常生活史逐渐转向新文化史。深受文化人类学影响的新文化史学派,与社会史学派在理论视野、研究取径及旨趣等方面都存在着明显的分歧。"在纳粹史研究方面,新一代历史学家大都变得更为理性化,他们不赞同使用批判的观点去教育当代青年,不愿意继续打击民族自豪感,与此同时,他们也绝对不同意偏离战后的基本立场,即使面临'比较难的心理上的承受能力',也要勇于承担责任。……他们希望人们理

---

① [德]福尔克尔·乌尔里希:《希特勒传:跃升年代》,亦青译,第 238—239、487、542—543 页。

解历史不幸形成的真正原因,并帮助当事人认清历史真相。"①在东西德国和平统一的新时代背景下,鉴于德国史学研究自 80 年代以来所呈现的多元化特征,新文化史学家认为回答《明镜周刊》创始人鲁道夫·奥格斯坦(Rudolf Augstein)在反对书写人物传记的 70 年代末提出的"世上是否真的存在希特勒传记"②这一问题的时机已经成熟。在他们看来,书写希特勒的个人历史,同时也是在书写第三帝国史,甚至是在书写德国的当代史,它不仅关涉在和平统一之后的当下应该如何重新审视纳粹主义这一核心问题,而且还关涉历史学的学科定位和历史知识的价值判断等问题。故此,新文化史学家力主采取文化人类学人性叙述的方式去书写纳粹史。

作为新一代历史学家群体中的一员,乌尔里希自然分享了与新文化史学家相同的历史认识、研究方法、学术伦理及现实关切。1996 年 4 月 12 日,乌尔里希针对美国犹太裔青年学者丹尼尔·戈德哈根(Daniel Goldhagen)3 月份新鲜出炉的《希特勒的志愿行刑者:普通德国人与大屠杀》(*Hitler's Willing Executioners: Ordinary Germans and the Holocaust*)一书,在《时代周报》(*Die Zeit*)上发表了《希特勒的志愿行刑者,一本书挑起了一场新的历史学家之争:德国人都有罪责吗?》一文,"正式拉开了德国社会与戈德哈根著作直接复杂互动的序幕",即历时一年之久的"戈德哈根之争"。乌尔里希批判戈德哈根的书不仅"缺乏新意",而且"存在反对德国的倾向……因为很多美国人对德国的重新统一感到不满",以致"让我们可能永远无法翻过我们过去中最令人恐惧的那一章节"③。从根本上说,这番

---

① 孙立新、孟钟捷、范丁梁:《联邦德国史学研究:以关于纳粹问题的史学争论为中心》,社会科学文献出版社,2018 年,第 80 页。
② [德] 福尔克尔·乌尔里希:《希特勒传:跃升年代》,"前言",第 13 页。
③ 转引自孙立新、孟钟捷、范丁梁:《联邦德国史学研究:以关于纳粹问题的史学争论为中心》,第 179 页。

似乎颇具主观情绪的话语透露出乌尔里希对统一后的德意志民族身份认同问题的忧虑,以及重新解释纳粹大屠杀这段历史的意图。怎样做才能把过去最令人恐惧的那一个章节翻过去呢?乌尔里希书写的《希特勒传》可视作对这一问题的一个回答。更确切地说,乌尔里希采取的书写策略是:立足于当下,以普遍人性和时代性为前提假设,运用人性叙述和语境化的方式,首先将希特勒视作一个在特定历史时空中真实存在的人,通过描写他身上那些显得既正常又不正常的多层次面相,探析他"冰与火"的双重性格及其成因,由此审视德意志第三帝国的历史及纳粹时代德国人的精神症候。"本书想把在伊恩·克肖书中显得形象格外苍白的希特勒再次推到中心位置,同时又兼顾到助力希特勒在短时间内取得成功的社会状况。"更重要的是,在乌尔里希看来,人性叙述是对正义的生存秩序的追求,并非如德国修正主义史学派所认为的那样,是为了取消德国的罪责。相反,每一代德国人都必然在当下重新体验那段令人痛苦的历史,以便于从历史中汲取教训。"人们永远不会停止研究那个谜一样令人不安的人物。每一代人都面临重新直面希特勒的挑战。……他不是……同时代人,而是一座记录着人性极限的永恒纪念碑。"①

我们不妨说,乌尔里希批评伊恩·克肖笔下的希特勒"格外苍白",实质上是在暗指伊恩·克肖的描写未能以希特勒的人格特质为核心,缺失了个性描写及心理分析的维度。然而,伊恩·克肖书写的《希特勒传》,不仅荣获了沃尔夫森历史文学奖(Wolfson Literary Award for History)、奥地利布鲁诺·克莱斯基政治图书奖(Bruno Kreisky Prize)及英国年度学术图书奖(British Academy Book Prize),而且深受广大普通读者的好评。2007年,从方便普通读者阅读的考虑出发,伊恩·克肖在内容完全忠实于两卷本的前提下,删除

---

① [德]福尔克尔·乌尔里希:《希特勒传:跃升年代》,"前言",第13—14页。

了学术注释和大量与希特勒本人的性格刻画及行为分析没有直接关联的背景描述(共计 30 多万字),又对两个地方做了章节合并,于 2008 年出版了删节本《希特勒传》(Hitler: A Biography)。依笔者管见,这是一部真正意义上的新名人传记历史文本。

作为一名杰出的新社会史学家,伊恩·克肖最初的研究领域是中世纪史,后来才转向研究德意志第三帝国的历史,他真正关切的是"那个特殊年代德国普通百姓的行为和心态"。1979 年,已经在英国历史学界崭露头角的伊恩·克肖参加了在伦敦近郊坎伯兰·洛奇镇召开讨论希特勒在纳粹统治体制中所起作用的重要学术会议。正是这次会议促使原本对传记体裁持反对态度的伊恩·克肖下定决心要书写一部新的希特勒传,以便于更好地解释纳粹体制。面对诺尔特将纳粹主义相对化的历史解释,伊恩·克肖深感不安,下定决心要"深入研究"希特勒这个人。"由于对纳粹统治结构以及对希特勒本人在纳粹体制(如果可以称其为'体制')内部所起作用的不同看法引起我越来越强烈的关注,因此我不得不对希特勒这个人进行深入研究。"[①]其实,在研究德意志第三帝国史的过程中,伊恩·克肖就已经敏锐地认识到有必要书写一部希特勒传,认识到人物传记可以给历史学家提供独一无二的洞见,既有助于阐明传主行为背后的动机,亦有助于理解传主在极端重要的历史时刻所做出的决策是如何得以实现的,即通过何种机制进行运作的。然而,与此同时,伊恩·克肖也十分清楚人物传记只能阐明某个短时段的历史情景或者某一特殊历史事件,而无助于阐明长时段的历史演变。故而,他并未选择像布洛克和费斯特那样把探究的重心放在希特勒本人的个性上,而是选择放在第一次世界大战后纳粹德国的社会体制及其权力结构上。也

[①] [英]伊恩·克肖:《希特勒:傲慢(1889—1936)》,"前言",廖丽玲、方逌等译,世界知识出版社,2015 年,第 4 页。

就是说,伊恩·克肖意图把希特勒放置在新社会文化史的视域中去揭示元首的权力是如何获取并得以运作的。正如他本人在删节本序言中所言,他书写希特勒传记的"首要意图是研究希特勒的权力",而且他坚定地认为"希特勒的灾难性影响不可能仅凭个性而得以解释"。在他看来,仅凭传统传记历史书写中惯用的个性解释方法,并不能回答希特勒是如何获取权力及如何行使权力的。此时,在伊恩·克肖的心目中,首要的问题是明晰马克思论断——"人创造了历史,但是是在特定的条件下"——中所指的"特定的条件",这是理解和把握希特勒的权力特点——元首的权力——之关键。换言之,除了考察希特勒的个性因素之外,还需要深入考察德国社会在第一次世界大战中战败而遭受的重创——"民族耻辱"——这一事实,以及遭受重创之后德国人民的心理变化。"革命动乱、政治动荡、经济困苦及文化危机使德国社会受到重创……在这种特殊情形之下,在负有清除 1918 年国耻感使命的这个人与越来越乐于把他的领导力视作未来得救不可或缺的社会——在数百万德国人的眼中,将拯救德国社会于失败、民主及萧条造就的可怕困境——之间出现了一种充满活力的、但最终却是毁灭性的共生关系。"①伊恩·克肖坚定地认为,这种"共生关系"是理解希特勒为什么能够攫取、进而行使他的特殊权力形式——元首的权力——的关键所在。伊恩·克肖毫不讳言,他之所以把考察这种共生关系作为理解元首的权力之本质的关键,正是受到了马克斯·韦伯首创的"超凡魅力型权威"(charismatic authority)概念的启示。

众所周知,马克斯·韦伯在 20 世纪初首次提出这个概念的时候,是用来形容前资本主义社会中的宗教领袖身上所具有的特殊品

---

① Ian Kershaw, *Hitler: A Biography*, "Preface to the New Edition," Norton & Company Inc., New York, 2008, p. 1, p. 2.

质,即拥有超自然、超人或至少是非常特殊的力量和能力。韦伯认为,一个领袖人物身上超凡的性格魅力能否发挥作用,并非取决于领袖人物本身,而是取决于感知者能否感知到"超凡的性格魅力"的存在。事实上,伊恩·克肖在他此前研究第三帝国历史的时候就曾经挪用过这个概念去探析新的保守主义右翼政治文化。当他再度挪用这个概念来考察希特勒快速走向元首神话的道路时,很自然地就把书写希特勒个体传记的视角切换到作为追随者的德国民众身上,探析这些追随者"感知"(perceived)希特勒"英雄般的"人格特质的现象之社会及政治文化原因,并且在此基础上提出了另外一个核心概念——"为元首奋斗"(work towards the Führer)——来解释这种心甘情愿且拼命满足希特勒称霸世界野心的德国社会的群体心理现象。通过两个核心概念开启的视角,伊恩·克肖阐释了第三帝国不断积聚的极端化势头,以及希特勒在此过程中的不可替代性,最终在此基础之上提出了一个中心论点:是希特勒个人的极端意识形态信仰,即所谓的英雄"历史使命"观念——实质上是一种道德上的空虚,与德意志第三帝国极端保守的政治文化环境相结合,从而促成了纳粹德国不断推出种种极端政策,最终给整个世界带来了灾难性的后果。伊恩·克肖的这一研究范式,推翻了"二战"后德国史学界在第三帝国这一问题上产生的两种主要的研究范式,即主观意图和结构主义的研究范式。正是基于此,乌尔里希才由衷地称赞伊恩·克肖"彻底结束了德国史学界长久以来'主观意图派'和'结构主义派'的争论"[①]。具体而言,乌尔里希这里指的是伊恩·克肖终结了以历史人物个人意志决定论为核心思想的传统政治-传记史学范式,以及因叙事过于宏大而解释力不足的结构功能主义的社会史学范式。不难看出,伊恩·克肖为书写希特勒传记而选择的"超凡魅力型权威"理论视角,

---

[①] [德] 福尔克尔·乌尔里希:《希特勒传:跃升年代》,"前言",第5页。

事实上认同了在关于德国罪责问题上德国存在主义哲学家卡尔·雅斯贝尔斯(Karl Jaspers, 1883—1969)提出并阐释的政治罪过论。

第二次世界大战结束之后,雅斯贝尔斯发表了针对德国问题的名作——《德国罪过问题》,以德国公民的身份旗帜鲜明地反对"集体道德罪过"论,认为根本就不存在德国"集体道德罪过"的问题,只存在"政治罪过"问题,即大量德国人帮助纳粹掌权,由此形成了新的极权政治文化。以"政治罪过"为认识前提,伊恩·克肖在为希特勒作传时,把考察和描写第一次世界大战之后整个德国的集体心理变化或者说社会心态作为重点对象,并剖析希特勒立志要洗刷《凡尔赛条约》给德意志民族带来的耻辱和精神创伤,以及向东谋求"生存空间"的"抱负"及其话语体系,认为它们实质上反映了整个德国社会敌视布尔什维克及其渴求恢复民族自尊的普遍心态,因而在希特勒个人的意识形态信念与德国民众的期望及其动机之间构成了前文所述的那样一种"共生关系"。另外一位纳粹德国史研究专家、美籍德裔历史学家克劳斯·P. 费舍尔(Klaus P. Fischer)同样不赞成德国国民性格论、纳粹不寻常论和修正主义的纳粹历史观。他在《纳粹德国:一部新的历史》中旗帜鲜明地指出:"本书的研究企图避开这两个极端,将国家主义的起源归结于一个跨度六十年的特殊环境,其中包括反犹主义、民族主义、帝国主义、战败、《凡尔赛和约》、西方大国的报复性态度、灾难性的经济环境、德国不稳定的政治制度和党派、兴登堡及保守主义派系的短视、希特勒超凡的领袖天才。"关于"希特勒超凡的领袖天才"的观点,费舍尔赞同美国军事史学家戈登·克雷格(Gordon A. Craig, 1913—2005)的观点,认为"希特勒是独特的……他的德国性是虚假的……他是孤立的"①。其后,当费舍尔进一步考

---

① [美]克劳斯·P. 费舍尔:《纳粹德国:一部新的历史》,佘江涛译,译林出版社,2011年,第275页。

察德国人的犹太恐惧症时，再度探析了希特勒那一代人的心理变化。"真正导致灭绝犹太人思想的前因，可以在第二帝国重建那代人的种族主义思想中发现，因为就是在种族主义的幻觉和妄想的温床上，希特勒那代人成长起来了。战争和可怕的战败结果，打开了政治极端主义的洪水闸门，给顽固的纳粹精神提供了养分，这一精神的核心就是病态的反犹太主义。换句话说，在1918年之后，对犹太人的仇恨在德国比在其他国家都要得到强化，它依附在右翼的社会运动上，特别是依附在纳粹党身上，成了纳粹党领导人（希特勒、希姆莱、戈培尔、罗森贝格、海德里希、鲍曼）个人的强迫症，所有这些人都残忍地仇恨犹太人。"[①]比较而言，伊恩·克肖在《希特勒传》中运用"超凡的性格魅力"和"为元首奋斗"的概念所开启的视角，确实更加深入地阐释了纳粹德国体制的实际运作方式，以及能够顺利运作的根本原因。

另外，伊恩·克肖也发展了美籍奥地利历史哲学家、政治哲学家埃里克·沃格林（Eric Voegelin，1901—1985）在近半个世纪以前所阐释的德国人精神迷失观。1964年，沃格林在慕尼黑大学开设的"希特勒与德国人"系列讲座上，从透视德国人精神生活——"那个能够让纳粹分子掌权的社会的精神处境"——入手，探讨了希特勒的掌权何以可能这个核心问题。沃格林利用政治理论分析道："问题不在纳粹分子，而在于德国人，正是因为他们，纳粹分子这种类型的人成为社会的代表，并能够作为代表、政治家和元首行使职权。因为国家社会主义之前必有一个社会让他们获得权力，而这个社会的精神状态没有因为纳粹政权的军事失败而消失，而是在军事失败之后依然如故地在延续。如果要改变这种处境，我们就必须首先为此找出令人信服的症状。"故此，沃格林否定"描述性的历史"，提倡"批判性的

---

① ［美］克劳斯·P. 费舍尔：《强迫症的历史：德国人的犹太恐惧症和大屠杀》，佘江涛译，译林出版社，2017年，"导言"，第5页。

历史",因为"一个失去了精神的时代的历史只能以批判的方式写成,把那个时代的事件置于精神审判之下。是精神和理性的缺乏首先导致那些事件的发生,因此所有至今仍然处于精神废墟之中的人、仍然遭受精神空虚之苦的人,必须重新恢复其精神和理性,才能通过精神和理性来理解那些事件"①。学界普遍认为伊恩·克肖书写的这部希特勒传记,同时也是一部优秀的纳粹德国史。当然,这正是伊恩·克肖本人作为一名新社会文化史研究者书写希特勒传记的真正意图所在。在2001年出版的《"希特勒神话":第三帝国的意象与现实》(The "Hitler Myth": Image and Reality in the Third Reich)一书中,伊恩·克肖又从勒庞的群体心理学那里获得启示,在新文化史的视域中描述并剖析了把希特勒这位独裁者拔高到无所不能且不容亵渎的德国社会氛围,即,找到了制造"元首神话"(Führer-myth)的主要原因。

芭芭拉·凯恩在史学史方法论的视域中指出,她之所以认为伊恩·克肖书写的这部希特勒传记是一种新型的名人传记历史文本,主要原因在于伊恩·克肖娴熟地运用了不同于传统传记史学家的新的语境论方法(new contextualism)。确实,新的语境论研究方法是20世纪90年代以来西方新传记史学的主要特征之一。就近代以来西方知识界的名人传记书写而言,语境论的研究方法出现于两次世界大战之间。具体地说,是在一批英国文学家的引领下,出现于1919年至1939年期间。此时的英国文学家们所运用的语境,尤为强调语言学层面的解释效用。彼时,文学批评家伍尔芙把运用语境论的研究方法书写的传记称作"新传记"(New Biography)。斯特拉奇书写的《维多利亚女王传》(Queen Victoria)便是运用语境论的研究方法书写的最为优秀的名人传记作品之一,于1922年荣获英国最古老的

---

① [美]埃里克·沃格林:《希特勒与德国人》,张新樟译,上海三联书店,2015年,第97、337页。

文学奖——詹姆斯·泰特·布莱克纪念奖(The James Tait Black Memorial Prize)。1959年,美国传记理论家里昂·埃德尔(Leon Edel)在《书写生命:传记书写原理》(Writing Lives: Principia Biographica)一书中提出,书写传记需要理解语境并确定传主在语境中的位置,主张只有将传主个体置于其成长和生活的时代背景中去进行考察,才可能阐明传主具有超越时代要求的杰出才能或优秀品质。然而,在具体的书写实践中,西方传记写作者们往往把语境当作统一且同质化的各种社会条件的叠加,就像舞台上作为背景道具的大型屏风,是一种既定的、静态的客观存在。在他们看来,舞台中央演出的传主个体与所属共同体内的群体在人格特质或个性元素方面存在着云泥之别,正是因为传主的人格特质之"伟大性"改变了历史的进程,才成为共同体内的群体的英雄人物。因此,他们笔下的语境往往是对时代背景的简约化描写,因其单一性和静态化而被认为不值得细致探究,且有将传主个体与社会对立起来的嫌疑,从而漠视或搁置了二者之间的互动关系。

另外"二战"后有部分西方学者越来越自觉地强调"历史语境"的重要性,比如自由主义思想家米塞斯曾经在50年代论述他所指称的构成人的行为科学的历史学时,指出:"每一个人,无论伟大或是渺小,都是在他那个时代的种种历史形势下生活和行为。这些历史形势取决于以前年代以及他自己的年代流行的一切理念和事件。"故此,"任何人,只有当他准备引领人们走在他们想走的道路上,往他们想达到的目标前进,才可能成为他们的领袖。……任何从政者,无论是独裁者或是民主政治里的民选官员,都必须给人民提供他们希望得到的东西,就好像商人必须给顾客提供他们希望得到的东西"[①]。

---

① [奥]路德维希·冯·米塞斯:《理论与历史:对社会和经济演变的一个解读》,谢宗林译,(台北)五南出版公司,2019年,第122页。

在自20世纪90年代以来的西方新传记史学家这里，尽管也将传主个体置于特定的社会、文化及历史语境中去考察，但却旨在表明特定的或特殊的社会文化体系及其政治体制——非个人因素——实质上是比传主的个性或人格特质更为重要的历史因素，更需要历史学家着力对其进行探究。况且，在新传记史学家看来，即便是传主的人格特质或个性因素，也因受到某种特定的社会意识形态结构的制约，而在一定程度上反映了特定社会权力机制下的群体共性。在伊恩·克肖看来，希特勒身上所具有的那种偏执狂式的"超凡意志"，主要是当时的德国整个社会在意识形态上敌视布尔什维克的产物，与日常用语中彰显个人品格高尚的"伟大"没有丝毫关系。显然，这是一种新的语境论视域中的认识，它明确反对传统名人传记史学的"伟人论"或英雄（伟人）史观，拒绝并反对夸大个人在历史进程中的作用。伊恩·克肖在书写希特勒传时已经自觉到了这种历史认识的非历史性："最好完全避免'伟大'议题（除了试图理解为何有这么多人在希特勒身上看到了'伟大'）。……'伟人'论说以极端的方式将历史进程个人化。"

新传记史学家运用语境论的研究方法时，其心目中的宏观背景不仅具有长时段、多层次的性质，而且竭力强调把宏观背景与传主身处的微观环境结合起来进行分析，观察传主与它们之间的交叉节点和互动关系。鉴于希特勒是一位恶名昭彰的反面历史人物，伊恩·克肖挪用了马克斯·韦伯创造的"超凡的性格魅力"概念，以及他本人所提出的"为元首奋斗"概念，指向的均是短时段的纳粹德国权力运作的微观环境，探究的是催生和维持元首权威的微观机制的运作方式。一是正是在"超凡的性格魅力"概念的解释张力下，伊恩·克肖申明这部传记聚焦的并非是"希特勒的个性，而是直接指向他的权力特点——元首的权力"，因为"这种权力只有一部分源自希特勒本人。很大一部分是社会产物——希特勒的追随者赋予他的社会期望及动机。……所以，为了解释他的权力，我们首先应该考察的是其他人,而非希特勒本人"。在伊恩·克肖看来,"超凡的性格魅力"概念可以阐明作为第三帝国元首的希特勒,其身上融合了三个角色:第三帝国的统一者、激励者、赋能者。二是就"为元首奋斗"这一概念而言,希特勒之所以能够把整个身心都投入到他"完美地扮演"的'元首'这一角色上,致使元首权力具有高度个人化的特点,这在很多时候主要得力于把他这位貌似主角的戏份吃得一干二净的那些被认为是配角的军官、幕僚等,即自愿追随希特勒的那些手下和幕僚,他们常常无须希特勒亲自发号施令,就妄自揣测希特勒的可能意愿,并以"有责任秉持元首的意旨"为旗号而擅自行动了。由此可见,这些配角实际上才是纳粹体系的主角,是一个个小型的"希特勒"。至关重要的是,当伊恩·克肖的研究视角转向这些众多"完美的追随者"时,他就向读者揭示了关于纳粹德国的历史真相。

首先,希特勒的意识形态信念与纳粹德国的社会、政治体制之间是一种须臾不可离的共谋关系。其次,希特勒真正享有的是独裁者所拥有的权威(authority),而非独裁的权力(power)。确切地说,这位独裁者的权威因一个庞大的群体——"为元首而奋斗"的追随者——的存在而具有绝对性和神秘性。对此,德国文化记忆研究专家阿莱达·阿斯曼(Aleida Assmann)也持有相同的看法。"1918年的战败是这一代人的关键事件。在那些无法从战争的失败中解脱出来并因此转而想抓住魏玛共和国这个契机的人那里,这一战争经验推动了专制态度的形成,并决定性地酝酿了他们对国家社会主义和第二次世界大战的积极想法。满怀'重建陷落的帝国'的欲望,这一代人与他们的后来者联合在了一起。"[①]对此,死于达豪集中营的德国知名作家弗雷德里希·莱克在那段疯狂而又残忍的岁月里偷偷

---

① [德]阿莱达·阿斯曼:《记忆中的历史:从个人经历到公共演示》,袁斯乔译,南京大学出版社,2017年,第42页。

摸摸地写下的日记里有过控诉,他严厉地斥责第三帝国已然是一个"暴民的社会"①。此外,希特勒的私人女秘书特劳德尔·容格的回忆录也佐证了伊恩·克肖的论述是站得住脚的。这位"年轻的追随者"叙述了戈培尔在得知希特勒的政治遗嘱有命令他离开柏林的内容时,这位第三帝国的政要"大义凛然"地向她咆哮道,宁愿全家赴死,也不愿意"苟活"于一个"没有纳粹主义的德国"。戈培尔"到了最后的时刻,与其苟且偷生,不如尽忠捐躯……他也要向全世界宣告,他和他全家都宁愿死,也不愿生活在一个没有纳粹主义的德国里"②。

然而,难能可贵的是,伊恩·克肖也并未摒弃传主个性观,他充分肯定"个性在历史研究中非常重要,不表明这一点是愚蠢的",但他明确反对将希特勒传记书写成个人意志的一部发展史,因而提出将"传记的个人化方法与截然不同的社会史方法(包括政治统治结构)"结合起来探究元首权威的确立与维护之动力机制。确切地说,"一部新的希特勒传记需要采取一种新的观点:这种观点试图将这个独裁者的行为与为他获取和行使权力提供条件的政治结构和社会力量结合起来进行考察;这种观点认为在解释这个独裁者所具有的巨大影响方面,德国社会的期待和推动比希特勒个人的作用更为重要,从而可以弄清楚他的权力为何可以无限扩张的原因;这种观点可以用一名纳粹分子在1934年所阐述的一条准则来概括(这段话从某种意义上可以说是本书的主题),这就是'不必等待上面的指示,第三帝国的每一个人都有责任秉承元首的意旨并努力为他而工作'。将这一准则付诸实践就成为第三帝国的动力,它通过民众的主动性将希特勒

---

① [德]弗里德里希·莱克:《绝望者日记:纳粹德国时期的政治与社会生活》,何卫宁译,新华出版社,2015年,第208页:"1944年7月2日'另一种愚蠢'"。
② [德]容格、米勒:《帝国的陷落:希特勒女秘书回忆录》,陈琬译,文汇出版社,2005年,第137页。

散乱的理论目标变成了现实。……从一定意义上说,一部真实可信的希特勒传记同时也必须是纳粹时代的历史。虽然传记不是写作历史的唯一手段,但希特勒这个人在'横行霸道'的第三帝国的历史上确实发挥了重要的、常常是决定性的作用。如果对'希特勒因素'没有一个客观的评价,任何试图全面理解第三帝国现象的努力都不可能获得成功。但是,这种努力绝不能仅限于全面叙述希特勒的思想、行为以及他在历史事件中发挥的个人作用,必须将这些因素同社会力量和政治结构结合起来考察——正是这种社会力量和政治结构推动了一种逐步演化为个人化的绝对权力制度的产生和发展"①。也就是说,伊恩·克肖遵循历史辩证法的一个基本原则,即以联系的观点来书写新的历史人物传记。然而,客观地说,伊恩·克肖对希特勒的个性因素——"具有坚定信念的理论家"——的描写和分析确实有偏颇之处,甚至武断地认为希特勒根本就不曾拥有过属于个人的私生活,认为希特勒的存在已经完全体现于他所扮演的"元首"这个角色上,从而致使其私生活高度政治化和权力高度个人化。此外,伊恩·克肖在一定程度上忽略了对当时德国知识生活的剖析。早在20世纪70年代,沃格林就提醒道:"他(希特勒)的成功必须在一个知识上或道德上被摧毁的社会背景中理解,在这样的社会中,原本是荒唐可笑的无名之辈,可以获得公共权力,因为他们出色地代表了倾慕他们的人民。……德国知识生活在当代的毁灭,尤其是大学的毁灭,乃是导致希特勒上台并受其政权统治的致命毁灭。"②

在伊恩·克肖书写的《希特勒传》文本中,对新的语境论研究方法的运用,主要体现在"超凡的性格魅力"和"为元首奋斗"这两个核心概念上。事实上,这两个概念不仅关涉社会文化史领域,而且还关

---

① [英]伊恩·克肖:《希特勒传》,史鉴译,世界知识出版社,2018年,第11页。
② [美]埃里克·沃格林:《自传体反思录》,段保良译,华夏出版社,2018年,第19页。

涉情感史领域。有论者评价伊恩·克肖对情感史学领域的探索："希特勒得以崛起的超凡魅力型政治（politics of charisma）基础，实际上是一种情感的政治。……传记叙述以这种方式阐明和解释依靠超凡魅力纽带的情感投资的微观机制。"[1]有必要在此再补充一点，"为元首奋斗"概念进一步揭示了德意志民族集体无意识中的非理性力量，这种社会情感力量是如此强大，彻底将德国拖进了第二次世界大战的深渊。鉴于此，我们认为，重视并探究情感之政治面向，本身就显示了伊恩·克肖作为一名杰出的新社会史学家所具有的理论视野。2005年出版的、由专攻意大利现代史的澳大利亚历史学家理查德·博斯沃思（Richard Bosworth）书写的《墨索里尼传》（Mussolini），也采取了这种新的语境论研究方法，通过重点描述第一次世界大战后意大利及欧洲的整个社会状况及其精神氛围，揭示墨索里尼是一位"有名无实的恺撒"。有论者对伊恩·克肖和博斯沃思在书写政治人物传记时运用的这种新的语境论研究方法赞赏有加，认为这可以给予外交政策分析专家们诸多启示，他们"针对领袖人物及其属于传统政治传记体裁的传记文本提出了一种更具语境性的不同解释"，因而提倡"启动政治科学家与历史学家之间富有成效的对话"[2]。如今，越来越多的历史学家都运用这种新的语境论研究方法来书写名人传记，一方面细致地考察传主所处时代的社会环境及大众共享的价值观；另一方面则试图解决新社会史学尚未解决的一个重要问题，即如何解决个体经验与总体结构之间的关系。比如，印度籍英国历史学家朱迪斯·布朗（Judith Brown）在《尼赫鲁：一部政治传记》（Nehru: A Political Life）中，偏重于通过探究尼赫鲁和

---

[1] Eva Horn and Joel Golb, "Work on Charisma: Writing Hitler's Biography," *New German Critique*, Vol. 38, No. 3, Fall 2011, pp. 97, 99.
[2] Christian Goeschel, "Biograohy, Political Leadership, and Foreign Policy Reconsidered: the Case of Mussolini and Hitler," *European Review of International Studies*, Vol. 4, 2017, p. 7.

印度的同时代人共有的主要社会经历和生活体验,从而揭示那个时代的印度人当时共同面对的社会政治问题及其历史机遇,由此解释尼赫鲁走上政治舞台中心的动因。

严格地说,在"二战"之后的历史学领域,最早更新语境论的研究方法的是微观史学家们,理所当然,这同时也是微观史学家们所做出的重要学术贡献。从勒华拉杜里到乔凡尼·列维、卡洛·金兹堡,无不重视普通人施展种种行动(包括言说)的历史语境。然而,必须注意到,这些学者反对将语境等同于时代背景,拒绝将语境默认为一种不言而喻的存在,同时还批判甚至摒弃了唯物主义论者所主张的社会存在决定社会意识的思想主旨。反之,微观史学家们主张在社会建构理论的视域中揭示语境的多元性和动力机制,强调要着重考察行动者与语境的交叉点及其互动关系,尤其是行动者在不同层次的语境中所使用的社会策略,由此揭示不同层面的历史真相。新名人传记史学家们采纳了微观史学家的语境更新论思想,试图在时间和空间两个向度的交叉点上实现结构与能动、宏观与微观之间的关联,让读者能够在具体的历史情景中去思考主观与客观的辩证关系。透过新的历史语境论研究方法,读者很容易领悟伊恩·克肖和博斯沃思书写历史反面人物个体传记的思想主旨:警惕并反对本质主义和普遍主义,以抵制全球化时代现实政治生活中已经显现的某些极端化现象。故此,对于敏于思考的读者来说,或许更为重要的是,在全球化遭遇困局,现代文明正遭遇严重挑战的21世纪初,伊恩·克肖和博斯沃思试图以书写反面历史人物传记的方式,引导广大读者和历史学家一起反思现代性及20世纪的西方民主政治。

三、"圣路易真的存在过吗"

圣路易,即法兰西王国卡佩王朝第十一位国王路易九世,生于

1214年,1226年即位,1270年离世。二十七年之后,即1297年由教宗博尼法斯八世宣布封圣。路易九世是法兰西唯一被封圣的国王,也是中世纪罕见的平信徒圣徒和最后一位圣徒国王,因而一直以来在西方世界备受关注。众所周知,启蒙运动旗手、文化史学家伏尔泰曾经以一种赞赏的激情把17世纪称作路易十四时代,但他并非是要称颂这位太阳王的丰功伟绩,而是认为人们的精神面貌和文化技艺在他统治时期日臻完善。然而,13世纪中叶有时也被称为"圣路易时代",则多半与路易九世这位圣徒国王(saint-king)的完美形象密切相关。在后世法国人的集体记忆中,作为中世纪的一位国王,路易九世留下了在巴黎东郊万塞纳森林的橡树下公正地处理诉讼案件的法官形象和救济穷人的仁君形象;作为中世纪的一名平信徒,圣路易树立了两次组织和领导十字军东征的虔敬形象,十字军东征的行动表明他坚信基督教信仰,自愿苦修、谦卑而又节制,执着于传播福音。这两种分别代表世俗世界和精神世界的形象,能够深入人心,流传于世,主要仰赖于诸多编年史学家和传记作者的"偶像化"书写。然而,作为世俗社会的普通人的路易却被遮蔽了。即便是在伏尔泰赞美圣路易德行和虔诚的《风俗论》中,18世纪中叶的广大读者窥见的也主要是其作为一位君主的形象。人们不禁怀疑,近代以降的学者们或许并未真正产生过想要了解作为世俗社会普通人的路易的冲动。这种状况直到20世纪80年代才发生了根本性的变化。1981年,法国年鉴-新史学派的核心人物、中世纪史研究专家雅克·勒高夫提出了"圣路易真的存在过吗"[①]这一重要问题。言下之意,勒高夫认为过去的历史编纂具有虚构的成分,并未展现一个真实的圣路易。作为一位专攻13世纪的中世纪史学家,勒高夫决心书写一部专属于圣路易的历史传记。

---

① Jacques Le Goff, *My Quest for the Middle Age*, trans. Richard Veasey, Palgrave Macmillan, 2005, p. 97.

1996年,由勒高夫书写的《圣路易》(上、下卷)出版。这是勒高夫倾其心力研究十数载而完成的一部历史名人个体传记,出版后好评如潮,销量超过了6万册,并且很快就被译为多种文字,流传国外。法国历史学家伊丽莎白·拉卢(Elisabeth Lalou)高度评价《圣路易》是一部全新的历史传记著作,"这本书展示出了一种全新的撰写传记的方式、一种讨论圣路易和国王的新方式"①。中世纪研究专家、普林斯顿大学历史学系教授威廉·切斯特·乔丹(William Chester Jordan)称赞《圣路易》是"一项充满智慧的反思性研究",是勒高夫"这位卓越的法国中世纪专家"书写的一部"篇幅最长且给人印象最深刻的著述"②。时隔十二年,即2008年,当另外一部以圣路易为研究对象的著作——《圣路易的成功之道:中世纪晚期的王权、神圣性及十字军东征》(The Making of Saint Louis: Kingship, Sanctity, and Crusade in the Later Middle Ages)——面世时,有论者提醒读者最好同时阅读《圣路易》,盛赞勒高夫"在整个时空背景中对一位历史人物做出了不朽的探究。……异乎寻常地意识到了过去的踪迹与发现、评估、组织及解读它们的历史学家、档案保管员之间的共生关系"。更有论者判断《圣路易》是迄今为止最真实、最客观的传记,认为勒高夫为当下的历史学家们确立了一个衡量历史传记书写的新标准。"该著无疑是最完整可靠的圣路易传记,勒高夫确立了一个用以衡量其他传记书写的标准。"③可见,学术界公认《圣路易》是一部崭新的历史

---

① 转引自栾颖新:《托钵修会与中世纪法国的城市现象——雅克·勒高夫开创的问题域》,[法]雅克·勒高夫著,栾颖新译:《阿西西的圣方济各》,中译本序,商务印书馆,2022年。
② William Chester Jordan, "Saint Louis," by Jacques Le Goff, *Speculum*, Vol. 72, No. 2 (Apr. 1997), p. 519.
③ Jeffrey Mifflin, "Approximations to the Past: Archivists, Historians, and the Mediation of Historical Documents," *Archival Issues*, Vol. 32, No. 2 (2010), pp. 133-134; Ellen E. Kittell, "Saint Louis by Jacques Le Goff," *The Historian*, Vol. 73, No. 3 (Fall 2011), p. 626.

名人传记文本,称赞勒高夫开创了历史名人传记书写的新范式。

从形式逻辑的角度来看,《圣路易》一书由传统的传记书写、典范及格式化书写、新传记书写三个部分构成,采取递进式论证思维,先破后立,即先解构,再建构。第一部分的标题是"圣路易的一生"。从标题就可以看出,这明显是一种传统的传记书写方式。勒高夫在编年史的叙事范式中描述了路易从出生到魂归天国的一生,展现了作为俗人的传主与家人之间的互动、各种传统礼制、宫廷及区域政治状况,以及法国北部和基督教统治下的欧洲在经济、社会和文化生活等方面的广泛变化。这个部分的主要论点是:路易在童年时期就拥有了坚定的道德信念和宗教信仰,他的一举一动都受到了立志要成为一位完美的基督-国王这一理想的深刻影响。勒高夫指出,并非是过去人们所熟知的是十字军东征主导了作为国王的路易的精神世界,而是路易本人对成为一位完美的基督统治者的理想使然。也就是说,成为一名十字军战士只是圣路易怀有这一理想的一个重要部分,但并非是最重要的那个部分。第一部分旨在向读者展示传统历史传记的书写范式,这是史学史视野中的传统传记史学。第二部分的标题是"国王何以长留人们记忆之中:圣路易存在过吗",这个部分的核心论点是:唯有将圣路易置于公共生活与日常生活的双重场域中进行总体史或整体史式的研究,才可能重建在历史上曾经存在过的真实的路易。在这个部分,勒高夫以"记忆"和"想象"为关键词,主要探讨圣路易的同时代人——托钵僧、圣德尼修士、儒安维尔——书写的圣徒传记和编年史,以及官方文献和民间《喻示录》等历史文本是如何以及为何把路易塑造成为一个又一个"典范和格式化"的形象的,旨在阐明关于路易九世统治时期各种文献资料的价值及其建构性质,重在解构其在第一部分所展现的传统传记的历史书写范式,从而让读者产生了眼前一亮的新鲜感或者说陌生感。美国著名中世纪欧洲史专家威廉·切斯特·乔丹评价道:"如果说勒高夫研究的第一部分是'原本如此',那么第二部分则是'并非如此'。"①事实上,这是勒高夫在向同行和读者表明,他所写的这部历史传记是一种新型的研究范式,以及具体在哪些方面突破了传统历史传记的书写范式。

勒高夫在第二部分指出,圣徒和国王并存于路易的同一个人格,使其成为中世纪的一位基督-国王,这是留存于圣路易本人同一时代的人们及后世法国人记忆中的伟大形象。然而,作为一位世俗的普通人的路易却被隐匿了。幸运的是,圣路易的近臣兼密友儒安维尔的记述为后世留下了一个全面的、真实的人物形象。值得注意的是,在勒高夫看来,弄清楚儒安维尔是如何讲述圣路易的人生故事及理解他们所生活的那个时代——在史学史的方法论视域中审查儒安维尔的历史书写,比获取关于圣路易的第一手资料更为重要。原因很简单,第一手的原始资料本身并不会说话,它们对历史信息的呈现并不会自动地具有实证或客观的理念,需要历史学家的考辨技艺和推理能力使历史事实得以建构。然而,正是儒安维尔在书写圣路易传记的过程中所显现出来的真实性和准确性之信念,特别是其令人信服的逻辑推理,使其史学价值远远超过第一手的原始资料,因而可以认定儒安维尔所著的圣路易传是一部信史。有鉴于此,窃以为,勒高夫在这个部分旨在阐明历史学家需要适时更新历史事实观,不能将历史事实等同于客观事实,并在此基础之上深刻反思自19世纪兰克史学派以来实证主义的历史书写范式。

第三部分的标题是"圣路易,独一无二的理想国王",通过聚焦于圣路易的个体生命历程,描绘出在不同的社会生活场景(包括公共生活领域和日常生活领域)中具有不同身份的路易之面相,重构一个"有血有肉有心"的圣路易——既是圣徒和国王,也是俗人和普通人。

---

① William Chester Jordan, "Saint Louis," by Jacques Le Goff, *Speculum*, Vol. 72, No. 2 (Apr. 1997), p. 519.

最终,勒高夫通过颠覆人们记忆中(过去的历史文本中)所呈现的那个统一的圣路易形象,即把圣徒-国王描述成单一的、连贯的、偶像般的存在,从而立体地为读者重现了一个真实的路易:既是一位虔敬的基督徒——神圣性和伟大的国王——理性,同时也是一位有魅力的、感性的普通男人——世俗性。对于法兰西民族而言,圣路易不仅仅是精神上的道德楷模,他还是法兰西国家和民族的建立者——首位使用法语而非拉丁语的法兰西国王,是封建制度的完美的维护者和王室集权的开创者。不妨说,在圣路易建构的"圣路易"身上,熟悉西方历史文化传统的读者很容易将圣路易的行为模式与古希腊人在参与各种神秘祭祀仪式和探索灵性之旅时所表现出来的"暂时离开"联系在一起,即暂时离开其正常的、平日里的和理性的自我,显示出与日常生活、日常自我所遵循的"理性算计、权衡利弊、审慎行事"法则背道而驰的神性思维。这个部分的核心论点是:圣路易本人就是13世纪法国社会的一个写照,是开创新时代的文明引领者。勒高夫试图告诉读者:从圣路易的身上,可以窥探13世纪法国社会的三元结构:社会心态结构、宗教结构及意识形态结构。在这个部分,读者不仅仅是了解了圣路易的生平及其个性,更重要的是,透过圣路易了解了整个13世纪法国的社会状况、精神风貌及价值观。这个部分旨在表明:在满足一定条件的情况之下,通过研究一个时代的重要人物,可以让我们完整地、全面地认知这个时代的社会样态及精神实质。显然,正是在这个部分,勒高夫的历史书写显现了学界同人们指认的新传记的主要特征,这也是勒高夫追求的新传记书写范式:"我想要撰写的是一部圣路易的'整体'史,而我的依据则是他本人的一生、有关他的资料以及这位国王本人及其时代的重要主题。"①

从文本内容来看,勒高夫试图采用三元辩证法,在共时性的叙述

---

① [法]雅克·勒高夫:《圣路易》,许明龙译,商务印书馆,2016年,第16页。

框架内将普遍性、特殊性、个别性整合为一个历史统一体。换而言之，勒高夫分别以圣路易和圣方济各为个例，证实了伟大人物传记书写是一种实现总体史或整体史的有效方式。"个案正是据以研讨全面的历史的标本。"①确切地说，勒高夫采用书写人物传记的方式，验证了以他为首的法国新一代历史学家自上个世纪70年代以来所倡导的"新史学"的正当性。因而，从文本主旨来看，《圣路易》一书追求的仍然是年鉴学派主张的总体史观和文明史范式，它融合了多学科研究的主张和以问题为导向的史学思想，在很大程度上反映了勒高夫自70年代以来意图重塑年鉴学派开创者以历史学统合整个社会科学的学术雄心。在研究方法上，勒高夫将年鉴学派所推崇的结构主义分析方法与后现代主义的叙事主义史学理论结合起来，在社会时间和基督教时间秩序中展现社会环境之于圣路易的形塑作用，同时又在个体时间（掌权者的时间）中阐明圣路易在社会环境中的主体性和能动性。据此，读者比较容易理解圣路易与教会结盟，以及对教会的尊重，并不妨碍他在世俗和司法事务中反对主教们的意图，即持有自己的个人态度，并且切切实实地付诸行动。

依笔者管见，从历史认识论的角度来看，勒高夫在《圣路易》中阐释了一种人性进步的政治观，彰显的是一种现代政治理想的架构，这不仅源自勒高夫本人对人类社会的发展前景抱有某种乐观主义的希望和期待，而且更重要的是，这源自勒高夫对历史分期或历史断代问题的深刻思考。关于历史分期或历史断代，自上个世纪70年代以降，就一直是法国人文社会科学家们探讨的一个重要议题。1982年，法国著名哲学家阿兰·巴迪欧（Alain Badiou）在70年代中后期的巴黎高师教学教义被冠以《主体理论》（*Théorie du sujet*）之名出

---

① ［法］雅克·勒高夫：《〈年鉴〉运动及西方史学的回归》，刘文立译，《史学理论研究》1999年第1期。

版。因有感于1968年"五月风暴"之后"历史时间"的缺位,巴迪欧在该著中专门提出了断代的概念,以事件-主体来界定"短二十世纪"(从十月革命到70年代)。巴迪欧关于断代理论的建构和阐释,很快就在后现代主义思潮涌动的西方世界引起了人文社会科学的关注和深思。在断代理论和后现代主义思潮的共同推动下,西方学界对历史本质主义的解构愈演愈烈,颇有波涛汹涌之势。在对历史本质主义进行解构的过程中,最早的解构对象正是马克思主义史学话语中的历史断代理论——特别是斯大林提出的"五大社会阶段论"。关于历史断代的议题,有论者曾精辟地指出:"在解构历史本质主义的浪潮中,它甚至已经被埋葬乃至遗忘。首先,在批评者看来,历史断代或明或暗地意味着一种总体性、体系化的哲学-思维话语,并且带有浓烈的19世纪的历史目的论气息。因此,其次,这种史观导向各种本质化的叙事,其'科学性'和'真理性'实为虚构。再次,历史科学的意识形态难免引发教条主义的独断论,作为一种话语威权,它势必会牺牲掉具体历史现实的丰富性和复杂性。"[1]可以推断出,在这股浪潮的推动下,正在致力于革新历史学的勒高夫,对"历史是什么"这一议题进行了更为深入的思考,特别是对历史断代或历史分期问题的严肃思考,促成了《我们必须给历史分期吗》(*Faut-il vraiment découper l'histoire en tranches*)一书的面世。勒高夫在这本小书中指出,历史分期化是当代历史学家研究和反思的重要领域。《圣路易》一书实质上反映出勒高夫试图通过聚焦于叙述圣路易的生命历程的实践方式,在认识论层面上实现对历史分期或历史断代问题的探讨,从而达到对实证主义史学和结构主义史学分别蕴含的历史目的论和历史宿命论的批判和否定之目标。

---

[1] 王璞:《断代的能量:漫谈杰姆逊的辩证批评的一侧面》,"文艺批评"公众号,2024年1月12日。

然而，从历史编纂学的角度来看，作为一部新型的历史名人个体传记文本，《圣路易》既是一部历史名人传记形式的著述，同时也是一部历史编纂学和史学理论研究著作，最显著的特征在于其深刻的史学反思，这清晰地体现于勒高夫着墨甚多的第二、三部分。"具体而言，该著第二部分实际上是史学史问题视域中的认识论反思，紧扣圣路易是如何被历史地建构起来这一主题进行了深入的探讨。第三部分则是方法论反思，即重新审视第一、第二部分所使用过的那些材料。"也就是说，勒高夫试图通过史学反思的方式，树立一种新型的历史名人个体传记书写范式，以进一步推动历史学科的革新运动。可以说，这种以史学反思为取向的历史书写，是自上个世纪 70 年代以来由法国历史学家群体发起的一场历史学科自救-革新运动，在西方史学界产生了巨大的影响。

20 世纪 70 年代是法国年鉴学派发展的一个新阶段。众所周知，"二战"后如日中天的法国年鉴学派给国际史学界留下的总体印象是：从 20 年代末的开创者费弗尔和布洛赫到 50 年代中期至 70 年代初的第二代领军人物布罗代尔，以经济社会史为中心，倡导书写总体史和跨学科研究，轻视以事件史为取向的政治史和人物传记。在结构主义思潮盛行的 60 年代，布罗代尔提出并推崇的长时段理论，加固了总体史的观念。然而，法国结构主义融合人文科学和社会科学的宏大抱负很快就遭到了质疑。"法国结构主义在五十和六十年代的理论发展导致了一个跨学科的'大范式'的建立，它有助于把人文科学与社会科学融合在一起，但是，它是以一个极度乐观和'科学'的社会科学概念来实现这一点的。"相应地，年鉴学派第一、二代历史学家的历史学社会科学化思想，也在六七十年代历史学趋于多元化的语境中遭到了来自内部和外部的质疑。[①] 有法国学者开始着力批判

---

① ［英］迈克尔·彼得斯：《后结构主义/结构主义，后现代主义/现代主义：师承关系及差异》，王成兵、吴玉军译，载于《哈尔滨师专学报》2000 年第 5 期。

结构主义理论,认为结构主义者是还原论者,他们"把现象划分成部分,再分别研究、再进行统合"的做法是自然科学研究者的思维图式。其中,来自马克思主义哲学家列斐伏尔的批判尤为显眼。列斐伏尔把当时赋予概念优先地位的历史学家和社会科学家均称为还原论者,批评他们把方法变成教条,伪装成"科学的同质化实践","试图为秩序建立起要素"。"现在人们普遍承认,不久之前,一种对现实和社会的理解持还原论态度的功能主义处于支配地位,这种功能主义的还原论是乐于听从各种批评的,而它唯独不能平等对待、事实上根本不理的,则是结构主义(structuralism)和形式主义(formalism)假设。这两种在某种程度上同样是还原论的程序。之所以称它们是还原论的,在于它们赋予概念以优先的地位——因为它们需要外推法(extrapolate);反过来说,它们的还原论鼓励它们去外推。每当它们需要纠正这个错误,或者需要对其有所弥补的时候,就感到意识形态正准备带着它的冗词赘语(即它的'意识形态'或行话)以及其对符号的滥用——词语的与非词语的——来进行干预破坏。"①故此,列斐伏尔认为应该从感知的、构想的和亲历的角度去看待历史,以破除编年史的迷思。更进一步说,从智识史的角度看,西方人文社会科学研究者也在此时进入了一个反思各自学科的新阶段。

另外,西方世界消费社会的形成和 60 年代激进的意识形态的爆发,加剧了若干西方学者关于自我反思的紧迫感。在法国,1961 年年初举行的关于阿尔及利亚独立的公投,以及 1968 年爆发的"五月风暴",促使知识界从各自学科的角度去反思诸如意识形态、革命等社会科学概念,反思知识分子自身的社会作用及其担当,直至反思启蒙运动以来的整个现代西方文明。我国学者汪民安犀利地指出:"结

---

① [法]亨利·列斐伏尔:《空间的生产》,刘怀玉等译,商务印书馆,2021 年,第 155—156 页。

构主义承认结构的某种先验势力,结构是张无往不胜的网,无论个人多么活跃,永远挣不脱结构的束缚,结构否认人,否认主体,在某种意义上就否认了人的一切行动,最终否认的是萨特哲学。毫无疑问,结构主义在鼓励秩序、制度和形形色色的等级制和中心制,而这恰恰是1968年的'五月风暴'所要摧毁的目标。结构主义和'五月风暴'在理论上的对立一目了然。"①欧美世界自70年代初爆发的大通胀,加剧了反思结构主义的紧迫感。可以观察到,法国结构主义者群体内部在此时发生了分化。以雅克·德里达、让-弗朗索瓦·利奥塔(Jean-Francois Lyotard,1924—1998)、米歇尔·福柯、皮埃尔·布尔迪厄(Pierre Bourdieu,1930—2002)等人为主要代表的哲学家、思想家,开始猛烈抨击具有绝对性意涵的二元对立思维模式,以及结构主义所预设的启蒙理性和实证主义具有"科学抱负"的实在论,企图由此改造结构主义,继而掀起了一股被称为后结构主义的思潮。故此,在整个70年代,法国知识界受到了后结构主义思潮的巨大冲击。被称为"解构主义之父"的德里达此时已经获得了国际性的声誉,他猛烈批判语言学中的结构主义,认为符号本身已经能够反映真实,认为对于单独的个体的研究比对于整体结构的研究更为重要。利奥塔则宣称代表着"现代化"和"历史进步"这样的核心信念的"元叙事"已经死亡,他猛烈抨击历史普遍叙事,认为"欧洲中心论"的历史大叙事是一种虚构的故事,实质上是一种西方文化霸权。鉴于此判断,利奥塔转而提倡一种异质的、冲突的、多元的历史叙事。在政治激进主义的时代背景和人文社会科学界整体性反思的智识氛围之中,福柯提出并阐释了"微观政治"(micropolitics),力主重新思考主体(subject)问题。1970年,福柯被法国教育部部长正式任命为法兰西学院思想体系史教授,他随即举办了一系列对法国知识界

---

① 汪民安:《谁是罗兰·巴特》,江苏人民出版社,2005年,第147页。

乃至整个西方知识界极具影响力的学术讲座。福柯以探究真理、权力及个人行为的问题为核心,批判以主体理性为基础的现代性,认为现代性实质上是一种控制和统治的形式,人和知识都是现代性构造出来的产物。

针对以人为中心的历史学,福柯批判"一种总体历史叙事"的现代历史学研究方法,批评结构主义者及历史学家对解释方法的排斥,认为结构主义的共时分析抹杀了历史学的地位和价值,历史学必须重视突变、间断性或非连续性等概念,力主将历史当作话语进行分析,并运用考古学和系谱学的方法揭示个人是如何被构造出来的。就权力与主体的关系而言,福柯系统地论证了从15、16世纪那种绝对的君主权力演化至17、18世纪的规训权力,再演化至19世纪的生命权力,无不时时将个人塑造成一个个符合某种目的和要求的主体。与此同时,福柯还指出当时的历史研究中最基本的两个概念是变化和事件,已经不再是时间和过去。由福柯所阐发的主体重建论和历史话语论,在很大程度上激发了勒高夫、诺拉等一批历史学家革新年鉴学派的研究范式的学术热情,启示他们反思结构史学的得与失,重新思考"主体史"的观念,重新审视历史学与社会科学的关系。1971年,勒高夫在日益意识到必须充分重视政治史的情况下,抛出了"政治是否依旧是历史学的脊梁骨"之问,主张新的政治史应该偏重于社会学,并且要关注结构、社会分析、符号学和权力研究。此外,值得一提的是,这一年有两部重要的史学著作出版。其一是古代史专家保罗·韦纳(Paul Veyne)书写的《人如何书写历史》一书出版。韦纳主要从认识论的角度论述历史学与社会科学(尤其是社会学)的区别,认为历史是一门关乎解释和理解的描述性学科,应该归属于人文学科。其二是中世纪研究专家贝尔纳·葛内(Bernard Guenée,1927—2010)——不属于年鉴学派群体——书写的新政治史之作《14—15世纪的西方:国家》出版,这是一部"总体史视角下的国家史",有证据证明葛内早在 60 年代就已经在探索如何革新政治史的问题了。①1973 年,年鉴学派第三代的另外一位核心人物乔治·杜比书写的《布汶的星期天：1214 年 7 月 27 日》出版,这是一部在反思年鉴学派研究范式的基础上完成的重要著作。该著以布汶之战这一历史事件为研究对象,采取人类学的分析方法探讨集体记忆(传奇故事)的演变,被认为既是一部新的事件史之作,又是一部微观史之作,但贯穿于其中的史学观念仍然是总体史的观念。鉴于年鉴学派在国际史学界的影响力,《布汶的星期天：1214 年 7 月 27 日》的出版实际上表明年鉴-新史学家群体革新历史书写的行动已经展开。

1974 年,身为法国著名出版社——伽利玛出版社——编辑的诺拉,与勒高夫合作主编了三卷本《创作历史》(*Faire de l'Histoire*),明确提出必须在反思性的视域中重新定义历史学,革新历史编纂学。1975 年成立的社会科学高等研究院,很快就成为年鉴学派第三代历史学家的研究基地。同年,又一位年鉴学派第三代的核心人物——埃马纽埃尔·勒华拉杜里——书写的《蒙塔尤》一书出版。该书不仅赢得了西方历史学界的一片好评,很快成为畅销书,而且还引起了法国总统密特朗的关注。密特朗接见了勒华拉杜里,并在公众面前表达了他本人阅读《蒙塔尤》的一些感想,使得这个小山村很快就成为一个热门的旅游景点。该著的研究对象——14 世纪法国南部的一个小村庄蒙塔尤——是个别的、具体的、地方性的,并且时间跨度仅有 30 年,可是勒华拉杜里却在社会学和人类学的方法论视域中完整且鲜活地呈现了这个小村庄 200 多个农民的人生态度—集体心态,进而揭示了当时整个法国社会的普遍信仰,真正达到了见微知著的

---

① 关于葛内及其史学贡献,目前国内有黄艳红和董子云两位学者撰文论述。黄艳红:《贝尔纳·葛内的中世纪史学研究述略》,载于《世界历史评论》2021 年第 1 期;董子云:《贝尔纳·葛内与法国中世纪晚期政治史研究》,载于《史学理论研究》2021 年第 5 期。

书写目的。勒华拉杜里公开承认该书是对他的导师布罗代尔所倡导的长时段理论的一种挑战，他直言不讳地批评结构主义史学已经变成"没有人的历史"。勒华拉杜里史学观念的变化，充分表明年鉴学派的第三代历史学家革新历史编纂学的冲动十分强烈。1976年，意大利著名历史学家金兹堡书写的《奶酪与蛆虫》一书出版。该书在新文化史的研究视域中显现出来的对个人及其具体经验的重视，其实彰显的是金兹堡作为个体历史学家对宏大叙事和历史学科学化的反思性批判意识，其主张的崭新的"正常的例外"史料观——"如果下层民众的事实没有史料提及或是被歪曲，那么一个真实的例外（指那种不是经常出现的事件）的文献可能比一千份千篇一律的文献更具有启示作用"①，以及小说式的谋篇布局和文学化的叙述风格，很快就得到了国际史学界的高度认可，其接受程度就连金兹堡本人也"大吃一惊"。

《蒙塔尤》和《奶酪与蛆虫》在当时被学界指认为新社会文化史和新文化史，直到80年代末才被称作微观史学的开创性著作。毋庸置疑，这两部微观史学著作均十分注重对人的自由意志的张扬，全书洋溢着强烈的人文气息，而这恰好彰显了历史学的特性和独特魅力。微观史学的出现，不仅对年鉴学派所坚持的长时段的结构主义观念构成了严重的挑战，而且还被视为是对各种形式的历史决定论思想——主要是马克思主义经济决定论和宏大叙事——的一种批判，是对历史学性质的高度反思的结果。正是在整个西方人文社会科学界的反思语境中，已经接手主事年鉴学派的勒高夫，联合皮埃尔·诺拉等历史学家筹划推出以新的目标、新的问题、新的方法、新的叙述为表征的新史学。1978年，由勒高夫和诺拉等人主编的《新史学》一书出版，标志着年鉴-新史学派的正式形成。

---

① 李根：《被误读的〈奶酪与蛆虫〉》，载于《光明日报》2018年7月30日。

在《新史学》中,勒高夫仍然秉持弗朗索瓦·西米昂和布洛赫倡导的总体史观,尽管他批评"今天一些最杰出的史学家"有将长时段理论极端化的倾向,夸张地采用诸如"近乎不动的历史""不动的历史"之类具有"危险性"的词语。就总体史观而言,严格地说起来,它源自亨利·贝尔1900年创办的《历史综合杂志》的宗旨:以史学为中心统一人类知识,进行跨学科研究。1903年,西米昂在《历史综合杂志》上发表《历史学方法和社会科学》一文,提出历史学家应该抛弃传统历史编纂学的三个偶像——政治偶像、个人偶像、编年史偶像,并以追求一种总体的、深层的新史学为己任。布洛赫赞许西米昂提出来的总体史观,进一步阐述说"唯有总体的历史,才是真历史","经济和社会史其实是不存在的,只有作为整体而存在的历史。就其定义而言,历史就是整个社会的历史"①。布罗代尔进一步指出,历史学家研究一个具体问题时,应该采取综合性的策略进行分析,整体性地把握历史的演变,从而得出一个普遍性的结论。勒高夫服膺年鉴学派先辈们的总体史观,他于1991年在俄罗斯发表的一篇文章中写道:"20世纪末是建立史学新方法论的时候。上个世纪末的实证主义,曾在分析文本的方法上给过我们如此多的东西,现在已经彻底过时。马克思主义史学方法论,受到'现实社会主义'时代教条主义的歪曲,正在我们眼前失去威力,尽管我们十分希望,马克思在摆脱掉他的后继者们败坏他学说声誉的那些臆造之后,依然是鼓舞当代人在史学和其他社会科学领域进行研究的大师之一。计量史学,在过去曾起过积极的作用,现在已暴露出它的局限性。众所周知,不止一次地出现了回到叙事史、事件史的尝试,但是叙事史、事件史已丧失威信。在'年鉴派'轨道上发展的史学也不是没有变化,一方面,由于过去取得的成就,它似乎已经部分地耗尽了自己的潜力;另一方面,

---

① [法]马克·布洛赫:《历史学家的技艺》,张和声、程郁译,第39页。

它即使在今天依然能够很容易地驳回那些所谓它'分裂'和'碎化'历史的肤浅的指责。它在经历自己发展的转折时期时,现在正在寻找与社会科学学科的新的跨学科的联系,并力图为比较的总体史奠定基础。这一早为马克·布洛克勾勒过的方法,打算建立的正是这样一种历史,它应被视为'总体史'(generale),而不是'包罗万象的历史'(universelle)。"①因而,勒高夫认为年鉴学派的第三代历史学家在 70 年代运用的历史人类学的研究方法,所践行的正是总体史的观念:"新史学所表现的是整体的、总体的历史,它所要求的是史学全部领域的更新。此外,新史学在一个领域中的开创性著作,常常以各种方式来表示它们不受任何专业限制的雄心……所研究和显示的是一个社会的总体性。……也许历史人类学作为扩大了范围的史学的代名词,能更好地表达这一愿望。任何形式的新史学(包括那些装出新样子的史学)及那些标有局部研究字样的著作,事实上都是总体史的尝试。"在此,勒高夫事实上显示了试图使历史学统辖社会科学的雄心:"历史学是社会科学之母。由于具有培养公民的职责,历史比任何一门科学更加要求研究、教育和传播予以补充。……说到底,我认为只有出自基础研究和教育领域的历史方能在当代社会承担道义的职责及约束。"②

然而,值得注意的是,勒高夫似乎未曾有过如布罗代尔那般的"自负"——历史学包含一切社会科学,布罗代尔的这种"自负"在 20 世纪 50 年代末得到美国社会学家 C. 赖特 · 米尔斯(C. Wright Mills, 1916—1962)相当程度的认可。米尔斯在《社会学的想象力》中探讨"历史的运用"这一章节中,先是以颇为肯定的语气指出,"作

---

① 陈启能:《法国年鉴学派与中国史学》,载于鲍绍霖编:《西方史学的东方回响》,社会科学文献出版社,2001 年,第 213—214 页。
② [法]雅克·勒高夫:《关于史学的若干问题》,刘文立译,《史学理论研究》1994 年第 4 期。

为一门学科,历史学有时也被认为包含所有社会科学,但只是少数误入歧途的'人文主义者'这么认为……每一门社会科学,或者更准确地说,每一种思虑周详的社会研究,都要求其观念具备历史视野,并能充分运用史料"。而后得出结论:"社会科学本身就属于历史学科。"①勒高夫解释说年鉴-新史学派正在竭力更新传统的历史研究领域,积极关注各种研究题材,以使总体史焕发新的光彩。"总体史有广阔的前景:皮埃尔·诺拉精辟地分析过的'事件的复归',优先重视意识形态,这些都是新史学的理想题材,也给新史家提供了典型的研究领域。"②关于"叙事的复兴",斯通在 1979 年发表的《叙事史学的复兴:对一种新的旧史学的反思》中观察到,杜比、勒华拉杜里及金兹堡的书写回到了作为一种历史书写模式的"某种形式的叙事",相较于传统的叙事史学,这种复兴的叙事指向的是"特殊性和具体性",即历史中的个人。在斯通看来,叙事史的复兴宣告以法国年鉴学派社会史、美国计量史的方法及马克思主义经济学模式为主要代表的"科学的史学"走向了穷途末路。同年,金兹堡书写的《符号、痕迹、线索:迹象范式的根源》发表。金兹堡在该文中同样批判了历史学的科学化范式,指出历史学是一门定性分析的学科,它以个别情况、处境、文献和个人为自身的研究对象。1980 年,法国知名学术刊物《争鸣》分别在第 4、6 期刊出了翻译为法文的《叙事史学的复兴:对一种新的旧史学的反思》和《符号、痕迹、线索:迹象范式的根源》,表明法国史学界此时正处于反思历史书写的认识论和方法论的学术语境当中。确实,读者可以在以杜比和勒华拉杜里为主要代表的年鉴学派第三代核心人物的历史书写实践中观察到,他们在继承总体史观和长时段理论的基础上,从经济社会史转向了社会文化史和政

---

① [美] C. 赖特·米尔斯:《社会学的想象力》,李康译,北京师范大学出版社,2017 年,第 202、203 页。
② [法] 勒高夫等主编:《新史学》,姚蒙译,上海译文出版社,1989 年,第 5、33 页。

治史,甚至转向了事件史,从宏观结构转向了微观结构,尤为擅长运用历史人类学的方法探究关乎某个历史时期和具体时代的普通民众的社会心态,并且日益意识到叙事在历史编纂中的解释性作用。彼得·伯克就把年鉴-新史学派出现的这些新趋势总结为"人类学的转向""政治的回归"及"叙事的复兴"[①]。事实上,伯克的总结还漏掉了"大人物传记的回归"和"主体的回归"。

在整个70年代,过去被年鉴学派"完全否定和抛弃"的主题开始"回归"或者说"复兴",特别是政治史和人物传记。在回归或复兴的史学研究语境中,人物传记重新回到了法国历史学家的研究视野中。有论者阐述道:"保罗-穆雷·肯道尔的英文著作《路易十一传》于1974年译成法文,首开复兴人物传记的风气。随后很快就出现了一系列人物传记——如让·法维埃1978年的《美男子菲力传》、皮埃尔·谢瓦尼埃1979年的《路易十三传》、让-诺埃尔·让讷奈1979年发表的文章《传记万岁》和勒高夫本人1981年关于圣路易的文章,以及《历史》杂志1980年的讨论专栏'是否应该烧死克洛德·芒塞隆?',布罗代尔和勒华拉杜里也参与了这场讨论,这一切都可被看作20世纪70年代末以来个体重回历史的趋势。"[②]在《新史学》中,勒高夫从年鉴学派前辈奠基者所确立的"新史学从一开始就自称为人(复数的人)的科学"这一论断入手,论述历史学不仅仅是复数的人的科学,而且也是单数的个人的科学。"历史学还应该对大人物的问题重新思考,并赋予人物传记以新的科学地位。"[③]在他看来,年鉴学派新一代历史学家追求总体史的目标,是为了整体性地认知人类某个文明的进程,而文明的进程必然首先体现于新型的人之形成。换而言

---

① [英]彼得·伯克:《法国史学革命:年鉴学派,1929—1989》,刘永华译,北京大学出版社,2006年,第74页。
② [法]克里斯蒂昂·德拉克鲁瓦等:《19—20世纪法国史学思潮》,顾杭、吕一民、高毅译,第421页。
③ [法]勒高夫等主编:《新史学》,姚蒙译,第24页。

之，人物传记是认知某个文明的关键要素。随着 80 年代后现代主义批判思潮对历史学的"解构"力度不断加剧，客观性原则遭到"围攻"，历史学陷入了危机。以德里达、利科及福柯为主要代表的一批法国哲学家，不断批判现代性的宏大叙事，认为这是一种对于人类历史发展进程的合法化叙事，即对历史的过程、意义及知识的构想式预期叙述。他们试图以具体的历史人物、具体的历史事件和人类经验的多样化来代替宏大叙事，因而尊崇微观叙事，倡导差异性和多样性，由此引发了西方知识界深刻反思启蒙理性主义和进步史观或进步政治观的热潮，同时也启示了诸多西方历史学家从史学史或历史编纂学的角度去反思历史学的学科性质、研究对象及任务。这就不难理解，德国的日常生活史、意大利的微观史、英国的新社会文化史及美国的新文化史和性别史，均兴盛于 80 年代。

在这一时期，部分历史学家开始关注过去未曾纳入历史学思考范畴的主体问题和真理问题，并且在实践上有意识地去探究理性、思想、知识和真理等话语的历史。一方面，这表明后现代主义思潮对这个时期的许多西方历史学家产生了巨大的影响，并由此促使历史研究走向了多元化、民主化。1988 年，勒内·雷蒙（René Rémond, 1918—2007）主编的《捍卫政治史》（Pour une histoire politique）一书出版，正式宣告了新政治史的出现。另一方面，法国当代社会学大师皮埃尔·布尔迪厄（Pierre Bourdieu, 1930—2002）自 70 年代以来系统阐释的实践社会学理论对法国智识思想的影响越来越大。布尔迪厄以惯习、场域、资本为核心概念，在批判结构主义的机械性和解构个人主义的目的论的基础上，超越了结构-能动性的二元对立，这在很大程度上启发了年鉴-新史学派的历史学家们对结构与个人之间关系的深度思考。1982 年，布尔迪厄以"反思性很强"的《关于课程的课程》一书进入法兰西学院，成为法国知识界"反思转向"智识氛围的一员得力干将。此后，"在他作为研究者的整个一生中，他都把反思性的运用当成科学研究的必要前提之一"①。1988年,布尔迪厄与罗杰·夏蒂埃代表法国当时"两门显赫、颇具影响的学科"展开了面向公众的电视现场学术对话,足以说明布尔迪厄对年鉴-新史学派和法国知识界的影响力。正如夏蒂埃在对话结束时所言,"随着重视社会行动者的理解方式实现回归……这助长了历史学家再现他们经历的欲望。因此,历史学家担负起使死去的亡灵复活、用故事重现他们一生的角色"②。微观史学在学院高墙内外所获取的巨大成功,尤其是意大利微观史学家列维和金兹堡的历史文本中所表现出来的对普通人或曰小人物的自由意志的推崇,以及对人格的文学化叙述,使年鉴学派受到了莫大的鼓舞。

鉴于年鉴学派曾经享有的国际声誉,新史学派及第四代历史学家们感受到了前所未有的压力,决心深刻反思年鉴学派的历史书写,希冀在超越前辈学者的基础上,重塑历史学科的国际声望。整体而言,法国历史学家在这个时期以史学史为取径考察和反思各个历史学分支,这被称为史学史的转向。1983年,被誉为"法国大革命两百年学术王"的年鉴学派第四代核心人物弗朗索瓦·弗雷(Franois Furet, 1947—1997)发表了《超越年鉴学派》(Beyond the Annales)一文。弗雷在该文中指出,当前历史学面临的困境,应该以反省年鉴学派的学术传统为起点,重新认识政治史,研究"绝对自由和极具创造性的个人"③。1984年,杜比书写的大人物传记《元帅纪尧姆》出版,标志着年鉴-新史学派在人物传记书写方面已经取得了突破性的进展,显现了叙事转向的书写旨趣。1986年,当时任教于里尔第

---

① [法]皮埃尔·布尔迪厄:《自我分析纲要》,刘晖译,"出版社按语",中国人民大学出版社,2012年,第8页。
② [法]皮埃尔·布尔迪厄、罗杰·夏蒂埃:《社会学家与历史学家:布尔迪厄与夏蒂埃对话录》,马胜利译,北京大学出版社,2012年,第114页。
③ Lionel Gossman, "In the Workshop of History by Franois Furet," *The Journal of Modern History*, Vol. 58, Sep. 1986, p. 689.

三大学的历史学教授让-弗朗索瓦·西里奈利(Jean-François Sirinelli)提出并阐述了一个新的史学分支——知识分子史——的研究对象、研究方法及其主要特征。1987年,葛内以自己的新政治史研究实践为例,分析越来越多的法国历史学家开始从事历史传记书写的这一现象,认为他们的主要动机在于修正由结构史学的连贯性和统一性而导致的历史简单化问题,"传记让历史学家更多地关注机会、事件、时序进展……单凭它就可以给予历史学家一种时间在个人生平中流逝的感觉"。勒高夫则进一步指出,法国的结构史学家们由于缺乏具象方面的研究而被抽象概念搞得不知所措,此时正急切地想要成为布洛赫所称道的那类"善于捕捉人肉气味"的优秀史学家,而且想要研究的对象是"作为个体的人,一个具体的历史名人"。然而,当前的传记书写文本"缺乏深度、爱谈逸闻趣事,是无聊的时序传记,利用过时的心理学并不能揭示一个个体人生的历史重要性",这种仍然没有摆脱传统名人历史传记范式的书写令他"感到难过"[①]。

基于对20世纪晚期西方社会生活世界症候,以及历史学和社会科学正在经历一场人文社会科学学科危机的判断,勒高夫认为当下不仅是书写一种新型的历史传记的恰当时机,更是历史学家进行自我反思——特别是反思历史学这一职业——的最好时机。"今天,西方社会普遍经历着变动的危机,史学和社会科学在这个危机中,正在经历着对其固有信念进行频繁的批判和修正的时期,我觉得,传记才能在一些虚假问题的羁绊中获得了解放。传记甚至可以变成为一种十分合适的观察台,用以对历史学家职业中的常规和雄心、对历史学家研究成果的局限性和这个职业所需的再定义进行有效的思考。"[②]

[①] Jacques Le Goff, "Writing Historical Biography Today," *Current Sociology*, Vol. 43, No. 1, 1995, pp. 11, 12.
[②] [法]雅克·勒高夫:《圣路易》,许明龙译,商务印书馆,2016年,"引言",第5页。

进入80年代之后,新凯恩斯主义和新自由主义无法解决欧洲资本主义社会日益凸显的经济衰退和就业问题,欧洲(特别是法国)社会陷入怀疑乃至消极悲观的情绪之中,人类自由意志论似乎失去了存在的理由。鉴于此,勒高夫加入了年鉴-新史学派书写人物传记的行列,开始书写圣路易传记和圣方济各传记。首先,他从现实生活世界的角度强调当下的历史学家必须充分重视人物传记,因为当下的人们见证了国家的历史、民族的历史和人民大众的历史都与一个个领袖人物的行动须臾不可分离。"……如今大人物的传记在回归。究其原因,主要是由于在我们的多数社会里,从政治的观点看大人物扮演过十分重要的角色,这在独裁体制下是不言而喻的。"①不可否认的是,"我们正处于一个群星闪耀的时代,每个领域都有杰出人士,历史书写也是如此"。其次,他认为,从当前的新史学书写实践来看,其一,"传记形式的复兴与政治史的复兴同时出现",而后者在法国历史学家的书写实践中主要表现为"权力的演变史"。其二,传记的复兴必然与叙事史的复兴密切相关,"当下书写传记意味着与备受争议的历史书写方式相关——首先与叙事史相关"。勒高夫从历史编纂学的角度特别提到历史学家的著述风格在当下对于赢得广大读者的重要性。"无论结果如何,今天的西方历史学家正在恢复19世纪时的角色和形象:知识分子、著作者和具有国家或欧洲意义的个人。历史学家的声望,比如卡莱尔或米什莱,在某种程度上归功于他们特有的风格。尽管历史学科的学术性越来越强,但历史学家的风格再度变得重要起来。更加重要的是,相较于其他历史体裁,传记打开了历史书写发展阶段的大门。"此外,20世纪有三位中世纪史专家书写的大人物历史传记——"历史传记题材的典范之作"——激励并引

---

① [法]雅克·勒高夫:《〈年鉴〉运动及西方史学的回归》,刘文立译,《史学理论研究》1999年第1期。

领他去完成《圣路易》的书写任务。这三部历史传记分别是：恩斯特·康托洛维茨(Ernst Kantorowicz, 1895—1963)书写的《腓特烈二世》(Frederick the Second, 1194 - 1250)、彼得·布朗(Peter Brown)书写的《希波的奥古斯丁传》(Augustine of Hippo, a Biography)及阿瑟尼奥·弗鲁戈尼(Arsenio Frugoni, 1914—1970)书写的《12世纪史料中的布雷西亚的阿诺德》(Arnaldo da Brescia nelle fonti del secolo XII)。在勒高夫看来,这三部历史传记都是"真实的传记",它们不仅以传主个人及其生活经历为中心,而且还阐明了传主所处的社会环境。"它们全都是围绕着人及其生活进行建构,同时又将他的环境的所有元素整合到传记当中。"①言下之意,这三部人物传记研究将个人史与总体史完美地整合为一体,彰显了总体史的观念,而他本人书写中世纪人物传记的目标也在于此,即重建总体史。为何用"重建"一词呢? 这与布罗代尔和年鉴学派第四代另外一位核心人物——多斯——对年鉴学派及其新史学的尖锐批评有关。

《新史学》出版后,布罗代尔曾在一次学术会议上指责正在探索系列史、微观史和心态史的勒高夫及其新史学派,背离了年鉴学派秉持的总体史的宗旨。1987年,多斯书写的《碎片化的历史学》一书出版。多斯在书中言辞激烈地指责年鉴-新史学派的研究微观且琐碎,走向了碎片化,放弃了年鉴学派先辈们所确立的以人为中心的总体史传统,以及对结构性因素的探究。尽管《碎片化的历史学》一书在当时并未引起西方史学界的震动,但多斯确实观察到年鉴-新史学派及西方史学界在后现代主义思潮——尤其是语言学转向——的"侵袭"下,历史学有抛弃整体性观念的倾向。对此,乔治·杜比和勒高夫在90年代中后期谈及法国史学和西方史学的现状时给予了正面

---

① Jacques Le Goff, "The Whys and Ways of Writing a Biography: The Case of Saint Louis," *Exemplaria-Medieval, Early Modern, Theory*, Mar. 1989, pp. 209, 210, 213.

回应。杜比指出,对于政治史的回归,人物传记,特别是大人物传记,和诸多历史事件一道不可避免地成为政治史研究的主要取径:"在全部历史著作中,近年来,有四五年吧,人们又重新回到政治史的研究上。政治史曾一度被年鉴学派所淘汰。事件史被认为不甚重要,而社会史更受看重。政治史现在又重据重要地位,无疑是因为某种社会学家、哲学家把重点放在对政权的研究上。因此,目前历史学家们也特别注重对政权的研究,研究在社会里政权的行使和权力的分配。这便导致回到年表、事件和在历史上起重大作用的大人物的研究上,很明显地回到人物传记和事件史上。但是,其研究方法则与本世纪初迥然有别,因为现在是运用年鉴学派的方法。此外,还有一种变化,就是越来越有意识地回到对个人的研究上,对个性、行为的研究。在意大利语中称为 microstoria(微型历史)。这都属于历史学家的新方法。"[1] 显然,杜比从认识论和方法论的角度——偏重于后者——认为法国历史学家这个时期书写的大人物传记是一种有别于传统历史传记的新型传记。勒高夫赞同杜比的观点,但他坚持政治史和人物传记的回归绝不能偏离总体史的观念及其架构。"我想说的是就我看来重新出现在西方一切史学潮流中的种种趋势,人们能用回归一词概述其基本特征,即史学研究中一些或多或少已消失的老方式被重新采用,可归纳为政治史的回归、事件史的回归、叙述史的回归、人物传记的回归和主体的回归。先前,政治史曾或多或少地销声匿迹而让位于经济史、社会史和文化史。人们当时认为,政治史浮在表面而不足以解释历史最深层和最重要的运动。而今,政治史在回归。……有两种类型的回归:一种是简单地回复往昔的史学,多系持传统主义和反动立场的人所为,我认为应加以反对;另一种是运用

---

[1] 端木美:《回顾历史·继承传统·着眼未来——访法国著名史学家乔治·杜比》,载《史学理论研究》1995年第1期。

新方法并且吸收各种各门社会科学的成果而撰写的那类政治史的回归。……人物传记也仍应以一种新的样式回归。"①勒高夫在此处所指的"新的样式",自然体现于他所书写的两部历史传记文本——《圣路易》和《阿西西的圣方济各》。换言之,勒高夫以个案实例的方式探索了应该如何书写历史名人个体传记的问题。

四、应该如何书写新的历史名人个体传记

在20世纪20年代,英国传记史上里程碑式的作家利顿·斯特拉奇(Lytton Strachey,1880—1932)曾感叹道:"写出一部好的传记,可能和度过一个好人生一样困难。"这句话当然是道出了写一部优秀的传记的艰难。然而,更重要的是,斯特拉奇其实是在向传记作家和历史研究者——尤其是后者——提出一个亟须得到解决的问题,即,应该如何书写(历史)人物传记?半个多世纪之后,美国著名汉学家萧邦奇(Robert Keith Schoppa,1943—2022)回应了斯特拉奇的这一问题。萧邦奇认为,要书写一部优秀的历史传记,至关重要的是找到一种合适的研究方法。"为了以最富有意义的、最连贯的方式展现传主内嵌于其文化语境中的生活的诸多显著方面,任何一个传记作者都必须回答下述这一关键性问题:最适合研究作为传主的对象的方法是什么?"②对于这一问题,萧邦奇以1995年出版的《血路:革命中国中的沈定一传奇》(*The Blood Road: The Mystery of Shen Dingyi in Revolutionary China*)一书中所使用的研究方法——"社会网络"的方法——给予了回答。众所周知,该书荣获1997年度"列

---

① [法]雅克·勒高夫:《"年鉴"运动及西方史学的回归》,刘文立译,《史学理论研究》1999年第1期。
② R. Keith Schoppa, "Culture and Context in Biographical Studies: The Case of China," in Lloyd Ambrosius(ed.), *Writing Biography: Historians and their Craft*, University of Nebraska Press, 2004, p.30.

文森中国研究书籍奖"。在该书中,萧邦奇把"革命"视作一个"鉴别和确认目标的过程",认为建构个体的"身份"是探究这一过程的一个重要切入口,因而有必要借用"社会网络"的概念和方法来进行探究。在他看来,"社会网络"不仅是构成社会的要件,包含了诸多社会性要素,更是决定社会发展变迁的一种"动力机制"。"在沈定一和革命的故事中,事实上存在着一些至关重要的相互关联的问题,诸如社会身份的性质、社会网络的作用、场所的含义以及过程在历史解释中的中心地位……事实上,在整个 20 世纪的巨大挑战和曲折地探索新的政治和文化正统的过程中,中国人的身份问题始终居于中心地位。然而,这一切只有当中国作为一个实体或中国人成为一个民族时才成为事实,在巨大的、令人目眩的社会政治变迁的背景下,个体不得不把自身的身份问题与社会、国家、民族中的其他人的身份问题紧密联系起来。而急剧的革命变迁造成的相当的政治与人身不安全也使得个人必须面对身份问题,在某种情况下甚至还须建构或重构身份。"①为了考察 20 世纪 20 年代的中国革命,萧邦奇竭力探究和揭示沈定一在不同的时期、不同的"场所"所处的相互交叉重叠的社会关系,试图由此建构起传主的多重性身份——从"地主少爷""清朝县官"到"辛亥革命的拥护者和参与者""新闻记者和五四精英""农村教育家和农民运动先驱",再到"上海共产主义小组主要成员""国共合作时期的跨党分子""国民党内的反对派"及"反地主的地主",从而揭示近代中国革命时代的真相。

当勒高夫打算书写《圣路易传》时,他对如何书写新的历史名人个体传记这个问题,是以重新思考"历史传记"这一概念为逻辑起点的。90 年代,勒高夫在审查现代历史传记书写中存在的诸多弊端

---

① [美]萧邦奇:《血路:革命中国中的沈定一(玄庐)传奇》,周武彪译,江苏人民出版社,1999 年,第 4 页。

时,他发现最严重的问题是时代倒错(anachronisme)。在解决时代倒错问题的过程中,勒高夫"最终认识到一个令人生畏的事实:历史传记是历史研究最困难的方式之一"。鉴于此,他认为有必要首先重新审视和界定"历史传记"这一概念,使其成为新史学大家庭的一员。对此,他着重阐述了以下三点建议。

第一,新传记史学家的首要任务是明确一个前提条件的存在,确定传主所生活的那个时代是否存在着个人自我意识的表达,即作为主语的"我"——自我意识——的觉醒,因为这不仅与在史学方法论层面上能否获取历史书写所必需的文献资料直接相关,更为重要的是,这与在历史本体论层面上的人类文明的进程息息相关。德国著名现象学哲学家马克思·舍勒(Max Scheler,1874—1928)曾指出:"人之为人的程度是随着他精神上的个体化的发展而增加的。"[1]在勒高夫看来,就西欧中世纪这段历史而言,只有两类人符合成为传主的条件,即国王和圣徒。首先,单是从书写历史不可或缺的档案材料的角度来说,专业传记史学家就基本上不可能获取西方14世纪之前除了国王和圣徒之外个人的相关资料。"在个人完全被集体淹没的社会中,个人概念根本就不存在……没有任何文献能让我们从重要人物的身上了解到作为个人的资料,他们似乎不曾活在世上。"对于身兼国王、圣徒的圣路易和"改变了这个时期的宗教、文明和社会"的圣方济各而言,由于有一些与他们相关的文献资料留存于世,因而他们成为历史传记书写的理想对象。

勒高夫通过这些留存下来的文献资料,推断圣路易和圣方济各所生活的13世纪,是个人的自我意识得以彰显、表达的一个崭新的、重要的历史时刻。彼时,正处于"即'我'与内心人以及近代意义上的

---

[1] [德]马克思·舍勒:《同情感与他者》,朱雁冰等译,北京师范大学出版社,2014年,第47页。

个人三者混合的状态",诸如"我所见""我所闻"等体现主体性的用语频频出现在各类文体中,以至于个人能够与"典范或格式化记述中的那种楷模"形成"斗争"态势。总而言之,具有自我意识的个人出现了。"个人的勃勃生机击碎了穿着典范外衣的理想国王的和谐。这是因为,时代已经允许近代意义上的个人粉墨登场和蹒跚学步了。"在13世纪这个"信仰"的时代,个体概念等同于良心概念,个人自我意识的觉醒主要体现在"良心"这个概念上,即上帝给予世人自我救赎的机会,个人可以自主"发现"良心。"最能说明'我'(包括一般意义上的'我'和作为主语的'我')的觉醒具有什么特征的一个词,便是'良心'。"①在这里,勒高夫透过恩典史和个体概念界定的双重视域,判断圣路易是第一位把良心即个人态度变成国王美德的法国国王,也是有史以来第一位用日常语言说话的西方政治精英人物。也就是说,"良心"这一概念是在圣路易这个具体而又鲜活的人的生命经验中昭然若揭的,是被圣路易这个能动的主体直接把握的,它指向的不仅是个人自由的历史维度,更是人类文明变迁的一个崭新阶段。对此,一方面,勒高夫通过解读留存于世的13世纪的各种文献资料,向读者展示中世纪的作者们是如何围绕"真理"话语建构这位圣徒国王的形象的,指出在中世纪的政治理论中,最胜任的君主必定是最有美德的君主,而这些美德是帮助君主接近上帝或"真理"的途径。视话语分析为历史分析的一个工具,表明此时的勒高夫已经接受了保罗·利科和米歇尔·福柯所阐释的话语理论。在勒高夫之后,研究中世纪自我意识生成史的学者,在思考理路上基本都选取了分析13世纪的神圣性话语的路径,以阐释13世纪整体社会状况正在发生的根本性变化,由此表明个体(个人主义)概念确立的史学认识。"路易

---

① [法]雅克·勒高夫:《圣路易》,许明龙译,商务印书馆,2016年,"中文版序"第5页,第599、601、603页。

这个案例证明神圣性话语本身就是政治化的价值观和意识形态之表达所在。"①另一方面,勒高夫则通过比较画家们在不同时期为国王所创作的肖像画,向读者展示圣路易自我意识的觉醒,即个性的萌发。这些文献资料均表明13世纪是个人及其价值得到体现和承认的新时代,这是后世知识分子能够书写人物传记的根本前提。"圣路易生活在一个特别有趣的时刻。正是在圣路易那个时代,基督教开始视个人为实体和价值。(故此)……每一部传记都应该思考其主人公所处时代的个体概念这个问题。"这表明在勒高夫的心目中,人类文明的进程首先是新型的人或新型的个性形成之过程,是个体生命及其个性得到社会认可和尊重的一个发展过程。也就是说,勒高夫认为他本人书写《圣路易》实质上是一部法兰西民族的文明史,甚至是一部人类文明史。更直白地说,勒高夫视个人自由为元价值,他认为唯有经由个人自由,才可能生发出道德及其他一切价值,并且认为这是人类社会发展的普遍性规律。在勒高夫看来,"传记"这个概念本身便代表了对个体生命的尊重,而新型的传记书写有利于阐明历史。"真正的传记,首先最重要的是关乎个体生命,而且传记体裁的合法性取决于对描述与解释历史上的个体生命这一目的的尊重。然而,历史本身必须通过新的历史编纂学来阐明。我想考虑现在我本人在这个领域的研究,当然,我的意图不是为我正在书写的传记之地位进行辩护,相反,我的目的在于阐明让我感兴趣的传记概念,我认为这符合新史学的关注点。"②然而,勒高夫并未紧接着就对"传记概念"进行一番明确的界定,而是在反思传统传记书写和回应"传记乌托邦"或"传记幻觉"批评时表明了自己的看法。

---

① M. Cecelia Gaposchkin, *The Making of Saint Louis: Kingship, Sanctity, and Crusade in the Later Middle Middle Ages*, "Introduction," Cornell University Press, 2008, p. 20.
② Jacques le Goff, "Writing Historical Biography Today," *Current Sociology*, Vol. 43, No. 1, 1995, p. 13.

第二,新传记史学家必须避免因时代错置而导致的"传记乌托邦"或"传记幻觉"问题,并且要坚持采取总体史学的观念书写大人物传记。面对来自布尔迪厄等社会学家批评的个体与社会对立的"传记幻想"话语,勒高夫接受了哲学家利奥塔所阐释的元叙事理论。一方面,他批评传统的传记史学家由于采取一种目的论的完整解释模式,刻意追求历史人物在直线性的时间维度"前后一致和稳定的个性",因而导致一段具体的人生轨迹处于客观的历史进程的外部,从而成为类似于文学的、非历史的个人传记叙述。另一方面,他主张新传记史学家应该继续坚持总体史的主旨思想,采取跨学科、跨领域的研究方法,把大人物的言说和行动放置在总体史的情境中进行考察,通过阐述与传主相关的各种纷繁复杂的社会关系,以阐释其个性或伟大性是如何推动历史进步的,是如何历经一代代人而沉淀为文化记忆的,从而得出一个超越传主生命故事这个历史个案的普遍性结论。

具体说来,一是在时间和空间上构建属于大人物个体的长时段(包括与大人物相关的后世的时段和空间),使之与某一段或某几段历史时间相契合,并阐明它们之间的内在逻辑关系。对此,勒高夫特别指出,更重要的是,新型的传记史学家必须从历史编纂学的角度去考察人们记忆中的大人物之形象及其故事的演变,因为这种主观意义上的历史事实,同样是客观存在的历史事实。这既是当下历史名人传记书写的新取径,亦是其新面相——伟大人物往往具有超越时空的影响力,即不朽性。新传记史学家应该将这种不朽性视为大人物传记书写的一个必要部分,并且要在皮埃尔·诺拉所主张的历史-记忆(histoire-mémoire)视域中考察这种不朽性的流变,以使其成为塑造当下世界时代精神的宝贵的思想性资源。对个体生命的不朽性的尊崇,是近代以降西方社会知识界的一个基本共识。德裔美籍著名政治哲学家汉娜·阿伦特(Hannah Arendt,1906—1975)曾经有过一个论断："基督教的不朽是赋予个人的，个人由于他的诞生，在其独一无二性中开始了他在尘世上的生活。……当个人生命的不朽成为西方人的中心信条时，即随着基督教的兴起，尘世的生活也就成了人的最高善。"故此，"人，虽然作为个体是有死的，但他们以做出不朽功业的能力，获得了属于自己的不朽，证明了他们自身有一种'神'性"①。

二是借助跨学科、跨领域的方法，以一种整体式的、关系性的思维方式去考察大人物个体与社会整体之间的关系，即透过"纷繁复杂的社会关系网"考察大人物的历史作用。"必须看到，在与人物相关的历史上的各个时段中存在着一个意义重要的时段，即，该人物生活的年代。有鉴于此，就应当研究他在世的整个时段即'长时段'，不仅仅是探讨其人的公共生涯，而是研究其人从出生到逝世，甚至他死后仍然留下反响的那个世界及社会。再者，我们借助于其他社会科学而拥有更多的技术手段以便理解一个人，一个伟人与整个社会的关系。从前，历史人物的传记在于展示个人的力量。而今，若不弄清一个人与社会整体的关系则难以从历史的角度去理解他。这是探讨全面的历史的一种方法，它不仅适用于那些大人物，而且也适用于各行业具有范例意义的芸芸众生。"②换言之，在勒高夫看来，历史本身是有结构的，历史上根本就不可能存在可以孤立地理解和描述的人和事，因为文明的各个方面都是彼此联系在一起的，故此，传记史学家必须在历史长时段赋予的整体视域中，通过探析各种纷繁复杂的社会关系来阐明大人物的伟大性。大人物的个人史便是文明史不可分割的构成部分。当然，小人物的个人史亦然。故此，新型的传记史学家必须摒弃传统的历史名人传记以阐述传主"伟大性"为核心和目标

---

① ［美］汉娜·阿伦特：《人的境况》，王寅丽译，上海人民出版社，2017年，第248、10页。
② ［法］雅克·勒高夫：《"年鉴"运动及西方史学的回归》，刘文立译，《史学理论研究》1999年第1期。

的书写范式,把书写的重心转移到阐述"是什么总体条件和机遇,使圣路易得以在他的时代和以后长时间中被公认为一个异乎寻常的人物"这一问题上来。这便是勒高夫在此前接受访谈时说要书写一部在某些方面来说是反传记(anti-biography)的传记的思考逻辑。① 这表明他坚持以一种总体性的辩证思维方式看待历史,认为世界上的一切事物都处于普遍联系之中,"从一个点状现象出发,我试图解释所有与其有关的周围……如只是停留在个体和局部而不关心它周围的情况,这个局部也是不会被澄清的"②。这一辩证法思想清晰地展现在由"圣路易真的存在过吗"引领的问题域中。"是什么使圣路易成为一个圣徒,是什么促使人们承认和宣布他为圣徒……他使用了什么方式,方能集若干并非不可分离的集体人物于一生,也就是说,他何以既是神授国王,不在会的修道士国王、身怀魔力的国王,又是凭借个人品德和善举才成为的圣徒国王……是什么促使我们触摸到了这个人物的内心,是什么让我们看到了这个人物留给他的同时代人和后代的形象。"③不言而喻,这几个环环相扣的问题,关乎的正是圣路易的身份问题。究其实质,勒高夫试图通过由"圣路易真的存在过吗"引领的问题域,把个别的、具体的问题转化为普遍性问题,即试图使大人物成为历史学的合法研究对象,并由此探查中世纪的整体社会状况、风貌及精神气质。在他看来,具有自我意识和自由意志的大人物之言说和行动就发生在一定的社会场景之中,并通过时间和空间的转化而逐渐扩展和延伸,从而构成宏观的社会结构及制度。

第三,勒高夫认为传记概念要竭力摆脱传统传记史学的人生故事叙述模式,不应该局限于叙述所谓传主的完整一生,而是应该依据

---

① Jacques Le Goff, *My Quest for the Middle Age*, trans. Richard Veasey, Palgrave Macmillan, 2005, p. 97.
② 彭友均:《欧洲中世纪与历史理论——访法国历史学家勒高夫》,载于陈启能、王学典、姜芃主编:《消解历史的秩序》,山东大学出版社,2006 年,第 299 页。
③ [法] 雅克·勒高夫:《圣路易》,许明龙译,第 16、620 页;"结束语",第 1062 页。

某个主题和各种不同类型的史料,在特殊的、具体的空间中重构历史时间观念,由此建构传主的个体生命史。从根本上说,在书写大人物历史传记的现实意义这个层面上,勒高夫与传统的历史传记价值观——道德垂训或道德教化——别无二致,即他希冀采取书写圣路易和圣方济各两位大人物历史传记的方式去唤醒法兰西民族精神,以对抗冲击当下法国乃至西方社会的历史虚无主义思潮。这一现实主义思考在他书写圣方济各传记时表达得很直接:"方济各在历史方面和人性方面,不论对于过去还是当下而言,都是一个榜样性的人物。"① 然而,尽管无论是传统的传记史学家,还是今天的新传记史学家,在书写大人物的历史传记时,都不得不回答两个老问题:"其一是大人物的历史作用,其二是英雄在传统与现代之间的位置。"但是,在勒高夫看来,新传记史学家决不能成为史料搬运工,而是应该首先成为一个合格的史料解构者,在具体的历史语境中消解史料之"格式化"。"需要研究是什么因素能影响时间以及对时间的衡量和利用。必须打破单一的、同质的和直线式发展的历史时间观念。……必须建立一种新的科学时序,这种时序与其说是按照历史现象产生的时间来确定,不如说是按照该现象在历史中的有效延续时间来确定。"

勒高夫以自己的圣路易传记书写实践为例,解释他是如何根据不同的空间在新的历史时间秩序中解构各种史料的悖论性叙述,即解构圣路易的同时代人比如儒安维尔等人竭力把圣路易塑造成一个个"典范",从而提醒新传记史学家面对关于历史大人物的诸多书写材料在形式上表现出来的某种一致性或统一性,即格式化问题,告诫千万不要笃信实证主义的历史书写,想当然地认为这些材料就是历史事实,而是要认真思考"格式化"究竟意味着什么,弄清楚为何会出

---

① [法]雅克·勒高夫:《阿西西的圣方济各》,栾颖新译,商务印书馆,2022年,"序言",第4页。

现"格式化"形式,即弄清楚其背后隐藏着怎样的历史信息或历史真相,以便呈现诺拉所主张的"过去在现在中的整体结构",并且"有能力回应当下的需要"①。勒高夫关于"格式化"问题的思考理路,与娜塔莉·戴维斯基本一致。娜塔莉·戴维斯在介绍《马丁·盖尔归来》的写作思路时说道:"自始至终,我都是作为一名侦探在工作,评估我的资料来源和它们的构成规则,把来自许多地方的线索放在一起,建立一个推论性的论点,使之成为对 16 世纪的证据具有最佳的理解力。"②勒高夫早在此之前就曾经解释过,历史事实不同于哲学意义上的客观存在,它具有建构性,是历史学家根据新的问题、新的途径和新的对象而进行主观建构的结果。"布洛赫和费弗尔的基本观念:历史事实并不是像 19 世纪末、20 世纪初的实证史学家所相信的那样是'被给定'的,而是史学家根据历史的新问题、新途径和新对象来构建的。"③就圣路易这个大人物历史传记案例而言,它代表或者说集中体现了一种新型的政治史研究范式。"对真实的圣路易的研究——始于个人类型与他所代表的历史类型之间的密切联系——首先必须研究 13 世纪的王权职能及形象。因此,传记策略本身就是一种对政治史的探讨,如果它显示了圣路易的人格,那么这种政治史必定源于历史政治人类学(historical political anthropology)的新概念,包括最著名的政治象征主义研究:权力形象、圣礼、王权想象等。"④也就是说,圣路易传关涉中世纪政治象征主义议题,勒高夫试图通过讲述圣

---

① Pierre Nora, "From lieux de mémoire to Realms of Memory," *Realms of Memory: The Construction of the French Past*, trans. Arthur Goldhammer, Columbia University Press, 1996, pp. xxiii-xxxiv.
② Natalie Zemon Davis, "On the Lame," *The American Historical Review*, Vol. l93, No. 3(June 1988), p. 575。转引自李鹏超:《西方史学思想中的历史距离——从时间距离到"距离效应"》,载于《史学月刊》2021 年第 11 期。
③ [法]勒高夫等主编:《新史学》,姚蒙译,第 39、2 页。
④ Jacques Le Goff, "Writing Historical Biography Today," *Current Sociology*, Vol. 43, No. 1, 1995, pp. 13-14.

路易的个人生命史，重新评估王权在封建政治体系中的意义。他希望在这部新历史名人传记中，能够让读者不仅了解圣路易真正握有统治法国的权力是在 1254 年至 1270 年期间，这个时段也正是近代国家形成的初期阶段，而且能够更加深刻地理解后世的教会和国王拼命争夺关于圣路易的话语权的原因所在，即圣路易能够赋予教会和国王的自身统治合法性，根本原因在于圣路易已经成为一种文化事实，是一种象征资源。

此外，针对具体的研究过程，勒高夫提醒传记史学家必须谨记历史学是一门奉客观性原则为圭臬的人文科学，对传主的同情式理解不可避免地会产生"更多主体感和亲近感"。这种情感是可理解的，但作为一名接受过学科专业训练的历史学家，在主观意识上清醒地与传主保持恰当的距离感是其首要的准则。尽管"在一部以一个历史大人物为中心的著作中，想要首先逃脱隐情是非常困难的。……历史学家有权甚至有义务融入写作题材当中，其中包括历史人物题材。但是，当他涉及科学时，哪怕是历史学这种相当特殊并且需要进行许多推测的科学，他应当置身于他的研究对象之外，历史学家不是裁判"。故此，勒高夫还特别提醒新传记史学家，千万不要为了叙述的连贯性和统一性而滥用想象力，他告诫新传记史学家务必"尊重因资料匮乏而留下的缺损和空白"，尽管想象力是优秀的历史学家的必备条件之一，但是在运用想象力时更应该严格遵循"有依据有节制"的原则。[①] 关于历史学的想象力，自 19 世纪以来就一直是西方史学界的一个重要议题。勒高夫在《圣路易》一书中表述的历史想象力运用观，基本上承袭了英国政治家、历史学家托马斯·麦考莱（Thomas Macaulay，1800—1859）阐述的审慎主张。"一个完美的历史学家必须具有足够的想象力，才能使他的叙述既生动又感人。但

---

① ［法］雅克·勒高夫：《圣路易》，许明龙译，"结束语"，第 1059、1060 页。

他必须绝对地掌握自己的想象,将它限制在他所发现的材料上,避免添枝加叶,损害其真实性。他必须既能进行深入而巧妙的推论,又具有充分的自制力,以免将事实纳入假说的框架。"①

在英语世界,自 20 世纪 90 年代以来,如何看待和书写历史名人个体传记的问题日益受到历史学家的重视。从根本上说,美国哥伦比亚大学历史系美国史讲座教授、妇女与性别研究中心教授爱丽丝·凯斯勒-哈里斯(Alice Kessler-Harris)对历史名人个体传记的二重功用及书写策略的认知,与勒高夫的名人传记史学思想主旨一致。2009 年,爱丽丝在应邀参加《美国历史评论》第 3 期设立的专栏——"为什么书写传记"——圆桌会议上,阐述了她对历史名人传记书写的新思考:不是像传统的历史传记书写那样叙述传主曾经说过什么、做过什么,更不是把某段历史当作背景,当作是为了定位时间中的传主个体而引入的背景,而是要把重点放在叙述传主与其生活世界的"相遇"及其互动的方式上,即放在爱德华·帕尔默·汤普森所言说的"冲突节点"(the nodal points of conflict)上,由此追问传主的个体人生故事能够在多大程度上有助于人们理解历史进程中的某个时段。也就是说,名人传记是探究历史的一种方式。"我认为个体的人生或许有助于我们对特殊事件的理解,有助于我们对某个时刻更宏大的文化、社会,乃至政治历程的理解。"也就是说,在爱丽丝看来,传记是阐明某个关键的特殊时期或者短时段演变的一条路径,但却无助于人们理解一个长期的历史演变过程。有鉴于此,爱丽丝将她本人即将书写的莉莲·海尔曼(Lillian Hellman, 1905—1984)传记构想为一部"反传记"的学术著作,即"传记并非"("biography not")仅限于叙述一个公共人物的人生经历,而是要竭力阐明传主的

---

① 何兆武主编:《历史理论与史学理论——近现代西方史学著作选》,刘鑫译,商务印书馆,1999 年,第 260 页。

历史境遇,以便于深化人们对某段特殊历史时期的理解和认知。"通过对个人的研究,我认为我更多地理解了20世纪50年代的政治情境,更多地理解了它们在形塑普通公民世界观和思想意识方面的更大作用。使我能够看清形成美国冷战立场的意识形态力量。"①

众所周知,作为20世纪的一位美国左翼女剧作家和畅销书作家,莉莲·海尔曼是一个颇具争议性的人物。诚如爱丽丝所言,出现在大众视野中的海尔曼,是个既不好相处,也不好对付的女人,她被打上了"斯大林主义者""撒谎者""自恨的犹太人"及"至多是个二流的剧作家",甚至是"邪恶的幽默"等标签,可是她对自己的定位却是"一个讲真话的人""一位捍卫美国价值观的爱国者"。因此,当朋友们——甚至陌生读者——得知爱丽丝要书写一部海尔曼传记时,纷纷出面阻止她。然而,爱丽丝坚定地认为海尔曼是阐明20世纪美国社会诸多重大冲突及悖论的一个理想的研究对象,这位"相对意义上的公共人物"在其创作的作品中,"毫不妥协地"在精神空间和公共空间展示专属于她个人的自我意识和自我表现,以及她对自我的塑造,实则体现的是她对"那个历史时刻"(the historical moment)的反应与对抗,以及对美国传统价值观的坚守。在爱丽丝看来,苏联的解体和20世纪的终结,并不意味着海尔曼所生活的那个分裂的世界也就随之崩溃了,"使她成为富有争议的人的那些冲突继续吸引着人们的关注,塑造着政治场域"。在此,我们可以清晰地观察到,爱丽丝预设了一个书写海尔曼传记的认知前提:每一代人的心灵和思想都受到了其成长的那个时代的重大政治事变的塑造。对于海尔曼那一代人而言,两次世界大战、斯大林主义及麦肯锡主义无疑是重大政治事变。鉴于此,爱丽丝迫切希望通过书写海尔曼传记,探究与这些重大

---

① Alice Kessler-Harris, "Why Biography," *The American Historical Review*, Vol. 114, No. 3(June 2009), pp. 626, 627.

政治事变密切相关的一系列问题。

2012年出现在读者面前的《一个不好对付的女人：莉莲·海尔曼充满挑战的人生及其时代》(A Difficult Woman: The Challenging Life and Times of Lillian Hellman)，实质上是一部书写20世纪美国政治文化史的总体史学文本，同时也是爱丽丝到目前为止书写的唯一一部历史名人传记。在该著中，爱丽丝并未按照时间顺序来叙述海尔曼的个体生命故事，而是通过一个个主题（标签或身份）来展现海尔曼与更为广泛的20世纪美国文化、社会、政治环境之间的对话，从而探究"海尔曼所生活的世界是怎样影响她做出种种决策的，以及她在生活中是如何直面世界的"。在爱丽丝看来，对海尔曼的认识必须在具体的历史、社会、文化的环境中进行。她进一步从方法论的角度指出，文学传记作家需要运用想象力使传主成为自己想要使其成为的样子，而书写历史传记的历史学家则应该在辨析史料的基础之上，以探究"关系中的自我"(relational self)为重心，探究传主是如何应对来自生活世界的种种挑战的，"把个体当作进入某个时刻的一扇窗口、一个透镜、一面镜子"。在叙事的书写框架上，《一个不好对付的女人：莉莲·海尔曼充满挑战的人生及其时代》也与《圣路易》的构思基本相同。除了第一章"旧式美国传统"、第九章"最危险的时刻"及第十一章（也是最后一章）"死后重生"之外，其余八章都在探讨生活世界中海尔曼的不同身份之形塑，比如"一个美国犹太人""作为道德家的作家""一个自力更生的女人""一位公开的共产主义者"等。爱丽丝试图使用这些不同身份的标签来阐明20世纪美国社会中各种力量之间的矛盾和冲突，并称赞海尔曼在美国历史上极端政治——麦卡锡主义——至暗的那个时刻选择坚守正直和共产主义信仰的高贵品质。爱丽丝坚信，尽管她书写的海尔曼传记"仍然难以回答海尔曼面对的关于传统家庭生活的意义、献身种族和民族平等主义的代价、金钱的腐化力量，以及寻找政治乌托邦的危险性等问题。

也没有针对女性渴求经济独立或者艺术与政治活动的关系这个古老问题的解决方案",然而,为了激发当下的美国人反思关于自由、民主、正义、权利、个性的观念,书写这样一部存在这些"缺漏"的海尔曼传记仍然是有价值的。"这些缺漏让她的人生值得审查,不是为了她,而是为了我们自己。"[1]也就是说,"这些缺漏"仍然是当下美国社会必须正视和加以解决的重要问题。

在加拿大不列颠哥伦比亚大学历史系教授、巴西史专家罗德里克·詹姆斯·巴曼的历史名人个体传记文本中,虽然他并未提及自己书写的是被勒高夫和爱丽丝称为"反传记"的历史名人传记,但是他的书写实践,以及他对历史名人传记的作用及限度问题的阐发,均表明他志在书写有别于传统历史名人传记的新文本。1999年和2002年,巴曼书写的两部新历史名人传记——《全民皇帝:佩德罗二世与巴西的形成(1825—1891)》(*Citizen Emperor: Pedro II and the Making of Brazil, 1825-1891*)和《巴西的伊莎贝拉公主:19世纪的性别与权力》(*Princess Isabel of Brazil: Gender and Power in the Nineteenth Century*)出版,不仅获得了学术大奖,赢得了西方史学界的极高评价——"表达艺术近乎完美",而且还深受广大读者喜爱。[2] 据巴曼自述,他在研究和书写巴西民族国家的形成的过程中,意识到若不专门书写一部佩德罗二世(1840年至1889年在位)传记,解释这位巴西的第二位皇帝在国家事务中所起到的作用及其影响,便不可能阐明被葡萄牙殖民的"新世界"巴西何以能够整合为一个民族国家。书写佩德罗二世传记的经历,促使巴曼认真思考人物传记

---

[1] Alice Kessler-Harris, *A Difficult Woman: The Challenging Life and Times of Lillian Hellman*, Bloomsbury Press, 2012, pp. 8, 18, 350.
[2] Jeffrey Mosher, "Citizen Emperor: Pedro II and the Making of Brazil, 1825-1891," by Roderick J. Barman, The *Historian*, Vol. 65, No. 2 (Winter 2002), p. 440; Frank D. McCann, "Princess Isabel of Brazil: Gender and Power in the Nineteenth Century," by Roderick J. Barman, *Luso-Brazilian Review*, Vol. 42, No. 2 (2005), p. 170.

在历史学中所起到的作用,特别是在促进人们对历史的理解中所起到的作用。他认识到,历史名人传记是一种"可行且有价值"的史学体裁,"能够为人们理解传主所生活的那个时代的结构——社会的、文化的、政治的、经济的——提供了一条进路,能够为分析起支配作用的结构及话语提供诸多方法","可以起到修正、补充、丰富历史认识的作用",但是"传记研究不可能取代全面的历史考察"①。在《全民皇帝:佩德罗二世与巴西的形成(1825—1891)》获得极高的学术评价的鼓舞下,为了更清晰地解释19世纪的巴西女性在一个被男人统治、为男人利益服务的世界里是如何展开互动的,即如何在牢固的父权制下被塑造成"一个举止得当的女人的",巴曼撰写了《巴西的伊莎贝拉公主:19世纪的性别与权力》一书。正是在巴曼书写了伊莎贝拉公主传记文本之后,"巴西女性终于在历史上可见了"②。

通过这两部历史名人传记文本,巴曼告诉读者,事实上,佩德罗二世才是巴西帝国体制消亡的主要原因。"讽刺的是,在《全民皇帝》和《巴西的伊莎贝拉公主》中,佩德罗二世都是巴西帝国体制消亡的主要原因。"从历史知识的生产来说,或许更重要的是,"巴曼书写的新传记,将我们的注意力引向他带给我们的崭新知识上,让我们真正理解了巴西帝国"③。2010年,巴曼结合他本人的专业学术训练经历和书写佩德罗二世及伊莎贝拉公主传记的个人实践经验,总结了书写历史名人传记需注意的三个"不宜"和五个"提醒"。三个"不宜"指的是:第一,不宜书写"庆祝性传记"。"庆祝性传记"聚焦于伟人(great man)在公共空间——尤其是在政治场域——展现出来的卓越品质、显著的个性和非凡的成就,而对传主的私人领域则避而不

---

① Roderick James Barman, "Biography as History," *Journal of the Canadian Historical Association/Revue de la Société historique du Canada*, Vol. 21, No. 2, 2010, p. 69.
② Roderick James Barman, *Princess Isabel of Brazil: Gender and Power in the Nineteenth Century*, Wilmington: Scholarly Resources, 2002, p. xi.
③ Frank D. McCann, *Luso-Brazilian Review*, Vol. 42, No. 2, 2005, pp. 172, 170.

谈。显然，这种"庆祝性传记"便是典型的传统传记史学，"伟大性"是其书写旨趣。在巴曼看来，伟大人物的公共生活与私人生活并非是截然分开的，而是交织在一起的。传统传记史学家故意遮蔽传主个体的私人生活的做法，本身就是对历史学真实性原则的一种损害，这是传统的历史名人传记文本的一个通病。第二，不宜书写"心理传记"。"心理传记"指的是采用心理学理论及其研究结果来分析那些对历史而言具有重要性的传主人格的书写范式。心理传记兴起于1910年，由奥地利精神分析学家西格蒙德·弗洛伊德（Sigmund Freud，1856—1939）对列奥纳多·达·芬奇的研究而首开先河，50年代末，因弗洛伊德的弟子、美国精神分析学家爱利克·H.埃里克森（Erik H. Erikson，1902—1994）运用他本人首创的"自我同一性危机"心理学理论来研究青年路德，从而引起了不少史家对探析历史名人个体的精神内在世界产生了浓厚的兴趣。巴曼指出，一方面，心理传记史家关注的是历史名人的内心世界及其个性的养成，心理学理论和分析方法往往被用来对传主的人格特质进行"人格类型"归类，注重描写传主的心灵世界和内在精神。另一方面，心理传记史家相信传主的人格特质支配并能够解释其在公共领域的行动。换言之，外部世界对传主产生不了多大的影响，这显然是一种非历史的认知，因而不能在社会关系中构建传主的人格形象。第三，不宜书写"叙述性传记"。所谓"叙述性传记"，指的是按照传主从出生到离世的时间顺序，直线性地叙述历史名人的生平。"叙述性传记"实质上是民族国家史的一种变体，是一种内含目的性、连贯性和统一性的宏大叙事。巴曼认为"叙述性传记"的主要问题在于缺失了主题和洞见，以单一地叙述接续发生的事件和堆砌关乎传主的诸多历史细节为要旨。

阐释了三个"不宜"之后，巴曼紧接着说出了五个"提醒"：第一，为了让读者更好地理解历史大人物是怎样在历史发展的关键时刻做出种种决策的,新传记史学家有必要将重建传主的人格特质——"个性活力"——置于历史名人传记书写的中心位置,否则传记书写就失去了它作为一种史学体裁的存在意义。第二,新传记史学家必须以充分占有史料——"在数量上和质量上"——为前提,并与传主保持一定的距离:同情甚至尊敬传主都是可能产生的自然情感,但"认同则是灾难"。第三,新传记史学家要"竭力避免密不可宣的动机",即把历史名人的个性及其成就当作佐证历史理解正确性的证据,而是要竭力揭示出他或她的个性与其生活时代的一致性、疏离性及对抗性等复杂的面相。第四,不要试图把历史名人当作典范来书写,而是要在他或她的社会关系中客观地呈现其"好与坏"。第五,要重点关注传主与其周遭世界的互动关系是怎样逐渐得以展现的。在巴曼看来,书写"人与环境的相遇"才是新世纪的历史学家之要务。确实,这是所有实践着的新传记史学家的史学共识。例如,与爱丽丝一道受邀参加"为什么书写传记"圆桌会议的洛伊斯·巴纳尔就指出,"人与环境的相遇"等同于"文本"与"语境"的关系。她主张在书写历史名人传记时,有必要将个人视为"文本",将周遭世界视为"语境",作为个别的"文本"不仅反映整个"语境",而且还对语境产生了一定的影响力,它们相遇时的交互作用可以被视为一种对话。[①] 2012年,巴纳尔书写的玛丽莲·梦露传记——《玛丽莲:激情与悖论》(*Marilyn: The Passion and the Paradox*)出版,实践的正是她的这一历史传记书写观念。在被誉为"美国历史上最卓越的传记作者"罗恩·彻诺(Ron Chernow)书写的新历史名人传记文本中,在讲述美国历史上的政治精英人物华盛顿、汉密尔顿及格兰特的个体生命故事时,主要通过探析他们与美国早期史、崛起史进程中的若干重大历史事件的

[①] Lois W. Banner, "Biography as History," *The American Historical Review*, Vol. 114, No. 3, June 2009, p. 581.

"对话",展现他们的个性特征与美国历史演变之间的关系。值得注意的是,这里提及的《血路:革命中国中的沈定一传奇》《一个不好对付的女人:莉莲·海尔曼充满挑战的人生及其时代》《全民皇帝:佩德罗二世与巴西的形成(1825—1891)》《巴西的伊莎贝拉公主:19世纪的性别与权力》及《玛丽莲:激情与悖论》,事实上都是主题传记的历史研究范式,它们均预先设定了各自的探究主题。

本章所述的具有代表性的新历史名人个体传记文本,其最显著的特点有三个。第一,在人类文明史的视域中,立场鲜明地反对英雄史观所暗含的对历史必然性的论证,重视历史进程中各种可能性和偶然性,使读者觉察到我们关于"人"的学术探讨,可能要在提问上做出一些改变,即与其问"人是谁",不如问"人是什么"。克肖和勒高夫的历史名人传记研究透露出这样一种思想主旨:"人是什么"不仅是一个认识论问题,而且还是伦理问题。第二,在公共领域和私人领域的双重空间中追踪作为历史名人的传主的社会关系实践,探索传主的精神世界,使得传主的身份和人格呈现出多面性,而非单一性或统一性,实则一方面展现的是传主在历史中的主观能动性和自由意志,即人是历史的理性主体;另一方面展现的则是历史本身的复杂性和因果明确性的并置。用西方哲学先贤康德的话来说,这些新历史名人个体传记文本探索的是个人的合目的性和历史的合目的性的统一及平衡问题。克肖、勒高夫及爱丽丝等新传记史学家把关乎传主身份建构的多条历史线索交织在一起进行叙述,从不同的视角——特别是政治伦理的视角——重新诠释了某些我们习以为常的理念,把个人的生活与对他人的意义联结起来,从而使大人物传记成为具有说服力的历史叙事。第三,打破了贯穿于传统历史名人个体传记史学文本的主体与客体、理性与非理性二元对立的思维模式,试图在个体、时间与空间交互关系的三元辩证法视域中讲述历史名人的个体生命故事。既关注历史时间的统一性,又强调历史时间的多样性,以及空间的差异性,拒绝传统传记史学家在讲述传主的人生故事的时候,本末倒置地根据个人/英雄史观而对时间进行切割、对空间进行单一化表述的方法论图式。新传记史学家坚信,这种方法论图式犯了目的论的错误,它以今人的眼光去审视过去,因而本质上是一种非历史的思维。

第四章
试验与超越：自我史

> 简单老实地叙述一下我的生活，可以使我自己闲中取乐；但这种叙述不免叫我遭受谋求虚名的非难，而且也许非难得很有道理。然而，我可以从过去和当代的经验中得到判断，认为公众对于身后留有任何心灵图像的人，向来都是热切希望了解他们的：他们勤奋地搜集有关这些人物的点滴记录，如饥似渴地加以阅读；任何一类读者，都可以从与他们自身最相似的事迹中获得教训，或者取得榜样。
>
> ——爱德华·吉本①

> 自我史，历史意识新时期的一种新类型。②
>
> ——皮埃尔·诺拉

自近代以来，历史学家书写自传（autobiography）或回忆录（memoir）在西方世界并非是一件新鲜的事情。爱德华·吉本在完成伟大的历史著作《罗马帝国衰亡史》之后不久，一边计划书写英国

---

① 爱德华·吉本：《吉本自传》，戴子钦译，生活·读书·新知三联书店，1989年，第4页。
② Pierre Nora, "'Introduction' from Essais d'Ego-Histoire," trans. by Stephen Muecke, *Ngapartji Ngapartji: In turn, in turn: Ego-histoire, Europe and Indigenous Australia*, edited by Vanessa Castejon, Anna Cole, Oliver Haag, Karen Hughes, Australia: ANU Press, 2014, p. 22.

历史名人传记,一边认为自己已经到了可以书写自传的年纪,他谦逊地说想要回顾"个人文墨生活的简单事务"。"我现在已经过了五十了,不妨从精神、体格、财产三个方面适当地估计一下我的存在的现值。"于是,吉本很快就动笔书写《我的生活和著作回忆录》。遗憾的是,这本回忆录未能完稿。最终,经过吉本的好友谢菲尔德勋爵的努力编辑,《吉本自传》——由《吉本回忆录》和《吉本书简》两部分构成——得以面世。吉本在书写回忆录之初便给自己定下了与书写历史一样的"真实性"标准。"这篇个人生活的叙事文章,必须以真实作为它的唯一可以推许的特点,这就是严肃一点的历史书所应具有的首要品质:赤裸裸的、不怕出丑的真实。"除此之外,就修辞而言,"文笔应当是质朴而且平易的"①。在吉本书写的《回忆录》文本中,有一部分内容讨论了他作为一位历史学家的主体性意识。有鉴于此,肯塔基大学历史系主任杰里米·波普金(Jeremy Popkin)认为,就近代西方围绕"如何成为一名历史学家"这一问题而展开叙述的史家自传文本而言,真正首开先河的是英国著名历史学家爱德华·吉本于1796年书写的《回忆录》(*Memoirs*)一书。该书正是20世纪80年代中期法国著名学者、知名学术编辑皮埃尔·诺拉创造出"自我史"(Ego-Histoire)这一术语的灵感源泉。相较于古希腊历史学家色诺芬以第三人称书写的自传文本,吉本在《回忆录》中不仅有意识地采取了第一人称的内省式书写方式,而且力图阐明的是史家自传之于历史研究的必要性。② 在波普金看来,吉本在相当程度上回顾并反思了"以史为业"的学术经历,在"历史是什么"和"如何治史"问题上显示出极具个性化和反思性的自我意识。换言之,吉本书写的《回忆录》在某种程度上是一部关于历史认识论和史学方法论的专业论著。

---

① [英]爱德华·吉本:《吉本自传》,戴子钦译,第1页。
② Jeremy D. Popkin, "Introduction," *History, Historians & Autobiography*, The University of Chicago Press, 2005, p. 2.

然而，倘若从自我意识和反思性的认识论视角来进行考察，我们发现，或许出身于波士顿名门世家的美国历史学家亨利·布鲁克斯·亚当斯(Henry Brooks Adams，1838—1918)于1907年有意效仿古典时代的自传书写模式，即以第三人称的方式书写的自传《亨利·亚当斯的教育》(*The Education of Henry Adams*)，被认为是美国现代历史自传的开山之作，理应在"自我史"思想谱系上有一席之位。不言而喻，第三人称的书写以一种全景视角回顾过往，有助于历史学家与所叙述的人物保持一定距离，试图由此确保文本的客观性。《亨利·亚当斯的教育》于1918年由马萨诸塞历史协会出版后，次年即荣获1917年才刚刚设立的普利策奖。在这部反思性地回顾个人成长过程中所体验到的种种挫折、迷茫乃至绝望的自传作品中，亚当斯以法国著名启蒙思想家卢梭的"自我剖析"精神为榜样，不仅以一种世界历史的视野批判性地检视了19世纪和20世纪初叶美国社会的种种变化——堪称他那个时代的一部美国现代史，而且还由此预见了20世纪世界的多元性特征。尽管亚当斯沿用了古典时代历史学家惯用的第三人称叙述形式，但他在探寻生活的意义和历史的意义的过程中，充分地表达了美国自我(American Self)塑造意识，以及对20世纪美国社会多元文化的担忧。我国学者盛宁在论及这部历史学家的自传文本时指出："然而他自己也未曾想到，正是他的这种对世界的根本性怀疑和厌倦失望情绪，却恰好与接踵而来的20世纪，特别是第二次世界大战后西方的时代精神不谋而合。为此，他的这部起初只印了100本、只打算在私人好友小圈子里传阅的小册子，居然就因为这种所谓的'先见之明'，一跃而成为20世纪的美国青年认识历史、认识社会、认识自己的时代的必读教科书。"[①]换言之，

---

① 盛宁：《面对二十世纪科技时代的困惑——〈亨利·亚当斯的教育〉述评》，载于《美国研究》1998年第4期。

这是一部建构美利坚民族的自我认知的重要史作。作为美国最早接受历史学专业训练的那一批历史学家群体中的一员,加上家庭出身所具有的"波士顿婆罗门"(Boston Brahmin)①的阶级属性,亚当斯在他的自传中揭示和剖析的个人危机,其实映射的是当时美利坚合众国的危机。鉴于此,似乎可以认为《亨利·亚当斯的教育》主要是在历史本体论维度的一部反思性力作,即亚当斯通过讲述他本人的成长故事,反思美利坚合众国现代性的隐忧(the Malaise of Modernity),探索如何维护个人的自主性。

一、一场"实验室里的试验"

众所周知,在历史学职业化的早期阶段,即从 19 世纪晚期到第一次世界大战之前,尽管意大利历史哲学家克罗齐在 20 世纪初提出了"一切真正的历史都是当代史"的命题,强调历史认识与现实生活的紧密联系,以及历史学家在历史认识过程中的主体地位,即认为真正的历史必然是经过历史学家理解、认识,并且叙述的过去,但是职业历史学家们仍然自觉回避自传书写,将历史学家的主体性等同于主观性,担心自传书写会不可避免地损害历史学的客观性原则。从接受史的视角来看,直到 20 世纪 20 年代亚当斯书写的自传《亨利·亚当斯的教育》成为畅销书的情形下,美国的职业历史学家们才开始关注历史学家的自传书写之价值,但这并未从根本上改变以档案研究为圭臬的历史学家们对自传书写的排斥态度。即便是柯林伍德书写的《自传》,也更多地被学者们视作探究他本人的史学思想——特别是历史认识论——的资料来使用,而非被视为一位卓越的历史学家自我意识反思的典范文本。第二次世界大战结束之后,在年鉴学

---

① 特指新英格兰地区由上层清教徒所构成的名门望族,暗讽世袭权贵。

派统领西方史学界二十多年的时间里(1946年至1969年),在总体史理论和长时段史学思想的规训下,历史学家们基本上都自觉地避开当代史和一切形式的传记体裁,自认为如此便可在最大程度上确保历史研究的客观性。可想而知,历史学家的自传书写冲动再度被抑制。

然而,这一状况在以"语言学转向"为主要特征的后现代主义思潮兴起后不久的70年代初发生了变化。在"语言学转向"的强烈影响下,自我的问题在70年代引起了西方知识界的高度关注。相应地,历史学家的主体性和历史学的客观性也遭受了严重质疑。对自我观念的构成进行系统研究的美国著名思想史家杰罗德·塞格尔(Jerrold Seigel)反思道:"自我的问题需要我们的注意有诸多原因。我们如何考虑这个问题将会影响我们考虑自身以及出现在我们生活中的所有其他人的方式,而且如果我们是研究历史和社会的人,对这个问题的回答会形成我们从事工作的方式。不过,自我之所以成为我们时代争论的特殊焦点,是因为某些有影响力的理论家和哲学家使其成为一个问题的方式。这些思想家怀疑在某些西方形态的实践和理论中为个人生存而提出的主张,呼吁人们不仅质疑在现代'资产阶级'社会和文化中分配给自我的地位,而且怀疑将人类完全当作'自我'的含义和结果。"[1]福柯聚焦于主体而提出并阐释的话语(discourse)概念及其话语理论,对西方知识界产生了巨大的影响。福柯宣布了"主体的死亡","人将被抹去,如同大海边沙地上的一张脸"。另外一位法国思想家罗兰·巴特(Roland Barthes,1915—1980)紧随其后也宣布"作者已死",由此消解作者的话语权。另外,有学者正视60、70年代中西方世界发生的一系列社会运动,认为"民

---

[1] Jerrold Seigel, "Problematizing the Self," in *Beyond the Cultural Turn: New Directions in the Study of Society and Culture*, edited by Victoria Bonnell and Lynn Hunt, University of California Press, 1999, p. 6.

权运动的兴起、贫困的'重新发现'及控诉越南战争的揭露,表明和谐理论和地位获得理论、富足理论及现代化理论均不能解释当前发生的事件","例如,民权运动、反战运动、福利权利运动,还有妇女及其他人的平等权利运动,把主体性和历史重新提上了议事日程"①。总之,大部分亲历或见证了"激荡的60年代"的西方学人,在后现代主义思潮的影响下,他们的历史意识整体性地发生了变化,"主体的回归"逐渐成为人文和社会科学界的共识,历史学开始进入了一个自我反思、自我变革的新阶段。

鉴于福柯自60年代以来对世界学术和思想发展所产生的巨大影响力,这里有必要提及他在其最具代表性的著作——《词与物:人文科学的考古学》(1966年出版)——中对人之为主体的探究。在该著中,福柯采取知识考古学的探究方式,在批判自从近代笛卡尔以来的西方哲学家们致力于建构的人类学主体主义的基础之上,使自我成为一个有待审查的问题,即探讨自我是如何形成的,指出人并非是先验的、绝对的主体,而是被活生生的经验锻造出来的,是经验和历史的产物。在福柯看来,"人是这样一种存在方式,即总是开放的、从未一劳永逸地被界定的、但被无限浏览这样一个维度能在人身上建立起来,这个维度是从人在我思中并不加以反思的自身的一部分伸展到人据以重新把握这个部分的思想活动……人不停地被呼吁自我认识"②。福柯认为历史是一个由无数断裂面构成的网状体,人的主体性是被建构起来的。"福柯的知识考古表明,历史并不是连续不断地递进的统一过程,而是在权力的暴力作用下产生的无数断裂组成的网状体,或者说历史的前进是这些断裂面不断衔接的结果……人

---

① Terrence J. McDonald, "Introduction," *The Historic Turn in the Human Sciences*, edited by Terrence J. McDonald, The University of Michigan Press, 1996, p. 5.
② [法]米歇尔·福柯:《词与物:人文科学的考古学》(修订译本),莫伟民译,上海三联书店,2017年,第326—327页。

的价值和属性并非是普遍的和超历史的,而是交往互动的文化和话语实践的产物。主体性主要由文化局部性构成,主体性就是人的社会性和文化性的综合过程,主体的意义、价值和自我形象都来自社会文化实践。"①我国研究福柯思想的学者莫伟民指出,福柯批判的是西方近代主体话语中的先验主体和意识主体,真正探讨的是实证主体和历史主体。"福柯在《词与物》中谈论'人之死',其实死去的是先验主体和意识主体,诞生的是实证主体和历史主体。"②1980 年 11 月,福柯在达特茅斯学院所作的两次演讲中,均极力强调认识自我技术(technologies of the self)——自白或坦白(L'aveu/confession)——在构型西方自我文化中的重要性,并由此解构西方基督教文化中的自我解释学,提出了"关注自我"的主张。福柯认为当下的西方社会不再需要这种"发现自我在其实证性中是什么"的自我解释学,而是要致力于发现主体自我的建构性质,即"自我不过是我们历史上所建构工艺的历史相关物而已",由此摆脱一个普遍主体的概念,从而建构新的主体。故此,在福柯看来,自我就是主体和自己建立的关系类型。"所谓'自我',我指的是作为主体能够和他自己所具有,并维持的关系类型。譬如说,人在城邦中可以是一个政治主体。政治主体,这就是说他能够选举,或者他能够被他人利用,等等。自我就是这个人在一种政治关系中和他自己所具有的关系类型。在法语中可以把这叫作'主体性',但不够好,我认为'自我'(soi)更好。我想,主体和自己的这类关系就是技术的对象……当我说,灵魂是身体的监狱时,这当然是一句玩笑话,但意思是说,身体在这类规训当中被个人和他自己的关系类型所界定、所限定。规训所强加的正是这类(关系),它

---

① 马海良:《后结构主义》,载于赵一凡等主编:《西方文论关键词》,外语教学与研究出版社,2006 年,第 174 页。
② 莫伟民:《主体的真相——福柯与主体哲学》,载于《中国社会科学》2010 年第 3 期。

给身体某种地位、某种定义、某种重要性、某种价值等。"①福柯试图解释西方世界的自我是如何生成的。"福柯的一个根本思想,就是自我不是什么自然的客观存在,而是在一定的自我文化中,由一定的自我实践和自我技术造成的。"换句话说,"没有自我实践和自我技术就没有自我。或者有什么样的自我实践和自我技术就有什么样的自我"②。

由米歇尔·福柯所阐发的主体性理论或自我理论给予了诺拉重要的启示。70年代末,颇具学术前瞻性眼光的诺拉运用他强大的人脉关系和号召能力,同时着手发起了"记忆之场"(Les Lieux de Mémoire)和"自我史"的书写计划。80年代初,诺拉向若干法国知名史家发送了邀请函,期望他们以书写个人史的方式审查和反省法国"二战"之后的历史-记忆(histoire-mémoire)③及其法兰西民族史的书写,并将他发起的这场历史学家群体书写个人自传的学术计划称作一场"实验室里的试验"(tentative de laboratoire)。就历史-记忆这一主题而言,可将"自我史"视为"记忆之场"的姊妹篇章。

"主体性"和"反思"是诺拉发起和组织自我史书写的两个关键词。从"Ego-Histoire"这一词语的构成形式和字面意思来看,"自我史"很容易让人联想到"自传"(autobiography)或"回忆录"(memoir)的文体体裁。在近现代西方社会文化语境中,作为个人主义的内核,"Ego"(自我)不仅仅指的是对个人及其内在自我的看法,对个人自身价值的确信,通常表现为当下的自己所拥有的优越感和确定感,而

---

① [法]米歇尔·福柯:《自我解释学的起源:福柯1980年在达特茅斯学院的演讲》,潘培庆译,西南师范大学出版社,2018年,第90、104—105页。
② [法]米歇尔·福柯:《什么是文化?自我的文化:福柯的两次演讲及问答录》,"译者序"("批判与治理如影随形,自我与技术如水随器"),潘培庆译,重庆大学出版社,2017年,第xxiii、xxv页。
③ 关于历史-记忆概念的辨析,可参见屠含章:《历史记忆、历史-记忆或历史与记忆?——记忆史研究中的概念使用问题》,载于《史学理论研究》2022年第1期。

且,更为重要的是,它还指对自身价值及其确信的反思,即我们通常所说的强调个人内省的自我反思。众所周知,"二战"后的法国知识分子共同体竭力维护的自我形象——法兰西民族和社会的良知、担当,在雷蒙·阿隆和著名欧洲史研究专家托尼·朱特的无情揭露下[①],让世人窥见了当时法国知识界的"主流的声音"——以法国文化领域的存在主义哲学家让-保罗·萨特(Jean-Paul Sartre,1905—1980)为代表——那不堪的一面。然而,据托尼·朱特考察,自上个世纪 50 年代后期开始,法国知识界便进入了一个自我反思的新阶段,有部分知识分子开始尝试书写"具有更高的自我剖析性与诚实度",以及"更具分析性"的自传作品。在这些书写自传的知识分子当中,在 1958 年至 1972 年期间,存在主义作家、女权主义者西蒙娜·德·波伏娃(Simone de Beauvoir,1908—1986)出版了四卷本回忆录,即《端方淑女》(1958 年)、《时势的力量》(1960 年)、《事物的力量》(1963 年)及《归根到底》(1972 年),"尽管有时它们缺乏心理学洞见,并不时表现出令人惊讶的幼稚,却仍然是真诚的且有益的高质量叙述……最好的也许也是最有影响力的前共产党知识分子的自传,当属埃德加·莫兰 1958 年初出版于巴黎的《自我批判》(*Autocritique*)。更具分析性的自传,参见共产主义哲学家亨利·勒菲弗,《总数与余数》[Henri Lefebvre: *La Somme et le reste* (Paris,1959)]"[②]。著名诗人、小说家、评论家、汉学家克洛德·罗阿(Claude Roy,1915—1997)分别在 60 年代末和 70 年代出版了三卷本自传:《经验的我,先验的我》(*Moi*,*Je*.1969)、《我们》(*Nous*.1972)及《总而言之》(*Somme tout*.1976)。萨特也在 1960 年和 1974 年发表了他

---

① 这里指的是雷蒙·阿隆书写的《知识分子的鸦片》和托尼·朱特书写的《未竟的往昔:法国知识分子,1944—1956》这两部学术著作。
② [美]托尼·朱特:《未竟的往昔:法国知识分子(1944—1956)》,李岚译,中信出版社,2016 年,第 444—445 页。

亲笔书写和以对谈形式呈现的自传作品——《词语》(Words)①和《萨特传》(La Cérémonie des adieux, suivi de Entretiens avec Jean-Paul Sartre: Août-Septembre)②。

在托尼·朱特的心目中，1983 年出版的、由著名的政治哲学家、历史学家、思想家雷蒙·阿隆书写的《回忆录：五十年的政治反思》(Mémoires: 50 Ans de réflexion politique)③，堪称自 50 年代以来法国知识分子书写的自传典范，是"这类作品的极致"。确实，雷蒙·阿隆在自传中不仅质疑生活世界，而且质疑法国乃至整个西方的知识世界。法国当代最杰出的希腊及罗马研究专家保罗·韦纳(Paul Veyne, 1930—2022)曾经论断福柯等一批法国知识人在 80 年代初成为"新型知识人"。"福柯希望成为一名专业化的知识人，这样的知识人总是对他的生活和专业实践过程中偶然遇到的某些独异现象持异见态度。这是一种新型知识人，1980 年左右，有很多讨论涉及这种专业知识人。"④在保罗·韦纳的心目中，雷蒙·阿隆和福柯一样，都是"新型知识人"的代表人物，他们身上最突出的特质便是质疑和反思精神。毋庸置疑，诺拉发起的"自我史"书写计划，是法国知识分子共同体书写自传这一自觉行动的延续和革新，更是一份新型知识分子群体的宣言书。

自此，法国历史学领域的"反思史学"话语体系逐步确立，并延续至今。2016 年，《历史与社会科学年鉴》(即《年鉴》，1994 年更名)主编安托万·里勒蒂(Antoine Lilti)在接受我国学者汤晓燕、杨磊采访时，仍然明确表示历史学家应该继续发扬多学科对话和"反思史学"

---

① 又译为《文字生涯》。
② 又译为《永别的仪式》。
③ 中译本有两个版本：其一为《雷蒙·阿隆回忆录：五十年的政治反思》，杨祖功等译，由新星出版社于 2006 年出版；其二为《雷蒙·阿隆回忆录》(增订本)，杨祖功、王苏译，由社会科学文献出版社于 2017 年出版。
④ [法]保罗·韦纳：《福柯：其思其人》，赵文译，河南大学出版社，2017 年，第 151 页。

的优良传统。"今天的《年鉴》杂志仍然坚持强调以下几个宗旨,这也是本刊的特色:首先,最重要的一点是:《年鉴》注重历史学与其他社会科学的对话,包括人类学、社会学、地理学。我们认为历史学完全属于社会科学领域,我们欢迎有助于对不同学科交叉领域进行总体讨论的文章。其次,《年鉴》的第二个独特之处在于重视非西方史学的作用。……第三点是我称作的'反思史学',历史学家不应只书写过去,他们必须明确他们使用的概念,他们提出的理论问题,他们强调的历史编纂问题,以及最终明确他们的个人立场。"①史学反思话语体系的逐步确立,是诺拉能够顺利地发起自我史书写的一个重要前提。

在20世纪法国史学史的视域中,由诺拉和勒高夫合作主编、1974年出版的三卷本《创作历史》(Faire de l'Histoire),是法国史学家共同体聚焦于历史研究方法而发起史学反思的一个起点。两位主编意图由此推动"一种新的史学类型"出现,勒高夫开宗明义地指出,法国历史学家未来要立志在现代史、事件史、政治史及现时史的领域里有所作为。"但是,新史学对现代史领域的渗透仍然很有限,近年来在《年鉴》杂志中有关当代史研究的文章不多便是一个明证。事件史和政治史在这一领域仍有很高威望。社会学家、政治学家和某些杰出记者在研究现时史方面,往往比专业史学家更有成果。曾对共产党现象有过尖锐和完整看法的安妮·克里格尔放弃了史学家的头衔而改称社会学家。然而正如雅克·朱利亚尔、皮埃尔·诺拉和雅克·奥祖夫的成功尝试所表明,占据现代史阵地已是新史学的迫切任务。"②逻辑地说,由与诺拉和勒高夫同一个时代的历史学家来书写自传,自然便可将现代史、事件史、政治史及现时史整合为一体,以便

---

① 汤晓燕、杨磊:《〈年鉴〉杂志与法国历史研究的新动向——访法国社会科学高等研究院安托万·里勒蒂》,载于《史学理论研究》2018年第2期。
② [法] 勒高夫等主编:《新史学》,姚蒙译,第33页。

于构建关于法兰西民族过去的共同记忆。事实上,自 70 年代中后期开始,欧美有些国家部分颇有影响力的史学刊物策划邀约知名史家书写"以史为业"的个人学术轨迹的专栏,这充分表明学界对史家书写自传的态度正在发生着明显的变化。例如,在英国,《近代史期刊》(*Journal of Modern History*)于 1977 年刊发了著名历史学家 A. J. P. 泰勒书写的短篇自传,引起了不少历史学家的关注。法国历史学界对这位英国历史学家很有好感。泰勒曾在 1954 年匿名评论过布洛赫和布罗代尔书写的历史著述,并且对这两位法国历史学家的治史水平给予了很高的评价。在法国,知名当代史教授米歇尔·维诺克(Michel Winock)在 1978 年创办《历史》杂志之后,很快就策划了以反思个人学术人生为主题的历史学家自传访谈,并且首先就邀请了以研究儿童史、家庭史学和死亡观念史而闻名于世的年鉴学派第三代历史学家菲利普·阿里埃斯(Philippe Ariès,1914—1984)进行自传访谈。此举促使更多的法国历史学家自觉地关注当代史和主体性的问题。紧接着,当以"语言学的转向"为主要标志的后现代主义思潮在 80 年代初"侵袭"历史学时,与历史(学)密切相关的记忆成为当下主义的工具,作为一直密切关注学术前沿动态的一名优秀编辑,诺拉敏锐地意识到专业史家的自传书写将会是思考并确定历史学在当下的位置的最佳方案。正如年鉴学派"新史学"代表人弗朗索瓦·阿赫托戈(François Hartog)所指出的那样,在当下这个时代,"记忆体制转变,以及历史学进入了史学史时代"①,这已然成为诺拉发起"记忆之场"(Les Lieux de Mémoire)和"自我史"书写计划的根本动力。

1980 年和 1982 年,阿里埃斯和勒华拉杜里书写的自传专著相继

---

① [法]弗朗索瓦·阿赫托戈:《历史性的体制:当下主义与时间经验》,黄艳红译,中信出版社,2020 年,第 124 页。

出版,受到了学界同仁的好评。1983 年,泰勒书写的自传专著《个人史》(A Personal History)出版。这几位当代杰出的历史学家均采取当下主义的视角,以回顾"以史为业"的学术人生为主要内容,竭力表明正是历史学家个人的自我意识一再地激活了历史学的生命力。正是基于这样的思考逻辑,泰勒在《个人史》的序言中旗帜鲜明地倡导"每个历史学家都应该书写自传"[①]。同年,另外一家法国著名的朱利亚尔(Julliard)出版社出版了雷蒙·阿隆书写的《回忆录》。这是一部阿隆以 20 世纪绝大部分历史的亲历者、见证者及"介入性的"公共知识分子三重身份写就的自传作品,它主要以反思的形式描述了 20 世纪初至 80 年代初的世界政治,以及对现代知识分子身份的界定。如果说保罗·利科力主历史学应该坚守"人的回归",那么雷蒙·阿隆则具体地指向政治史的回归。第二次世界大战结束之后,亲眼看见了纳粹极权的暴政、欧洲的分化、重组及大国的核威胁,早在 1938 年完成的博士论文中就以"历史客观性的限度"(les limites de l'objectivité historique)为探究对象的阿隆,此时变得更加担忧西方民主制度的崩溃和个人自由的丧失。众所周知,阿隆自称是一名"入戏的观众",他解释说,这个角色就是"同时是在历史的形成过程中当个旁观者,要求自己对正在进行的历史尽可能地保持客观,而同时又不置身于历史之外,是要介入历史。我想把演员和观众这两个角色并为一体"[②]。

阿隆赋予自己"入戏的观众"的这个自觉的新身份的行动,表面上看指向的单单是他的政治意识,实则是政治意识和历史意识的统一性。"我们的政治意识是,而且不可能不是一种历史意识。……我们的历史意识不可避免地具有我们的经验的烙印。"而且,这种历史

---

① A. J. P. Taylor, *A Personal History*, London: Hamish Hamilton, 1983, p. ix.
② [法]雷蒙·艾宏:《入戏的观众》,赖建诚译,(台北)联经出版公司,2009 年,第 271—272 页。

意识是直指当下的。"每个集体都有一个历史意识。我这里所说的历史意识,指的是对这个集体而言,人性、文明、民族、过去和未来、建筑和城市所经历的变迁所具有的意义。"1970年12月8日,他明确地论及当下的世界仍然十分需要历史意识:"思考自己当下的历史意识,是思考我们正在生活的历史的一种方式。人类的历史条件(是)——为了指称一些极为简单的给定条件,用这个词有夸张之嫌——我们中的每个人都处在其他人之间,归属于一个社会;我们中的每个人,都注定要置身于一个多少没有条理的世界当中。"因而,他积极倡导政治史的回归,提醒历史学家应该多多关注个体在历史上的作用,希冀以历史意识关照当下的现实政治。雷蒙·阿隆为何要倡导政治史的回归呢?佩里纳·西蒙-纳乌姆(Perrine Simon-Nahum)的评论可谓一针见血:"阿隆之所以对政治史情有独钟,是因为在政治史中,诸多个体通过行动体现出了个人自由,而政治史的表达正是着重于个人自由。"①在1973—1974年期间,当时雷蒙·阿隆正在法兰西公学院讲授"世界历史的建构"课程,他以一位米歇尔·福柯所言说的普遍知识分子的角色而介入了由奥地利裔英国知名经济学家、政治哲学家弗里德里希·奥古斯特·冯·哈耶克(Friedrich August von Hayek,1899—1992)在《科学革命之反动》和《经济秩序与个人主义》,以及奥地利裔英国著名哲学家卡尔·波普尔(Karl Popper,1902—1994)在《开放社会及其敌人》和《历史主义的贫困》中挑起的"关于方法论上的个体主义的论战",从人的行动意图与人类历史的演变结果所构成的悖论出发,阐明历史决定论是不符合历史演变事实的一种理论。"我要强调在人文科学中参照个体行为的必要性,历史真实性由人构成,人采取行动时有意向:既然人投入行

---

① [法]雷蒙·阿隆:《历史意识的维度》,董子云译,华东师范大学出版社,2017年,第26、85—86、5页;"法文版序言",第13—14页。

动时带有意向,所以我们可以说人类创造自己的历史。不过,他们创造的历史永远不是他们想创造的那种,这也是历史上古老的悖论:人类创造历史,但是他们对自己创造的历史懵懵懂懂。虽说他们在事后了解了这历史,但了解起来也十分困难。我想提出的难题便是在认识论和方法论上如何解释这一悖论。历史由个体行为组成,但是整体历史不一定是行为人意图的结果。我甚至要讲:除了极个别个体决定或左右大局的情况之外,行为人的意图永远构不成对社会现象的科学解释。"①后来,雷蒙·阿隆在《回忆录》中进一步讨论了历史学家的自由和历史知识的创造,强调"历史之所以成为人类史,是因为,人为自己寻找一种天赋,也是因为,人把自己的使命和命运对立起来"②。阿隆所阐发的历史意识及政治史回归的思想,1968年之后在法国历史学家共同体内引起了强烈的共鸣。窃以为,雷蒙·阿隆所书写的自传体《回忆录》,与阿里埃斯、勒华拉杜里书写的自传文本一道,成为当代法国历史学家通过书写自传的形式反思20世纪历史、自身学术实践及历史学的先声。

　　法国历史学家们对自传实践及其理论的重视,几乎同时出现在80年代初,这绝不是巧合。这一现象表明法国知识界此时出现了自我身份的认同危机,重新审视自身的社会角色已然成为一个十分重要的议题。前述保罗·韦纳所言说的"新型知识人"便是这一议题的集中体现。也正是在1983年,诺拉与哲学家马塞尔·戈谢(Marcel Gauchet)合作而创办的跨学科杂志《争鸣》,以"历史学:昨日、他处与明日"为主题刊发了四篇论文,其中一篇便是这一时期享有世界声誉的年鉴学派领袖人物乔治·杜比书写的《论自传》(*De*

---

① [法]雷蒙·阿隆:《论治史》,西尔维·梅祖尔编注,冯学俊、吴泓缈译,生活·读书·新知三联书店,2003年,第237—238页。
② [法]雷蒙·阿隆:《雷蒙·阿隆回忆录》(增订本),杨祖功、王苏译,社会科学文献出版社,2017年,第486页。

L'autobiographie)。从 1987 年面世的《自我史论文集》(*Essais d'ego-histoire*)来看,乔治·杜比书写的这篇《论自传》,实际上为诺拉策划的"自我史"书写计划吹响了号角。就在"记忆之场"书写方案落实之后不久,诺拉就将"自我史"书写计划提上了日程。他向当时的许多法国知名史家发出了邀约信,倡导他们以探讨主体性问题为导向,反思性地阐明"自己研究的历史与塑造自己的历史之间的关联"①。然而,由于种种原因,不少历史学家或拒绝了诺拉的邀约,或中途退出了书写计划,故而最终只有勒高夫等七位历史学家如期完成了自我史的写作。这里有必要指出的是,这七位历史学家均在两次世界大战之间出生,他们都是 20 世纪重大事件的亲历者或见证者。

自我史,就其已经面世的历史文本而言,它最初特指的是 80 年代由法国第一流的七位著名历史学家以自我反思的方式完成的个人史。这七位历史学家及其自我史文本分别是:莫里斯·阿居隆(Maurice Agulhon,1926—2014)书写的《从幕后看问题》(*vu des coulisses*)、皮埃尔·肖努(Pierre Chaunu,1923—2009)书写的《死亡之子》(*Le fils de la morte*)、乔治·杜比书写的《历史学家的乐趣》(*Le plaisir de l'historien*)、拉乌尔·吉拉德(Raoul Girardet,1917—2013)书写的《战争的阴影》(*L'ombre de la guerre*)、雅克·勒高夫书写的《历史的胃口》(*L'appétit de l'histoire*)、米歇尔·佩洛(Michelle Perrot)书写的《时代氛围》(*L'air du temps*)及勒内·雷蒙书写的《当代的当代人》(*Le contemporain du contemporain*)。这七篇被称为"自我史"的论文,主要围绕"我是如何成为一名历史学家

---

① Pierre Nora,"'Introduction'from Essais d'Ego-Histoire," Translated by Stephen Muecke,*Ngapartji Ngapartji: In turn,in turn: Ego-histoire,Europe and Indigenous Australia*,Edited by Vanessa Castejon,Anna Cole,Oliver Haag,Karen Hughes,Australia:ANU Press,2014,p.22.

的"这一议题,在对个人学术经历的回顾叙述中,深刻地反思了发生在 20 世纪的重大历史事件(特别是抵抗运动和阿尔及利亚战争)、法国教育体制及年鉴学派在何种程度上影响甚或型构了这七位历史学家的职业选择及研究旨趣,以及他们如何在 70 年代末"叙事史的复兴"话语的影响下反思布罗代尔倡导的总体史和长时段理论。1987年,诺拉将这七篇以第一人称、采取自我反思叙述方式书写的个人史集结为《自我史论文集》,由他当时担任学术编辑的大名鼎鼎的伽利玛出版社发行。从后续西方一些国家的历史学家群体的自传书写的趋向来看,《自我史论文集》的面世,标志着"自我史"概念正式成为引领西方历史学家共同体进行历史学反思的一个风向标。

1978 年,当诺拉在法国社会科学高等研究院开设讨论课时,面对法国社会出现的记忆与历史发生断裂的现状,他更加坚定了"记忆来自每个历史学家自身"的信念。一方面,现实生活中每个群体均产生为了建构自我身份认同而向历史寻找记忆的心理需求,面对这种来自记忆责任的需求,"历史学家就是防止历史仅仅成为历史的人";另一方面,为了与传统意义上的自传及其"对手"①——米歇尔·维诺克——在 70 年代初主持的法国史学家自传访谈进行明确的区分,诺拉抱着一种史学试验的心态,鼓励法国历史学家采取自我反思的个人史书写方式,把探讨历史学的主体性问题设定为目标,从而构建一种新型的历史学。就"主体性"这个议题而言,有论者一语道破其悖论性。"在英语、法语和德语中,subject/subjet/subjekt 这个词语都具有两个悖论性的含意:自主-臣服。这绝非偶然,而是深刻喻示了'主体'内在固有的紧张:作为一个主体,也就意味着作为一个自立、

---

① 这里的"对手"一词,主要指的是他们两人分别供职于法国两个知名出版社,并且都擅长于组织历史学术活动,他们在争取历史学家人力资源方面产生了某种竞争关系。维诺克是塞伊出版社的知名编辑,在他的推动下,年鉴学派第三代史学家菲利普·阿里埃斯(Philippe Aries)和勒华拉杜里的自传文本分别于 1980 年、1982 年出版。

自主的行动者;但这种自立、自主只是其对立面屈从、臣服的结果。"①诺拉显然在福柯的自我理论那里注意到了主体性一词的这种悖论性,因而把自我史界定为新的历史意识对旧的历史意识的一种克服和超越。他给自我史下了一个不是那么清楚明了的定义:"自我史,历史意识新时期的一种新类型。"这里需要特别指出的是,诺拉提及的"历史意识新时期"有着特定的指向。从根本上说,这是诺拉针对70年代法国"主体的回归"的智识氛围,即不同群体看待传统及历史的方式——如何形成对历史的认识——发生了根本变化而提出来的。在法国史学界重新认识叙事史和政治史的语境中,"主体的回归"既是对年鉴学派历史书写范式的一种反抗,同时也是对民族-国家历史书写范式的有力挑战。毋庸置疑,法国史学研究在20世纪独领风骚。勒华拉杜里曾经无比骄傲地说道,若说法国同胞为法国人未能在尖端科技领域处于领先地位而感到痛惜,那么能够让他们"聊以自慰"的是,在1930年至1965年这个期间,"全靠'年鉴派'的努力,产生了世界上最好的历史学家"②。彼得·伯克曾不无艳羡地说道:"20世纪最富创见、最难以忘怀、最有意义的历史论著中,有相当数量是在法国完成的。"③进一步说,这些论著的作者基本上都与1929年创刊的《年鉴》杂志有着紧密的关系。我国有法国史学研究者进一步指出:"在某种意义上,在第二次世界大战结束后的'辉煌三十年'里,法国学者引领着西方史学发展的潮流,阿尔贝·索布尔的法国革命史学研究和拉布鲁斯的社会经济史研究享誉世界,年鉴学派更可谓执世界史学之牛耳。"④然而,就是在"辉煌三十年"期间,年

---

① 马云龙:《棘手的主体:自主抑或臣服》,载于《外国文学》2009年第11期。
② 勒华杜里耶:《新史学的斗士们》,见法国《新观察家》周刊第791期,1980年1月7—13日。转引自顾良:《布罗代尔与年鉴派》,载于《史学理论研究》1994年第1期。
③ [英]彼得·伯克:《法国史学革命:年鉴学派,1929—1989》,刘永华译,第1页。
④ 沈坚、乐启良:《当代法国史学研究新趋势》,浙江大学出版社,2021年,第1页。

鉴学派受到了来自历史学科外部和内部的双重挑战。

从法国新史学的发展状况来看，可能来自著名哲学家米歇尔·福柯和保罗·利科的挑战最大，亦最具启发性。福柯认为当下的历史学家应该竭力弄清楚过去那种被误导的连续性所遮蔽的断裂，"关注所有事物的历史化"，"搞清楚历史构型的原生性，而不是得出什么自然解释或合理的解释——那种做法是我们人类太过经常的一种倾向，总是倾向于以时代错乱为代价让事物合并为同类"①。第二次世界大战之后，保罗·利科愈加关注"人的历史"，不断呼吁"人的回归"，力主人文社会科学家的当务之急是"对权力的反省"和展开与过去的对话，原因在于，"权力在人和人之间建立了一种不平等的、非相互的，有等级的和非博爱的交流。但是，这种关系是人类历史的基础和根基。正是通过权力，人创造了历史。这种关系在本义上创造了人，也使人失去方向"②。故此，利科"把历史学家的职责、历史学家的事业存在的理由界定为对人性的探究"，力主历史学家应该研究"人和人的价值观"。有鉴于此，为利科作传的历史学家多斯才盛赞其促使法国历史学家——尤其是年鉴学派历史学家——转向了"人"的研究，为法国新史学指明了发展的新方向。多斯写道：

> 利科拒绝了在历史编纂活动中越来越明显的在客观化的境域和主观主义的视野之间的虚假的抉择。与客观化的境域相伴的是其唯科学主义的抱负，而与主观主义的视野相伴的则是在涉及从事恢复过去之活动的能力时信赖直接性的经验。利科的目标是表明历史学家的实践是一种始终处在客观性和主观性的张力中的实践。这当中的客观性永远不会完整，而这里的主观性则是一种具有批判眼光的主观性，它应当通过划分出好的主

---

① [法]保罗·韦纳：《福柯：其思其人》，赵文译，河南大学出版社，2017年，第35页。
② [法]保罗·利科：《历史与真理》，姜志辉译，上海译文出版社，2004年，第103页。

观性,即"探求中的自我"和不好的主观性,即"哀怨动人的自我",抛弃一部分自我的因素。如同在其他领域一样,利科在这一领域的所有努力都是旨在证明,探求真理的道路必然充满着弯路。历史学通过与物理学类似的校正而发展。历史学家同时处在外在的位置和内在的处境,外在的位置是就其研究对象而言的,它根据的是将之隔开的时间上的距离。利科提醒大家注意,这些支配着这种真理的契约(ce centrat de vérité)的规则,自希罗多德和修昔底德以来,一直指导着所有历史学家的探究,并奠定了历史学家的方法论,这一方法论构成了设计(l'élaboration)的最初层次以及理解企图的最初层次。在这最初的层面上,反思的主观性处在了已经在进行的可理解性的图标的构成本身当中。……历史学家的客观性的不完备使具有多种层面的主观性的强力参与变得必不可少。首先,它是通过选择的概念来介入的。……其次,历史学家要通过他所突出的因果关系的纽带而使自己具备主观性的功能。……第三,历史学家的主观性寓于使自身和他者对立的时间距离之中。利科揭露某些历史学家倾向于把人的维度从其学科剥离出来,以便在可以重复的想象中,以及在固定的巨大的结构性底座中,找到更具科学价值的客观化道路。这恰恰是正在以霸权主义方式使人在学术性史学(l'histoire savant)层面上敬服年鉴学派倾向的法国史学流派所采取的方向。这是利科自1952年起很早就感知到的问题的焦点。他力图逃避一种系统化的陷阱,以便为历史学保留介入现代中的角色,保留恢复时间的意义的角色,这种时间是内在于我们在世界上存在之中的。①

---

① [法]克里斯蒂昂·德拉克鲁瓦等:《19—20世纪法国史学思潮》,顾杭、吕一民、高毅译,第316—318页。

透过上面这段话,读者很容易觉察到多斯为利科立传的意图。多斯显然赞同利科对年鉴学派所主导的结构主义史学之批判,以及对历史学家的主观性之褒扬。一句话,多斯在不遗余力地呼唤"主体的回归"。

总体而言,在"主体的回归"的智识氛围中,这一时期"法国的社会关系和公共领域的轮廓发生了非常大的变化"。"如果说与过去的纠缠关系以记忆方式表达出来……大概还因为公共空间的重新定义。在这方面,少数群体的问题尤其明显,无论是性别的——首先是妇女作为特别类群的出现——还是宗教的、种族的、地方的或地区的……新的群体或新的实体……都以一种新方式要求在公共空间中获得一席之地……还有……对过去的重新理解,对某种特别的历史的把握,这种历史被视为具有个别性,它有别于一般意义上的历史,如民族史。此后,人们所关心的更多的是记忆,或者说话的传统,而不是传统意义上的历史。因为传统的历史遮盖了某种历史行动者扮演的特殊角色。"①这种现象说明"从记忆传统演变而来的历史是如何演变成社会对自身的认识的"这个问题急需得到阐明。保罗·利科适时提议道:"把记忆重新放回到与对将来的期望和对当下的现状的相互关系中去,然后看我们今天或者明天用这个记忆能做点什么。"②为此,诺拉从"相当广义的"史学史(historiographiques)的方法论角度提出,有必要"对不同时代的各种历史撰述和记忆呈现作更为全面的剖析"。然而,"诺拉强调,这种史学史不是对史家、流派的分析,而是在民族历史的框架中,以理性的批判眼光对法国人接受的全部传统进行分析,因此这是一种相当广

---

① Christian Delacroix et al., *Les courants historiques en France*, XIXe-XXe Siècle, pp. 564-565. 转引自黄艳红:《"记忆之场"与皮埃尔·诺拉的法国史书写》,《历史研究》2017 年第 6 期。
② [法] 保罗·利科:《过去之谜》,綦甲福译,山东大学出版社,2009 年,第 21 页。

义的史学史"①。以诺拉和勒高夫为代表的一部分法国历史学家洞察到,法国社会现实生活中已经出现了"记忆危机",在历史学领域,新社会史的兴起意味着"历史学开始反省自身",进一步说,此时的"历史学已不可避免地进入了认识论阶段",而未来的"历史学或许会更多地将注意力转移到个别记忆上,也会将自己转变为有关过去心态的实验室……(因为)对每个群体来说,从记忆向历史的过渡,使得它们必须通过复兴自己的历史来重新确定自己的身份。记忆的责任使得每个人都成为自己的历史学家"②。这种将当下与记忆结合在一起的当下主义视角,表明把每个个体或群体为着自身的现实目的而产生阐释历史的意识——记忆的责任——视作了历史意识。年鉴—新史学派的"反思转向"便是"历史意识新时期"的一个明证。此时的年鉴学派第四代历史学家在发扬前辈的治史理念的同时,也表现出与后者的明显区别。

勒高夫在阐发"新史学"的研究旨趣时,强调年鉴学派新一代历史学家有必要以"反思性"的眼光,在史学史的历史编纂学视域中审查前辈学者所使用的概念、理论、方法等,力主把研究时段从中世纪史转向现代史,认为现代史的研究已经成为当下的"迫切任务"。"但是,新史学对现代史领域的渗透仍然很有限,近年来在《年鉴》杂志上发表的有关当代史研究的文章并不多这一事实,便是一个明证。事件史和政治史在这一领域仍有很高威望。社会学家、政治学家和某些杰出记者在研究现时史方面,往往比专业史学家更有成果。曾对共产党现象有过尖锐和完整看法的安妮·克里格尔放弃了史学家的头衔而改成社会学家。然而正如雅克·朱利亚尔、皮埃尔·诺拉和

---

① 黄艳红:《"记忆之场"与皮埃尔·诺拉的法国史书写》,《历史研究》2017年第6期。
② [法] 皮埃尔·诺拉:《记忆与历史之间:场所问题》,皮埃尔·诺拉主编:《记忆之场:法国国民意识的文化社会史》,黄艳红等译,南京大学出版社,2020年,第10、11、16—17页。

雅克·奥祖夫的成功尝试所表明,占据现代史阵地已是新史学的迫切任务。"法国历史学家不仅要从中世纪史学转向研究现代史,而且还要从史学史的角度去反思和更新历史观念,更新史学思想。"总之,我们应当希望的是历史科学在今后更好地避免历史的哲学化倾向,不再夜郎自大,从而更好地从人类亲身经历过的历史的角度来定义历史学。史学史取得的令人瞩目的进展应当一浪推一浪,继续下去。"①勒高夫这里阐述的新史学思想主旨,正是诺拉力主发起自我史书写计划的主要缘由。在诺拉看来,历史学家不仅是过去与现在的双重经验者,而且理所应当是善于并勇于运用自己的理智的一个群体。学科规训的惯习必定会促使历史学家自觉地把自我放置在历史的场域中进行叙述,对当代史和时代主题及其精神的反思便是题中应有之义。推动若干当下知名的历史学家书写自传,自然也就是同时在促使他们以亲历者的身份反思性地书写法国的 20 世纪历史,更直接地说,是在推动他们书写新的民族史——跳脱传统的民族-国家框架,从个人记忆的视角去重塑法兰西民族史。

有鉴于此,诺拉一边组织众多法国学者以"全新的"身份——"只是阐释者和中间人"——参与"记忆之场"(Les Lieux de Mémoire)书写计划,一边提出"历史学家可以尝试成为自己的历史学家"的主张,有必要以阐明"自己所研究的历史与塑造自己的历史之间的关联"为己任,从而开启了一场"实验室里的试验"——"自我史"书写计划。②除此之外,更为重要的是,诺拉这里使用的"历史意识新时期",还指因后现代主义理论对现代历史学的核心概念——客观性——的冲击

---

① [法]勒高夫等主编:《新史学》,姚蒙译,第 33、40 页。
② Pierre Nora, "'Introduction' from Essais d'Ego-Histoire," Translated by Stephen Muecke, *Ngapartji Ngapartji: In turn, in turn: Ego-histoire, Europe and Indigenous Australia*, edited by: Vanessa Castejon, Anna Cole, Oliver Haag, Karen Hughes, Australia: ANU Press, 2014, p. 21.

而引发的80年代"历史学危机",即福柯所断言的"历史学的终结"问题。① 毋庸置疑,自70年代开始,叙事主义的历史哲学取代了分析的历史哲学,促使历史学家的史学观念发生了根本性变化,以解释策略为核心的后现代的叙事主义理论为越来越多的历史学家所接受和青睐。尤其是海登·怀特书写的《元史学:19世纪欧洲的历史想象》(1973年),强调历史学的本质是讲故事,优秀的历史学家擅长于将理性和想象有机地结合起来,并运用文学性技巧叙事,从而对"言说与关于言说的言说"进行了区分。"它试图从形式上证明,可以通过几种方式合理地实践历史学。然而,最重要的是,它热情地主张一种创造性的、非反讽的、有道德蕴含的历史书写形式。理性与想象在这种书写形式中丰富彼此。"② 此外,怀特还在该著中揭示了人类习惯于在现象背后找寻一个中立的行为主体的心理倾向,促使部分历史学家日益产生了"褒扬主体性"的冲动,"历史实在和历史学家的伦理和政治价值观常常如此地相互趋近,从而事实上是不可区分的"③。为了进一步摆脱科学-客观主义史学和结构史学的桎梏,已有部分历史学家开始自觉地运用以福柯、德里达和利奥塔为代表的法国后现代主义者(或称后结构主义者)所提出和阐发的一些后结构主义概念作为历史认识的工具,并且在此基础上对书写自己的个人史一事产生了新的兴趣和冲动。英国历史学家泰勒在其反思性地书写而成的自传《个人史》中指出,人要通过反思才能发现真正的自我,才可能进而实现对人类社会演变规律的真正认知。作为历史-记忆研究的开创者之一,诺拉有意强调个人的记忆是回顾性地建构起来的,这实质上

---

① [美]恩斯特·布赖萨赫:《西方史学史:古代、中世纪和近代》(第三版),黄艳红、徐翀、吴延民译,北京大学出版社,第556页。
② [荷]赫尔曼·保罗:《海登·怀特的七种姿态肖像》,张作成译,载于《世界历史评论》2020年第17期。
③ [荷]F. R. 安克斯密特:《历史表现》,周建漳译,北京大学出版社,2011年,第103页。

说明他本人在很大程度上接受了叙事主义的史学理论，深刻理解了历史描述与历史表现之间的根本区别，认识到"自我史"的产生与自70年代以来对主体性问题日益关注的学术氛围，同时也与法国史学界当下主义的视角密不可分。2014年，当诺拉受邀为澳大利亚几位人文社会科学研究者共同编辑的自我史论文集书写导言时，他再度强调了当初策划自我史书写方案的学术背景："它发端于两个重要进展的十字路口，其一是历史学的客观性经典根基开始遭到逐渐削弱，其二是历史学的眼光开始聚焦于当下。"①

在历史学家应该为捍卫历史学合法地位而战的语境下，鉴于法国的历史书写在"二战"之后就一直引领西方史学发展的潮流，加上《记忆之场》的前两卷（第一卷出版于1984年，第二卷出版于1986年）出版后在西方知识界引起的轰动效应，《自我史论文集》在1987年的问世很快就激发了西方历史学家书写自传的热情，促使"自传转向"（autobiographical turn）成为史学研究领域的一种新风尚。故此，英国当代史专家理查德·韦南（Richard Vinen）认为《自我史论文集》推动了西方史家的"自传转向"②。此言不虚。《自我史论文集》一经出版，"Ego-Histoire"这一诺拉创造的术语就不胫而走，掀起了法国之外的其他一些西方国家"自我史"书写的一股热潮，大有"墙内开花墙外香"之势，而且这股热潮至今仍未消退。在德国，90年代中期，哥廷根的马克思-普朗克研究所以向前历史系主任鲁道夫·菲尔豪斯（Rudolf Vierhaus）致谢的名义，举行了以历史学家回顾个人生活和学术经历为主题的学术会议。1997年，集合了菲尔豪斯和几位

---

① Pierre Nora, "'Introduction' from Essais d'Ego-Histoire," Translated by Stephen Muecke, *Ngapartji Ngapartji: In turn, in turn: Ego-histoire, Europe and Indigenous Australia*, edited by: Vanessa Castejon, Anna Cole, Oliver Haag, Karen Hughes, Australia: ANU Press, 2014, p. 21.
② Richard Vinen, "The Poisoned Madeleine: The Autobiographical Turn in Historical Writing," *Journal of Contemporary History*, Vol. 46, No. 3, 2011, p. 542.

同时代历史学家自传的《回忆录》(Erinnerungsstücken)面世。在以美国、澳大利亚及加拿大为主要代表的英语国家,自我史书写在学术刊物和学术会议的有力推动下,发展势头很好。

1997年,美国史学理论家艾伦·蒙斯洛(Alun Munslow)和历史学家罗伯特·罗森斯通(Robert Rosenstone)以充分探讨史学理论及方法论为宗旨创刊《反思史学:理论与实践》(Rethinking History: the Journal of Theory and Pratice),并策划了"邀请历史学家"(invitation to historians)专号,邀请美国知名的历史学家书写各自的个人史。这些历史学家聚焦于他们本人是如何看待历史上的过去,以及怎样赋予这些过去史学形式的思考,反思了自20世纪50年代末60年代初以来的历史理解和历史认知的变化,以及历史书写实践中主客体关系的再思考,探讨了主体意识与政治、文化之间的关联。2012年,艾伦·蒙斯洛把《反思史学》上发表的15篇个人史论文集结为《创作过去:书写和再思考历史》(Authoring the Past: Writing and Rethinking History)出版。在澳大利亚,历史学家转向书写自传始自2008年7月巴塞罗那大学澳大利亚研究中心举办的"神话、记忆及历史"学术会议。澳大利亚原住民历史研究专家瓦内萨·卡斯特容(Vanessa Castejon)、安娜·科尔(Anna Cole)、弗朗西斯·彼得斯-利特尔(Frances Peters-Little)、约翰·多克(John Docker)和安·柯托伊斯(Ann Curthoys)受邀参会。会后,弗郎西斯·彼得斯-利特尔和约翰·多克、安·柯托伊斯商议,试图借鉴诺拉提出的自我史概念,组织历史学家以书写个人研究实践经验的形式探讨原住民的研究中他者化和客体化问题。2010年,这几位学者将包括参与会议的卡斯特容和科尔等17位澳大利亚史学家的论文编辑为《激情的历史:神话、记忆及澳大利亚原住民》(Passionate Histories: Myth, Memory and Indigenous Australia)出版。2011年,卡斯特容和科尔决定继续推进澳大利亚原住民研究,认为倘若要阐明文化、阶级、种族性、认同、居间性(inbetweenness)及白人性等问题,就不应该将个人史的书写主体局限于本土历史学家,而是应该邀请本土和欧洲的文学家、人类学家、社会学家等人文学者一起探讨应该如何书写原住民的历史。三年之后,由 12 位澳大利亚本土学者和欧洲学者(包括诺拉)书写的论文集结为《自我史、欧洲与澳大利亚本土研究》(*Ngapartji Ngapartji: In turn, in turn: Ego-histoire, Europe and Indigenous Australia*)出版。2011 年 12 月,《加拿大历史评论》以"历史人生"(A Life in History/La vie d'historien/e)为主题策划的专号,以重新发现历史学家的主体性为目标,邀请数位知名的历史学家回顾自己的学术人生,反思作为历史学家个体的自我在新社会史、新文化史及公众史学领域的实践效果及限度——尤其是针对他们各自在研究文本中所使用的某些历史概念的解释和反思。

从目前一些英语国家及意大利已有一定出版数量的"自我史"文本来看,虽然不同国家间因智识传统而存在着些许差异,但总体而言,西方历史学家们的"自我史"书写融合了三个不同层次的历史:历史学家亲历、亲感的个人生活史,历史学家所见所思的社会-时代变迁史,以及历史学家所择所为的个人从业史。从叙述策略来看,一方面以作为普遍意义上个人的自我为主题,通过叙述历史学家的个人生活经历与社会-时代的互动关系,建构个人主体性的历史;另一方面则以作为职业身份的历史学家的自我为主题,通过叙述以历史学研究为业的个人学术经历,探讨历史学家主观性的效用和限度,并由此捍卫历史学的学科地位及其声誉。

二、作为普遍意义上的个人的自我

有论者指出,勒高夫等 7 位知名历史学家在反思性地书写自我史的过程中,他们"将自己视作国族认同的阐释者和宗教司仪"[1],着重反思了法国教育体制(特别是高等教育体制)和以历史学为业的个人学术经历,而对个人生活经历和1940年至1962年期间法国政治剧变的叙述则相对粗略。就此而言,作为普遍意义上个人的自我似乎就被隐匿起来了,只有在这几位历史学家论及各自的历史学术训练和历史研究主题时才隐约可见。这不能不说是法国早期自我史书写的一个缺憾。庆幸的是,这一缺憾在稍后出版的法国共产主义运动史专家安妮·克里格尔(Annie Kriegel, 1926—1995)的自我史文本中得以弥补。

事实上,克里格尔当初也是诺拉"自我史"书写计划邀约名单上的一员,同时也是出生于两次世界大战之间的著名女性历史学家。但因她的论文篇幅过长,且书写无法追赶上编辑预先安排的出版日期,故没有出现在《自我史论文集》中。然而,克里格尔书写的自我史文本——《我的理解》(*Ce que j'ai cru comprendre*)——却真正贯彻了诺拉倡导的思想主旨。该著在叙述形式和内容上,将个人生活史、20世纪社会-时代变迁史及历史学职业史融为一个整体。透过克里格尔的自我史文本,我们可以清晰地观察到她一边小心翼翼地与自己的个人生活经历确立起一种批判性的距离,把自我视为历史研究的对象;一边竭力确保自己的个人记忆能够被完整地记录下来。在回忆自孩童记事起的日常生活经历时,主要是批判性地叙述了她与父母之间的亲子关系,回顾了她作为一名年仅16岁的犹太女学生,在40年代参加法国共产党领导的地下抵抗运动,并且很快就成为一名共产党员,1956年苏联武力镇压匈牙利十月事件发生后她退党,其后转而支持以色列和犹太复国主义的那段人生经历,认为这一切对后来她选择历史学作为个人的职业产生了根本性的影响,她选择

---

[1] Richard Vinen, "The Poisoned Madeleine: The Autobiographical Turn in Historical Writing," *Journal of Contemporary History*, Vol. 46, No. 3, 2011, p.542.

法国共产主义运动史作为自己的研究主题便是一个有力的证据。这是一个以反思性回忆形式实现自我认知,进而构建自我身份(共产主义者)的过程。克里格尔以一种旁观者的视角把自我进行对象化处理,对自我及其所置身的世界进行有距离的观照,使得她的观察和反思获得了某种公正性和客观化,从而打破自我和私人化,成为一系列事件和政治文化的编年史见证人。因此,读者似乎用不着感到惊讶,对于她本人后来的婚姻、孩子及家庭生活,克里格尔只字未提。不言而喻,在克里格尔的心目中,作为一名共产党人的个人经历对她所选择的历史学职业生涯来说意义非凡。

透过克里格尔对其个人生活经历和社会-时代变迁的反思性叙述,我们更好地理解她对马克思主义唯物史观的阐释。克里格尔不仅清晰地叙述了她所生活的社会-时代对其政治担当、道德信念和历史观的塑造,以及她对马克思主义信仰的选择和接受,而且还叙述了她本人在当下对这二者关系的历史性反思。这种自我反思的主体性叙述逻辑,既是"历史是人的存在方式"的另外一种表述方式,即把作为普遍意义上个人的自我理解为一种历史性存在,又是个人主体性的历史展现,也就是说个人是如何以一种未来主义的视角理解已经成为过去的历史的。用史学理论的话语来表达,这是从历史的角度出发,将自我语境化的一种方式,即,通过自我反思,把来自自身社会-时代的个体化经验和记忆转化为历史(叙述)。正如有论者所指出的那样,克里格尔的自我史书写展现了其历史介入(historical intervention)中存在的一些被隐藏起来的表述行为因素,被她从外部的立场转化为对情势的严肃分析,政治性意味很强,"但这实际上是一个自我表现和自我解放的过程"[①]。在笔者看来,这样的评价同样适用于意大利左派历史学

[①] Jaume Aurell, "Autobiographical Texts as Historiographical Sources: Rereading Fernand Braudel and Annie Kriegel," *Biography*, Vol. 29, No. 3, Summer 2006, p. 441.

家路易莎·帕萨里(Luisa Passeri)表达的自我史书写理念。

在美国名校接受历史学专业训练的帕萨里坚信关于某些重要时刻的记忆创造了个人自身的历史,因而在她书写的《一代人的自传》(*Autobiography of a Generation: Italy，1968*)中,作为个体的自我以复数的形式——亲身经历过1968年社会运动的一代意大利人——出现。该书以包含反思帕萨里本人历史研究的日记,以及针对经历了1968年政治激进时刻的那一代意大利人而展开的口述课题为基础,通过重建他们已经被客体化了的个人记忆,阐释政治介入的过去与身份认同的当下之间的关系,描绘他们作为一个集体的自我肖像,希冀由此探究这一代意大利人的自我意识模式,构建一种新的集体身份。"那些今天在政治上依然活跃的人,通过在他们的自我叙述中推断融为一体的接受与拒绝承认之含义,由此重塑他们的政治定位和意识。"①换言之,帕萨里实质上是试图经由直接参与或见证了1968年历史时刻的那一代人的历史-记忆叙述,获取理解政治现状之本质的现实目的,并探索当代史书写方法的学术目的。对此,美国政治思想史家理查德·沃林(Richard Wolin)的观察和评价颇为中肯:"时至今日,对那些试图理解政治现状之本质的人来说,20世纪60年代仍然是一个无法逃避的必经阶段(rite of passage)。首先,这十年的跨度与范围具有真正的国际性。在一个即时的大众传播的时代中,全球几乎没有任何一个角落可以免除20世纪60年代的影响及其遗憾。其次,这十年的效应不局限于某种特殊的症候或模式……20世纪60年代及其余波影响了——并永久地改变了——政治、社会、时尚、艺术和音乐等诸多领域……作为历史,20世纪60年代——关于这个年代的研究有可能转移到另一个学术增长的领

---

① Luisa Passerini, *Autobiography of a Generation: Italy，1968*, Translated by Lisa Erdberg, Wesleyan University Press, 1996, p. 130.

域——借由一种对历史现在时产生的特殊而又深刻的影响而具有一种时间性(temporality)。就其自身而言,作为一种文化政治现象,这十年仍然是一个通往理解'我们是谁'与'我们想变成什么样子'的旅途上的关键性中继站。因此,促成20世纪60年代的历史化同时也是一种处理'现在史'的方法。"①在帕萨里的史学认识中,1968年那一代人的主体性身份便是在回忆和叙述那一历史时刻中逐渐确立起来的。

美国女性史研究先驱格尔达·勒纳(Gerda Lerner)同样强调自我史应该以解释自我意识模式为目标:作为"一位富有创造力的书写者",重要的是解释自己对曾经走过的道路、生活过的世界,以及在生活世界中所做出的选择——介入激进的政治——的所感所思,从而得以追求一种诚实的人生、自我意识清醒的人生。② 英国华威大学历史系教授卡罗琳·斯蒂德曼(Carolyn Steedman)则从认识论的角度出发,把这种以建构或阐释主体性的历史为目标、采取自我反思方式的个人史书写称作元自传(meta-autobiographical)。③ 她本人早在80年代初计划以一种"内省性"的分析方法书写自传时,就开始有意识地避开传统的自传文体,尝试在个人记忆与集体记忆及学术话语之间的对话中展现主体性的存在及其产生历史知识的可能性,以重建她本人作为普遍意义上的个人、作为职业身份的历史学家的自我史为旨趣。1986年,斯蒂德曼出版了阐释元自传理论的自我史著作——《好女人的人生景观——两个人生故事》(*Landscape for a Good Woman: A Story of Two Lives*)。她在书中明确地指出,这并

---

① [美]理查德·沃林:《东风:法国知识分子与20世纪60年代的遗产》,董树宝译,中央编译出版社,2017年,"序言",第2页。
② Gerda Lerner, *Fireweed: A Political Autobiography*, "Introduction," Temple University Press, 2002, p. 3.
③ Carolyn Steedman, "History and Autobiography: Different Pasts," in Steedman, *Past Tenses: Essays on Writing, Autobiography and History*, Rivers Oram Press, 1992, p. 50.

非是一部自传,而是一部以描述历史意识为核心的历史著作。"我认为共同体潜在的各种可能性均由历史意识提供,我想要把我的书写称作历史,而非自传。"①在讲述属于个人的生活史和社会-时代变迁史时,作为出身于一个伦敦工人阶级家庭的一名女性,斯蒂德曼运用马克思主义女权分析方法来解释阶级情感和欲望的构成,反思了她母亲和她两代女人自身在资本主义结构及其社会关系的处境和位置——阶级意识和性别意识合力将女性置于资本主义社会边缘,以及她们为此而做出的算不上是勇敢的种种反抗行动,强调19世纪中期以来的资本主义历史及其文化塑造了作为普遍意义上个人的自我——特别是女性,而作为社会学意义上的女性个体,不得不适时调整自己的意愿或欲望,并尽可能地使既定社会阶级及渴望获得的资产阶级的物质欲望内化,以此彰显存在主义意义上的自我主体性。斯蒂德曼强调,解释作为一种行动,本身就意味着反思和建构。她真正在意的是对往昔个人生活经历的理解,即回忆、再现和解释它们的方式。"因此,这是一本关于解释的书……是为我们自己而书写的历史,是我们所理解的那些经历的社会特性……关键在于解释。"这表明斯蒂德曼深刻地认识到,个人记忆一旦以时间-经验的维度的故事形式发出自我解释的声音,就有可能转化为关于主体性的历史,并由此成为个人所属群体或共同体共享的历史性存在,转化为一段实在意义上的历史,即我们通常所说的主观意义上的历史事实。"经历一旦被讲述,它就不再是一段经历:它变成了一段历史,一种解释策略。"②毋庸置疑,在探究作为普遍意义上个人的自我这个主题上,斯蒂德曼对主体性的历史采取了一种后现代主义理论的建构视角,强调的是她本人对历史的理解和解释。在斯蒂德曼看来,个人对历史

---

① Carolyn Steedman, *Landscape for a Good Woman: A Story of Two Lives*, Rutgers University Press, 1992, p. 5.
② Carolyn Steedman, *Landscape for a Good Woman: A Story of Two Lives*, pp. 5, 143.

的理解和解释，本质上就具有一种客观实在性，从人类社会的历史演变来看，往往对历史进程发挥了巨大的作用。更进一步说，斯蒂德曼认为一切历史著述都是主体化的历史，都是历史学家主体性得以彰显的历史。原因在于，历史学家的主体性受制于现实生活过程。简言之，斯蒂德曼在这里表达的是一种历史解释实在观，即历史知识来源于历史学家对过去的理解和认知，并且无一不以话语的形式表现出来，并对现实生活过程起到了形塑的作用。通常认为，斯蒂德曼提出的元自传认识论对在她之后书写自我史的历史学家产生了重要影响。

对此，我们可以在为国内学者比较熟知的加拿大著名历史人类学家娜塔莉·戴维斯书写的《求知的一生》(*A Life of Learning*)、格尔达·勒纳书写的《野草》(*Fireweed: A Political Autobiography*)、美国女性历史学家群体书写的《女性历史学家的声音》(*Voice of Women Historian: The Personal, The Political, The Professional*)、前文提及的澳大利亚-欧洲人文学者群体书写的《自我史、欧洲与澳大利亚本土研究》、英国著名马克思主义历史学家艾瑞克·霍布斯鲍姆书写的《霍布斯鲍姆自传：趣味横生的20世纪》(*Interesting Times: A Twentieth Century Life*)及全球知名学者本尼迪克特·安德森书写的《椰壳碗外的人生》(*A Life Beyond Boundaries: A Memoir*)等著述中清晰地看到元自传的特征。例如，霍布斯鲍姆申明他并非是在书写传统意义上的自传，而是旨在通过个人史的反思性书写形式阐释他对20世纪历史的认知。因而，他自觉地抵制西方传统的自传书写那种"销路甚广的'忏悔录'"和意图"为自身辩护的陈述"，坚持他本人对20世纪历史的个人解读，"我所追寻的则是对历史的认知，而非打算得到同意、认可或同情"[①]。作为一名现代女性主义史学家，美

[①] [英]艾瑞克·霍布斯鲍姆：《霍布斯鲍姆自传：趣味横生的20世纪》，周全译，中信出版社，2016年，"自序"，第 vi 页。

籍澳裔历史学家吉尔·克尔·康威(Jill Ker Conway)更是主张女性历史学家应该积极投身于自传书写,以消解建基于父权制无意识之上的现代知识霸权,确立女性的自我意识和自我身份:"当我们出于对自身经验的理解而自信地说话时,我们就得到了承认……我们应该密切关注我们的故事。……我们都是自传作者。"①康威的这番话,称得上是历史学家版本的"我写作,故我存在"②宣言。它让我们不禁想起波伏娃在被誉为"女性主义圣经"的《第二性》(1949年)的序言中之"处境论"。"使女人处境变得特别引人注明的一个原因是,她这个和大家一样既自由又自主的人,仍然发现自己生活在男人强迫她接受他者地位的世界当中。男人打算把她固定在客体地位上,使她永远是内在的,因为她的超越必定要失去光彩,并且必定要被另外一个主要的主权自我(良心)所永远超越。女人的戏剧性在于每个主体[自我(ego)]的基本抱负都同强制性处境相冲突,因为每个主体都认为自我(self)是主要者,而处境则让他成为次要者。"③当然,这几位历史学家在论述作为普遍意义上的个人的自我这个主题时,激进主义的思想倾向十分明显。

从目前的自我史文本来看,对作为普遍意义上个人的自我这个主题的表述,显然关涉历史意识,关涉如何看待和理解历史——尤其是新的民族史——的问题。在上述书写自我史的西方历史学家这里,历史被视为一种特定的时间意识,而他或她对自身个人生活经历及社会-时代变迁的理解和解释,则是实现对自己当下存在的真正认识的必要前提。在英国著名历史学家爱德华·卡尔提倡研究历史之前需要研究历史学家的论断基础之上,我国知名史学理

---

① Jill Ker Conway, *When Memory Speaks: Reflections on Autobiography*, New York: Knopf, 1998, pp. 177-180.
② 萨特的话语。
③ [法]西蒙娜·德·波伏娃:《第二性》,陶铁柱译,中国书籍出版社,2004年,第16页。

论研究者陈新进一步指出:"如果历史研究是用来认识人类自己的话,史家首先要认识作为个体的自己。史家所有的历史认识都首先在于丰富自己的历史认识,即丰富自己的存在性。在此之后,才谈得上史家的认识代表一个群体、一个民族、一个国家,或者代表人类的自知。"①

三、作为历史学家的自我

如前文所述,《自我史论文集》偏重于以作为历史学家的自我为主题,期望通过重新发现和构建历史学家的主体性,从而构建记忆认同和国族(nation)认同。诺拉观察到,自60年代以来,有一部分法国历史学家开始意识到"科学历史学"和实证主义史学的困境,在反思中发现自己的历史书写实质上是在一种预构目的论的框架中进行的,并未摆脱法国民族史专家厄内斯特·拉维斯未来主义视角的民族国家历史叙事,因而他们开始在历史研究过程中有意识地审视主客关系问题。另外,为了使读者更好地理解当下,这些历史学家往往以当下主义的视角,既把当下作为回溯过去的出发点,又视当下为历史解释的目的,在竭力阐明主客关系的基础上,将主观性视为历史学这一学科的一个优势所在,"在过去的二十年间,确保历史学非个人性的伪装正在被褪去。今天的历史学家有别于他们的前辈,他们已做好承认他们自己与其研究之间有着密切关联的准备。没有人会不明白,与其徒劳地抗议客观性,不如详尽地道明自己与材料之间的关系,以便更好地维护自己的研究。绊脚石反倒变成了优势。对有关存在之介入的揭示和分析,而不是远离不偏不倚的调查,反而成为增

---

① 陈新:《史家与读者——论历史认识中的主体》,载于《复旦学报》2018年第2期。

进理解的工具"①。诺拉认为历史学家在历史书写中用不着隐藏自己的激情和面对多种史料时所做出的抉择,更不必担心激情和种种抉择会造成对真相追索的不忠诚,因为主体性甚或主观性的存在并不必然意味着是对历史学客观性的损害或牺牲。确实,自兰克史学以降,"客观"一词常常被有意无意地与"理性"等同和混用,暗示要达到"理性"不仅要抑制人性化的情感,而且还得做到没有观点和见解,从而导致部分历史学家忘记"主观的"可以是"理性的"。

作为历史主体的人的主观性的普遍存在,充分表明"客观"在理论上是人类思维无法达到的一个目标,是一个只能在语言相对论下才能得到合乎逻辑解释的概念。因而,所谓的历史学"客观性"实质上是传统历史学家在心理意识上的一种自我安慰,甚至是一种自我麻痹。就《自我史论文集》的7位撰稿人和克里格尔而言,他们都是在40、50年代接受了实证主义训练的结构主义学者,客观性和总体史的观念是他们书写历史的理论假设。然而,透过这几位法国历史学家的自我史文本,我们可以窥见他们采取把个人经验问题化的方法,在反思自身学术训练及其科研、教学的过程中,把自己及其经验对象化,坦率地承认历史学家的主观性是一种客观存在,并且着力表明主观性并非意味着任意武断地裁剪历史,而是在历史定义的可能性范围中进行选择的一个结果,由此捍卫"岌岌可危的"客观性。譬如,勒内·雷蒙反思年鉴学派的历史书写存在"人为的连贯性",由此批判法兰西整体史观及其决定论;克里格尔强调问题意识和现实关切在历史研究中的中心地位,非常细节化地阐述了她本人搜集资料的过程,以及面对各种史料时是如何依据问题意识"重构主题和初步

---

① Pierre Nora, "'Introduction' from Essais d'Ego-Histoire," trans. by Stephen Muecke, *Ngapartji Ngapartji: In turn, in turn: Ego-histoire, Europe and Indigenous Australia*, edited by Vanessa Castejon, Anna Cole, Oliver Haag, Karen Hughes, ANU Press, 2014, pp. 21, 22.

假设",如何在甄别史料类型的基础之上运用历史学技艺确立历史事实,从而获取历史知识的。① 此外,克里格尔坚持认为作为一名具有很强烈的主体性意识或者说自我意识的学者,必须从历史的角度而非通过抽象的概念来理解共产主义,托尼·朱特回忆说克里格尔所秉持的这种研究取向对他产生了巨大的影响。②

正如诺拉引领了法国的自我史书写,帕萨里也成了意大利的自我史书写的领军人物。在《一代人的自传》中,帕萨里从重建不同群体记忆的现实需求角度出发,倡导历史学家借鉴精神分析的方法来反思自我主体性的建构及经历,即福柯强调的"自我技术"。"我们的目的不是要重建历史,而是要仔细思量那些仍然处于我们外部的、过分客观的记忆,并使之内化于我们自身。各个群体的经历实际上被完全客体化了,符合时代需求的主体性处于十分匮乏的状态……"③帕萨里主张每个群体都应该成为讲述自身经历的主体,通过讲述个人主体性的故事形式来界定和重塑自我。《一代人的自传》出版后,获得了西方学界的高度认可,帕萨里本人被学界赞誉为"研究主体性历史的先锋"④,这在很大程度上激励她以"自我史"为主题在意大利组织了一系列学术活动。在 1997 年至 1999 年期间,她在佛罗伦萨欧洲大学研究院以"历史学家的职业"(Le Métier d'historen)为标题多次举办研讨会。自 2000 年开始,她又在欧洲大学研究院开设了"欧洲自我史"(European Ego-histoires)课程,邀请欧洲各国的一些知名历史学家做主讲嘉宾。正是在一系列"自我史"教学和研讨的实

---

① Annie Kriegel, *Ce que j'ai cru comprendre*, Paris: Robert Laffont, 1991, p. 677.
② [美]托尼·朱特、蒂莫西·斯奈德:《思虑 20 世纪:托尼·朱特思想自传》,苏光恩译,中信出版社,2016 年,第 162 页。
③ Luisa Passerini, *Autobiography of a Generation: Italy, 1968*, Translated by Lisa Erdberg, Wesleyan University Press, 1996, p. 133.
④ Joan W. Scott, *Autobiography of a Generation: Italy, 1968*, Luisa Passerini, Translated by Lisa Erdberg, "Foreword," Wesleyan University Press, 1996, p. xi.

践基础上,在考察和反思法国自我史书写的实践的基础上,帕萨里与纽约大学历史与欧洲研究副教授亚历山大·格佩特(Alexander Geppert)于2001年合编了一本革新"自我史"范式的论文集——《欧洲的自我史:1970—2000 年的史学与自我》(*European Ego-Histoires: Historiography and the Self, 1970-2000*)。该著以"史学与自我"为主题,具有"在对主题进行解释之时严格把控自我与历史事实之间的距离"的鲜明特征。策划之初,帕萨里和格佩特就明确表示,虽然诺拉发明了"自我史"这个概念,并且经由《自我史论文集》在方法论层面上自成一派,但并未真正建构起一种新的书写范式。其实,也正是在2001年,诺拉就不无遗憾地宣告他在法国发起的"自我史书写已经成为出版业和智识上的一个败笔"①。诺拉在反省中坦陈,法国的自我史学书写并未达到预期的目标,7位历史学家并未在自我与他人、自我与社会(世界)的关系维度上做出深刻的反省,从而缺失了针对法兰西当代史的个人经验维度的理解和阐释。这个"败笔"直到2015年杜比重新以专著形式书写的《自我史》(*Mes Ego-Histoires*)出版,才得到一定程度上的修正。诺拉热情洋溢地为该著书写了序言,称杜比完美地从个人体察的角度书写了一部法兰西民族的当代史,审慎地处理了历史学家的主观性与历史学学科所规定的客观性之间的辩证关系。

有了前车之鉴,帕萨里和格佩特打算在认识论层面上推进"自我史"书写计划,追求在元史学的层面上实现"主体性的最高层次",使其将作为历史学家的自我与作为个体的、集体的自我型构为一个整体。他们在《欧洲的自我史》的导论中说他们已经意识到法国自我史书写存在的一个重要缺陷,即自我史被当作一种方法论体系,使历史

---

① Pierre Nora, "L'ego-histoire est-elle possible?" In *European Ego-Histoires: Historiography and the self, 1970-2000*, edited by Luisa Passerini and Alexander Geppert, Athens: Nefeli, 2001, p. 26.

学家的主体性意识无法得到充分体现。故此,他们提醒为《欧洲的自我史》撰稿的 8 位历史学家要竭力在元史学的层面上革新自我史概念,阐明用于叙述自身个人经验及自我意识的概念和认知模式,"自我史主要是一种方法论体系,旨在构筑对元史学进行反思的地基……自我史的困难之处与兴趣点就在于需要努力地进行自我反思,而此处的自我必须被视作是个人与集体的一个结合体"。因此,"我们打算充分激发反思,使'自我史'概念得到拓展,进而成为一个国际样板,为进一步探析自我意识模式、历史学家与公众的关系、生活与自我在历史书写当中的重要性奠定基础"①。于是,基于跨国性和在近几十年来史学范式转换中起到过重要作用的历史学家这两点考虑,他们向 8 位在政治上持左派立场的"进步的"欧洲历史学家——两位来自德国、三位来自英国、一位来自希腊、一位来自俄罗斯、一位来自法国(皮埃尔·诺拉),其中两位是女性——发出了书写邀请函。这 8 位历史学家出生于 1935 年至 1950 年间,经历过 1968 年这个历史时刻,他们接受历史学术训练的时候,又适逢 70 年代新社会史的兴起,而且他们专攻当代史。不言而喻,在帕萨里和格佩特的心目中,经历过特定的历史时刻的特定的人或者群体,通过对特定问题的反思,可以构建自我的主体性,进而探索关于自身和历史学存在的真理。

在邀请函中,他们要求每位历史学家都要通过分析个人兴趣、个人及一代人的生活选择及其方式与以历史学为业之间的关联,从个人的角度重新解读和反思自己给予历史学科的贡献,并慎重回答以下五个与他们自身的主观性有着密切关系的问题:第一,为何会对历史及历史研究感兴趣?第二,有哪些关键的动因、决定性变化和转折点?第三,能在自己的研究中辨别出理论、方法论取向及连接的政

---

① Luisa Passerini and Alexander Geppert, "Historians in Flux: The Concept, Task and Challenge of Ego-historie," *Historein*, Vol. 3, 2001, pp. 8, 16.

治、社会、文化或经济主题吗？第四,如何看待过去、现在与历史专业之间的关系？第五,为何要从事历史研究？根据两位编者的设想,对这五个问题的回答必然涵盖了五个不同的领域：主题、方法论、历史关注点、历史书写的导言及政见。根据他们两位主编为读者提供的阅读建议,《欧洲的自我史》文本大致呈现出两种主要思想倾向：其一,在上个世纪50年代末60年代初,8位历史学家对本体论意义上历史的理解围绕主客关系发生了决定性的变化,主体性意识逐渐在增强;其二,8位历史学家与政治、文化之间的关系也发生了变化,他们在60年代采取直接介入的方式,即参与或见证了当时正在进行中的政治和文化事件,但从70年代末开始则日益退却,采取了间接介入的方式,即公开发表对时代重大问题的若干看法和定位,但思想上的激进主义色彩日趋减弱。从对这8位历史学家的挑选、"标准化"的"邀请函及其后来的自我史书写实践来看,《欧洲的自我史》文本显然有意识地将个人生活史、社会-时代变迁史及个人从业史结合在一起,试图通过深刻反思作为历史学家的自我意识模式,解释他们各自的历史观和史学观,特别是历史学的社会功能,以便于"帮助读者理解历史书写与历史学家在公共领域当中所发挥的作用"①。换言之,在反思作为历史学家的自我这个主题时,《欧洲的自我史》文本不仅仅将"自我史"视为探究主体性问题的方法论工具,而且更重要的是视为认识论工具,暗示历史学家的主要社会功能是参与构建当代文化,认为历史学的价值主要体现于此。事实上,在以英国、美国及澳大利亚为主要代表的英语国家的自我史文本那里,我们也可以清晰地看到这一书写范式及其意图。

相较于法国和意大利的自我史书写,以英国、澳大利亚、加拿大

---

① Luisa Passerini and Alexander Geppert, "Historians in Flux: The Concept, Task and Challenge of Ego-historie," *Historein*, Vol. 3, 2001, p. 12.

及美国为主要代表的英语国家,参与者在年龄、性别(包括同性恋)、族裔、职业、宗教信仰及政见等方面均呈现出多元化的特征。而在反思作为历史学家——在澳大利亚自我史书写范式中,还包括其他人文学科的研究者——的自我这个主题时,则显示出与后现代理论——特别是叙事主义史学理论和后殖民理论——进行对话的鲜明特征。无论是以个人专著形式面世的《好女人的人生景观——两个人生故事》和《求知的一生》,还是呈现为群体论文集形式的《女性历史学家的声音》和《自我史、欧洲与澳大利亚本土研究》,均在回顾学者自身个人学术经历的过程中,比较透彻地反思了历史实在的本质和历史知识的可能性之思考路径,进而批判了既定的现代主义假设——科学主义和客观主义,这实质上是在回应来自叙事主义史学理论和后殖民理论的质疑。例如,斯蒂德曼在《好女人的人生景观——两个人生故事》中采取马克思主义、心理学、后殖民的女性主义及文化批评的理论视野,以史料常常表现为话语形式为逻辑起点,强调历史研究的实质在于历史解释及其解释策略,并以福柯式的反抗姿态倡导打破各种中心论的历史书写,强调运用想象力和多学科的研究方法,实现史学的多元化和民主化,认为真实的历史是传统上被驱逐至边缘但却仍然有效的历史。① 戴维斯在反思她书写《档案中的虚构》和《边缘女人》(*Women on the Margins*)的思想历程时,同样以表现为语言形式的档案材料为逻辑起点,不仅提及了劳伦斯·斯通的叙事史复兴论述对历史学的贡献,以及她本人从多学科对话中获取的智性启示,比如与人类学家克利福德·格尔茨合作开设历史人类学课程的经验总结,更重要的是,戴维斯通过从历史的角度解释"虚构"(fiction)和"边缘"(margins)的真正意涵,以及历史想象力在

---

① Carolyn Steedman, *Landscape for a Good Woman: A Story of Two Lives*, Rutgers University Press, 1992, p. 127.

场景设置中的作用和限度,指出在具体历史语境中故事讲述(storytelling)的形式和技巧往往比内容更能揭示历史真相,即形式大于,甚至决定内容。① 无独有偶,另外一位加拿大历史学家泰勒在反思自己构建的面向公众的历史学项目(博物馆)时,对采取文学虚构的手法让历史上四个不同种族的人发出自己的声音一事而颇为得意,但他同时告诫道,这必须以全面地、客观地掌握具体的历史情境为前提。② 换言之,想象力是建立在掌握翔实可靠的史料这一基础之上的,它的运用有益于加深普通受众的历史理解和历史意识,进而建构新的历史时期的国族史,而非帝国主义话语体系中的民族史。作为《女性历史学家的声音》的合编者,女权主义史学家爱琳·鲍里斯(Eileen Boris)和诺普尔·乔杜里(Nupur Chaudhuri)强调为这本自我史论文集撰稿的 20 位女性史学家通过反思从个人至政治、学术职业的具体经历和经验,阐明了"作为历史学家的女权主义者"和"作为女权主义者的历史学家"这两个身份是如何在具体的历史场景中建构起来的。这个自我反思的过程恰恰彰显了"高度的自我意识",在实质上驳斥了后结构主义者旨在消除主体的解构性言论。③ 言下之意,这些女性历史学家书写的自我史文本,彰显了西方人文学术尤为珍视的批判性思维,以及这种批判性思维对建构自我意识及其多重身份的重要性。

毋庸置疑,从开始于上个世纪 60 年代西方社会的后现代境况来说,一元性的故事和历史真相已经失去了自身的正当性,这是当代历史学面临的挑战和危机。"每个故事都要多面性"和"竞争性真相"

---

① Natalie Davis, *A Life of Learning*, ACLS Occasional Paper, No. 39, 1997, pp. 19-22.
② C. J. Taylor, "Continuing Education: My Life as a Historian," *Canadian Historical Review*, Vol. 94, No. 1, March 2013, pp. 113-138.
③ Eileen Boris and Nupur Chaudhuri, "Introduction: Standpoints on Hard Ground," *Voices of Women Historians: The Personal, the Political, the Professional*, Indiana University Press, 1999, p. xiii.

(competing truth)已然成为一种社会共识,从事人文社会科学研究的学者们日益认识到,竞争性真相正在对现实发挥着作用,不容忽视。"我们可以毫无夸张地说,我们的许多思想和行动是由我们听到和读到的竞争性真相决定的。"①在澳大利亚,自20世纪晚期以来,基本上所有的人文学科都出现了与和解政治(politics of reconciliation)及"史学战争"(the history wars)相关且具有自我反思性质的学术回忆录。因而,尽管出版于2014年的《自我史、欧洲与澳大利亚本土研究》自我史论文集,采取了与《欧洲的自我史》相同的学者跨国对话形式,邀请澳大利亚和欧洲的一些学者参与,但是这些学者们的专业身份却不再仅仅局限于历史学,还有被归属为人文学科类别的人类学、文学及文化学。正如帕萨里和格佩特在作策划时所认识到的那样,自我史书写计划最大的挑战来自主题,必须有一个明确的主题将来自不同国家的学者凝聚在一起。就澳大利亚而言,原住民研究就是这样一个具有明确性质的主题。换言之,为《自我史、欧洲与澳大利亚本土研究》提供自我书写文本的人文学者们,关注的是原住民问题,并从各自的研究领域阐释对该问题的看法和见解。尽管他们遵循诺拉最初构想的"自我史"反思路径及其特性,"试图在其所研究的历史、学问与塑造自己的历史之间建立起一种联系",但因"自传故事"和"传记"在澳大利亚本土拥有强大的智识传统,故其关联性、身份认同及历史的本体论概念均有别于诺拉自我史中的"自我"概念。"'自我史'这个概念在澳大利亚土著研究中的运用并非就是原住民学者进行自我反思的典范。不同的原住民文化对讲故事有优先和主权的概念,他们的历史建立在国家、家谱与个人/家族亲属的复杂关系之上。"于是,在反思作为原住民研究者的自我这个主题

---

① [英]赫克托·麦克唐纳:《后真相时代》,"前言",刘清山译,民主与建设出版社,2019年,第6、11页。

时,这些人文学者主要解释他们聚焦于原住民性(Indigeneity)的"他者"概念的学术研究,是怎样在后殖民理论的视域中去理解主权和公民权,是怎样批判性地接受和运用福柯知识权力论和后殖民主义的文化批评理论、女性主义理论、批判的种族理论(Critical Race Theory)来消解欧洲中心论视角下的原住民客体化历史叙述的,又是怎样在基于本土视角的"地方化"研究中"发现"或"建构"了原住民的主体性(身份)历史,并由此形成本土批评理论(Indigenous critical theory)的,旨在倡导去中心化的原住民研究。"自我史能够让人们注意到种族及其他身份的确认,并且起到在学术知识生产中使非对称权力关系去中心化的作用。"①

拥有不同族群、性别、专业背景的人文学者们,聚焦于"主体"和"他者"概念,从不同的专业知识的角度局部性地讲述原住民过去和现在的故事,希冀在来自不同学科的诸多人文学者通力合作的基础上,全面地探讨原住民这一群体的身份认同问题。在总体上,《自我史、欧洲与澳大利亚本土研究》体现了加拿大著名学者查尔斯·泰勒所阐述的局部性共同体的身份认同主张:"人不能仅仅自视为人,他们还更直接地借其所属的文化、语言、宗教等局部性共同体来界定自己。"②事实上,澳大利亚人文学者在他们所书写的自我史文本中,提出了一个对于当代西方国家社会越来越撕裂的状况显得尤为有价值的重要问题:在现代社会的多元文化处境中,不同文化传统的价值观如何可能具有共同体的基础?显然,在参与自我史学书写的澳大利亚人文学者们看来,承认理论(recognition),即在理解和解释的基础之上确立起多重的主体间性(包括欧洲和澳大利亚读者群体),极

---

① "Introduction," *Ngapartji Ngapartji: In turn, in turn—Ego-histoire and Australian Indigenous Studies*, edited by Vanessa Castejon, Anna Cole, Oliver Haag and Karen Hughes, 2014, pp. 8, 10.
② [加拿大]查尔斯·泰勒:《黑格尔与现代社会》,徐文瑞译,(台北)联经出版公司,1990年,第180页。

有可能是解决这一问题的最佳方案。

四、超越"自我史"

依笔者管见,自我史书写的最大贡献不在于对历史学科之变革的叙述,而在于对"生活在历史学中究竟意味着什么"的理解。正是在"自传的转向"和新文化史学运动的双重史学反思语境中,西方世界一些知名度较高的历史学家开始青睐自传书写,并尝试突破和超越诺拉所设定的自身史学范式,深刻反思历史学作为一种职业,对于作为个体的历史学家而言所具有的意义。

众所周知,在上个世纪 90 年代中后期,西方新文化史学运动达到高潮,然而,其内部的反省也几乎同时发生。1999 年,新文化史领军人物林恩·亨特(Lynn Hunt)和维多利亚·鲍纳尔(Victoria Bonnell)主编的论文集《超越文化转向:社会和文化研究的新方向》(*Beyond the Cultural Turn: New Directions in the Study of Society and Culture*)出版。该论文集共收录了 9 篇论文,再加上两位编者书写的导论和海登·怀特书写的后记,不仅对新文化史的理论和方法、"文化"概念进行了反思,而且针对新文化史与新社会史二者之间的关系进行了探讨,引发了一场围绕新文化史"典范的危机"的论争。有不少历史学家采取书写个人自传或者回忆录的形式——智识自传(intellectual autobiography)和介入性自传(intervention autobiography)——参与了这场史学论争,以重新思考用于叙述人类经验历史的概念和认知框架为中心,探讨历史学家自我主体性之合法性、正当性及客观性,试图由此重新认识启蒙、重建现代性。

"智识自传"这一概念,主要指向的是历史学家对自身学术思想历程的叙述。奥地利裔美国社会学家、神学家彼得·伯格(Peter Berger,1929—2017)对诺拉发明的"自我史"的阐释,体现的正是智识自传的书写范式:"有一种演说形式称之为'自我叙史'(egohistorie)。意思是指'自传'吗?不,这说的是演说者学思历程的叙述——他所处理过的议题、他在这历程中遇到的人及经历过的探险。我觉得挺有意思的。"①就 20 世纪西方历史学家的自传书写而言,前文提到的柯林伍德书写的《自传》(*An Autobiography*)——出版于 1939 年——无疑是 21 世纪历史学家智识自传书写的开山鼻祖。在柯林伍德的心目中,一部由历史学家书写的自传,必然是对其自身思想历程的审视。"一个以思想为毕生事业的人,他的自传应当叙述他思想的历程。"②此外,从历史知识的角度观之,"有关在现在之中的过去的知识,是历史学家自己心灵的自我知识作为过去的经验而在现在的复活和再生"③。

从 21 世纪业已面世的智识自传文本来看,它们高度融合了柯林伍德的自传书写认识和自我史的思想主旨,其书写主体——历史学家——要么曾经书写过 20 世纪史,要么专攻 20 世纪历史的某一组主题或重大议题,并且都关切这些主题或议题在 21 世纪的演变趋势。换言之,这些智识自传文本皆具有十分鲜明的当代问题意识。它们无一例外地提出:历史学家不仅有责任帮助大众理解过去的过去性,而且更有义务帮助大众理解过去的现在性。从根本上说,他们书写智识自传的意图在于探讨究竟"建构什么样的当前"这一核心问题。2002 年,美国冷战史专家约翰·刘易斯·加迪斯(John Gaddis)书写的《历史的景域:历史学家如何描绘过去》(*The Landscape of History: How Historians Map the Past*)一书,便是一部典型的智识自传著作。为了让古老却面临"生存"危机的历史学在新时代的社

---

① 转引自陈建守主编:《时代的先行者:改变历史观念的十种视野》,(台北)时报文化出版社,2014 年,第 38 页。
② [英] R. G. 柯林伍德:《柯林伍德自传》,陈静译,"原序",北京大学出版社,2005 年,第 13 页。
③ [英] 柯林伍德:《历史的观念》(增补版),何兆武、张文杰、陈新译,第 251 页。

会条件下焕发生机,这位"冷战史学家泰斗"通过叙述他本人"以史为业"的学术思想的生成经历,即反思其自我主体性的确立,意图激发历史学同仁重新思考"历史是什么"这个老问题,以助益当下的历史学革新运动。在加迪斯的历史认知思维中,历史学既是历史学家对往昔的认识,同时也是历史学家对当下世界的认识,历史学的实践性功能在于塑造人类共有的历史意识。历史意识可以使大众意识到自己在时间中的位置,从而定位自己与当下时代的关系。理由在于,人的历史认知决定人的价值观,而人的价值观则决定着人生方向的选择。① 除了加迪斯书写的智识自传文本,在学界享有世界声誉的英国左翼历史学家艾瑞克·霍布斯鲍姆书写的《霍布斯鲍姆自传:趣味横生的 20 世纪》(出版于 2005 年)、在西方知识界拥有"知识分子中的知识分子"之美誉的托尼·朱特在身患"ALS"(肌萎缩侧索硬化症)晚期时口述的《记忆小屋》(*The Memory Chalet*)(出版于 2010 年),还有朱特接受美国东欧史专家蒂莫西·斯奈德访谈的《思虑 20 世纪》(*Thinking the Twentieth Century*)(出版于 2012 年),以及享誉全球的知名学者本尼迪克特·安德森书写的《椰壳碗外的人生》(出版于 2016 年),皆堪称智识自传之典范文本。

1994 年,霍布斯鲍姆在被他称为自传姊妹篇的《极端的年代:1914—1991》中,用"断裂"一词来标识 20 世纪末期的那个时代。"过去的一切,或者说那个将一个人的当代经验与前代人经验承传相连的社会机制,如今已经完全毁灭不存。这种与过去割裂断绝的现象,可以说是 20 世纪末期最大也是最怪异的特色之一。"② 以"断裂"这一时代症候为思考起点,霍布斯鲍姆在《霍布斯鲍姆自传:趣味横生的

---

① John Lewis Gaddis, *The Landscape of History: How Historians Map the Past*, Oxford University Press, 2002, p. 147.
② [英]艾瑞克·霍布斯鲍姆:《极端的年代:1914—1991》,郑明萱译,江苏人民出版社,1999 年,第 4 页。

20世纪》中以一个局外人的身份和清醒态度,反思性地叙述自己的学术思想历程。关于局外人这一身份认同,霍布斯鲍姆在伦敦大学伯克贝克学院的同事罗伊·福斯特(Roy Foster)也证实说,霍布斯鲍姆一生中"逐渐获得一些优待……但他还是喜欢局外人这一身份"①。确实,作为一名信仰马克思主义的西方左翼历史学家,霍布斯鲍姆在这部智识自传中采取"冷眼旁观"的透视法,在将20世纪的世界和自我学术生活的经验作对象化处理的同时,不仅强调他作为一名知识分子的角色自觉意识,"一个知识分子的自传必须涉及自己的理念、态度与作为,而非只是一份自我宣传的东西",而且,更重要的是,霍布斯鲍姆亦十分清醒地认识到,对于一名当代的历史学家来说,优秀的自传书写应该将学术责任和社会责任有机地结合在一起。"就另外一种意义来说,历史学家的自传是他或她自己研究工作里重要的一环,除了对理性的信仰以及辨别事实与虚构的能力以外,自知之明——从自身的内在和外在来进行观察——也是历史学与社会科学从业者所需要的一项技能,特别是像我这种凭着直觉随机挑选各种研究主题,最后才将它们整合成为具有前后一贯整体性的历史学者。其他历史学家们或许只在意我书中那些较专业的层面。"

此外,霍布斯鲍姆郑重地指出,历史学家的自传,是认识某个具体的历史时段的最佳媒介。对于爆发过两次世界大战的20世纪而言,尤为如此。"不过,我希望其他人阅读本书的时候,能够把它当作一本入门书,通过一段不可能发生于其他世纪的个人人生旅程,来认识世界史上最特殊的一个世纪。"②这一自传书写的主旨思想,不由得

---

① Eric Hobsbawm, *Interesting Times: A Twentieth-Century Life*, Penguin/Allen Lane, 2002, p. 60.
② [英]艾瑞克·霍布斯鲍姆:《霍布斯鲍姆自传:趣味横生的20世纪》,"自序",第vi、vii—viii页。

让熟悉霍布斯鲍姆历史学文本及史学思想的学人想起他早先阐述的"所有历史都是穿着不同装束的当代史"①这一认识论主张,同时也表明他书写的这部智识自传的受众并不是仅仅局限于历史学界和知识界,还包括普通读者。在笔者看来,霍布斯鲍姆试图以书写智识自传的方式来创建一个"智识的公民社会",由此把他的历史观、世界观及价值观传递给大众。托尼·朱特在《记忆小屋》中回顾自己的学术人生的过程中,尤为强调历史学家的自我主体性或身份认同主要体现在针对现实世界的诸多公共问题发出专业的声音,担负传播历史知识、揭示历史真相的社会公共责任。"在当时的我看来,说话,便是成年人存在的意义。这一感觉伴随我至今。我自己也说话,并以此来确立自己的位置。"②在朱特的心目中,历史之于现代社会是"可用的过去",他相信国民一旦充分了解了历史,便不会轻易地被权力操控。因而,历史学家必须担负起确保国民了解历史的天职,这是一种"审慎的民主"。在《思虑 20 世纪》中,朱特进一步阐释了发掘"可用的过去"的必要性。"假定我们要想为当前的公共行为辩护,就必须要利用过去,那么真正认识历史的理由便是无法回答的。国民越是见多识广,就越不可能被欺骗说要为了当前的错误而滥用过去。对一个开放社会来说,熟知其过去是极为重要的。操控历史是 20 世纪的封闭社会——无论是左的还是右的——的共同特征。操纵过去是最古老的知识控制形式:如果你掌握着对过去发生之事的解释(或纯粹是欺骗)权,那么现在和将来便任凭你摆布了。所以,确保国民对历史的了解,纯属民主的审慎。"正如东欧史研究专家蒂莫西·斯奈德(Timothy Snyder)所点明的那样,《思虑 20 世纪》"每一章都各有一部分传记和历史的内容",它"贯串了"托尼·朱特的一生,"并

---

① [英]埃里克·霍布斯鲍姆:《史学家:历史神话的终结者》,马俊亚、郭英剑译,上海人民出版社,2002 年,第 263 页。
② [美]托尼·朱特:《记忆小屋》,何静芝译,中信出版集团,2018 年,第 135 页。

穿越了 20 世纪政治思想中某些最为重要的场景"。言下之意,这部智识自传文本对于渴望了解 20 世纪政治思想史的广大读者而言也是一部佳作。对此,斯奈德直言不讳地道明了他访谈托尼·朱特的目的所在,即:"我希望这一特殊的形式——用传记来引出思想史(intellectual history)——能让读者看到一个毕生孜孜以求的人,甚或一个一直在成长与进步的人。在某种意义上,这一段思想史都已存于托尼心中:这是我在每个星期与他的对谈中能够明显感觉到的。……历史如何进到人的心田,又如何再次显现,或许是这一类书可以解答的问题。"①

作为全球知名的民族主义研究专家,本尼迪克特·安德森梳理和反思了他本人的学术思想生成的历程,包括他接受学术训练的经历,他对英美学校教育体制——特别是大学科研体制——的看法,以及对他的学术思想产生重要影响的若干人物——老师、学者及他认为比他聪明且为世人所熟知的弟弟佩里·安德森(Perry Anderson)——和书籍、事件的叙述。安德森试图通过回顾性地叙述他生活于其中的公共机构及社会关系,从而达到自我认知的目标。诚如社会学家米尔斯所言,"如果说不紧密结合社会现实,就无法理解个体的性质,那么我们就必须在这样的关联中进行分析。这样的分析不仅包括将作为一个人生历程实体的个体定位于多种人际情境中,而且包括将这些情境定位于它们所组成的社会结构之中"。在米尔斯看来,这是因为受到了"历史特定性原则"的限制。"人的生活大部分就在于在特定制度里扮演上述种种角色。我们要理解一个个体的人生历程,就必须理解他过去和现在所扮演的种种角色的意涵和

---

① [美]蒂莫西·斯奈德:"序",托尼·朱特、蒂莫西·斯奈德:《思虑 20 世纪:托尼·朱特思想自传》,苏光恩译,中信出版社,2016 年,第 297 页。

重要性。而要理解这些角色，我们就必须理解它们所属的那些制度。"①对于熟悉安德森经典著作《想象的共同体：民族主义的起源与散布》(1983年)的读者而言，或许这部智识自传最有价值的地方是对"民族主义"这一议题的再度思考和阐释，特别是他对该议题产生研究冲动的缘由——问题意识的产生——之解释。安德森已经在序言中明确地指出，这部智识自传有两个主题："第一个是翻译对个人和社会的重要性。第二个是妄自尊大的民族主义的危险，或者说忘记强烈的民族主义与国际主义密切相关的危险。"可以说，对于在研究方法上将历史社会学、人类学及比较史学融为一体研究民族主义的安德森而言，他所秉持的是一种多样性协调的世界主义观。在他看来，具有人类学意涵的"翻译"这一具体的社会实践活动，实质上意味着个体在不同的文化环境中的经验或体验，即对人类世界的多样性之体验，以及对多样性的协调，意味着交流、沟通、理解、互助合作，这是实现人类团结的根本途径。

在社会的重要性这一维度上，"翻译"这一具体的社会实践活动，对多样性进行了有机的协调，实乃促进不同民族（国家）之间历史文化的跨文化交流的重要桥梁，是构建合作的、多元的世界格局的重要前提之一。因而，当安德森观察到21世纪的亚洲年轻人纷纷主动学习他国语言——理解他者文化——的现象时，不禁甚感欣慰，称赞这是一件值得鼓励和提倡的大好事。在今天的全球化时代背景下，多样性协调观被大多数西方人文社会科学家视为解决人类冲突的一个重要方案。鲍曼严肃地指出，"在我们这个拥挤的地球上，唯一可能'解决'的是人类同其自身根深蒂固的多样性的协调。恰恰是从这种多样性中，人类超越了目前的视野，并获得了新的视野；不管最终的

---

① [美] C. 赖特·米尔斯：《社会学的想象力》，李康译，北京师范大学出版社，2017年，第224、225页。

解决采取了什么形式,我们都应该努力把我们共享的人类多样性转变为人类团结。只有认识到这些观点,我们才能够抓住这个唯一可行的解决机会"①。除此之外,在安德森看来,学习他国语言这一实际行动,本身就是多样性协调观的一种具体体现,它宣示了一种平等、开放、积极的姿态,从根本上说,这是一条挣脱"妄自尊大"的民族主义桎梏,超越自我中心思维,实现跨文化融合,进而推动人类文明交流与互鉴的根本路径,它建立在相互理解和有效沟通的基础之上,必将有利于构建人类命运共同体。"他们在学习跳出椰壳碗,开始留意自己头上的巨大天空。这其中就存在着抛弃自我中心或者自恋的可能性。重要的是要记住学习一门语言并不仅仅是学习语言交流范式。它也是学习一个说和写与我们不同语言的民族的思维和感觉方式。它也是学习构成他们的思想和情感的历史和文化基础,以此学习与他们感同身受。"从哲学的视角观之,安德森的这段话诠释了德国当代著名哲学家汉斯-格奥尔格·伽达默尔(Hans-Georg Gadamer, 1900—2002)所阐述的语言真理观,即语言是真理和存在的场域,而人本身是一种语言的存在。安德森从他个人的生活经验/体验及人类学田野调查实践出发,体悟到语言是一种生活方式,是人之存在的明证,他深感语言翻译的必要性和重要性。诚如美籍巴勒斯坦阿拉伯裔著名文学批评家爱德华·W. 萨义德(Edward W. Said, 1935—2003)1999 年在撰写回忆录时所反思的那样,"……我觉得更有意思的是,我总是想方设法不仅翻译我在一贯遥远环境里的经验,也翻译我在另一种语言中的经验。人人都在一种特定的语言中生活:因为每个人的经验都是在那种语言中产生、被吸收及被回忆"②。至此,安

---

① [英]齐格蒙特·鲍曼:《被围困的社会》,郇建立译,江苏人民出版社,2005 年,第 24—25 页。
② [美]爱德华·W. 萨义德:《格格不入:萨义德回忆录》,生活·读书·新知三联书店,2004 年,"前言",第 4 页。

德森所使用的"椰壳碗"一词之隐喻便一目了然——正是狭隘的或"妄自尊大"的民族主义。通过对20世纪世界历史的考察和思考,安德森在书中十分直白地提醒读者,"国家在面对政治或者经济困难的时候,倾向于在其国民中煽动民族主义和危机感"。正如为中文版作序的国内知名学者戴锦华一语道破的那样,对于一直处于实践中的卓越学者安德森而言,他身处的那只椰壳碗,实则为现代欧洲一手打造的民族国家这一暴力机器。"在安德森的生命故事中,那只椰壳碗,不是某种特定的民族主义,而是为欧洲'原创'的、作为现代逻辑的国家/暴力自身。"①

值得一提的是,智识自传往往也以访谈(interview)发布了"权威话语"的历史学家或与历史学研究密切相关的学者的形式出现。譬如,巴西圣保罗大学历史学教授玛丽亚·露西娅·帕拉蕾丝-伯克对9位引领了新史学运动的历史学家进行了访谈,编写了《新史学:自白与对话》一书,希冀探讨新史学的特性。另外一位波兰女历史学家埃娃·多曼斯卡则以历史哲学为主题,访谈了10位历史哲学家和史学理论家,编写了《邂逅:后现代主义之后的历史哲学》一书,希冀探讨后现代主义何以提供了一种全新的观察世界的方式。

在笔者看来,上述提及的几部智识自传文本,恰恰证明了柯林伍德所提出的"一切思想都是为了实践"这一历史学命题的正当性。因为"设想一个目的或者形成一种意图,已经就是一种实践活动了。它并不是构成行动的先行站的思想;它本身就是行为的开始阶段……思想作为理论活动,不可能是道德的或不道德的;它只可能是真的或假的"②。另外,在这三位20世纪西方世界杰出的历史学家的心目中,法国存在主义哲学家让-保罗·萨特那句名言——"他人即地

---

① [美] 本尼迪克特·安德森:《椰壳碗外的人生》,徐德林译,上海人民出版社,2018年,"序",第4、214—215页;"写在前面",第5页。
② [英] 柯林伍德:《历史的观念》(增补版),何兆武、张文杰、陈新译,第308页。

狱"——实际上反映的是一种悲观主义的人道主义思想。这三位历史学家都在五六十年代领略过存在主义思潮在西方世界的巨大威力,他们的智识自传文本在相当程度上是对存在主义思潮的一种反思。换句话说,他们以书写智识自传的方式,与存在主义哲学进行了对话,并意图重建人文学科的地位。在他们看来,人类历史的演化历程本质上就是人不断地面对各种各样的挑战,直至陷入困境,而后又运用自身的主观能动性和创造力获得新生的一个过程。

与智识自传相比较而言,介入性自传与自我史、新文化史的双重史学反思语境的关联似乎更为密切。"介入性自传"这个概念是西班牙纳瓦拉大学历史系教授贾米·奥雷尔(Jaume Aurell)最早提出来的。2015年,奥雷尔在梳理和考察了自《自我史论文集》出版以来问世的史家自传文本后指出,在"自传转向"的语境中"迅速兴起和传播"的西方史家自传文本,已经超越了诺拉所提出的自我史的概念,其书写意图不再仅仅局限于以自我反思的方式阐明"活在史中"与"以史为业"之间的互动关系,而是有着更为远大的目标,即有历史学家以书写自身个人史的形式介入当前的史学论争,这是一种史学史的方法论意义上的介入性自传,而其书写目标则直指当下的现实生活,即"为了更深入地理解现代文化"①。换言之,介入性自传的当代问题意识亦十分突出,并且在书写范式上超越了自我史。从当前称得上介入性自传的文本来看,密歇根大学教授、英国左翼历史学家杰奥夫·埃利(Geoff Eley)书写的学术自传《一条曲线:从文化史到社会史》(*A Crooked Line: From Cultural History to the History of Society*)堪称其中的佼佼者。早在1997年,埃利接受《反思史学》两位主编的邀请,为"邀请历史学家"专号撰稿,叙述了他本人"以史为

---

① Jaume Aurell,"Making Hisgory by Contextualizing Oneself: Autobiography as Historiographical Intervention," *History and Theory*, 54 (May 2015), p. 263.

业"的学术经历,并初步探讨了他对于历史学家书写自传的看法。2003年,在密歇根大学出版社社长菲尔·波卡达(Phil Pochoda)和编辑吉姆·赖切(Jim Reische)的劝说下,埃利计划以"成长为一名历史学家"(Becoming a Historian)为主题,以细节化地回顾"活在史中"与"以史为业"之间的互动关系为中心,深刻地反思一名历史学家自我意识的生成经历,意图由此介入西方世界当前正在进行的史学论争,并阐明历史学家何以捍卫历史学的客观性原则这一问题。

2005年,《一条曲线:从文化史到社会史》出版,随即引起了历史学界的高度关注。在该介入性自传作品中,埃利叙述了60、70年代在英国和德国接受社会史的学术训练期间所体验到的"乐观主义"(Optimism)和"失望"(Disappointment)之心境变化,以及80年代末"文化的转向"发生后的"反思"(Reflectiveness)和"反抗"(Defiance)意识及其行动,正式阐明了他书写自传的目的在于为历史"提供承诺政治和信念伦理的动力"(powered by the politics of commitment and the ethics of conviction)。埃利诚恳地表示:"我希望通过对历史书写的使命与周遭政治气候之间的一系列个人际遇的叙述,可以让其他人意识到他们自己的类似叙述,不管是否一致。"针对当前新史学显现的画地为牢之倾向,埃利以他本人的历史书写经验反思和斯蒂德曼自传文本——《好女人的人生景观:两个人生故事》——为例,提出历史研究者不应将自己的研究限制在某一分支领域的主张,"在社会史和文化史之间进行选择,事实上没有任何必要性",历史研究者应当把着眼点放在如何深化历史认识上。对此,埃利给出了四点建议:第一,亟须使史学理论和方法论多元化,以避免霸权式的史学极化思维。第二,需要重新获得一些信心,以便于有可能把握作为一个整体的社会,使其凝聚性和不稳定性的根基理论化,进而使社会的运动形式得到分析。第三,世事多变,历史学家需要掌握多学科的知识。第四，政治很重要，历史学家应该积极参与公共事务，适时发出专业的声音。此外，埃利还补充道："如果说乐观主义、失望和反思是上个世纪60至90年代期间激进史家的主要的切身感受，那么'反抗'也许就是对我们当下这个新时代的一种适当的反应。"① 2008年4月，《美国历史评论》第2期特地为《一条曲线：从文化史到社会史》组织了一场小型的专题讨论会。在讨论会上，主持人赞扬埃利的自传书写深刻地揭示了在政治、道德及智识维度的个人体验和反思，认为埃利通过把他本人的学术实践作为社会史转向新文化史的一个证据来源，从而"为我们理解那个时期的历史演变做出了卓越的贡献"②。对于在90年代中后期——文化研究和后殖民史研究处于巅峰时期——接受史学训练的现代印度史专家马努·戈斯瓦米（Manu Goswami）来说，埃利的自传书写事实上是一种有效的学术对话方式，不仅展现了一代前辈史学家的智识抱负、政治参与精神及社会道德观，清晰地重现了他们在1968年那个重要时刻的"反叛政见"，而且更重要的是，启发他从政治经济学和比较的架构展开庶民研究（subaltern studies）。③ 著名社会史家小威廉·H. 休厄尔（William H. Sewell, Jr.）则赞誉埃利的自传书写彰显了一名历史学家应该具备的学术品性，为同辈和后学树立了一个良好的榜样。"埃利在反思困扰经历过'六十年代的那一代人'的诸多意外和失望之时，表现出令人钦佩的现实主义精神和谦逊态度，愿意向与他本人的判断及观点不一致的其他人学习。"④

---

① Geoff Eley, *A Crooked Line: From Cultural History to the History of Society*, University of Michigan Press, 2005, pp. 7, 6, 181, 203.
② Introduction, Forum "Geoff Eley's A Crooked Line," *American Historical Review*, Vol. 113, No. 2 (Apr. 2008), p. 391.
③ Manu Goswami, "*Remembering the Future*," *American Historical Review*, Vol. 113, No. 2 (Apr. 2008), p. 418.
④ William H. Sewell, Jr., "Crooked Line," *American Historical Review*, Vol. 113, No. 2 (Apr. 2008), p. 393.

在反思性的自我叙事中，埃利通过使"我"对象化、主题化和历史化的思考路径，高度反思"活在史中"与"以史为业"之间的互动关系，重估自己的历史观、史学观及道德担当，以学术介入性论辩的方式开创出自主性的行动空间，将对自我的确证和对当代史及历史意识之意义的认知有机地结合在一起，不仅实现了对传统史家的自传书写与诺拉所倡导的自我史之整合，而且还在某种程度上实现了对记忆的政治之超越，反映出自上个世纪70年代以来西方学界历史书写所具有的伦理转向(ethical turn)之趋势，即米歇尔·福柯所言说的个体的审美化生存。"历史学家们利用自传的灵活性，使它有可能成为一种有效的历史形式，一个主客体统一的天然舞台。"①毋庸置疑，埃利的自我意识具有左翼激进主义色彩，他以回顾自己与其他几位重要历史学家的历史书写实践之间在历史理论与史学方法论层面上的对话为实例，在自觉地对史学观念进行反省的基础上，力主打破当下各个新史学分支之间的人为区隔，并且提倡多学科的研究方法，坚持认为历史研究应该走向多元化、民主化、大众化。根据当代英国文化研究的领军人物托尼·本尼特(Tony Bennett)阐发的历史书写学(historiography)理论，历史学科的社会生产性实际上是在论辩之中产生的。"历史论辩的发展和它们(无例外地暂时性)的解答，却会长时期地对'过去'的公共面貌产生决定性的影响……而这类论辩应该被当作一种可以理解的情况，一种区别过去与现在的认知，以及把历史记录当成是一种指涉对象的取向。这种指涉对象经证明是存在于内在论述(intra-discursive)而且极易改变，但却无损历史学的发展。相反，这门学科的社会生产性，正是在于它有能力重组它的指涉对象，从而转化了'过去'——不是根据它以前的样子，而是根据它现在

---

① Jaume Aurell, "Making History by Contextualizing Oneself: Autobiography as Historiographical Intervention," *History and Theory*, 54(May 2015), p. 268.

的样子。"①也就是说,这种论辩式的学术对话,实质上是一种社会生产实践活动,即生产历史知识和构建时代精神。

综上所述,作为一部介入性自传文本,《一条曲线:从文化史到社会史》最有价值的地方或许就在于:它提醒历史学从业者有必要从认识论的角度去反思一个个历史概念的生成及其效果,以防止历史知识化的过程变成一个被概念化的过程。

此外,在埃利的介入性自传文本中,对历史学家自我身份的确证,是通过探讨历史认识中的主体性问题而得以实现的。具体地说,这个问题包含两方面:其一是历史学家应该怎样看待和书写过去?其二是历史学家应该如何对待已有的历史理解及其解释?不言而喻,对这两个问题的回答,都必然与如何解决历史学家"褒扬主体性"的自律性这个至关重要的问题密切相关。从经验主义的角度来看,历史学家对其历史书写实践中个人主观思维的反思,并不能确保对历史学家集体经验的概括成为可能之事,反而可能会导致历史学的客观性原则遭受更严重的质疑和危机。霍普金斯大学历史系主任加布里埃尔·斯皮格尔(Gabrielle Spiegel)在称赞埃利对史学理论和方法论做出了杰出贡献的同时,在唯物史观的视域中一针见血地指出,埃利书写的介入性自传表明历史学家的历史书写取向不可避免地极具个性,因为历史学家自身特定的过往经历、政见及职业、信仰背景等实际生活过程形塑了他的个性。②根据唯物史观,不是人之外的物质条件决定了他的意识,而是人自己的实际生活过程决定他的意识。"意识在任何时候都只能是被意识到了的存在,而

---

① [英]基思·詹金斯:《论"历史是什么?"——从卡尔和艾尔顿到罗蒂和怀特》,江政宽译,商务印书馆,2007年,第5页。
② Gabrielle M. Spiegel, "Comment on *A Crooked Line*," *American Historical Review*, Vol. 113, No. 2 (Apr. 2008), p. 416.

人们的存在就是他们的现实生活过程。"①在埃利的心目中,历史书写本身就是对社会及其现实世界的介入,历史学的介入必然与历史事实及真相相关联,在整体视域中,历史学家是与真相打交道的一个职业共同体。因此,历史学家共同体的内在主体间性(inside inter-subjectivity)基本原则——历史证明得仰仗于证据的共识——可以解决历史学家的个性问题。对此,娜塔莉·戴维斯也持相同的观点。她在回顾和反思自身的主观性思维的变化历程时,带着一种愉悦的心情说道:"我自在地接受了历史学家必须面对的限制——在做出任何推定之前,都必须找到证据;也正是因为这种要求,才让历史研究变得如此有趣。"德裔美国文化史家彼得·盖伊则在告诫同行不要受后现代主义理论蛊惑的同时,强调要始终坚持历史学的证据原则:"自从那些伟大的启蒙运动史家实践了用世俗的方式来解释历史原因,历史学对于证据的精致度,就变得更加讲究,而这也深化了历史解释的深度。"②新文化史名家林·亨特也辩护道:"任何阐释的真实性取决于其内在一致性和为重要事实提供解释的能力。一致的解释是合乎逻辑的,它引用的证据也是紧密相关的,并且不会从中得出不合理的结论。"③

值得注意的是,书写介入性自传的历史学家基本上都出生于第二次世界大战前后,亲身经历过"激荡的 60 年代"的青年文化运动,并且在 60、70 年代史学观念的变革——从"由上而下"到"由下而上"——时期接受了新社会史的学术训练。因此,那些能够被感知和阅读的共同经历及人生体验,是这些身兼事件亲历者、时代见证人和

---

① 《马克思恩格斯文集》第 1 卷,第 524—525 页。
② Natalie Zemon Davis, "The Charles Homer Haskins Lecture: A life of Learing," *ACLS Occasional Paper*, No. 39(1997),林俊宏译,Peter Gay, "The Charles Homer Haskins Lecture: A life of Learing," *ACLS Occasional Paper*, No. 58(2004),韩承桦译,选自陈建守主编:《时代的先行者:改变历史观念的十种视野》,第 182—183、284 页。
③ [美]林·亨特:《历史学为什么重要》,李果译,北京大学出版社,2020 年,第 50 页。

历史学家三重身份的学术人确认和定位自我及与当下世界关系的实践,是他们切切实实的生活历程,这在很大程度上影响乃至决定了他们的学术研究旨趣。美国著名政治思想史研究者理查德·沃林(Richard Wolin)深刻地指出:"分析家与评论家已经激烈地讨论了20世纪60年代的意义和重要性,几乎所有的人都同意这十年是一个转折点。无论它们具有什么样的终极意义,20世纪60年代都是一种意味着不可能重返原来状态的停顿。因而,时至今日,对那些试图理解政治现状之本质的人来说,20世纪60年代仍然是一个无法逃避的必经阶段(rite of passage)。首先,这十年的跨度与范围具有真正的国际性。在一个即时的大众传播的时代中,全球几乎没有一个角落可以免除20世纪60年代的影响和遗产。其次,这十年的效应不局限于某种特殊的症候和模式……它们是一种'总体的社会现象'(total social phenomenon)。20世纪60年代及其余波影响了——并永久地改变了——政治、社会、时尚、艺术和音乐等诸多领域。"①

这里有必要提及介入性自传文本一个典型的例外,即2018年出版的《教育自传》(*Educated: A Memoir*)②一书。这是美国年轻女性历史学家塔拉·韦斯特弗(Tara Westover)书写的一部自传。一经出版,该书旋即荣登《纽约时报》畅销榜,累计80周稳居榜首,当年就卖出200万册。2019年,出版商再版了此书。同年,塔拉·韦斯特弗因此书而被《时代周刊》评为"年度影响力人物"。不少读者把该书当作一部"惊人的真正鼓舞人心的"成功学自传。塔拉·韦斯特弗出身于犹他州一个摩门教的家庭,在17岁之前从未进过学校,因为她有

---

① [美]理查德·沃林:《东风:知识分子与20世纪60年代的遗产》,董树宝译,中央编译出版社,2017年,第2页。
② 中文名为《你当像鸟飞往你的山》,出于译者任爱红的神来之笔。"你当像鸟飞往你的山"(Flee as a bird to your mountain)典出《圣经》,寓意逃离和新生。

个极端的、信奉摩门教的专制父亲。后来,通过一个偶然的机会,塔拉·韦斯特弗在从未上过学的情况下通过大学教育逃离了家庭,并且最终在剑桥大学获得了历史学博士学位。事实上,《教育自传》是一部以自我剖析、建构自我文化为目标的史学家自传。塔拉·韦斯特弗认为,每个人心目中的历史都迥异于他人,因为人们实质上是通过历史学家们在书写实践中发生的争论(论辩性的学术对话)来理解和认识历史的,并且由此而建构一个关于自我的世界。为了阐明这一观点,塔拉·韦斯特弗坦陈了自己的研究转向及其缘由。"我已下定决心不再研究历史(过去),而是研究历史学家。我想我的兴趣来自学习了大屠杀和民权运动之后的无据可依之感——意识到个人对过去的了解是有限的,并将永远局限于别人所告诉他们的。我知道误解被纠正是什么感觉——改变重大的误解便是改变了世界。现在,我需要了解那些伟大的历史看门人是如何向自己的无知和偏见妥协的。我想如果我能接受他们所写的东西不是绝对的,而是一种带有偏见的话语和修正过程的结果,也许我就可以接受这样一个事实:大多数人认同的历史不是我被教导的历史,爸爸可能是错的,伟大的历史学家卡莱尔、麦考莱和特里威廉也可能是错的,但从他们争论的灰烬中,我可以构建一个世界,生活在其中。当我知道了地面根本不是地面,我希望自己能站在上面。"

  塔拉·韦斯特弗的这一史学史方法论的研究转向,标志着她开始反思性地审查历史研究之事,这似乎可视为西方年轻一代历史从业者对作为一门学科的历史学的崭新理解和认知,甚至是对历史学科的一种新的建构,反映了 21 世纪新时代对历史学科的某种呼求。在笔者看来,这是一个值得我们关注的史学研究新趋向。当然,这一新趋向的出现,并未以放弃真实性为代价,而是对"真实性"这一概念有了新的理解。塔拉·韦斯特弗在书写这部回忆录时,为了追求叙述的真实性和揭示历史真相,她以历史学术训练的思维方式,不断地向家人一一核实,并且采取尾注的形式,诚实地将每个人(包括她自己)的回忆记录下来,而不做任何评判。例如,塔拉·韦斯特弗在"注释说明"部分特别指出,关于卢克烧伤和肖恩从托盘坠落的两次事故,"不同的人的描述千差万别",这一客观事实让她更加坚信,真实性并不依赖于某个人的记忆,而是依赖于每个人的理解。也就是说,塔拉·韦斯特弗十分清楚,记忆并不是历史学。对此,柯林伍德曾经给出的理由在今天看来仍然具有说服力。"因为历史学是某种有组织的或推理的知识,而记忆却根本不是有组织的,不是推理。"① 然而,每个人对同一个事件的理解,事实上就形成了交叉证据,无疑更有利于揭示历史的真相。故此,塔拉·韦斯特弗自认为"所能做的最好的事",就是"在记忆中的故事之外再讲述另一个故事"②。显而易见,在塔拉·韦斯特弗的历史认识论视域中,历史学是一门关乎如何讲述故事的学科,因为故事实际上是一种认知世界的文化工具。从根本上说,把讲故事作为认识世界、进而认识自我的一种方式,这是西方世界的一种传统文化,同时也是人类的共性,是人类社会得以不断进化的重要原因。英国科学史作家加亚·文斯(Gaia Vince)在论述人类的进化史时指出,"故事给予全人类精神力量……故事是一种强有力的适应生存的手段,因为它不仅帮我们跟随记忆回到过去,还让我们不耗费时间和精力就能在大脑中想象未来"。而且,对大脑的研究已经表明,"随着大脑不断进化,人类可以通过故事来了解世界。故事因此成为一种强大的文化工具,加强了基因-文化的共同进化。人类的故事来源于生活。我们通过故事看清世界和自己的人生"③。

---

① [英]柯林伍德:《历史的观念》(增补版),何兆武、张文杰、陈新译,第250页。
② [美]塔拉·韦斯特弗:《你当像鸟飞往你的山》,任爱红译,南海出版公司,2019年,第278—279、388页。
③ [英]加亚·文斯:《人类进化史:火、语言、美与时间如何创造了我们》,贾青青等译,中信出版集团,2021年,第81、82页。

五、余论：人人皆可书写自我史

自我史的根本性特征是反思。何为反思？柯林伍德告诉我们，"意识到我正在思维，也就是以一种新的方式在思想，我们可以称它为反思"。反思也是历史思维的特性，"历史思维总是反思；因为反思就是在思维着思维的行动"①。可见，当代西方历史学家倡导的自我史的价值和意义同样指向"获得人类的自我认识"。

自21世纪以来，在由法国学者诺拉所发明的"自我史"概念引领下，书写自身个人史的史家基本上都自觉地将"活在史中"与"以史为业"融合为一个统一体，意欲通过将历史言说和史学史言说结合在一起，反思历史意识的形塑和史学观念的革新。从自我史、智识自传及介入性自传文本来看，新世纪的西方历史学家书写自传的真正意图主要体现在两个方面：其一是确证历史学家个人的主观性和个体性之于历史学的效用与限度；其二是试图在全球化的时代背景下重塑新世纪的历史意识，以便于在历史反思的基础之上审视当下的世界，进而重新确立人（自我）的价值。在此，很有必要提及在美国哈佛大学攻读历史学博士学位后长期执教于美国大学的华人历史学家徐国琦书写的《边缘人偶记》。这是一部算得上融合了自我史、智识自传及介入性自传的回忆录，较好地诠释了上述两个意图。2008年，徐国琦在美国的编辑朋友的劝说和鼓动下，产生了使用中文书写自传的念头。在2017年出版的《边缘人偶记》一书中，徐国琦意图"通过本人的个人经历来揭示中国近半个世纪以来的巨大变迁，并以我从出身贫寒的安徽农家子弟到哈佛大学博士、长达20余年的境外教书育人和成为国际史学者的轨迹，以及通过我的一双饿眼对世界和中

---

① ［英］柯林伍德：《历史的观念》（增补版），何兆武、张文杰、陈新译，第303页。

国的观察,来展示中国复杂多变的国际化历程。换言之,这是一部个人化的中国史及国际史。本人意欲以个人的经历、阅历、人生感悟为经,揭示我周围世界之维……如果此书能够提供一种与众不同的人文及人生风景线,如果读者通过这本小书,能激起奋发向上的意志,读出异样的中国与世界,并有所启迪,则吾愿足焉!"在叙事编排上,《边缘人偶记》以探索和阐明"我是谁?"为问题导向,主要内容由"浮生六记"——读书记、写书记、教书记、师友记、人物记及边缘记——构成,反思性地讲述("反思浮生")了徐国琦这位以"永远的边缘人"自居的历史学家是如何在学术人生中"一直坚持自我,坚持自我价值"的。与此同时,作为一名历史学家,徐国琦在这本自传中对他首创的"共有的历史"(shared history)概念及"国际史方法"(transnational/international history)做出了进一步的解释,并且意味深长地道出了历史学家的职责所在及历史学的特性。"古人云,工欲善其事,必先利其器。对史学工作者而言,一个高瞻远瞩的方法及视野就是一个利器。历史是客观存在,任何人无法也无权改变历史。但是我们可以调整透视历史的角度,修正我们对过去的看法。历史学者的任务是解释历史,揭示被遮蔽的真相。如果说19世纪为西方帝国主义扩张的历史,20世纪为民族-国家的历史,21世纪无疑为跨越民族-国家、跨越文明的世纪,是一个国际化的世纪。这是对我们每一个地球人的挑战,更是历史学者的'危机'。如果我们把握好挑战,就是一个极好机会,否则就是真正的危机了。……窃以为'跨国史'和'共有的历史'方法及视野对我们全面认识历史可能大有裨益。"① 无独有偶,关于研究视角之于历史学的重要性,阿兰·梅吉尔也持相同看法。"视角的表述也是对知识的一个贡献,

---

① 徐国琦:《边缘人偶记》,四川人民出版社,2017年,第6、262—263页。

但历史学家却经常忽视或难以接受这种贡献。"①确实,若是我们反思性地回顾从古至今的历史书写的历史,便不难发现,视角对于历史学的发展来说起着至关重要的作用,即新的研究视角不仅意味着历史知识的更新及其再生产,而且还常常意味着新的历史研究范式的诞生。

"自我史"是实践中的历史学家确认自我存在意义和历史学存在价值——社会功能——的一个过程,同时也是蕴含了历史观和史学观的史学方法论反思。当历史学家反思性地叙述个人生活史和社会-时代变迁史时,他/她实质上是在阐释自己的历史观,试图由此发现真正的自我,从而直接把握现实生活;当历史学家以论辩的姿态反思自身所接受的学术训练及历史书写中的有所为和有所不为时,他/她实质上是在审查自己的史学观,试图由此铸牢历史学家共同体意识,从而捍卫历史学的合法性和正当性。事实上,无论是建构个人的历史观,还是自觉地阐释个人的史学观,历史学家自我反思的个人史书写都起到了建构人类命运共同体意识及其现代文化的作用,从而在一定程度上创造了一种通向未来的文明史。当代英国著名史学理论家基思·詹金斯(Keith Jenkins)郑重地指出,历史学家应该充分重视学术论辩对当下大众智识文化的塑造。"我认为,作为历史学家,我们理应注意到这些论辩的类型,因为它们已经渗透进我们都在操作的普遍智识文化中。"②当然,无须赘言,这种自我反思的个人史书写,本身便是未来的历史学家们可资利用的珍贵史料,具有文献性质。正如诺拉曾经提醒同仁们的那样,历史学家就是防止历史仅仅成为历史的人。

---

① [美]阿兰·梅吉尔:《历史知识与历史谬误:当代史学实践导论》,黄红霞、赵晗译,赖国栋、黄红霞校,第 150 页。
② [英]基思·詹金斯:《论"历史是什么?"——从卡尔和艾尔顿到罗蒂和怀特》,江政宽译,第 27 页。

面对由后结构主义理论带来的历史虚无主义倾向,近年来日益关注"自我史"书写状况的美国政治史家杰里米·波普金信心十足地认为,书写自传的历史学家必定十分清楚反思自己的人生历程究竟意味着什么:"难道没有人由此而设法获得了历史意识吗? 难道没有人意识到——无论如何也比其他人更清楚——他们自己的决定方式吗?"①换言之,历史学家的自我史书写中所体现出来的历史意识,同时也是一种超越的意识,不仅意味着个人主义和自我意识的充分觉醒,而且也是德国历史哲学家狄尔泰"再体验"(Nacherleben)理论的实践性活动,即以更高的站位俯瞰和反思自我在历史洪流中的独立思考,从而审视自我与群体及世界的关系,最终达到理解作为整体的人类关于自由与责任关系的目标。这一关于自我的认知思维及其架构,必然通过反思的方式得以实现。事实上,自文艺复兴时期以来,对作为个体的自我的反思已然构成了西方知识界的一种文化传统。通常认为,在西方知识界享有盛誉的法国思想家、人文主义作家米歇尔·德·蒙田(Michel de Montaigne, 1533—1592)便是开启这一近代思想文化传统的先驱人物之一。在16世纪70年代至90年代这一期间,蒙田花费长达二十年的时间书写了对后世西方世界影响深远的三卷本《随笔录》(*Les Essais*)——这也是世界上的首部随笔集。需要特别指出的是,"essais"一词在法语里含有"试验""尝试"及"试写"的意思,这不由得让人把诺拉发起自我史计划的初心,与蒙田所书写的这部自我反思文本关联起来。在这上百万字的三卷本散文体的随笔里,蒙田以极大的热情高度赞赏古希腊先哲苏格拉底临终前所说的那句话——"未经审视的生活不值得一过",不仅极力强调思想之于人类的重要性,而且以他本人"思考自我"的心得实例阐明之,

---

① Jeremy D. Popkin, "Historians on the Autobiographical Frontier," *The American Historical Review*, Vol. 104, No. 3 (Jun. 1999), p. 740.

深刻地阐述了"生活即思想"的观点,主张人类生活的本质在于自我反思。"……我的头脑最主要、最辛勤的工作便是研究自己……造物主赋予它(头脑)——如赋予所有人的头脑足够的智力供它使用,并给它足够的课题让它施展创造力和判断力。对善于探索自我、开发自我的人而言,思考自我是一种强度大、内涵丰富的研究。我喜欢磨砺我的头脑,而不是把它填满……历来伟人们都把这事作为每日的功课,对于他们,'生活即思想'。"①奥地利著名传记作家斯蒂芬·茨威格(Stefan Zweig,1881—1942)在为蒙田立传时,认识到自我剖析是蒙田书写随笔的内在驱动力,因而特地用一章的篇幅讨论了蒙田对自我的认知——"寻找自我"。茨威格观察到,蒙田把自我视作研究的对象,采取与历史上那些思想丰富的人作比较的方式来进行自我剖析,意图让别人通过他的自我剖析来认识、形塑他们的自我,从而理解人类,即人性。"他问自己:我是谁?他试图把自己置身于外,就像另一个人似的来看自己。他仔细观察自己、琢磨自己、评论自己、'研究'自己……他永远在寻找自我。不过,为了了解自我,仅仅观察自我是不够的……因而他阅读历史、研究哲学,但不是为了让自己长学问,不是为了让自己有信念,而是为了看一看他人是如何行事的,以便把自己的'我'和他人进行比较……研究'历史上内心世界丰富的人',以便把自己和他们进行比较。他研究他人的善恶、瑕瑜和智愚。历史是米歇尔·德·蒙田的重要教科书,因为'人是在行动中显示自己'……蒙田所要寻找的不光是一个'我'、一个'我自己',蒙田同时也在寻找人性。他仔细地把每个人身上的人的共性和每个人身上的个性区别开。"②

时隔数十年,英国著名文化史家彼得·伯克同样在蒙田的这部

---

① [法]蒙田:《蒙田随笔全集》,马振骋译,上海书店出版社,2009年,第34页。
② [奥地利]斯蒂芬·茨威格:《蒙田》,舒昌善译,生活·读书·新知三联书店,2008年,第72—73页。

随笔录中发现,虽然蒙田与他那个时代的其他人文主义学者一样,把历史上的亚历山大、加图和西比奥等政治家视作英雄,但他认为历史上那些致力于唤醒人类自我的思想家同样是英雄,并由此强调历史是人类认识自我的一种有效的思考方式。"蒙田的不同凡响之处在于,他把荷马和苏格拉底置于政治领袖的地位,与那些政治家并列。因此他认为,阅读史书的主要理由就是由此能获得对于人的理解和知识……换句话说,蒙田认为历史不仅教给我们美德,而且教给我们心理学……"[1]柯林伍德在前人的认知基础上,从人类的思想和心灵切入,进一步指出"反思的行动可以大致描述为是我们根据目的所做出的行动,而且这些行动是可以成为历史学的题材的唯一的行动"[2]。也正是基于此种思考,促使柯林伍德"相信,让公众了解我的思想是一件值得做的事,而要把我的思想贡献给公众,唯一的途径就是写书"[3]。根据现代社会心理学的自我理论,自我由"主我"和"客我"构成,"主我"以记忆的方式出现在个体的经验里,"客我"是特定社会情境中某个共同体的一员,与共同体的其他成员共享经验。个体对"客我"的反应,体现了自我经验中的"主我"。[4] 自我是在特定的情况下,与特定的行动者及经验一道建构的。由此观之,由历史学家书写的自我史或许可视为是对抗和抵消被现代性裹挟的假性自我的最佳方式之一,有助于引导当代的普罗大众在现实生活中进行自我反思,在认清现实生活环境之后获得关于自身的知识,而后进行自我定位。历史学家乃是历史进程的参与者,无论历史学家有多么主观,这都赋予了他或她的种种观察某种客观性的成分。在通常情况下,公众会选择相信致力于追求"真实"并奉"客观"为圭臬的历史学家的自我

---

[1] [英] P. 博克:《蒙田》,孙乃修译,工人出版社,1992年,第107页。
[2] [英] 柯林伍德:《历史的观念》(增补版),何兆武、张文杰、陈新译,第305页。
[3] [英] 柯林伍德:《柯林伍德自传》,陈静译,第110页。
[4] [美] 乔治·H. 米德:《心灵、自我与社会》,赵月瑟译,上海译文出版社,1997年,第172—177页。

史书写,何况历史学家对个人的具体经验的自我反思,本身就是对生命的最贴近的反思,具有天然的吸引力。然而,这是否意味着非历史学专业的精英人物、职业人士及普通大众——特别是后者——以回忆录和自传为主要形式的个人史书写就失去了必要性和重要性呢?

何况,从本质上说,人类一直在"反思性"地创造历史。换言之,历史只存在于人的理解和思考之中,并以各种语言形式(包括图像)呈现出来。这便是柯林伍德提出的"没有反思便没有历史"的核心观点。就个人史的书写而言,它恰恰是对自我与生活世界之间关系的一种探索。这恰恰是卡尔·贝克尔言说"人人都是他自己的历史学家"的真正用意:每个人都可以且应该书写自身的个体生命故事,这既是一种表述差异化社会的思考行动,同时也是文化再生产的一种有效方式。多年之后,加拿大女性历史学家玛格丽特·麦克米伦(Margaret MacMillan)也同样十分肯定地说道:"历史学家当然不拥有历史,历史是属于每个人的。"①古往今来,个人史几乎成为各个社会的精英人物之"专利"。当然,也有不少社会精英人物的回忆录或自传确实表现出高度的反思性和历史意识。比如,茨威格在上个世纪30年代末至40年代初书写的自传体文学作品《昨日的世界:一个欧洲人的回忆》一书。茨威格以时代亲历者和见证人的视角,主要讲述了欧洲从第一次世界大战前夜至第二次世界大战时期动荡危局的社会现实状况,反思了欧洲人是如何成为这段惨痛历史的"牺牲品"的,十分严厉地批判了民族主义这个"大瘟疫",并认为历史见证人的责任在于以书写的方式来保存这段痛苦记忆,以供后人吸取经验教训,重塑欧洲的现代文明。"在我的眼皮底下,一些大规模的群众意

---

① [加拿大]玛格丽特·麦克米伦:《历史的运用与滥用》,孙唯瀚译,广西师范大学出版社,2021年,第100页。

识形态思潮获得了发展和传播的机会,它们是意大利的法西斯主义、德国的国家社会主义、俄国的布尔什维主义,首当其冲的却是民族主义这一曾经深深毒害我们欧洲文明之花的大瘟疫。……去见证这些惊心动魄的、充满了戏剧性意外的生活,对我来说似乎是一种责任,因为——请允许我再重复一遍,每一个人都是这些巨大转变的见证人,每一个人都是身不由己的见证人。对于我们这代人来说不存在逃避,不存在如从前那样的置身局外;由于我们有新的共时性机制,我们无时无刻不与时代休戚相关。……假如后人能从我们的见证中获得这倾颓大厦的一个真相残片,那么我们也算没有枉然遭遇了这一切。"[1]夏伊勒对人生和时代的思考之回忆录——《二十世纪之旅》(20th Century Journey: A Memoir of a Life and the Times),则反映出他的经历和经验大大丰富了他的历史观,并指引他如何进行历史研究。"没有这些直接的、现场的经历,我绝不可能懂得,也极少会感知,在这动荡的年代,发生了什么,以及它们发生的原因。这些经历有助于我日后记录下一些历史。"[2]

在上个世纪90年代"传记的转向"发生后,西方各路社会精英纷纷以个人史为标题,将自传(小历史)与民族国家史(大历史)甚至世界史结合为一体,反思自我的人生体验之变化。例如,被称为"美国新闻界最有权势的女人"——凯瑟琳·格雷厄姆(Katherine Graham)——书写的《个人史》(Personal History)就是其中的杰出代表,荣获1998年度普利策奖。格雷厄姆在个体记忆的框架内,将个人史、家族史与美国现代史融合为一体,思考三者之间的互动关系。从根本上说,这位美国报业的"第一夫人"从一个媒体人的私人

---

[1] [奥]斯蒂芬·茨威格:《昨日的世界:一个欧洲人的回忆》,吴秀杰译,民主与建设出版社,2017年,"前言",第3、4、5页。
[2] [美]威廉·夏伊勒:《二十世纪之旅:人生与时代的回忆》(第一卷),汪小英译,社会科学文献出版社,2020年,"序",第7页。

视角重建了美国现代史，尤其是对她本人亲身参与和见证的那些重大历史事件的细节描写和深度反思，不仅能够加深读者对美国现代史的理解，而且能够启发读者进一步思考自由和民主的本质及其限度。如果说"二战"后国际史学研究倡导的"由下而上"的治史新观念，在民族国家史和宏大叙事之外，开启了一种看待历史的新视角，即更多地表现为一种人性的回应，从而激发了以关注和书写普通人、小人物或边缘人的个体命运为要旨的微观史学的兴盛。那么，自20世纪90年代以来，因互联网技术的不断发展而产生的新的以个人为主的交互式媒体形式，则使得自民权运动以来渴求推动社会平等、发出自己声音的普通大众书写自身的个人史，成为可能之事。因此，当前国际新史学研究视野中的个人史，主要是指普通人书写的回忆录和自传。

相较于历史学家书写的自我史，非历史学专业的普通人书写的个人史，虽然也采取第一人称的视角和具有反思性质的自我叙述，但其主要以展现作为时代亲历者和见证者的具体而微的个体生命经验/体验为中心，并且意图将个体记忆融入集体/社会记忆之中，与本民族国家史或某个特定的群体史形成文本相互阐释的关系，从而实现对自我的认知和定位调整，以及对历史的创造——从个人的生命经验维度去定义历史话语权。从这个意义上说，致力于书写个人史的普通人与书写自我史的历史学家的意图别无二致，二者均希冀通过彰显个人的自主能动的历史阐释权利，表达自己的历史观、价值观及道德观，从而参与当下时代精神和社会文化生活的建构。其实，每一种历史书写，无论是历史学家还是非历史学专业的其他人，都是个体的，都是主观的行为。也就是说，历史的真实性随着时间和文化的流变，它总是处于不断的变化之中；因而，普通人的个人史书写，在客观上能够起到展现历史不同层次的真实性的作用。也就是说，普通人的个人史书写，理所当然就是当代史的一种书写形式。普通人群体从个体的观察视角和具体的生活经验/体验出发,记录了官方档案几无可能保存的日常生活的面相,往往展示的是一种日常生活世界的真实性,因而具有不可替代的学术价值和现实价值。正如吉登斯所言,任何自传叙述都是"对过去的纠正性介入,而不仅仅是对过去时间的记录"①。

由普通人所书写的个人史天然地所具有的私密性、个性化及亲切性,与职业历史学家书写的自我史相比较,或许在真实性和现实性的意义维度上更胜一筹。它除了能够激起同时代广大普通人的情感共鸣之外,从阿德勒的个体心理学的角度来说,必然会引发广大同为普通人身份的读者群体的关注、讨论、对话和移情想象,这是一种为理解自我而必需的社会交往形式,是一种建构自我的社会实践。最重要的是,它构建了一个独属于某个具体时代的历史意识及其文化。如果我们采用柯林伍德倡导的问答逻辑来看待和思考普通人的自我史书写,能够更清晰地辨识其"现实"生活的层面和"历史"的层面。因为,"每一个历史问题归根结底都是由'现实'生活提出来的……历史问题是从实际问题中提出来的,我们研究历史的目的在于更加清晰明白地认清我们必须活动于其间的环境。因此,从根本上说,一切问题所由以产生的那一层面是'现实'生活的层面,为这些问题的解决而涉及的那一层面是历史的层面。"②

除此之外,借用耶鲁大学著名政治学家、人类学家詹姆斯·C.斯科特(James C. Scott)所阐释的农民日常反抗话语来说,这本质上就是"弱者的武器"(weapons of the weak),由普通人所书写的个人史,可以从根本上彻底改变农业时代"未被书写的反抗史"(The Unwritten History of Resistance)这一无奈的客观事实,展现的不仅

---

① [英]安东尼·吉登斯:《现代性与自我认同:现代晚期的自我与社会》,生活·新知·读书三联书店,1998年,第72页。
② [英]柯林伍德:《柯林伍德自传》,陈静译,第107页。

仅是一种反抗性实践,即"反抗的日常形式"①。更重要的是,当我们再度借鉴斯科特所阐释的"潜隐剧本"理论来思考时,它在客观上能够开创出一个有助于文化包容性和促进人们之间相互信任、社会平等及正义的话语空间,"当潜隐剧本不顾权力束缚而被公开宣告出来时,无论是言说者还是那些跟言说者具有共同处境的人,都会将其体验为一种真相最终被说出来,从而取代了模糊含义和虚假谎言的时刻……正如哈维尔所说的,那些勇敢地迈出这一步的人将其体验为某种真理时刻,某种证明自身(personal authentication)的时刻"②。也就是说,其推动社会和谐、进步的现实意义不言而喻。以赛亚·伯林在阐释哈曼的反启蒙运动思想时,下面这一段话精辟地道出了自我与语言、社会交往之间的实质性关系:"成为一个人就是在某种程度上理解一个人在世界上的目的是什么,而这种理解只有通过理解自我才能达成,而理解自我只有在人类的交往中才能达成,因为在这种交往中,人们是彼此的镜子;在这种交往中,通过理解别人,通过沟通,通过被别人理解,我们才能理解自己;因为如果我在世界上是孤独的,那么,沟通、语言、思想(对哈曼来说都是一个东西)就永远不能发展。因此,一个复杂的人类关系网络的存在就成了思想可能性的预设,而不需要其结果来为其辩护。实际上,它根本不需要辩护:它就是一个被接受下来的给定的事实,违背它,就无视现实,从而堕入错误和疯狂。"③

对此,伦敦大学历史研究中心所长大卫·康纳丁(David Cannadine)诚恳的话语或许更有说服力。"历史不折不扣是无所不

---

① [美]詹姆斯·C.斯科特:《弱者的武器:农民反抗的日常形式》,郑广怀、张敏、何江穗译,译林出版社,2007年,第二章第一节"未被书写的反抗史"。
② [美]詹姆斯·C.斯科特:《支配与抵抗艺术:潜隐剧本》,王佳鹏译,南京大学出版社,2021年,第325页。
③ [英]以赛亚·伯林:《启蒙的三个批评者》,马寅卯、郑想译,译林出版社,2014年,第318页。

包的。首先,它是包含所有人的。我不只是指历史可以把所有地区所有人作为研究对象,还指所有人都是历史的参与者。历史是最开放和最没有进入门槛的学科。每个人都可以'治'史,而每个人也真的都在治史,因为每个人都有过去而每个人都是自己人生故事的最佳入口。做这事几乎不需要任何特殊训练,只需要一些几乎会读写的人都能迅速掌握的最低要求。"①确实,个人史的书写并不需要受过历史学的专业训练,一个个普通人的生命历程实则构成了一个个时代的历史。当一个个普通人开始记录自己的生命历程时,反思的行动必然相伴而生。从人类历史的演进来看,世界的意义是在人的精神生命中得以创造的,一旦大批量的个体的反思行动展开,人类更美好的生活便是可期待的。"事物的意义不是靠把它们放入人之中,在人对事物的消极态度上被揭示的,而是靠着人的创造的积极性,他应该向无意义世界之外的意义突破。在对象、事物、客体的世界里,意义是不存在的。从人出发,从人的积极性出发,意义才能被揭示,所以意义就意味着对存在的类人性的发现。在人之外的理想存在没有意义。这就意味着,意义在精神中被揭示,而不是在对象里,不是在物里,不是在自然界里。只有在精神里,存在才是人性的。……人的创造积极性完全不意味着构造什么东西。意义不是在进入思想之中的客体里,也不在构建自己的世界的主体里,而在第三个既非客观也非主观的领域里,在精神世界里,在精神生命里,这里的一切都是积极性和精神的动态过程。如果认识发生在存在身上,那么在这种认识里,意义就会积极地显现,就是说存在的黑暗被照耀。认识就是精神生活自身。认识与被认识的东西同在。"②

---

① [英]大卫·康纳丁:《今日,何谓历史》,梁永安译,(台北)立绪文化事业有限公司,2009年,第316—317页。
② [俄]尼古拉·别尔嘉耶夫:《论人的使命:神与人的生存辩证法》,张百春译,上海人民出版社,2007年,第11—12页。

随着 21 世纪互联网技术和人工智能的不断发展,尽管有科学家信心满满地认为人类"能够制造出辨别善恶"的"道德机器",从而使我们在未来"可以依靠机器来寻求明察秋毫、因果合理的正义,我们将进一步了解人类自身的自由意志'软件'是如何运作的"①,但笔者仍然主张在今天全球化的时代背景下,每个人都应该积极地书写自我史,充分地展现自己心理上和精神上的景观。原因在于,随着社会和地域的流动性日益增强,科学技术的快速更新,人的自我意识却在减弱。然而,人类作为一个种群,其在漫长的进化过程中成为人,不仅仅源于其有认识世界、改造世界的能力,更为重要的是,人类拥有价值判断的能力。这种价值判断的能力,是奠基于人类美好情感的道德良知之上,它使人类在历史的紧要关头无数次地摆脱了利益的控制,不断地创造着人类文明的新形态。

---

① [美]朱迪亚·珀尔、达纳·麦肯齐:《为什么:关于因果关系的新科学》,江生、于华译,中信出版社,2019 年,第 342—343 页。

第五章
身份认同:新群体传记

> 以"共有的历史"为着重点,不仅在学术上对于发展跨国历史研究有重要意义,而且具有现实意义。①
>
> ——徐国琦

> 它发展出了一个观察 20 世纪历史的新视角。它的前提基础是,历史是被体现的并且是被多重视角体现的……被体现的历史意味着:每一代人各自的历史都存在于他们的骨头里,他们将它析出,他们与它纠缠斗争,他们一生都在对它做出回应并且是以各种不同的方式。②
>
> ——阿莱达·阿斯曼

根据社会心理学的定义,群体(group)是与个体(individual)相对的一个概念,是指为了实现某个明确的或特定的目的,通过某种纽带将两个或者两个以上的成员联系在一起,使之具有不同程度内聚力的人的集合体或共同体。群体的一个显著标志,就是群体内的成员应该具有共同的信念和群体意识。在现代西方社会,"群体"

---

① 徐国琦:《中国人与美国人:一部共有的历史》,尤卫群译,四川人民出版社,2019 年,第 19 页。
② [德]阿莱达·阿斯曼:《记忆中的历史:从个人经历到公共演示》,袁斯乔译,第 49 页。

作为一个名词或概念进入大众的视野,主要得益于前文提到的法国著名社会心理学家、社会学家、群体心理学创始人居斯塔夫·勒庞。1895年,这位被后人誉为"群体社会的马基雅维利"的独立研究者书写的《乌合之众——大众心理研究》(The Crowd: A Study of the Popular Mind)一书出版,标志着一个全新的研究领域——群体心理学——进入人文社会科学行列。在这本里程碑式的著作中,勒庞不仅首次明确提出了"群体"概念,而且首次揭示了群体的心理特征。"在某种特定的情况下,也只有在这种情况下,一群人拥有了新的特征,它完全不同于组成这一人群的个人特点。自觉的个性消失了,大家的感情与思想朝着同一个方向发展,形成了一种集体心理,它也许是暂时的,但特征相当明显。于是,集体就成了这么一种东西……也可以说成是心理群体。它成了一个单独的存在,服从于'群体精神统一律'。"[①]由于弗洛伊德等心理学家对此书的评价甚高,加上20世纪上半叶西方诸多国家的领导人如罗斯福、戴高乐、希特勒、墨索里尼等都是该书理论的忠实信徒,群体研究的方法,以及随之而出现的对特定群体的研究,日益受到诸多西方学者的重视,并且最终促使英国历史学家劳伦斯·斯通所指称的群体传记学(prosopography)之兴起。

根据斯通在70年代初所作的历史考察,尽管早在19世纪末就有德国的历史学家——比如,伟大的德国历史学家特奥多尔·蒙森就在1897年使用过群体传记的方法,即采取描绘群体画像的方法来探究古典史,但作为一种史学方法,群体传记学得到学术界的认可,则要推迟至20世纪20、30年代。彼时,著名的英国历史学家罗纳德·塞姆、刘易斯·纳米尔爵士(Sir Lewis Namier)及美国社会学家

[①] [法]居斯塔夫·勒庞:《乌合之众——群体心理研究》,胡小跃译,浙江文艺出版社,2015年,第12页。

罗伯特·默顿（Robert Merton）等人在他们的论著中，采取蒙森等德国学者所开创的群体传记的研究方法来探讨欧洲历史的演变，"通过对一群人物的生平进行集体性研究，以探讨他们共有的背景特征"。具体而言，这些学者基本上都采取了下述方法进行探究，"先确立一个研究范围，然后就此提出一组相同的问题——可以是关于出生与死亡、婚姻与家庭、社会出身与所继承的经济地位、居住地、教育、个人财富的数量与来源、职业、宗教、为官经历等等。而后，将确立范围之内的所有人的各种信息进行对比、组合，再通过对这些信息的分析而找出具有显著意义的变量。研究者将分析这些信息的内在相关性，以及与其他行为和活动的相关性"①。斯通进一步指出，由于这些学者的代表性论著在西方学界极具影响力，因而大大推动了群体传记学的确立。自斯通于1971年提出"群体传记学"这一概念以来，西方学界已经出版了《后期罗马帝国群体传记学》[A. H. M. Jones, J. R. Martindale, J. Morris, *Prosopography of the Later Roman Empire* (260-641), Cambridge, 1971—1992]、《新亚述帝国群体传记学》[Radner, K. (ed.), *The Prosopography of the Neo-Assyrian Empire*, Helsinki, 1998—2002]等一系列著作，并随着互联网的迅猛发展而创建了若干专业的数据库，例如，丹麦哥本哈根大学创建的"古亚述群体传记学数据库"（Old Assyrian Prosopography Database，http://oatp.net）、剑桥大学创建的"盎格鲁-撒克逊时期英格兰群体传记学数据库"（*The Prosopography of Anglo-Saxon England*，http://www.pase.ac.uk/index.html）、英国科学院创建的"拜占庭学群体传记学数据库"（*Prosopographical Reading of Byzantine Sources*，1025—1150，http://blog.pbw.cch.kcl.ac.uk），以及哈佛大学燕京学社创建的"中国历史人物传记

---

① Lawrence Stone, "Prosopography," *Daedalus* 100.1(1971), p.46.

资料库"(China Biographical Database Project, http://isites. harvard.edu/icb/icb.do?keyword＝k16229&pageid＝icb.page76535)。除此之外,英国牛津大学的李纳克尔学院(Linacre College)和意大利罗马大学还专门成立了群体传记学研究中心。① 在今天这个前所未有的大数据时代,这些数据库和群体传记学研究中心的创建,大大便利了历史学家们和普通大众对新的群体传记的历史书写。进一步说,在新媒体技术主导现实生活世界的今天,随着不同类别的历史数据库陆续出现并形成一定规模,海量零散的历史资料库正在快速集成,利用"历史大数据"去验证传统史学理论或构建新理论的时代已然开启。

在西方历史学领域,自上个世纪70年代以来,群体传记便成为传记书写中最富有意义的新变化之一。梳理和考察西方群体传记历史文本后,我们发现,群体传记通常以家庭、兄弟姐妹、各种社会性群体、文化群体为研究对象,通过探究一群人之间的亲密关系或智识关联,建构起他们的身份-认同意识,意图阐明某一特殊的历史演变和新的历史研究范式。然而,从90年代以来出版的新的群体传记历史文本来看,虽然仍然以探究历史上的某个特定群体的身份-认同为核心内容,但研究范式却发生了转换,即从民族-国家建构的研究范式转换为"共有的历史"的研究范式和"被体现的历史"——由文化记忆理论主导——的研究范式。大致说来,英语国家新的群体传记历史文本主要是"共有的历史"的研究范式,这在美国表现得尤为突出;非英语国家则主要彰显了文化记忆建构的"被体现的历史"的研究范式,这在西方各国的德裔史学家书写的群体传记文本中体现得最为充分。然而,西方各个国家争先恐后地编纂的各种类别的群体传记辞典,包括属于集体范畴的国家传记辞典,明显遵从的是"共有的历

---

① 转引自刘昌玉在科学网的博客,https://blog.sciencenet.cn/blog-941158-782330.html。

史"的研究范式。本章先是在整体性的视域中,对上述这两种历史研究范式进行概述和评析,然后采取个案分析的方法,通过解读两位女性历史学家书写的新集体传记文本,希冀探究它们在未来的书写趋势。

一、"共有的历史"和"被体现的历史"

关于群体传记的历史书写,西方世界自古典时代便已经开始书写了。就广大普通读者的熟知度而言,除了前文提及的普鲁塔克书写的《希腊罗马英豪列传》,还有另外一位古罗马历史学家苏维托尼乌斯书写的《罗马十二帝王传》,都是流传至今的群体传记。在中世纪,历史传记文本主要有圣徒传和帝王传,而且这二者均有群体传记历史文本面世。前者有作为罗马教廷四大珍贵史料之一的《教皇本纪》(*The Pope this discipline*)文本,以及被称为"英国史学之父"的比德(Bede Venerabilis)书写的《男修道院院长传》(*Lives of Abbots*)文本,后者有《法兰克诸王史》(*Histoire des rois des Francs*)等文本。17世纪下半叶,群体传记的历史书写虽然以来自不同领域的名人为对象,但主要集中于拥有特定职业身份的群体,比如作家、哲学家、诗人等。出版于1662年、由英国历史学家托马斯·富勒(Thomas Fuller, 1608—1661)书写的《英格兰名人传》(*The History of the Worthies of England*)便是这一时期的代表性著作。这部群体传记讲述了英格兰各个郡的郡主、军人、海员、音乐家、作家、诗人等男性社会名人的人生故事,享有世界声誉的文学巨匠莎士比亚当然是其中一位传主。这里有必要提及的是,集体(collectivity)是一个隶属于群体范畴的概念,它指的是由许多个体集合而成的、有组织、有共同目标和行为标准的团体。集体是群体发展的高级形式,比如家庭、学校、公司、民族国家等。17世纪末期,由于许多古文物研究者渴望准确地了解过去的重要人物，于是在法国出现了类似于半个多世纪之后出版的《百科全书》的集体传记，即法国资产阶级启蒙思想家的先驱皮埃尔·贝尔(Pierre Bayle, 1647—1706)书写的《历史批判辞典》(*Dictionnaire Historique et Critique*)。在这部集体传记中，贝尔按照字母顺序，叙述了从古代至他那个时代杰出人物的故事，不仅有男性，而且有极少数的女性，以及诸位神和神话人物。

18世纪时，"历史是一个民族的生命"的观念已经成为知识阶层的共识，因而出现了以爱国主义为核心的集体传记，即民族国家传记，许多文学家和历史学家纷纷致力于为民族国家的英雄人物（男性）立传。迟至18世纪中叶，以女性群体为历史书写对象的传记才出现。1752年，英国学者乔治·巴拉德(George Ballard,)在《大不列颠女性学者传》(*Memories of Several Ladies of Great Britain, Who Have Been Celebrated for their Writing or Skill in the Learned Languages, Arts and Sciences*)一书中，叙述了五十位大不列颠上层社会女性及拥有典范行为榜样的修女。在19世纪，维多利亚女王在1838年执掌国家大权之事大大激励了女性传记的历史书写。小说家艾格尼丝·斯特里克兰(Agnes Strickland, 1796—1874)书写的十二卷本《诺曼征服以来的英国女王传》(*Lives of the Queens of England From the Norman Conquest*)，十分受欢迎。接着，斯特里克兰还书写了《苏格兰女王传》(*Lives of the Queens of Scotland*)。在西方资本主义国家对外扩张的19世纪，随着民族主义情绪的高涨，以及出版业的快速发展，为民族国家的英雄人物和祖先立传的风尚在西方各国日益兴盛，建构公民身份成为传记书写的主要目标。这个时期，题名为《国家名人传记辞典》(*The Dictionary of National Biography*)的集体传记蔚为大观。以英国为例，由思想史家、文学批评家莱斯利·斯蒂芬(Leslie Stephen, 1832—1904)主编的《国家名人传记辞典》，在民族主义意识的主导下，充分考虑了"民族国家"这一概念的特性,力主以彰显"民族特性"和"国家成就"为己任,不仅竭力把苏格兰人、威尔士人及爱尔兰人都合并到英国历史当中,而且将造访英国的外国客人(其中就有中国人),以及大量罪犯和"怪人"也收录其中,显示出"他者"(the other)与"自我"(self)的二元对立思维。然而,无论是斯蒂芬还是斯蒂芬的继任者迪斯尼·李(Disney Lee),在拟定英国的"名人"标准时,他们的"理想对象"都是接受过教育且拥有一定特权的男性。事实上,在很多西方国家,直至20世纪初,劳工和女性都没能进入由国家出资编纂的《国家名人传记辞典》。英国著名女性主义学者露丝·里斯特(Ruth Lister)对"公民身份的建构"的敏锐观察有助于说明这一状况:"当民族国家作为现代世界的基本政治和经济联合体而出现时,它从19世纪起就一直与公民身份紧密结合在一起,直到20世纪后半期还在稳定地扩展其范围和力量。"①可以想见,当专门化的劳工传记辞典和女性传记辞典在20世纪出现时,就对旧版的《国家名人传记辞典》构成了一种正面的挑战。

根据英国历史学家基思·托马斯(Keith Thomas)——1992年时担任《牛津国家人物传记大辞典》的监事会主席——的历史考察,在整个20世纪期间,欧美大多数国家都启动了编纂新型的国家人物传记大辞典的计划,其中显得最雄心勃勃的是意大利。意大利自20世纪60年代起就开始编纂国家人物传记大辞典了,到21世纪初就已经编纂到字母"J",并且出版了六十卷。②自20世纪90年代以来,西方各国的群体传记历史书写,最令人瞩目的便是编纂各类专门的人物传记辞典。彼时,经济全球化迅猛发展,社会流动性加速增强,

---

① [英]露丝·里斯特:《公民身份:女性主义视角》,夏宏译,吉林出版集团有限责任公司,2010年,第80页。
② Keith Thomas, *Changing Conceptions of National Biography*, Cambridge University Press, 2005, p. 32.

全球进入了一个移民与离散的时代,历史书写的观念已然发生了根本性的变化,学界对大众文化的历史意义有了新的认识,跨国史、全球史和关联史(connected history)的蓬勃发展,为西方各国编纂国家人物传记辞典开启了新的视角,日益重视文化的视野,不再将国家人物对象局限于本土,而是强调与其他国家及整个全球的关联性。有论者指出,"随着我们的地球变得越来越小,我们的社区也愈加多样化……传记,给干巴巴的人口普查数据注入了活力。当我们面对人口表格时,传记将会成为把新群体的故事编织进我们的民族结构中的路径"①。

　　90年代初,当英国决定要重新出版一部彰显新时代精神的国家名人传记辞典时,除了增加16 000个词条之外,旧版的许多词条都需要重新编写。英国新修纂的牛津版《国家名人传记大辞典》的"名人"标准也发生了相应的变化,不仅突破了男权主义的性别观念和白人至上主义的观念,书写女性传记的词条增加了三倍,有色人种传记的词条也大增,而且包含一定数量的外国来访者,显得更具时代性和包容性。此外,对辞典里的名人的人生故事叙述不再局限于公共生活,而是竭力为读者提供许多与私生活、家庭关系及社会关系相关的信息。如今,牛津大学出版社已经创建了一部在线的"牛津国家名人传记大辞典"(www.oxforddnb.com),收录了从罗马时期至21世纪之间的历史人物,人数超过58 500位。加拿大、美国、德国、法国、意大利等西方国家也纷纷创建了在线的"国家名人传记大辞典",研究者和读者可以根据主题词、关键词或地理方位、职业、家族、姓名、年龄等条目进行索引,运用搜索引擎查找自己想要了解的人物。澳大利亚在20世纪70年代出版的《澳大利亚传记辞典》(*Australian Dictionary of Biography*)中,女性和土著居民已占有一定比例,待

---

① Shirley A. Leckie, "Biography Matters: Why Historians Need Well-Crafted Biographies More than Ever," in Lloyd Ambrosius (ed.), *Writing Biography: Historians and their Craft*, University of Nebraska Press, 2004, p. 20.

到 2005 年再版时，为了反映澳大利亚社会文化生活的多样性，《澳大利亚传记辞典》新增加了一个卷本，标题为"下落不明的人"（Missing Persons），而且此时女性词条的占比已经达到三分之一，土著居民的占比也有所提高。① 澳大利亚国立大学社会科学研究院于 2008 年成立的国家传记中心（National Centre for Biography），一方面继续增补《澳大利亚传记辞典》，另一方面则积极采取跨国史、全球史和关联史的研究视野，追踪并书写那些虽然生活在澳大利亚国土之外，但却与澳大利亚本土有着各种联系的人的传记。2008 年出版的论文集《跨国联系：生活在世界各地的澳大利亚人》（Transnational Ties: Australian Lives in the World），"不仅追踪人在全球的流动，而且还追踪想象力的流动，包括那些身居一地、想象力却外溢的人。人的流动有助于形成澳大利亚的显著特征，思想观念的流动则将澳大利亚人与一个全球性的思想共同体联系在一起"②。

此外，西方各国除了继续修纂并创建在线的国家名人传记辞典之外，还根据劳工史、性别史、环境史、跨国史、全球史、关联史的研究成果，按照性别、职业、行业、社会活动及族裔等范畴，编纂或修纂了相应的人物传记辞典，比如劳工传记辞典、知识分子传记辞典、政治激进主义者传记辞典、环保主义者传记辞典、女权主义理论家传记辞典等，并且大多同步在线。

考察西方各国自上个世纪 90 年代以来出版的各类人物传记辞典文本，我们发现，它们彰显了徐国琦首创的"共有的历史"这一研究范式的核心理念——"共有"（shared）。21 世纪初，为了阐明中国和美国之间在"历史紧要关头""共享共同性、共享相同的价值观和目

---

① Jill Roe, "Biography Today: A Commentary," *Australian Historical Studies*, 43, 2012, p. 111.
② Desley Deacon, Penny Russell and Angela Woollacott, "Introduction," *Transnational Ties: Australian Lives in The World*, ANUE Press, 2008, pp. xiv-xv.

标",以及"发现两者间被掩藏的历史联系",徐国琦在他的导师、日裔美国历史学家入江昭提出的文化国际主义概念及其理论的启发下,从文化的、跨国界的视野探索出了"共有的历史"这一崭新的历史研究范式,即"通过关注我们历史中的共有时刻,更重要的是,通过关注私人或个体的经历,探索出一条历史研究的非传统路径"①。根据徐国琦的看法,"以'共有的历史'为着重点,不仅在学术上对于发展跨国历史研究有重要意义,而且具有现实意义"。2014 年由哈佛大学出版的《中国人与美国人:一部共有的历史》(Chinese and Americans: A Shared History)一书,集中体现了"共有的历史"的研究范式。在该书中,徐国琦采取讲述几位小人物的人生中共有的、极为重要的一段海外经历及其故事的方式,探讨民族国家身份建构的问题,即"回答'何为中国、何为中国人'这一百年来中国人及世界其他人民共同探讨的世纪之问"。后来,徐国琦又对"共有的历史"这一历史研究范式做了进一步的说明:"该研究方法主要有下述几个特点:其一,该范式的核心是'共有',即着眼于共同的历程与追求。共有的经历自然也包括共有的挫折与失望。其二,侧重文化范畴。其三,强调个人及非政府机构的作用。"②依笔者管见,在 2011 年由剑桥大学出版的《西线陌生客:一战中的华工》(Strangers on the Western Front: Chinese Workers in the Great War)一书中,徐国琦便已经在头脑中初步构想出了"共有的历史"的研究范式。正如徐国琦所言,十四万华工在第一次世界大战期间为人类和平而做出不可磨灭的贡献的故事,不仅为那个时代的中国人所共有,其实也为西方协约国所共有。"本书讲述的这些华工的故事,是文明交流的故事,同时也是 1895—1919 年期间包括华工在内的一代中国人为中国的国际化,为

---

① 徐国琦:《中国人与美国人:一部共有的历史》,尤卫群译,第 4、270 页。
② 徐国琦:《边缘人偶记》,第 261 页。

中国成为国际社会平等一员,为中华民族真正复兴以及同西方人民一起共创人类和平而奋斗的故事。"①在徐国琦的"共有的历史"视野下,无论是《中国人与美国人:一部共有的历史》一书中的浦安臣、戈鲲化、留美幼童、古德诺及约翰·杜威,还是《西线陌生客:一战中的华工》中长期以来处于被遗忘状态的十四万华工,他们都是沟通中美文明及东西方文明的信使,是构筑世界和平的建设者,他们的生命故事彰显了人类社会合作互助的美好意愿。

除了徐国琦的著述之外,著名华裔历史学家李漪莲(Erika Lee)书写的《亚裔美国的创生:一部历史》(*The Making of Asian America: A History*),同样是一部"共有的历史"研究范式之作。李漪莲在跨国史和全球史的视域中,以亚洲移民群体为研究对象,利用世界地图、人口统计数据、各种新闻报道,以及"被长期忽略的移民自传",讲述亚洲移民群体成为美国人并"改变美国的面貌"的历史,既注意到亚裔美国人之间的不同,不仅在于他们来自不同的国家,还包括在代际、阶级地位、宗教信仰、性别等方面存在的差异,又特别强调他们之间的相似之处和关联所在,主要体现在亚裔已经形成了跨越国界的身份认同,而且"当前的亚裔美国人正在创建新的、多层次的认同",即"全球性美国人"身份。②就"共有的历史"之研究范式而言,我们还可以将法国知识分子史研究专家米歇尔·维诺克(Michel Winock)书写的《自由的声音:十九世纪介入公共生活的文人》(*Les voix de la liberté: Les écrivains engages au XIXe siècle*)一书视作一部新型的群体传记史专著。众所周知,"知识分子"一词进入大众的视野,始于1898年发生的德莱福斯事件,因而,历史学家们对知识分子群体的研究在时间上往往限于20世纪,比如雷蒙·阿隆在20

---

① 徐国琦:《一战中的华工》,潘星、强舸译,尤卫群校,上海人民出版社,2014年,第2页。
② [美]李漪莲:《亚裔美国的创生:一部历史》,伍斌译,中信出版社,2019年,第11页。

世纪 50 年代中期书写的《知识分子的鸦片》(L'Opium des intellectuels)一书,在思想史和知识社会学的双重视域中,针对当时法国左派知识分子所表现出来的对意识形态的迷恋和致命的自负,即妄图确立一种新的"宗教"——改造世界与人性的世俗宗教,全面地论述了极权主义意识形态与宗教之间的关联,就像剥洋葱一般,一层又一层地剥掉了法国左派的神话、革命的神话和无产阶级的神话。

90 年代初,托尼·朱特书写了《未竟的往昔:法国知识分子(1944—1956)》(Past Imperfect: French Intellectuals, 1944—1956)一书。作为雷蒙·阿隆的仰慕者——托尼·朱特曾经赞誉阿隆"是那个时代法国所有重量级思想家中,唯一保持清醒头脑的人",同样在思想史的视域中描绘了冷战初期法国知识分子群像。当然,还有维诺克本人书写的《法国知识分子的世纪:巴雷斯时代、萨特时代、纪德时代》,从 1997 年开始相继面世。然而,正如标题所示,《自由的声音:十九世纪介入公共生活的文人》的研究对象是 19 世纪的法国文人群体。显然,维诺克认为要阐明法国知识分子的历史,若是以"介入"公共生活为其衡量标准的话,就必须在时间限制上突破 20 世纪,而追溯至 19 世纪,甚至是 18 世纪,因为 19 世纪的作家群体和 18 世纪的哲学家群体均与此标准密切相关。故此,维诺克将"介入"——以公开地表达政治观点的形式参与公共生活——视作研究 19 世纪文人群体的切入点,认为此乃他们"共有的历史"。"反正在这些主要以写作为生的人中,大多数是那些被称为'大作家'的人,他们的作品经得起时间与潮流的考验。不过,他们究竟是大作家还是小作家并不重要,重要的是从政治观点视之,这些人均显示出一种有别于 18 世纪哲人与 20 世纪知识分子的特点……19 世纪的作家同样也在'介入'——这也是我们叙述的主题。他们是为了捍卫或反对自由、捍卫或反对君主制或共和制、捍卫或反对社会主义而'介入'……在这个缴纳选举税以及个人才能至关重要的社会里(甚至在确立普选制之后依然如故),他们意欲承担他们的责任,秉持他们的信念。"①
当然,正如标题所示,该书在很大程度上也是一部19世纪的自由史。
事实上,托尼·朱特和维诺克真正关切的是知识分子共同体或文人
共同体所共享的价值观、政治信念及社会网络。这也是西方新传记
史学家书写科学家和实业家群体传记的范式。

英国知名传记作家詹妮·厄格洛(Jenny Uglow)书写了《月光社成员:五位朋友的好奇心改变了世界》(*The Lunar Men: Five Friends Whose Curiosity Changed the World*),澳大利亚悉尼大学历史系教授伊恩·麦卡尔曼(Ian McCalman)书写了《达尔文的舰队:四次航行和进化论之争》(*Darwin's Armada: Four Voyages and the Battle for the Theory of Evolution*)。《月光社成员:五位朋友的好奇心改变了世界》于2002年荣获代表英国文学最高荣誉的布莱克纪念奖。在该著中,詹妮·厄格洛通过追踪18世纪后半叶至19世纪初一小群居住在英格兰中部伯明翰的自然哲学家和工业家——主要进化论的真正创立者伊拉斯谟·达尔文(查尔斯·达尔文的祖父)、蒸汽机的投资者马修·博尔顿、蒸汽机的发明者詹姆斯·瓦特、工业革命的领袖约西亚·韦奇伍德(同时也是英国的陶瓷之父、高温计发明人)及化学家约瑟夫·普里斯特利这五位月光社的核心成员——的生活、兴趣爱好、价值观及其活动,讲述他们创建月光社(Lunar Society)俱乐部以供公开讨论新发现及开展实验活动,阐明他们是如何运用好奇心和才智创造了现代世界的故事。詹妮·厄格洛以这群今天我们称其为科学家的绅士们所分享的友情("无间的亲密")和科学探究的激情(好奇心驱使下的"理想统一战线")为主题,阐释18世纪英国自然科学知识生产者与运用者之间的亲密合作,强

---

① [法]米歇尔·维诺克:《自由的声音:大革命后的法国知识分子》,吕一民、沈衡、顾杭译,文汇出版社,2019年,第7—8页。

调实验哲学的"会话"范式将自然哲学家与制造商紧密联系在一起。透过这几位被称为"工业革命的智库"的月光社成员们的志同道合的故事,读者可以了解到 18 世纪既是一个相信理性之光会驱散迷信阴霾的理性时代,同时又是一个强调激情和感觉(直觉)的感性时代。感性王国的友情和理性王国的科学激情交织在一起,共同促使月光社的成员们——"一群偶然相遇的朋友"——结成一群志同道合的伙伴,即科学家共同体,友情和科学热情不仅渗透于他们的商业、工业活动之中,而且还渗透于他们各自的个人生活及家庭关系的方方面面,成为他们"将创新推向高潮"的根本动力,并由此创造了一个新的世界,即现代世界。"引领整个社会和文化进入现代化,成为我们今天所熟知的世界。"①这便是詹妮·厄格洛决心要为他们书写一部不仅关乎历史伟大性,而且更是关乎友谊与好奇心的群体传记的根本原因。毋庸置疑,人类只有合作,才可能创造更美好的世界,这是詹妮·厄格洛的历史认识论在这部群体传记叙述中的思维具象化再现。麦卡尔曼教授也采取"共有的历史"的研究范式来书写科学家群体传记,亦以友谊和科学兴趣为主题的架构来书写科学家群体传记史。在《达尔文的舰队:四次航行和进化论之争》一书中,他通过描述四次具有历史意义的全球航海经历是怎样影响并塑造以查尔斯·达尔文为核心而形成的科学家共同体的,是如何在南美洲的冒险旅程中"生发出他们之间的友谊、相互关联的科学兴趣,以及如何共同参与达尔文的进化论之战的"②,从而阐明生物进化论学说的形成,以及个体的自由在 19 世纪上半叶英国社会中的重要性。

值得注意的是,詹妮·厄格洛和麦卡尔曼均强调,一是在 18、19

---

① Jenny Uglow, *The Lunar Men: Five Friends Whose Curiosity Changed the World*, Farrar, Straus and Giroux, 2002, pp. xiv, xviii.
② Ian McCalman, *Darwin's Armada: Four Voyages and the Battle for the Theory of Evolution*, W. W. Norton, 2010, p. 20.

世纪的英国科学家共同体内部,其成员大多数都是不信仰英国国教,甚至是不接受传统宗教信仰的自由思想者,而彼时的英国正处于一个从精英统治过渡到大众民主的转型阶段,整个社会呈现出一幅宽容自由、尊重个性和开放多元的勃勃生机景象。二是自18世纪下半叶起,随着工业革命的推进,不列颠帝国展开了全球性贸易和殖民扩张,为英国科学家得以不断开拓全球视野创造了条件,使得他们逐渐认识到整个世界都是相互关联在一起的,从而拥有了世界观。英国功利主义哲学的创立者杰里米·边沁(Jeremy Bentham,1748—1832)在1775年第二次航海归来后把这一世界观的拥有视为发现了真理。"我们所生活的时代是一个繁忙的时代;知识正迅猛地朝向完整的方面发展。特别是在自然界方面,好像每一件东西都在被发现和改进。地球上最遥远和最偏僻的角落都被踏遍、被开发……其他的一切纵使都不存在,光是这些也足以明显地证明这一令人高兴的真理。"[1]

自从上个世纪60、70年代以来,身份认同问题日益成为西方人文学术界热烈讨论的一个重要问题,随之出现了关于阐释身份政治的学说。1974年,列斐伏尔就在他的大作《空间的生产》中,用颇为激烈的言辞表达了由于"认同丧失"所招致的"恐怖"之感——文化焦虑,并指出唯有生产出另外一个崭新的空间,才可能重塑文化认同。"今天,一切来自历史和历史时间的东西都必须经受考验。民族的、群体的,甚至是个人的'文化'或'意识'都无法逃脱认同丧失(loss of identity)的命运,它现在是又一个令人困扰的恐怖……在全世界尺度上,正是在空间中,每一种'价值'观念都是通过与它所相遇的其他价值和观念相抗衡,才获得或者丧失其独特性的。此外,更加重要的是,群体、阶级或阶级的一部分,并不能将它们自己建构为'主体'或

---

[1] [美]大卫·阿米蒂奇:《现代国际思想的根基》,陈茂华译,浙江大学出版社,2017年,第186页。

相互承认为'主体',除非它们产生(或者生产)出一个空间来。"①根据列斐伏尔的建议,生产出一个重塑文化认同的空间是可能的吗?或者说,重塑一个崭新的主体是可能的吗?围绕该议题,德国自90年代以来的群体传记历史书写交出了一份来自历史学科的答卷。东西两德统一之后,与纳粹德国密切相关的"身份认同"问题成为历史学家们亟须解决的一个重要议题。1985年,西德总统冯·魏茨泽克下令对大众记忆展开讨论。在此时代背景之下,德国埃及学家杨·阿斯曼(Jan Assmann)提出了文化记忆理论,主张是文化记忆满足了人类的身份欲望,记忆背后隐藏着身份、情感和认同的故事,即记忆成为文化研究的一种新范式。"人具有一种确立适时的身份的需求,我们或许完全有理由称它为身份欲望(Identitytästrieb)……这个欲望在记忆的三个维度——个体(individuell)的维度、交流的或社会的(sozial)维度和文化的或宏观社会的(makrosozial)维度"都产生作用。② 杨·阿斯曼则在对德国社会学家、历史学家、心理学家和文学家参与的文化学之代际研究的成果进行一番审视之后,得出了如下结论:"它发展出了一个观察20世纪历史的新视角。它的前提基础是,历史是被体现的并且是被多重视角体现的……被体现的历史意味着:每一代人各自的历史都存在于他们的骨头里,他们将它析出,他们与它纠缠斗争,他们一生都在对它做出回应并且是以各种不同的方式。"也就是说,文化记忆与身份认同密不可分。在德国历史学领域,出现于20世纪60年代末70年代初的日常生活史(Alltagsgeschichte/History of Everyday Life)研究范式,虽然到90年代便开始走下坡路,但是很快便在同样主张"目光向下"取径的美国新文化史学的影响下,实现了与文化视野的融合,呈现出日益关注人的主观世界及感知体验的明显趋向。

---

① [法]亨利·列斐伏尔:《空间的生产》,刘怀玉等译,商务印书馆,2021年,第614页。
② [德]杨·阿斯曼:《关于文化记忆理论》,金寿福译,载于陈新、彭刚主编:《文化记忆与历史主义》,浙江大学出版社,2014年,第17、435页。

21世纪的德国历史学家接受并认可"历史是被体现的"这一史学认识主张,认为对纳粹德国历史的研究应该立足于当下的现实生活,主张生活在当下的德国人可以通过自我叙事来实现对身份认同问题的思考,进而通过历史学的专业视野建构出一种崭新的身份认同文化,这是历史学家应该承担的学术使命和社会责任。

这对生活在德国之外的其他国家的德裔历史学家而言,同样拥有这种新的史学认识观。出版于2018年的《破碎的生活:普通德国人经历的20世纪》(Broken Lives: How Ordinary Germans Experienced the 20th Century)一书,便是美国德裔著名历史学家康拉德·H.雅劳施(Honrad H. Jarausch)在日常生活史的视域中,针对七十多位德国社会各个阶层普通人的个体记忆——自传和回忆录——而完成的分析之作。雅劳施坚持认为,唯有特定人群的具体生命经验才能阐明20世纪的纳粹历史,唯有"自我叙事"这一社会性的实践才能深度思考关于罪与责的问题,而后真正重建德国人的身份认同,最终实现个体性、多样性与普遍性的融合。理由是,"理解个人身份的演化需要解释造就和破坏了其存在的更大规模的变化"。正是基于对自我叙事的社会功能之认识前提,雅劳施认为在1918年至1933年期间出生的德国人,即所谓的"魏玛一代"那极具个性的"自我叙事",回顾性地记叙个体人生经历的自传和回忆录,必定会构成"一部内涵大于单独个体,但又小于整个社会的集体传记"。通过对"魏玛一代"德国人书写的大量回忆录和自传的梳理和剖析,雅劳施发现,"许多回忆录作者都带着'历时性怀疑'(diachronic disbelief)的姿态写作,将他们年轻时的纳粹信仰与成熟后的民主理解进行了对比。……回忆录还表明,年轻一代不耐烦长辈不愿承认对第三帝国的罪行负有个人责任的做法。……大多数自传还显示了一种近乎绝望的尝试,试图从他们年轻时的可怕经历中找出积极的意义"。雅劳施承认,作为一种叙事,自传的缺陷——主要是赞美式的直线叙述——是很明显的,但它的优点——主要是人性化细节和自我分析——也同样突出。"自传是相当有选择性的,会回避令人尴尬的细节;它们往往是赞美式的,为作者的行为辩护,并且呈现出一种线性的进展,忽略了事实上发展的曲折和转折。尽管如此,个人叙述也有可取之处,因为它们记录了'人如何成为现在的样子'。相比结构性的概括,关于特定生命历程的个人观点提供了更具体的细节。此外,它还讲述了随着作者的死亡将会失传的事迹。最后,它的历时性特征让作者可以反思他们之前和现在的自我之间的差异……这种严格的自我分析提供了其他渠道无法获得的洞察。"

事实上,这种由严格的自我分析提供的独异的洞察,便是自传特有的价值,"自传的价值恰恰在于结合了对事件的叙事和对记忆的建构"。这是一种个体将自我历史化的叙事模式,既是"对自身生活的回顾性解读",同时又是"寻求可被社会接受的方式"。换句话说,个人记忆必须经过叙事化处理,才可能融入集体记忆之中,从而具有普遍性和客观性,成为人类共享的历史知识。从本质上说,"个人叙事是社会互动和文化争论的产物"。一言以蔽之,个人叙事是一种极具价值的历史反思方式。故此,雅劳施在一种人文主义的历史视域中揭示了个人叙事的价值所在:"倾听这样的故事能大大拓宽我们对20世纪的了解,因为它把普通人放回到关于重大事件广为人知的叙事中。这种角度的倒置不再专注于高层政治的进程,而是突出了人的维度,显示了一种长期苦难和意外幸福的奇特混合。"[1]有鉴于此,雅劳施特地从"魏玛一代"这个特定的年龄群体的生活经历与政治选择的紧密关系的视角出发,致力于呈现这特定的一代人在20世纪那"被破坏到无法修复的程度"的破碎生活,证实是那样一种共同的历

---

[1] [美]康拉德·H.雅劳施:《破碎的生活:普通德国人经历的20世纪》,王晨译,广西师范大学出版社,2022年,第3、275—276、357—358、8、1页。

史体验导致了他们的生活变得支离破碎。然而,对于一个历史学家而言,更要紧的是追问集体的记忆与历史之间的关系,即为何他们会拥有这样的记忆？雅劳施透过"魏玛一代"的自传文本,敏锐地从中察觉到,"魏玛一代"的大多数人并没有将大屠杀事件摒弃在自己的经验世界之外,而是将其接受并内化为自己的个体生活经验世界的一个组成部分,由此彰显了一个"二战"后逐渐走向正常化的普遍故事。如果说《破碎的生活:普通德国人经历的 20 世纪》一书旨在透过分析重塑身份认同的群体自传文本而展现了一个自"二战"后以来广泛得多的德国社会的反省过程,那么《无缘得见的年代:我的祖父母与战争创伤》(Histoire Des Grands-Parents Que Je N'Al Pas Eus)一书则旨在透过家族的悲剧性故事来探讨历史学家的个人主观性与历史学科规定性——客观性——之间的辩证关系。

该书出版于 2012 年,出自法籍德裔当代著名历史学家、巴黎第十三大学当代史教授伊凡·雅布隆卡之手。该书先后斩获法兰西学院基佐奖、参议院历史著作奖、奥古斯丁·梯叶里奖,被认为是不可多得的兼具学术性和可读性的一部历史佳作。这是一部通过把具体的个案研究放回到当时的历史背景中,从社会学的角度去观察和思考 20 世纪历史进程的学术佳作。早在 2007 年,伊凡·雅布隆卡就产生了为他从未谋面、早已离世的祖父母玛戴和伊德萨·雅布隆卡书写一部家族传记的计划。历经五年的资料搜集准备工作,在将大量口述采访资料和多国档案材料相结合的基础上,雅布隆卡采取第一人称的视角,叙述了 20 世纪上半叶一对普普通通的犹太人夫妇颠沛流离的生命历程,以及第二次世界大战给那一代犹太人的后代造成的难以抹去的精神创伤。毋庸置疑,伊凡·雅布隆卡祖父母的命运故事便是 20 世纪那一代犹太人的历史悲剧的一个缩影,在历史的透镜中将他们的悲惨故事展现出来,探析各种力量在那段历史上的角力,将会有利于今天的人们在今昔世界的比较中去理解那段历史,希冀给予后世的个体一种精神上的慰藉。"这本书将讲述他们的故事,报告我的调查结果,以让人们理解为目的,而不是要让人们重新体验当时的情景……我们无法慰藉的痛苦,只能通过我们的愿望来表现,那就是把事情说出来……因为只有让人们在个体之间进行比较,传记才会有价值:如果把人比作雪,那么对人之雪的研究应该同时揭示导致雪崩的力量和雪片最为细微的状态。"正是奠基于这样一种未来主义的视角,伊凡·雅布隆卡试图采取书写家族传记的实践方式,通过审察发生于20世纪的这一重大历史事件,深刻反思何谓人类文明之问题。在他看来,对个体和群体传记的书写,只有那些拥有深厚的历史意识和宏大的历史视野的历史学家方能为之。人为地在大写的历史和(小写的)人物传记二者之间做出任何区分都是徒劳的工作,因为追求自由乃是人类的天性,对自由的践踏和残害则是整个人类的悲剧,并非乃一人一家之悲剧。"我们的家庭历史和我们称之为大写的历史之间的区别没有任何意义。从严格的意义上说,这两种历史是完全一样的……只有一种自由,只有一种有限,只有一种悲剧,这悲剧将我们的过去变成伟大的财富,变成一个盛了毒液的浅口盆,用来浸泡我们的心"。也就是说,历史学家的天职在于关切人类的境遇和命运,通过讲述人类个体的生命故事来反思人类在追求自由的道路上所付出的各种代价,这么做不仅是为了给予那些在历史上因追求自由被某种极端权力摧毁而付出生命代价的人应有的敬重,而且有助于消除当下社会因认同问题而导致的集体性焦虑。故此,伊凡·雅布隆卡把书写历史视作自己的使命担当。"书写历史,就是要于无声处听惊雷,就是要用人类的境遇引发的忧郁而温馨的尊重来代替焦虑……这就是我的工作。"[①]

[①] [法]伊凡·雅布隆卡:《无缘得见的年代:我的祖父母与战争创伤》,闫素伟译,商务印书馆,2021年,第95、194-195页。

在引言部分,伊凡·雅布隆卡更是以非凡的道德勇气声明历史学家的学术使命和社会责任感在于伸张社会正义,追求真理。"这本书是家族的自传,也是正义的呼吁,是我作为历史学家的工作的延伸……这项研究是我参与社会的行动,是与犯罪调查相反的活动。"显而易见,"正义的呼吁"引入的正是历史学家的主观性,乍一看,这似乎违背了历史学的客观性原则。对此,伊凡·雅布隆卡早已预见到,他认为历史学追求的目标应该是真理,而非似是而非的客观性。"我追求的不是客观——客观并不能说明什么东西,因为,我们与现实密切地联系在一起……我必须站在'我'的角度看待事物……要想将科学性和个人的参与对立起来,将外部事件和记录外部事件的人内心的激情对立起来,将历史和讲述历史的艺术对立起来,这是徒然的,因为人的感动不是产生于辞藻,不是产生于夸张的形容词的罗列,而是来自我们对真理的强烈期待。这是文字是否符合方法之要求的试金石。"①也就是说,究其实质,历史书写是一项追求真理的工作,既具有科学性,同时也具有个体性,使二者统一起来的试金石便是对真理的追求,即历史学家对历史事实的建构和对历史真相的揭示。

无论是"共有的历史"研究范式还是"被体现的历史"研究范式,新史学家关于群体传记的身份建构实质上体现的是"意义之网"(马克斯·韦伯之语——"人是悬挂在自我编织的意义之网上的动物")所蕴含的人类互为主体(intersubjective)的思想主旨,反映了历史人类学这一新的研究方法自 70 年代中期以来在西方史学界的整体实践状况。人类学家西敏司在 80 年代中期作出的反思或许更适合作为新群体传记研究的一个注解:

> 即便承认人类赋予了客观世界以意义,而且不同的人类群

---

① [法]伊凡·雅布隆卡:《无缘得见的年代:我的祖父母与战争创伤》,闫素伟译,第 3、435 页。

体有不同的意义体系;我们还是不禁要问,在特定的历史场合中,意义的赋予究竟是由谁,以什么样的方式来达成的?意义究竟栖居在何处?多数时候,对于大多数的人类而言,意义不是天赋的而是后天习得的,而意义被相信是内在于事物之中,内在于事物之间的各种关系以及人们的行动中。我们中大多数人,究其一生的大部分时间而言,行动的剧本在很久以前已被写就,剧本中的形象需要的是认同而不是创作。这样说并非要否定个体性或人类所具有的添加、转换和拒绝意义的能力。不过仍然要强调的是,我们作为个体所编织的意义之网,都过于袖珍而精致(且非常琐碎);在很大程度上,人们同时也栖息在其他规模庞大的意义之网中,这些意义之网在时间和空间上都凌驾于个体生活之上。并不清楚的是,这些网究竟是因人而异的,还是说都是同样的一些网,只不过分别存在于每个人的身上。在复杂的现代社会中,去想象此类意义之网比去说明它们的存在反而容易得多。我们解释这些意义之网本身的意义的能力很有限,因为我们所给出的每一种一般性解释都需要我们相信,在事物的意义至少大概不会被弄错这一点上,复杂社会中的人们能够达成一致。有时事物的意义确实不会被弄错,但并非总是如此。人们同意事物之"所是"与他们同意事物之"所指"并不一样。甚至在非常简单的问题上,这种困难也会成为现实。……这里要做任何的解释,都只能是去求助于历史。当我们向自己的孩子们教授我们所作所为的意义时,我们的解释里面大部分都是一些我们之前所学习到的,关于如何行事的教诲。在一个包含着群体分化、等级区隔或社会分层的社会中,习得的意义也将因群体的不同而相互区别——正如方言和说话方式一样。①

---

① [美]西敏司:《甜与权力——糖在近代历史上的地位》,王超、朱建刚译,第178页。

另外,在前述的新的群体传记文本中,新群体传记史学家都不是传统史学自诩的客观主义者(局外人),而是深度地参与其中的行动者,他们的道德判断和文明观念无不聚焦于人的生命价值及尊严的议题。英籍澳大利亚诗人、传记作者克莱夫·詹姆斯(Clive James)坚定地认为文明的核心要义在于人类社会所独享的、特有的人文性,他疾呼当代的人文学者不能放弃对过去的记忆,而是要以不同的书写方式努力保存历史记忆,弘扬人文主义精神。他坚定地相信,虽然爆发于20世纪的两次世界大战均致使人类文明堕入了深渊,"但是在人类知识整体的某处,人文主义仍然在向我们召唤,那毕竟是证明人类应该拥有智慧的最好理由……学问常常为恶所用,如今人们质疑它有何好处,而且通常是基于这样一个假定:任何好处都有市价,和商品无异。人文主义没有立即能变现的用处,其'无价'(invaluable)也正在于此,这一信念到了这个时代已经举步维艰,以至于望文生义为'毫无价值'(valueless)的意思了……使文明成其为文明的人文主义若要在这个新世纪得以存留,必须后继有人。这些继承者必须拥有记忆,而这个记忆的一部分与那个他们尚未出生的时代有关"①。换言之,詹姆斯认为人文学者应该有意识地叩问当下,即以关乎当下的问题意识,继续深化一种面向未来的历史意识,不仅将对文化记忆的守护和传承视为自己的天职,而且更为重要的是,在全球化的情境中,应该将重构引领时代前行的历史文化视为自己的天职,为当下的现实世界提供人生而为人的意义,才可能真正推动人类文明的进步。

---

① [澳]克莱夫·詹姆斯:《文化失忆:写在时间的边缘》,丁骏等译,北京日报出版社,2020年,第 iii、iv 页。

二、美国黑人史学家尼尔·阿尔文·潘特与《白人的历史》

在概念史的视域中书写某个特定的集体之历史传记,是西方新传记史学的显著特征之一。美国黑人女性历史学家尼尔·阿尔文·潘特(Nell Irvin Painter)在 21 世纪头十年书写的《白人的历史》(*The History of White People*),便是这样一部新型的集体传记史学之作。

潘特是一位在西方知识界颇有声望的美国非裔女性历史学家和公共知识分子。在四十多年的学术研究生涯里,她撰写了八部学术专著和多篇论文,并接受过媒体关于公共事务议题的多次访谈。她曾先后被耶鲁、卫斯理、达特茅斯等美国一流大学授予荣誉博士称号,担任过美国历史学家组织和美国南方历史协会的主席等职,同时也是美国古文物协会(American Antiquarian Society)、非裔美国人生活与历史研究协会(Association for the Study of Afro-American Life and History)及非裔女性历史学家协会(Association of Black Women Historians)的成员。1986 年,全国 100 位非裔妇女联盟(the National Coalition of 100 Black Women)授予潘特教授坎迪斯奖(Candace Award),以表彰她在非裔美国人历史研究方面做出的卓越贡献。2010 年,她书写的《白人的历史》出版,获得了西方知识界的一致好评,并被《纽约时报》评选为该年度十大畅销书。其后,她接受了哈佛大学艺术与科学研究院颁发的 2011 年度百年奖章(Centennial Medal)。

尼尔·阿尔文·潘特于 1942 年出生在得克萨斯州休斯敦城的一个非裔家庭,父母均受过高等教育。出生仅两个月,全家就迁居加利福尼亚州。其后,潘特在奥克兰市接受了中小学公立教育,后来分别于 1964 年、1967 年、1974 年获得了伯克利加州大学人类学学士学位、加州大学洛杉矶分校文学硕士学位及哈佛大学美国史学博士学位。在这三所美国著名高校接受的不同的人文学科学术训练,为她后来运用跨学科方法研究历史打下了坚实的基础。在四十余年的学术生涯里,潘特撰写了八部学术专著和多篇论文,并接受过媒体关于公共事务议题的多次专访。在她的学术专著及论文清单上,"非裔美国人"是最醒目的关键词,白人则是唯一的例外。然而,这些论著均围绕身份认同(identity)这一主题展开。值得注意的是,潘特偏爱采取传记史的体例来展现黑人和白人族群身份认同的形成。《霍齐亚·哈迪森的故事:一位南方黑人共产主义者的一生》(*The Narrative of Hosea Hudson: His Life as a Negro Communist in the South*,1979)、《索杰纳·特鲁斯传:一个时代的象征》(*Sojourner Truth: A Life, a Symbol*, 1997)及《索杰纳·特鲁斯自述》(*Narrative of Sojourner Truth*,1998),以个体传记史的叙事模式讲述了非裔奴隶自我意识觉醒的抗争故事,《逃离的人:重建后到堪萨斯的黑人移民》(*Exodusters: Black Migration to Kansas after Reconstruction*)、《创建美国黑人:1619 年以来的非裔美国人史及意义》(*Creating Black Americans: African-American History and Its Meanings, 1619 to the Present*,2006)及《白人的历史》,则以群体传记史的书写模式阐释了作为黑人和白人的群体身份认同的形成,2018 年出版的《美术学院年长者的回忆录:重头再来》(*Old in Art School: A Memoir of Starting Over*)一书,以回忆录的形式讲述她退休后重返大学校园探索绘画艺术的经历,阐明她对自己作为一名非裔美国女性学者关于种族、性别、职业三重身份的认知。2008 年 1 月 6 日,在美国有线卫星公共事务有线电视网 C-SPAN"图书栏目"(Book TV)对潘特教授进行的三小时深度专访过程中,潘特尖锐地指出,要实现全球公平和正义,就必须在跨学科视角下继续深化关于族群身份认同的问题意识,由此推动族群间的沟通和相互理解。①

《白人的历史》一书按照从古至今的时序,以种族(race)的概念为思考起点,在思想史、艺术史、科学史、文学史的脉络中,阐释了白人是怎样从古希腊时代一个未能意识到自我存在的"自在的"群体,而后自近代以降,在商业贸易和资本主义的刺激下,才逐渐形塑了自我意识和自我认同,从而被建构成一个"自为的"强势群体(族群)的。

从内容和结构上看,全书可分为两个部分,共二十八章。前七章为第一部分,它主要以种族这个母体概念为研究取径,在总论的普遍性形式下,阐释"种族"概念生成的各种可能性历史条件,从而彰显白人身份认同的社会建构历程,揭露"种族"概念的伪科学性及所隐含的权力本质。换言之,关于"种族"这一伪科学,潘特向读者展示了如何知道我们所不知道的那些真正的知识。首先,潘特采取语义学与神话故事等文字文本相互印证的方法,指出在古代的欧洲世界,不仅不存在"种族"的概念,更不存在按照族群和阶级对人类进行群体分类的情况。被后世视为白人祖先的塞西亚人,其古希腊语的意思是"野蛮人"。当时处于社会底层的奴隶来源也并非是今人集体记忆中的有色人种,而是白人。潘特通过仔细审查大量绘画作品、生理学及游记文本,证明即便到了近代,土耳其后宫尚有不少从高加索地区掳掠的白人性奴。潘特认为,伴随着新航路的开辟,白人群体的主体性身份逐渐形成。她指出,随着欧洲人向外部世界推进商业冒险和殖民扩张,社会财富日益剧增并集中于少数白人手中,有色人群与奴隶制产生了越来越紧密的联系,白人开始有意识地以肤色为标准来区分自我与他者,他们的旅行志和绘画作品中开始出现"白色即为美"(White is beauty)的表现性话语。18 世纪中后期,随着全球性贸易和族群迁移大规模展开,第一次国际大分工完成,在商业和殖民征服

---

① https://www.c-span.org/video/? 201000-1/depth-nell-irvin-painter#.

的主导下,以褒扬白人具有创造精神为主旨的"欧洲中心论"产生,并很快成为白人群体认同的心理依据。潘特通过细致地审查被后人视为现代人类学奠基人之一的德国生理学家、解剖学家布鲁门巴赫的科学研究活动,向读者展示了一个"种族"概念被提出的微观权力(由文化政治主导)环境,由此得出结论:"欧洲中心论"不可避免地对当时的科学研究产生了重大影响。布鲁门巴赫与欧洲各大国的王室成员有着千丝万缕的联系,他用于测量的那些欧洲以外地区的人类头颅,均来自英国等王室派遣参与殖民的将军和军医们。布鲁门巴赫所谓的科学研究是如此展开的:根据身体外观差异和头颅测量值,对人类进行了等级划分,从而断定来自高加索地区的头颅不仅外观最美,而且测量值最大,说明智力最高,是现代白皮肤欧洲人的祖先。在此"科学"研究的基础上,布鲁门巴赫首次提出了"种族"这个概念,用以指称人类群体。潘特指出,正是在布鲁门巴赫的"科学"光环加持下,白人比其他群体优秀的心理认知变得日益外显化,从此开启了人类种族化(racialization)的历程,这表明以人为主观构想出来的"种族"概念为基础的"白人性"(whiteness)话语理论出笼了,它反映的是一种文化的政治选择。随后,在19世纪资本主义势力全球扩张的背景下,潘特特地选取了对欧洲上流社会产生巨大影响力的法国文学大师斯塔尔夫人及英国历史学家卡莱尔的政论文本为分析对象,揭示他们在宣扬欧洲优越性和特殊性的种族-民族国家话语的过程中,有意将"种族"的概念与"欧洲中心论"话语勾连在一起,从而阐发出一套以"白人至上主义"为核心思想的"白人性"话语理论,其根本目的是为欧洲国家的对外殖民征服提供理论依据,这标志着"白人性"话语理论正式形成。斯塔尔夫人和卡莱尔等上流社会人士不遗余力地为他们的白人至上信念辩护,盛赞以雅利安人种和盎格鲁-撒克逊人种为主体的白人是上帝的选民,是创建民族国家的主体,是包括外观、智力及德性等元素在内的"一流"群体。然而,具有讽刺意味的是，贫穷的白人（特别是19世纪中叶饱受土豆大饥荒折磨的爱尔兰白人）被他们刻意排除在"白人性"话语体系之外，并被蔑称为"白色垃圾""白色大猩猩"，被诅咒是不能获得上帝救赎的败类。"白人性"话语理论的阶层等级性和权力性暴露无遗，它是社会及文化政治建构的结果。更可怕且可悲的是，种族知识的学习者、传播者、传承者长时间以来沉沦于无知的泥潭。

总论这一部分显示出潘特在概念史视域中认识论上的突破，她并未将种族渊源视作白人群体固有的真相，而是视作在一个特定的时间节点上，即在特定的历史背景下出现的一种意识形态。该书第二部分以"白人性"话语理论作为思考的切入点和研究内容的统一载体，通过具体的个案形式，即通过聚焦于美国国民身份认同议题，继续揭示"白人性"话语理论的专制主义本质。鉴于美国是一个典型的移民国家，潘特选取美国历史上的四次移民浪潮作为分析文本，讲述了一个移民如何在美国社会、法律体制与"人种科学"、人类社会学共同制造的国民身份承认标准之下获取美国公民身份的故事，不仅旨在阐明原生性移民群体拥有生物性、族群性和国民性三重内涵这一客观事实，更重要的是指出"白人性"话语理论是一种将政权体系、阶级体系及意识形态体系融为一体的现代文化政治霸权观，是拥有特权的白人群体实现对其他族群（尤其是非裔族群）进行控制和压迫的心理认知依据，它从根本上违背了美国立国治国的自由和平等之信念。

《白人的历史》是当代西方历史学界唯一一部将白人这个族群视为一个特定的群体，并为之立传的学术著作，相较于西方学界一直以来把有色族群作为研究对象的惯常做法，着实令人耳目一新。它提出了"白人是谁"这一关乎现代伪种族科学认知和现实身份认同的重大议题，并在阐释白人群体身份及其认同得以形成的可能性条件的基础上，揭示出种族的概念之虚妄性，以及其背后隐藏的文化权力之专制性，由此颠覆并推翻了传统的种族观。因此，有论者毫不吝啬地称赞该书"颠覆性地推翻了传统种族观",为人们正确理解"族群的概念"做出了"崭新的、重大的贡献"①。事实上,西方学界基本上都对传统种族观持批判的态度,但无论是白人学者还是少数族裔学者,都往往不自觉地以"他者"的立场讲述有色人种遭受压迫和歧视的悲惨历史,似乎集体性地默认了"种族"概念的科学性和正当性。然而,潘特通过对白人群体心理认知经验的阐释,表明在生物性之外,白人群体身份主要是在社会互动的过程中被建构起来的(socially constructed theory of race);在这一社会互动过程中,人为建构的"白人性"话语理论加固了白人群体心理上的优越感,强势地将白人从微观结构的族群身份转化为宏观结构的国民身份,从而上升为西方国家的文化政治信念,似是而非地被学习、被传播、被传承。众所周知,在现代西方世界的现实生活中,种族塑造了人们的生活经验。白人作为一个具有强大心理优势的群体,通常将自身视作正常的、规范的存在,而认定只有作为他者的其他人群才具有种族的特征,由此造成了白人在种族概念之外的幻觉。也就是说,以种族概念为基础而确立起来的"白人性"话语理论,具有社会塑型的建设功能,它将白人群体之外的其他族群建构为"种族",即白人群体自我意识之外的他者。因而,尽管"种族"自近代以来就被视作一个科学范畴的概念,但其意涵并非指向白人,而是特指有色人种,尤其是黑人。有鉴于此,潘特一针见血地指出,这就是尽管西方各国的法律条文中规定所有族群均享有平等权利,但在现实生活中少数族群却并不必然享有经济平等和社会平等的根本原因。

她进一步指出,族群身份认同已成为全球化时代的一个重大政治问题。现代性社会所面临的多元价值冲突,已表明文化是个体在

---

① Hamilton Cravens, "Book Review," *The Journal of Southern History*, Vol. 77, No. 4, 2011, pp. 895-896.

社会中极为重要的身份识别标志之一。对于美国这样一个多元的社会,文化才是处于底层的结构,它决定着过去被视为基础的经济结构和上层建筑的政治结构,而新近美国以法律形式明令采用的"族群"概念强调的正是其历史-文化内涵。因此,潘特强烈反对"许多观察家认为金钱和跨族群的性可以解决种族主义问题"①的功利主义主张,批评这种主张不过是种族主义的变体而已,她转而提出有必要在多元文化主义(multiculturalism)理论的指导下来建构族群身份认同。在潘特的心目中,在20世纪30年代极权主义势力侵袭西方世界,以及美国大萧条的时代背景下,多元文化主义理论倡导者曾经提出的以"族群"和"族裔"的概念取代"种族"概念的"经典移民同化叙事",就是最好的例证。在"经典移民同化叙事"中,多元文化主义理论揭示出文化和身份认同主要是历史和权力斗争的结果,其核心思想在于平等地看待各个族群的不同文化和生活经验,对差异性和多样性的包容,并不必然抛弃国民身份叙事,其社会实践的关键在于坚守达成各个族群共识的自由理念和法治信念,由此实现各族群间的和解。毋庸置疑,潘特在此阐发的族群身份认同观,其意图在于消解白人至上主义及西方文化中心主义。

  有评论家称赞"概念史的研究范式"是《白人的历史》一书的一项"大胆创新"②。确实,从概念史的视角出发去研究白人群体的自我身份认同议题,这在西方学界尚属首次。为何选择概念史的研究范式呢?潘特在开篇就阐明了她的认知:"种族是一种观念,而非一种客观事实。种族问题要求我们从观念的领域而不是从客观事实的领域来给予回答。"③这表明该书在问题意识和研究视角层面上均发生了

---

① Nell Irvin Painter, "Introduction," *The History of White People*, W. W. Norton & Co. Inc., 2010, p. 396.
② Jason Pierce, "Book Review," *Journal of World History*, 2012, pp. 716-720.
③ Nell Irvin Painter, "Introduction," *The History of White People*, W. W. Norton & Co. Inc., 2010, p. ix.

根本性转换,主体性身份之于白人不再是一种不证自明的存在,这显然与讲述某个群体在历史上所作所为的传统群体传记大相径庭,也有别于其他通过聚焦于少数族群日常生活经验来探究身份政治议题的叙事策略。一是"种族"的概念意味着一种整体主义的视域,表明这是作者在秉持各族群间平等及人类命运共同体的观念下进行的一项综合性研究;二是"种族"的概念研究取径大大突破了原有方法论的限制,它以社会建构论的思想资源和跨族群阶级论的分析方法来探析特定时期的历史语境,从而揭示种族的概念是西方历史进程中社会和文化建构的产物,更具说服力。

在概念史的研究范式下,《白人的历史》试图通过审查"种族"这个母体概念的产生,以及在此基础上生成的"白人性"话语理论的具体历史语境,来阐释白人的主体性身份是如何建构起来的。为此,潘特以社会建构论作为支撑起其概念史研究取径的分析框架,以及解构种族的概念及"白人性"话语理论形塑西方社会现实生活中族群关系的认知工具。具体地说,该书中所运用的社会建构理论分别是话语建构理论(Discourse Constructivism)、科学知识社会学理论(Sociology of Scientific Knowledge,SSK)和文本间性理论(Intertextual Perspective)。该著的前一部分立足于"种族"的概念所提供的整体主义视域,在话语建构理论、文本间性理论和科学知识社会学理论的关照下,借助跨族群方法论的分析方法,动态地展现变迁中的欧洲社会有关人类群体分类的观念及其演变,强调文化政治的选择性,由此实现解构现代种族知识及其体系的目标。在话语建构理论和文本间性理论的视角下,语义学和古希腊古罗马神话文本居于一种基础性的地位,而后来的地理学、医学、历史学、政治学等文字文本均吸收和改造了它们的内涵,并且在相互指涉的过程中构成了文本间性。在潘特所展示的这些文本相互指涉、印证和对话的过程中,读者不仅理解了古代世界关于群体的认知观念是如何形成的,以及与现代用于区别人类群体的母体概念"种族"在意涵及指向上的根本差异,并且窥见了隐藏于它们背后的意识形态和权力结构是如何运作的。

然而,相较而言,给读者留下更深刻印象的是科学知识社会学理论提供的分析视角,因为它无情地把科学女皇的历史阴暗面暴露在读者面前。在探究种族和高加索人种的概念产生的具体历史语境时,潘特将微观的学术生态机制——当时欧洲世界培养贵族子弟的哥廷根大学——放置在18世纪西方世界宏观的社会政治、文化环境中进行解读,不仅细致考察了布鲁门巴赫人种学实践文本的前后变化——从各殖民地获取的各种头骨样本到所使用的种种修辞,而且还审查了这位被称为科学家的解剖学教授与当时几位欧洲权势人物密切往来的信件、日记等证据,由此揭示被视为"科学"概念的种族和高加索人种是在政治权力及金钱的干预下"发明"出来的,从而消解了现代种族科学所标榜的客观性、普遍性和有效性。在此,我们可以看到知识社会学、科学社会学所研究的科学知识积累过程,本质上是一种真实的社会建构方式,是资本主义社会无数内在的、难以避免的文化政治选择的必然结果。本书前一部分揭示了种族的概念是白人特权阶层用以将其他肤色人群界定为他者的工具,即种族的概念实质上反映了一种权力关系,它阐明了以财富为核心的权势在历史时空中构造社会等级关系时所起到的重要作用,这部分的叙事策略不仅决定了整本著作的研究范式,而且还起到了总论的作用,为后一部分审查和评估"白人性"话语理论提供了一个阐释白人身份(认同)的框架结构。后一部分以有关移民同化理论的言说及行动为主要分析对象,采取兼顾宏观社会环境和微观文本解构的互文、对话理论分析法,深入探究了始于1790年的美国人口分类法律文本、有影响力的若干欧美白人政治家及政治思想家的种族话语文本,以及爱默生阐释的美国民族性文本,指出它们无一不是在"白人性"话语理论的隐性影响下对国民身份进行规范,从而评估"白人性"理论话语体系是如何通过知识生产来实现权力关系的再生产,是如何进一步转化为法制化形式构造社会现实和种族关系的,旨在阐明"白人性"话语理论是拥有国家权力的白人阶层的自我想象和自我认同,它将白人塑造成一个具有自我意识的共同体。因为在权力垄断解释权的时候,科学和中立的问题根本就不是一个证伪的问题,而变成了修辞学的一个语言游戏。"是一种强势的社会建构——白人把自己想象成一流的群体"①,由此构建了一个完全自洽的想象世界。除了采取社会建构论探析白人的自我意识和身份认同之外,《白人的历史》还交叉运用跨族群阶级论的分析方法,审查掌握社会财富及国家权力的白人特权阶层对待处于社会底层的白人群体的污名话语,以揭示前文提及的"白人性"话语理论所隐含的阶层论思想。无怪乎有学者在称赞《白人的历史》一书时抱怨道:"此前研究'白人性'话语理论或者种族史的专家们均没有什么新的洞见。"②

"白人性"研究是 90 年代出现于美国的一个学术领域。自 50、60 年代美国黑人争取民权运动以来,在表征非洲黑人民族个性、尊严及自豪的话语理论——"黑人性"——文化复兴运动的刺激下,部分白人学者开始关注指向美国社会中弱势群体的身份政治议题(identity politics issue),并由此出发不断地在思考着这样一些相互关联的问题:《民权法案》公布后,为何大规模的种族冲突依然不断发生?如果说"二战"后"美国的困境"是以白人至上主义思想为核心的种族主义造成的,那么这种指向维护白人优势或支配地位的种族主义基础是什么?如果承认"种族"概念是种族主义存在的基础,那么为何在

---

① Nell Irvin Painter, *The History of White People*, W. W. Norton & Co. Inc., 2010, p. 388.
② Thomas J. Davis, "Whiteness," *Law and History Review*, Vol. 29, No. 3, August 2011, pp. 910-912.

西方生物学界和人种学界明确宣布"种族"是一个伪科学概念之后，种族主义（的偏见）依然存在？围绕这一系列问题的探究，最终形成了一个新的领域——"白人性"研究（Whiteness Studies）。学界通常认为，明尼苏达大学历史系教授大卫·萝迪格（David R. Roediger）于1991年出版的《白人性工资：种族与美国工人阶级的形成》(*The Wages of Whiteness: Race and the Making of the American Working Class*)一书，是这一新兴领域的开创之作。"《白人性工资》为正在兴起的'白人性'研究提供了一种受欢迎的解释。"①西奥多·艾伦（Theodore Allen）的两卷本《白色种族的创立》(*The Invention of the White Race*)分别于1994年、1997年出版，标志着"白人性"研究领域在美国正式形成。② 紧接着，一批优秀的著作在90年代不断问世，促使"白人性"研究蔚然成风。2002年，据有学者统计，美国学界出版了51部白人性研究著作。③ 2005年，历史学家拉德尔·麦克沃特（Ladelle McWhorter）在概括了美国"白人性"研究的两个主要特征——白人身份认同的社会建构性及"白人特权"（white privilege）的压迫性——之后提出："要知晓种族主义是如何在现代社会中发挥作用的，我们就必须弄清楚权力操控在有意识和无意识的主体性方面的历史变化。"④言下之意，此前的"白人性"研究并未阐明

---

① Kathleen Cleaver, "Introduction," *The Wages of Whiteness: Race and the Making of the American Working Class*, Revised Edition, Verso, London, New York, 2007, p. xix.
② David W. Stowe, "Uncolored People: The Rise of Whiteness Studies," *Lingua Franca* 6, No. 6 (September/October 1996), pp. 68-77. Robyn Wiegman, "Whiteness Studies and the Paradox of Particularity," *Boundary* 2, Vol. 26, No. 3 (Autumn 1999), pp. 115-150.
③ Peter Kolchin, "Whiteness Studies: The New History of Race in America," *The Journal of American History*, Vol. 89, No. 1 (Jun. 2002), pp. 154-173.
④ Ladelle McWhorter, "Where do White People Come from? A Foucaultian Critique of Whiteness Studies," *Philosophy & Social Criticism*, Vol. 31, No. 5-6, 2005, pp. 533-556.

权力在白人主体性身份建构的历史过程中的演变。然而,《白人的历史》一书通过概念史的研究范式,以及社会建构论所提供的分析框架,阐明了这一点。除此之外,该书区别于其他"白人性"专著的一个主要特点还在于它完成了"生动的综合","在过去的二十年里,尽管'白人性'理论催生了很多专著,但几乎没有一本赢得学院外读者们的青睐,更没有哪位学者有过综合的尝试"①。

在潘特之前,有不少学者尝试通过讲述各国移民获得美国公民身份的故事,来揭示和批判"白人性"理论的核心思想。比如,诺埃尔·伊格纳蒂夫(Noel Ignative)的《爱尔兰人如何变成白人》(*How the Irish Became White*,1994)、伊恩·洛佩兹(Ian López)的《法律界定的白人:种族的立法建构》(*White by Law: The Legal Construction of Race*,1996)、卡伦·布洛特金(Karen Brodkin)的《犹太人如何变成白人及其对美国种族问题的启示》(*How Jews Became White Folks and What That Says about Race in American*,1998)、马修·雅各布森(Matthew Jacobson)的《不同肤色的白人性:欧洲移民及种族的融合》(*Whiteness of a Different Color: European Immigrants and the Alchemy of Race*,1998)、格蕾丝·黑尔(Grace Hale)的《制造白人性:南方 1890—1940 年种族隔离文化》(*Making Whiteness: The Culture of Segregation in the South, 1890-1940*,1998)、乔治·利普希茨(George Lipsitz)的《白人性的占有性投资:白人如何从身份政治中获取利益》(*The Possessive Investment in Whiteness: How White People Profit from Identity Politics*,1998)等。总体而言,这些作品基本上都采用话语建构理论的分析视角来审视白人性,强调自从近代以来,西方文化中心主

---

① Jason Pierce, "Book Review," *Journal of World History*, Vol. 23, No. 3, 2012, p. 720.

义和白人文化优越论塑造了白人属性,建构了美国白人群体的主体性身份和强势文化身份,揭示出白人性已然成为美国种族主义制度的心理意识基础。然而,唯有潘特在概念史的视野中,主张从人的主体性去理解公民身份,针对不同的、具体的历史语境,分别运用前文提及的三种社会建构理论,结合跨族群阶级论的分析方法,综合性地揭示了隐藏在美国历史上的四次移民浪潮背后的"白人性"话语理论的运作机制,从而深化了对"白人性"话语理论专制主义本质的认知。《白人的历史》所尝试的概念研究理路,在露丝·里斯特看来,是一种内嵌式的关系探究,是对概念的真正理解。"要理解这样一个概念,不仅需要将它置于一个与社会结构相关的辩证关联之中,也应该把它理解为一个体现在社会关系之中的概念。"①

此外,潘特还是美国第一位探究"白人性"话语理论的非裔女性历史学家。她自陈原本打算书写一部"白种美国人的建构史",因为就她所体认的美国日常生活情景而言,绝大多数人"总是将非裔族群与奴隶制紧密地联系在一起",把"奴役"视为"黑人"的代名词,而将"自由"归属于"白人的特性",因此,她希望以学术研究的方式来消解现实生活中的种族歧视和种族偏见,把正确的族群知识传播给大众。② 正如历史学家彼得·科尔钦(Peter Kolchin)所指出的那样,"白人性"研究的美国学者"均把白人特权等同于种族主义,他们确实全都是政治上的左派(Political Left),基本上都相信自己的学术努力与创造一种更人性的社会秩序目标之间有一种紧密的关联"③。潘特显然就是这样一位具有创造新的人文社会秩序意识的美国左派学

---

① [英]露丝·里斯特:《公民身份:女性主义视角》,夏宏译,吉林出版集团有限责任公司,2010年,第57页。
② Nell Irvin Painter, "Introduction," *The History of White People*, p. ix.
③ Peter Kolchin, "Whiteness Studies: The New History of Race in America," *The Journal of American History*, Vol. 89, No. 1(Jun. 2002), pp. 154-173.

者,她竭力向读者表明:一种知识体系被广泛接受并非就是知识本身的胜利,其间充满了利益的较量与话语权的争夺,弄清楚是谁定义了种族概念,又是谁阐发了种族体系,为了什么目的,为了谁的利益等一系列紧密相关的问题,才可能实现社会正义。

综上所述,《白人的历史》的概念史研究范式,以种族的概念之系谱学视角,以及"白人性"话语理论的文本间性视角来探究欧洲和美国不同历史时期的社会文化语境,在很大程度上克服了传统的客观实在论范式和社会因果性解释模式,并由此达成了一种意义和意识生产理论的社会政治实践观,从而部分地回应了西方学界关于全球化时代背景下多元社会中族群融合及民族认同何以可能的问题,并在达成一种关于意义和意识生产理论的社会政治实践观的基础上,揭示了人类被划分为不同群体(族群)的历史真相。另外,《白人的历史》采取社会建构论的分析视角和跨族群阶级论的分析方法,通过将"白人性"话语理论视作一种表现和建构特定白人群体社会生活体验、思想观念及其行为的意义模式,超越了此前"白人性"研究的意识形态模式,不仅大大增强了历史研究的跨学科性质,与其他历史研究领域产生了交集,而且提供了新的研究思路,使我们对人类生产现代知识经验的具体历史语境有了更为深入的理解,从而获得了新的认知:它透过种族的概念之内涵及外延的棱镜,考察其得以形成的历史的可能性条件,在解构既有现代种族伪科学知识的同时,通过探析(白人)身份认同文本的自身构成,来重构关于族群或族裔的知识及知识体系。对于知识重构的问题,西方史学界自米歇尔·福柯对人文科学进行知识考古以来,越来越受重视。法国史学家保罗·韦纳提醒我们:"然而,最隐蔽的危险是,那些在我们的头脑里激起虚假的本质的词语,它以并不存在的共相充斥历史。……一句话,历史不是在一张白纸上书写:那儿,在我们什么都看不到的地方,我们设想曾经存在着永恒的人;历史编纂因此就是对我们不符合时代的曲解之倾向所进行的一场不间断的斗争。"①

最后,《白人的历史》的概念史研究范式,在处理历史学科中普遍性和特殊性的问题方面做出了有益的尝试。潘特不是将"白人性"视作一种特殊存在,而是在充分考察其得以形成的历史的可能性条件之基础上,揭示白人至上主义观念暗含的权力及意识形态的控制,与西方及美国社会的历史进程具有同构性。故此,我们说《白人的历史》一书在历史的语境中阐释白人主体性身份及其意识形态的社会建构时,避免了种族理论学者罗宾·维格曼(Robyn Wiegman)指出的白人性研究的特殊化倾向,"在后隔离主义(the postsegregationist era)时代的语境中,白人性研究的政治意图并非仅仅将其阐释为特殊性,还必然要涉及一个问题,即,白人性的特殊性存在并不会剥夺其世界所公认的白人至上权威"②。在潘特书写了《白人的历史》之后,具体说来,2015 年,华裔女性历史学家李漪莲在阐述亚裔群体成为美国人的历史时,特地提到了种族主义在今天的两种新变体:"色盲"的种族主义和文化的种族主义。"最近我们又看到以更为复杂的方式运用种族差异的新种族主义的抬头。有一种'色盲'的种族主义,它宣称,既然种族不再重要,那么种族歧视和基于种族的不平等皆已成了明日黄花。还有一种文化的种族主义,它将'文化'替代'种族'来区分不同的群体,认为拥有特定的文化就意味着拥有与生俱来的信念、习俗与传统,而这些决定了一个群体的能力。"③显然,色盲的种族主义(Colour Blindness)在形式上是极为隐蔽的,即后民权时代的"没有种族歧视者的种族歧视",却成为一种主流的种族意识形态,

---

① [法]保罗·韦纳:《人如何书写历史》,韩一宇译,华东师范大学出版社,2018 年,第 219、226 页。
② Robyn Wiegman, "Whiteness Studies and the Paradox of Particularity," Boundary 2, Vol. 26, No. 3(Autumn 1999), p. 149.
③ [美]李漪莲:《亚裔美国的创生:一部历史》,伍斌译,中信出版社,2019 年,第 6—7 页。

尽管罩上了温情脉脉的面纱，"面带微笑的歧视"①；后一种种族主义的变体则表现为文化决定论，这实质上是一种历史宿命论，它具有非历史性的特征，因为它否认了族群意识和人类社会在本质上总是处于不断"变化"的这一客观事实。

窃以为，首先，作为一部在概念史视域中书写的集体传记史学著作，《白人的历史》提醒理性的人文社会科学研究者，概念是有历史性的，因而并不必然地具有客观真理性，它需要运用历史辩证思维，明晰概念阐述的各种社会文化具体条件及其由此而生产的各种关系。正如马克斯·韦伯在思考如何对"资本主义精神"下定义时清醒地认识到的那般，对于一个历史概念而言，"终极性的明确概念是不可能出现在研究开始的时候，而必须是在研究结束之时。……这是历史概念的性质带来的必然结果，因为历史概念的方法论目的并不是以抽象的普遍公式，而是以具体发生的各种关系来把握历史现实，而这些关系必然地具有一种特别独一无二的个体性质"②。《白人的历史》一书例证了概念史之于审察既有知识及其体系的有效性，概念史的视域有利于人们反思自我的知识构成，认识到既有知识及其体系究竟意味着什么。其次，对于几乎完全固化的民族-国家认同的概念及其历史演变的议题，更为需要的是对具体的日常生活经验的考察，而非理论化的或抽象的经验主义原则。1917 年 4 月，列宁在《论策略书》中就曾指出："现在必须弄清一个不容置辩的真理，就是马克思主义者必须考虑生动的实际生活，必须考虑现实的确切事实，而不应当抱住昨天的理论不放，因为这种理论和任何理论一样，至多只能指出基本的和一般的东西，只能大体上概括实际生活中的复杂情况。我

---

① Edurado Bonilla-Silva, *Racism without Racists: Color-Blind Racism and the Persistence of Racial Inequality in America*, New York: Rowman&Little-field, 2014, p. 15.
② [德]马克斯·韦伯：《新教伦理与资本主义精神》，阎克文译，上海人民出版社，2018 年，第 216 页。

的朋友,理论是灰色的,而生活之树是常青的。"①历史学科的独特魅力恰恰就体现于此。最后,作为一部新型的集体传记史学著作,《白人的历史》在很大程度上反映了弥漫于西方世界现代社会的身份焦虑感,甚至是身份危机。种种迹象表明,身份的焦虑及其危机已经成为21世纪的一个时代症候。诚如弗朗西斯·福山所言,"我们无法摆脱身份和身份政治"。在当下的社会里,一旦有个人和群体在现实生活场景中体验到不被尊重的感觉时,就必然会要求获得自己应有的尊严。"于是,身份政治形成自己的动力,社会自我分裂成一个个越来越小的群体,每个群体都有它特定的受害者化的'生活体验'。"②显而易见,福山认为虽然身份问题反映了当下的民主社会的诸多不公正问题,而被左翼和右翼操弄的"身份政治"这一概念,助推社会走向了分裂,民族(国民)团结成为空中楼阁。透过福山的身份政治批判话语,读者更容易在潘特对美国白人群体身份的历史考察视野中窥见白人性的虚妄,并视其为建构当下现实生活世界中族裔平等话语的实证工具。遗憾的是,潘特未能在历史记忆再生产的维度对种族意识做出进一步的探究,因而削弱了对白人性话语体系的消解力度。窃以为,《白人的历史》或许能够启示我们思考历史记忆再生产的议题,因为种族歧视和种族偏见事实上均是历史记忆再生产的产物。今天,人类正处于身份危机之中,即便学者专家们不断地发声言明种族的伪科学性,国家层面亦专门制定了禁止种族歧视的法律法规,然而,种族歧视、种族偏见仍然潜藏于西方社会的暗流之中,这是不争的事实。2013年发生于美国的"黑命也是命"(Black Lives Matter)抗议运动足以证明这一点。

---

① 《列宁选集》(第3卷),人民出版社,2012年,第26—27页。
② [美]弗朗西斯·福山:《身份政治:对尊严与认同的渴求》,刘芳译,中译出版社,2021年,第155、156页。

三、书信言说与"爱的共同体"

就历史学领域而言,群体传记的书写是从家庭传记开始的。大多数家庭传记文本都选择了主题传记的书写架构,聚焦于家庭成员共享的家庭信念和社会观念,探究父母与子女之间及兄弟姐妹之间的互动关系和相互影响,着力于分析这些动态的相互影响的变化与社会环境之间的关系。除了在概念史的视域中书写新型的集体传记之外,西方新传记史学家还将日常生活史、情感史、性别史有机地结合起来,并将社会学、心理学的观点融入其中,书写以夫妻为主要研究对象的家庭传记,或者书写被澳大利亚历史学家吉尔·罗(Jill Roe)称之为"亲属传记"的集体传记。① 吉尔·罗特地指出,这种"亲属传记"尤为适合研究的对象是父母与子女的关系。我们这里仅探讨前一种关于家庭的集体传记文本。

自 20 世纪 90 年代以来,在"由下而上"(bottom-up)的史学观念的深刻影响下,西方史学界关于第一次世界大战的研究主要呈现为两种范式:一种是新兴的、作为史学方法的新国际史(International History)范式。② 代表性著述主要有哈佛大学历史系教授埃雷兹·马尼拉(Erez Manela)书写的《威尔逊时刻:民族自决与反殖民的民

---

① Jill Roe, Biography Today, A Commentary, *Australian Historical Studies*, 43, 2012, p. 112.
② 徐国琦指出,作为史学方法的国际史有四个特点:第一,彻底打破现今历史研究中的"民族-国家"(nationa-state)约束,国际史以整个国际体系甚至文化背景为参照系。第二,强调非政治、非"民族-国家"因素之作用及影响,如非政府机构(NGO)、竞技体育、瘟疫等在人类进步及历史进程的作用。第三,强调多国档案研究,全球视野的一个基本要素是多国档案及多种资料的应用。第四,国际史强调"自下而上"(bottom-up)的方法,而非如传统的外交史、政治史之重大人物、政府层面的决策,"文化"因素、"弱势群体"、人类共同的追求等常成为国际史研究的突破口。……因为国际史的追求及旨趣就是要跨学科、跨类别,兼容并包,融会贯通。《会当凌绝顶,一览众山小——国际史研究方法及其应用》,《文史哲》2012 年第 5 期。

族主义的国际起源》(*The Wilsonian Moment: Self-determinantion and the International Origins of Anti-Colonial Nationalism*)和徐国琦书写的《中国与大战：寻求新的国家认同和国际化》(*China and the Great War: China's Pursuit of a New National Identity and Internationalization*)及《一战中的华工》。另一种是自 20 世纪 70 年代就备受史学家青睐的日常生活史范式。代表性著述主要是美国科罗拉多大学波尔得分校历史系女教授玛莎·汉纳(Martha Hanna)书写的《生死相依：第一次世界大战中的保罗和玛丽·庇罗夫妇》(*Your Death would be Mine: Paul and Marie Pireaud in the Great War*)。在笔者看来，徐国琦和玛莎·汉纳的第一次世界大战史书写，都旨在阐释一种关乎身份（认同）的主体性史观。如果说徐国琦采取"多国档案和多元材料"，在新国际史的研究视野中通过追溯第一次世界大战期间中国人寻找新国家认同的历史轨迹，阐释了中国作为国际社会中平等的一员的主体性身份史观，那么玛莎·汉纳则以第一次世界大战期间法国农村一对年轻夫妇的通信为主要材料，在日常生活史的研究视野中通过考察前线的农民士兵与后方的平民之间相互依赖与彼此关爱之情感，讲述了一个"烽火连三月、家书抵万金"的感人故事，发掘具有普遍意义的"爱的共同体"，构建了基于性别正义、家庭关怀及民族国家责任伦理的多重主体性身份史观。有鉴于此，本节意图在细读《生死相依：第一次世界大战中的保罗和玛丽·庇罗夫妇》文本的基础上，通过阐释玛莎·汉纳以家庭情感为中心的"一战"历史书写，考察当前西方新传记史学发展的趋势和特点。

玛莎·汉纳是一位杰出的法国近现代文化史和第一次世界大战史研究专家。1996 年，她采取新文化史范式书写的《知识动员：一战期间的法国学者和作家》(*The Mobilization of Intellect: French Scholars and Writers During the Great War*)赢得了学界的一致好评，"令人钦佩地填补了法国知识分子史空白"，"构思精巧、书写上乘","证据充分、可读性很强"①。值得注意的是,该著的出版商也是哈佛大学出版社。《生死相依:第一次世界大战中的保罗和玛丽·庇罗夫妇》于 2007 年荣获了三项学术大奖:美国历史学会颁发的 J. 拉塞尔·梅杰奖(The J. Russell Major Prize)、美国军事历史协会颁发的杰出传记或战争回忆录图书奖(Distinguished Book Award in Biography or War Memoirs)及科罗拉多大学颁发的图书奖(Book Award)。此外,该著的法文版 2008 年在书中这对主人公夫妇的祖国——法国——出版。

《生死相依:第一次世界大战中的保罗和玛丽·庇罗夫妇》的面世,是玛莎·汉纳巴黎学术之旅的"意外之喜"。2000 年 6 月,玛莎·汉纳怀着探究"一战"期间法国的信件书写及其文化意义的学术目的而启程前往巴黎。这的确是一次幸运的学术之旅。② 在位于万塞讷城堡的法国国家军事历史档案馆,玛莎·汉纳"偶遇"了一批对于"一战"期间前线和后方的日常生活而言极为珍贵的第一手史料,即捐赠于 1995 年的两千多封私人信件。这些尚未被其他学者注意到的信件主人正是萨莱-拉瓦莱特村庄的一对年轻夫妇——保罗和玛丽·庇罗。"庇罗家的遗产就是这些不同寻常的书信,让我们深刻地了解这对普通夫妇在第一次世界大战期间的日常生活。"③

《生死相依:第一次世界大战中的保罗和玛丽·庇罗夫妇》共分三个部分,包括导言、正文和结语,正文有五章。第一章以 1914 年 8 月为时间起点,主要描述在法国西南部多尔多涅省南特镇一个名叫萨莱-拉瓦莱特(Salles-Lavalette)的小村庄,村民们因大战的爆发而

---

① Daniel J. Sherman, "Book Review," *The Journal of Modern History*, Vol. 71, No. 1 (March 1999), pp. 218-219. Elizabeth Townsend, "Book Review," *The Journal of Military History*, Vol. 61, No. 3 (Jul. 1997), pp. 629-630. James Friguglietti, "Book Review," *The American Historical Review*, Vol. 103, No. 2 (Apr. 1998), pp. 530-531.
② Elizabeth Greenhalgh, "Book Review," *The American Historical Review*, Vol. 112, No. 4(Oct. 2007), p. 1271.
③ Alice J. Strange, "Book Review," *The French Review*, Vol. 81, No. 3(Feb. 2008), p. 604.

普遍遭受了肉体上和情感上的双重痛苦。第二章和第三章以 1916 年为时段，在前线和后方的空间转换中，阐释庇罗夫妇是怎样通过日常通信实践的情感表达构建起"爱的共同体"的。第四章的内容为在 1917 年春法军哗变和当局对私人信件进行审查的背景下，以庇罗夫妇遭受的心理伤害为个案，揭示前线-后方的情感体验和情感认知铸成了一个命运共同体。第五章以阐述由于意大利前线文具供应乏力而导致庇罗一家焦虑万分为中心，再度强调日常通信实践是将前线的士兵与后方的平民紧密地联结为"爱的共同体"的生命线。

根据对法国地方部门档案馆、法国军事档案馆保存的战争日记和邮政控制档案的耙梳，玛莎·汉纳意识到"一战"期间的法国已然化身为一个通信者的国度，而一个个村庄则成为无数非官方的通讯站。据法国官方统计，在欧洲世界称之为伟大战争（the Great War）的第一次世界大战期间，法国共有 800 万男子应征入伍，其中近乎一半入伍者是已婚者。家书成为"一战"期间法国官兵维系家庭关系的最重要方式，往来于前线和后方的信件总数量超过 100 亿，平均每天有 400 万封信件在兵营驻地与村庄这两个彼此分离的空间穿梭。显然，这在法国是一个家喻户晓的历史事实，围绕家书展开的故事必定为绝大多数法国家庭所共有。故此，讲述庇罗夫妇被迫卷入"一战"而构筑一种共鸣关系的故事之价值和意义正在于此。

根据玛丽写给保罗的信，萨莱-拉瓦莱特村庄因战争爆发而体验了食物匮乏和亲人分离的痛楚，整个村庄陷入悲伤。1912 年，男主人公保罗的父亲让·庇罗（Jean Pireaud）当选为南特镇镇长，而作为家中独子的保罗则在 1911 年 10 月份的时候就离别未婚妻玛丽和家人，远赴法国殖民地摩洛哥服兵役。在摩洛哥服兵役的两年期间，自由恋爱的保罗和玛丽一直保持着密切的通信往来，恋情不断升温。因此，在保罗返回家乡之后，很快就和年满 21 岁的玛丽结婚了。1914 年 8 月 3 日清晨，根据义务兵役法，结婚仅六个月的保罗被迫和村庄里的另外14位成年男性一起奔赴前线。当女人们"悲伤而又顺从地"送别自己的丈夫或儿子时,她们天真地以为法国外交部很快就会处理好这场危机,眼下正因分离而产生的痛苦很快就会消除,而她们要做的就是竭力忍受因食物匮乏导致的饥饿、尽快收割田地里的庄稼,承担起那些本该由男人们干的重体力活。然而,令她们万万想不到的是,这场战争不仅持续了四年多,而且吞噬了五分之一的法国农民士兵的生命,这个小村庄奔赴前线的男人只有两个活着回来,其中一人便是保罗。不得不说,保罗是个十足的幸运儿:他不仅活下来了,而且没有负伤。

在整个战争期间,这些法国农村妇女与丈夫或儿子保持联系和沟通的唯一方式便是写信。玛莎·汉纳把庇罗夫妇在战争期间书写的两千多封书信视作维系他们婚姻的感情纽带,认为这种"经常性信件书写"犹如"忏悔行为"(acts of confession),是一种生死依恋的情感体验,更是一种生命实践方式,不仅澄明他们对婚姻的忠诚和情感依赖,而且彰显他们对性别身份的自我确认和对对方主体身份的相互承认,由此构筑了一个互动、互嵌式的"爱的共同体"——爱情-生命共同体。这对身体分离的年轻夫妇每天都给对方写信,保罗甚至有时候会在一天之内给玛丽写两封信。仅仅因为玛丽说过,如果保罗每天都给她写信,她会感到很开心。在这些信件当中,他们互诉衷肠,尽情地袒露对爱和性的渴望、对饥饿和死亡的恐惧,坦诚地讲述各自生活场域中的点点滴滴,保罗不间断地汇报前线的军事行动、军规、医疗、饮食、卫生等情况,玛丽则把村庄里关于战争的种种传言、季节性农活杂物及家务琐事等告知丈夫。玛莎·汉纳指出,保罗在摩洛哥服兵役期间,即,1913年9月写给玛丽的信中曾立下的爱情誓言——"除了死亡,没有什么可以将我们分离"[1],强调的是两性之间

---

[1] Martha Hanna, "Introduction," *Your Death Would Be Mine: Paul and Marie Pireaud in the Great War*, Harvard University Press, 2006, p.2.

的相互依恋关系,即,他们处于一个基于平等原则的相互认同的情感共同体中,互以对方的存在为前提主体,实质上体现的是男女之间"爱"的交互主体性或主体间性。1915年5月27日,玛丽在写给保罗的信中说目前他们的村庄陷入了悲伤之中。当战争进行到最关键的历史时刻——凡尔登战役期间,已加入重炮团的保罗在1916年5月23日的信中这么写道:这封信是亲历者写的,凡尔登的惨状不可描述,我已完全麻木。在此后的整整一周之内,焦急万分的玛丽没有收到保罗的信件,而此时却传来了前线有个士兵"在战斗中失踪"的消息,玛丽的忧惧情绪自然无以复加。可是她仍然记得保罗和她的约定:保罗在战争中如有任何不测,都会拜托他的朋友库姆(Combe)把真相告诉她。虽然保罗深知一旦玛丽获悉他牺牲的消息必定会心碎,但他认为告诉妻子真相比让她活在虚假的希望之中更好一些。也就是说,坦诚相待是他们的夫妻相处之道,忠诚(faithfulness)是构建爱情-生命共同体的基石,是一种新的夫妻伦理。庞罗夫妇在同一时间里交换着两个不同空间里的日常生活经验,感受着对方的情感关怀、情感鼓励及情感认可,体验着平等对话、相互尊重与承认的过程,这是一种具体时空下的性别互动实践,是一种超越了公私领域分离的情感体验和生命实践,他们在最脆弱的至暗时刻(darkest moments)——保罗参加了凡尔登炮战——清醒地意识到彼此之间的忠诚在于把履行丈夫和妻子的身份视为一种神圣的职责,而且这种关于忠诚的自觉意识在生命经验的维度实质上是一种基于身份平等的性别正义,生成了爱的交互主体性。因此,他们的书信内容及其可观的通信数量体现的是情感力量和理性思维力量的结合,是情感认同和理性认同的结合。他们为着共同的目标——维系爱情和婚姻——而相互依恋、彼此尊重、相互承认,以对彼此的忠诚为荣,从而构建了双方互为主体性的身份意识和认同。

玛莎·汉纳指出,这种夫妇间的伦理,即大战期间庞罗夫妇对爱情和婚姻忠诚的体认,它并非是一种天然的情感,更不是一个特例,而是自19世纪晚期以来作为一个群体的法国农民的一种理性选择,主要得益于法国世俗义务教育法。众所周知,热衷于书写信件和日记是法国知识界和文学界在18、19世纪的一种风尚。但鲜为人知的是,这一风尚在19世纪晚期迎来了高潮,使整个法国社会都深受其影响。作为出生于19世纪90年代的年轻农民,庞罗夫妇就是1880年法国国会通过的免费世俗义务教育法的受惠者。在法国教育部为6至13岁儿童开设的义务小学课程指导思想中,不仅注重培养小学生书写信件的能力,而且还刻意教导他们书信往来对于维系夫妻关系、巩固家庭情感的极端重要性:当夫妻双方处于较长时间的分离状态时,不仅要保持身体和情感上的忠诚,而且还要诚实地、一丝不苟地保持通信,以维系夫妻双方的感情和婚姻。毋庸置疑,庞罗夫妇是法国第一代完全具备书写能力的农民。正是书信言说这种独特的实践方式,使"一战"期间的法国农民士兵夫妇能够在对话和沟通的过程中建构和确认自我及"我们",从而构建属于夫妻双方的爱情-生命共同体。

在玛莎·汉纳的构想中,前线和后方的二维空间是两个圆平面,保罗和玛丽则处于这两个圆平面的中心,并有赖于邮政通信系统构建的三维空间,这两个圆平面才有可能相交而构成一个同心圆。无疑,这个同心圆便是他们的家庭。书信言说是前线士兵与后方家人表达亲情的根本方式,其中所体现的关怀伦理在增强夫妻双方的情感联系和家庭责任感的过程中,构建了家庭主体性身份,深化了亲情-生命共同体意识。

玛莎·汉纳指出,第一次世界大战改变了法国农村的社会文化观念、育儿理念及健康意识,书信言说则使得家人之间的关怀、平等、自主、责任成为可能,从而构建了家庭主体性。从玛丽写给保罗的信件来看,1915年冬季,她怀孕了。在整个孕期,玛丽的父母和姐姐都经常来探望她,并帮忙处理农活和家务。尽管有军规一再禁止妻子、女友及其他女性进入军事的场域,但仍然有一些"幸运的夫妇成功地在前线附近破旧的小酒馆幽会"①,而庇罗夫妇正是其中的一对幸运儿。他们居然在战争的第一年就设法在保罗所在的陆军后勤部队驻地短暂相会了三次,而最后一次相会是在1915年9月。1916年7月13日,玛丽在助产士的照料下产下了儿子谢尔盖(Serge),15日便急不可待地将这一喜讯写信告诉了丈夫保罗。此后,他们曾经在信中讨论是否给新生儿举行祷告、洗礼、教父取名等一系列标志着正式拥有社区身份的法国农村仪式。最终,这对夫妇大胆违抗作为一种训导力量、塑造个体生命形式的传统习俗,决定不举行祷告和洗礼仪式,并且夫妇俩在取名这件事上多次平等地表达过各自的"情感期望"。据1891年和1901年人口调查显示,萨莱-拉瓦莱特这个村庄未曾有过一个叫谢尔盖的男孩或男人。在玛莎·汉纳看来,为儿子取名的事件意义重大,因为它充分体现了这对初为人父母的年轻夫妇的自主意识和权利意识,即他们已经拥有了自觉的家庭身份意识,愿意并主动承担起各自的家庭职责。而且,他们的这一举动得到了双方家人的尊重和支持,这表明一种新的社会文化意识已经在法国农村形成。另外他们都选择相信现代育儿理念及现代医学治疗方法。玛丽在农村生活异常困苦的情况下坚持母乳喂养,在儿子身上倾注了大量心血。尽管玛莎·汉纳叙述说,自20世纪初以来,法国农村的医疗卫生条件已有较大改善。有法国统计学家做过调查,过去婴儿常常因腹泻而夭折的比率在战后初期大大降低。然而,玛莎·汉纳还是坚持认为更重要的原因是大战让接受过义务教育的年轻一代父母们意识到了生命的宝贵,从而拥有了正确的生命观,对生

---

① Matha Hanna, *Your Death Would Be Mine: Paul and Marie Pireaud in the Great War*, p. 29.

命的关切使得他们在对待婴孩的健康问题上保持着高度的敏感。玛莎·汉纳进一步指出，对生命的关切不仅体现了夫妻双方在情感表达上的主动性，而且在客观上强化了他们对家庭的责任感和关怀伦理。1917年寒冬，当多尔多涅的温度降到零度以下时，玛丽因特别担心西线的丈夫缺乏暖和的衣物而变得焦躁不安，萌生了送衣物的念头。虽然西线的积雪已厚达十英寸而导致不仅保暖的物资匮乏，食品也十分短缺，但保罗还是在信中毅然决然地劝慰妻子此时留在家中陪伴幼儿才是正确的决定。

近年来，法国学界探析大战最后一年及战后头几年法国出现的"婚姻危机"（crisis of marriage）问题之成因，有学者指责女性的不忠，也有学者认为女性刚刚获取的财务独立地位导致她们日益漠视家庭责任。但最终，学者们几乎一致指向大战导致夫妻分居，继而情感破裂这个客观事实。然而，玛莎·汉纳在同意战争归因的基础上指出，尽管1920年、1921年的离婚统计数据特别惊人，巴黎的离婚率是全国平均水平的两倍，但是离婚在当时的农村仍然是一件很罕见的事情。她以1921年多尔多涅省登记的200个离婚案件为例，指出按照人均计算，每两千个居民中仅有一次离婚登记在案。也就是说，法国农村地区并没有出现学者们哀叹的"离婚潮蔓延"之势。但与此同时她也注意到，庇罗夫妇曾经在通信中表达过对婚姻破裂和家庭解体的担忧之情。然而，不间断的书信情感表达——家庭关怀伦理——在很大程度上使他们逐渐确立起卫国（前线）保家（后方）的责任意识，从而消除了婚姻家庭可能解体的顾虑。在玛莎·汉纳看来，人不仅是自主的，更是相互依赖、相互关怀的，依赖和关怀确立了人与人之间的关系联结，家人之间尤为如此。不少已婚农民士兵家书中的情感表达均表明了这一点，法国小说家朱尔·罗曼（Jules Romains）更是在战后初期的调查基础上得出结论：大多数男人在大战期间依靠家人的信件和包裹活了下来。玛莎·汉纳一再强调邮政通信系统和书信言说之于法国农村的重要性,就在于它们共同塑造了战时法国农村地区的家庭责任感和生命关怀意识,而责任和关怀恰恰是构建家庭主体性身份不可或缺的伦理原则,可称为共同体伦理。事实上,就战时的具体情境而言,书信情感表达中的关怀和责任正是家庭正义的具象化。因此,庇罗夫妇的书信中那些表现关怀、责任、理解、尊重的用语,是基于家庭关怀伦理的共同体意识,它能够有效地阻遏"爱的共同体"走向解体,从而起到共克时艰的历史作用。

玛莎·汉纳对庇罗夫妇通信往来的重视,有赖于她对由言说本身的线性特征所具有的低客观性和高公共性的认识。在古希腊,逻格斯的原意就是言说。自苏格拉底时代,言说就与西方历史上的公共生活紧密相连。从接受史学和传播学的角度来看,书信这种自我言说文体具有可理解性,能够在经验的维度沟通和说服对方,从而构筑起一种情感共鸣关系。而对于后世的阅信者而言,看重的正是已经成为历史的这种永远鲜活的经验性质。

玛莎·汉纳注意到,教育小学生热爱国家、在国家处于危难时刻要履行公民职责——保卫国家,是法国义务教育阶段的教学目标。从构建民族共同体的视角来看,情感认知从来都是一个核心要素,因而有必要将民族国家视为一个伦理实体。故此,玛莎·汉纳赞叹"通信构筑起联结两个社群的堤道"[①],成为联结前线士兵与后方平民的生命线。更进一步说,通信成为法国农村居民理解当前世界、把握自我的一种方式,不仅在危急关头给予士兵和家人强有力的情感支持,而且加固了他们对自身法兰西第三共和国公民身份的认知和信仰,是他们拥有面向未来生活的信心和希望所在。"经常写信的实践改

---

① Matha Hanna, *Your Death Would Be Mine: Paul and Marie Pireaud in the Great War*, p. 288.

变了法国农村居民理解和把握世界的方式,成为他们界定自我身份的方式、与村庄之外的世界进行互动的方式、规划未来的方式。"①事实上,玛莎·汉纳意图告诉读者,书信实践揭示了法兰西民族共同的思维方式和观念结构。

根据玛莎·汉纳的考察,书面语在1914年之前就已经进入了法国农村生活,比如报纸、各种费用清单及医生处方等文体已经成为农民日常生活的一部分。然而,这对于当时的农民来说,实质上是一种"被动的识字和信息接收"。使他们从消极的被动状态转变为积极的主动状态的恰恰是大战期间的日常信件书写。信件书写使基于人与人之间的关系联结的情感得以生成。他们在书信中积极主动地表达的恐惧、痛苦、信念及希望,诠释了他们对自身所属共同体的情感认知。进一步说,情感认知是书信网络中的人们对自身(我和我们)及其生活世界的理解和创造。当1917年法军哗变的"困厄之时",这种情感认知立即转化为不同主体间的具体行动。在意大利北部前线的士兵,因那里文具供应稀少而不能保持与家人的惯常通信,与家人情感交流的缺失使得他们的士气更加低落,思乡之情愈演愈烈。后方的家人也因收不到国外的来信而变得更加忧惧,一次次奔走于地方民政当局和地方军事布告栏之间呼吁。邮政审查员的记录清楚地显示:当士兵得知陆军邮政审查局开始严格审查私人信件时,情绪开始变得失控。一开始,有些士兵偷偷使用隐形墨水写信告诉家人自己此时身处何处,以此躲过信件审查——大多数士兵被抓获而遭到严厉惩处。尽管触犯军规会遭到严厉惩处,还是有部分士兵不断地"以身试法",并且成功了——比如保罗。保罗在写给玛丽的信中"清

---

① Matha Hanna, *Your Death Would Be Mine: Paul and Marie Pireaud in the Great War*, p.299.

晰地记录军队的动向和驻地",他认为自己"理应这么做"。另外一个士兵表达了相同的情感认知:"军事机构禁止我们说出我们在哪里,如果我们暴露了地点,就要受到惩罚,但这阻止不了我告诉父母我此刻在哪里,因为如果我有不测,他们至少会知道我在哪里……就不会那么担心。"①抵制和反抗的事实说明作为主体的士兵和家人遭受了伤害。玛丽和保罗的通信证实了信件审查和文具短缺带给他们的心理伤害。3月中旬,玛丽觉察到保罗的情绪特别沮丧和悲痛。于是,她在信中提醒保罗:"你还有崇拜你的妻子和儿子,他们会永远爱你……我们很快就会满心欢喜地过上幸福的生活……"②后来,在1918年6月炮火连天之时,即使在文具极其短缺的情况之下,保罗还是想方设法在军队发行的插图明信片两边的空白处留下了很小的字迹——细致地描写皮亚伟战役,细腻地表达着他对家人的思念,然后再寄给妻子。玛沙·汉纳提醒我们,从她梳理的战时法国士兵信件来看,当时有不少士兵都采取了保罗这样的方式与家人保持着联系。

为什么信件审查和文具短缺会让士兵的情绪变得出离愤怒?玛莎·汉纳指出,通信不仅仅使士兵可以自由地表达对亲情的渴望,更是在战时保持他们的平民身份的一种方式,使他们保持对家乡的熟悉感、亲热感,体现的是一种地方性认同。换言之,这场集体性的政治斗争的核心是身份及其认同。士兵们不约而同地团结起来,抵制、反抗民政和军事当局的信件审查和文具供应乏力,是在捍卫作为现代法兰西民族国家公民的通信自由权和隐私权,这表明他们的情感逻辑与行动逻辑具有一致性和同构性。后方平民的行动与前线士兵保持高度一致。当后方平民也不约而同地挺身而出向民政当局施压

---

① Matha Hanna, *Your Death Would Be Mine: Paul and Marie Pireaud in the Great War*, p. 191.
② Matha Hanna, *Your Death Would Be Mine: Paul and Marie Pireaud in the Great War*, p. 192.

时,士兵与平民之间感同身受的心理已经演变为承载价值认同和价值观的情感认知,增强了他们作为政治主体者的自我感觉和自信,这个过程正在培育一种政治能力感,而这恰恰是现代公民身份的构成要件。信件书写构建了一个把自我与他者联系在一起的公共场域。无论是前线的士兵还是后方的平民,他们都只有在与对话者的关系中才能彰显自我身份认知的主体性,而人的主体性概念显然与自治相关。在由信件书写所构建的这个场域,情感认知归属于自治类别,与公民身份密切相关。故此,前线和后方之间"那道似乎难以逾越的鸿沟可以通过书信言说和行动而弥合"[1]。

在玛莎·汉纳看来,这场世界大战改变了法国农村的现实生活图景和伦理习俗,尤其重要的是,它改变了法国农民的思维方式。其中,战争期间不间断的通信是一种有效的对话和沟通方式,将士兵与平民联结为一个基于民族国家认同的政治伦理共同体。因此,情感认知也是一种情感动员力量,足以引起村庄、地域及整个民族国家的共鸣,从而构建起一个国民-命运共同体。"四千万人民的恐惧、信念及希望不得不采取写信的方式进行表达,如果没有平信,法国人民将陷入茫然无知、一筹莫展、相互漠视的沼泽。"因此,当玛莎·汉纳将这些士兵们的家书与邮政审查员的记录结合起来重建战时法军前线和后方农村真实的日常生活图景时,她惊喜地发现:"背景普普通通的士兵们比他们的长官们更愿意公开地讨论'一战'的各种情况。"[2]言下之意,真正的个人主义信念是充分肯定家庭和一切小团体共同努力的价值,它相信地方自治与自愿联盟的力量。

众所周知,"第一次世界大战"这个称谓直到 1939 年第二次世界

---

[1] Susan Crayzel, *The Journal of Modern History*, Vol. 80, No. 4 (December 2008), pp. 938-939.
[2] Matha Hanna, *Your Death Would Be Mine: Paul and Marie Pireaud in the Great War*, pp. 299, 21.

大战爆发后才出现。第一次世界大战结束之后,西方根据其前所未有的惨烈程度,以及对 1814 年确立的欧洲秩序的根本性改变,选取了一个很直观的称谓——"大战"(the Great War)。在西方史学界,有关这场大战的学术研究,可谓汗牛充栋。然而,以第一次世界大战期间普通人的情感为主题的研究基本上处于缺失状态。进入新世纪之后,随着情感史研究领域新成果的不断推出,第一次世界大战史的研究专家们开始关注情感这一主题。瑞典历史学家皮特·恩格伦(Peter Englund)出版于 2010 年的英文版《美丽与哀愁——第一次世界大战个人史》(*The Beauty and the Sorrow: An Intimate History of the First World War*),从参战者遗留下来的书信、日记等经验性材料切入,描写作为普通人的个体对于战争的感受及其情绪。"对欧洲来说,很少有其他历史事件具有第一次世界大战那样重要的意义。……而是一本讲述战争怎么样的书。也就是说读者在这本书里能找到的不是很多事实而是些个人,不是很多过程而是体验,不是很多发生的事件而是情感、印象和氛围。"① 然而,玛莎·汉纳选取了日常生活史的视角,更为注重以战时前线和后方日常生活的相关事实和过程为立足点,着力从两个既对立又统一的场域的诸多事实细节,去描写此前学者们未曾注意到的参加凡尔登炮战和远征意大利的法国士兵们的情绪和情感,以及战时法国农村居民的日常生活体验。因此,我们有理由认为《生死相依:第一次世界大战中的保罗和玛丽·庞罗夫妇》开创了第一次世界大战史情感研究的先河。可见,主体并未死亡。② 撇开 1966 年出版、由亲历战争的法国老兵雅克·梅耶(Jacques Meyer)书写的《第一次世界大战时期士兵的日常生活:1914—1918》(*Vie Quotidienne des Soldats de la Grande Guerre*,

---

① [瑞典]皮特·恩格伦:《美丽与哀愁——第一次世界大战个人史》,陈信宏译,中信出版社,2017 年,"致中文读者",第 9、10 页。
② 情感理论在 20 世纪 90 年代的兴起,正是对西方后结构主义"主体死亡"论的一种反抗。

1914—1918)——仅在第二章第六节论述了士兵之间的友谊和团结精神——不论,即便是 2018 年发行、由新西兰奥斯卡金像奖获奖导演彼得·杰克逊(Peter Jackson)为纪念"一战"结束一百周年和曾经参战的祖父而制作的纪录片《他们已不再变老》(*They Shall Not Grow Old*),虽然呈现的细节和内容颇具私人性意味,但情感也并非是该纪录片的主题。况且,该纪录片的制作和发行比《生死相依》晚了十年以上。当然,毋庸置疑的是,这几位学者的"一战"历史书写都秉持相同的现代人文主义价值观:每个人就是整个国家。①

就庞罗夫妇在大战期间生死相依的感人故事而言,倘若玛莎·汉纳不能在其与法兰西民族国家的集体生活故事之间建立联系,使之成为法兰西民族历史记忆的一部分,那么这个故事就只能说是一个很不错的文学剧本。然而,玛莎·汉纳所选取的日常生活史研究范式,不仅让我们了解书信言说实践使普通人可以诚实而又心酸地书写战争导致的苦难人生,而且透过庞罗夫妇的个体日常生活故事揭示了"一战"期间法国国民共有的一个情感世界,从而回应了当前法国学术界正在热议的三个关于第一次世界大战历史的主题:法军前线部队与后方平民的疏离、法国民众对战争中的牺牲漠不关心、战时农村生活的困苦。尽管玛莎·汉纳十分谦虚地说自己只是在讲述"一个关于家庭和亲情的故事"②,然而,作为一个训练有素的职业史学家,不会不清楚讲故事的学术价值和现实意义。诚如英国著名历史学家约翰·托什(John Tosh)所言:"'讲故事'是获得史学视角的第一步。也许,历史学家最基本的责任是确保与热点议题有关的历史能为公众所知。"③另外玛莎·汉纳别开生面地采取共同体伦理观

---

① 取自法国启蒙思想家、法学家说过一句广为流传的法律格言:"在民法慈母般的眼神中,每个人就是整个国家。"
② Matha Hanna, "Acknowledgements," *Your Death Would Be Mine: Paul and Marie Pireaud in the Great War*, p. vi.
③ [英] 约翰·托什:《历史学的使命》,格致出版社,2021 年,第 47 页。

的视角来考察战时法国农民的身份认同。最显著的是,玛莎·汉纳将民族认同与伦理道德关联在一起。事实上,共同体伦理本身就蕴含了情感体验、情感表达和情感认知的具体内容。根据情感逻辑,情感体验是移情发生机制的初期阶段,情感表达和情感认知可能在其后同时发生,也可能依时序或颠倒时序而发生,但情感认知无疑与价值认同及价值观紧密相连,而价值认同和价值观正是在日常生活中由具体的日常经验所塑造的。也就是说,共同体伦理的视角服务于日常生活史研究范式,关注的是人与人之间的情感联结,表征的是当前历史学向"人学"的回归或复兴。正是这对年轻的法国农民夫妇保存下来的数量可观且完整的私人信件,让玛莎·汉纳在体味和赞赏他们相互依赖、彼此关爱的情感同时,让读者一窥这场恐怖的世界大战所具有的"人性"或"人情味"的面相,意识到正是大战期间前线与后方之间的私人信件网络释放了人们强大的情感力量,从而构建了不同层次的"爱的共同体"。这一人类情感被唤醒的过程而后又升华为对法兰西民族国家的炽热情感,它不仅帮助法国人民熬过了那段残酷但却有情有爱的战争岁月,而且在很大程度上塑造了法国农村居民在不同层面上的身份意识和民族国家认同。因而,汉纳颇有洞见地指出,大战期间庞罗夫妇的书信往来并不是法国的一种特殊现象,而是一种经由国家教育制度规训后形成的情感力量,实质上已经成为一种新的社会文化现象的主要构成部分,它发挥着改变社会现实的显著作用。诚如美国社会学家乔纳森·H. 特纳(Jonathan H. Turner)所言,"从最根本的意义上来说,国家是由人们指向社会结构和文化的正性情感凝聚而成;与之相反,正性情感和负性情感的唤醒也能够使得国家灭亡或改变。事实上,如果说存在社会秩序和变革的微观基础,那么就是人们在嵌套于中观和宏观结构之中的互动过程所唤醒的情感。情感是维持或改变社会现实的能量,虽然,人类的许多能量产生于生物的和交易需要,但情感却牵连到这些生物-

社会需要的满足过程中。更为重要的是,情感是动机能量中的一个独立源泉——超越了这些生物-社会需要——对社会的结构和文化具有重要的效应"①。故此,我们认为这些属于私人领域的"日常信函"(Daily Correspondence)是一种言说介质,它是沟通个体生活和集体生活主体、连接私人领域和公共领域的情感桥梁,由此构建的不同层次的"爱的共同体",实质上彰显的是如何看待人的价值的核心问题,它们关乎的是关心、责任、尊重和知识。著名的精神分析心理学家埃里希·弗洛姆(Erich Fromm,1900—1980)精辟地指出:"真正的爱根植于生产性。……尽管爱的对象不同,并最终在爱本身的强度和性质上各有差异,但我们可以说,它们的某些基本的因素就是所有形式的生产型爱的特征。这些基本的因素就是关心、责任、尊重和知识。"②

尽管战后不久即被选举为南特镇镇长的保罗和玛丽已分别于1970年和1978年去世,他们唯一的儿子谢尔盖在没有留下子嗣的情况下也于1973年离世。然而,萨莱-拉瓦莱特村庄如今已被法国官方指定为法国著名旅游度假区,庞罗夫妇的这些私人信件已然成为法国人民弥足珍贵的精神财富和历史遗产。有论者欣慰地说:"以这种方式进行纪念,庞罗夫妇在九泉之下应该会很开心。"③或许,在玛莎·汉纳的心目中,更为重要的是,庞罗夫妇的这些私人信件可作为当下人们反战的历史证据,关爱生命与尊重人性则是她讲述的这个感人至深的故事的真正主题。

进入21世纪之后,西方历史学家对群体传记研究的热情不减反

---

① [美]乔纳森·H.特纳:《人类情感:社会学的理论》,东方出版社,2009年,第159页。
② [美]埃里希·弗洛姆:《自为的人:伦理学的心理探究》,万俊人译,国际文化出版公司,1988年,第85—86页。
③ Elizabeth Greenhalgh, "Book Review," *The American Historical Review*, Vol. 112, No. 4(Oct. 2007), p. 1271.

增,不仅十分注重细节描写,而且著述具有极佳的可读性。2010年出版的由美国哥伦比亚大学历史系教授、亚裔美国人研究中心龙家名誉教授艾明如(Mae Ngai)书写的《幸运之家:一个华裔美国家庭的百年传奇》(The Lucky Ones: One Family and the Extraordinary Invention of Chinese America),可视为一部关于特定的移民家族的群体传记作品。艾明如教授主要依循新文化史的研究范式,借助家庭相册、报刊、政府新闻、人口调查记录、法庭记录和家族后人的回忆等文献,在具体的历史语境中进行逻辑推理,引人入胜地讲述了华裔赵洽(英文名为"泰普")一家三代跻身为美国中产阶级的故事(从1864年少年赵洽离开广东省新宁县的浮石村前往美国旧金山开始,到美国国会分别于1964年、1965年通过的三个历史性的民权法案——《民权法案》《选举权法案》及《移民和国籍法案》——的一百年),并试图探析泰普家族拥有的美国中产阶级身份所蕴含的典型性和悖论性。"泰普一家的三代人经历了排华主义浪潮时期,他们不时抗议种族歧视的立法体系,但他们也从中受益。泰普家的生活充满着悖论:他们之所以能成为美国的中产阶级是凭借对一直被边缘化的华人而展开的业务。泰普家可算是例外,但也是华裔中产阶层的典型代表。"①事实上,在艾明如的笔下,泰普家的个性和历史,同旧金山及整个美国的个性及历史都是融合在一起的。由英国历史学家、中世纪英国史研究专家迈克尔·普雷斯特维奇(Michael Prestwich)领衔书写的,"非官方的"(unofficial)战士群体——古代罗马士兵和角斗士、中世纪骑士、维京战士、海盗、日本武士和忍者——传记,在翔实的史料基础之上,运用今天的读者易于接受的、幽默风趣的语言,立体地讲述了世界历史上七种战士群体的真实生活经历。虽说这是一套面向大众

---

① [美]艾明如:《幸运之家:一个华裔美国家庭的百年传奇》,高岳译,商务印书馆,2015年,第206页。

读者(特别是年轻人)的通俗性丛书,但却严守历史学科的学术研究规范,始终秉持历史学的客观性原则。正如普雷斯特维奇所言:"本书提供的建议均源自骑士和战士的实际经验,而不是基于任何浪漫的骑士文学。"他还提醒读者有必要注意现在与过去的距离,以避免犯下时代倒置的错误。"我们尽最大的努力以使本书中的建议最贴近当今的时代。书中的所有观念和知识代表了1300—1415年这段时期的认识。"①

从根本上说,首先,新的群体传记文本基本上都旨在强调各种文化——文化的主体只可能是某个群体或者集体——都是独特的,均具有自身鲜明的个体性。其次,相较于个体传记,群体传记与全球化背景下的人口问题和人口流动的议题直接相关,因而必定会吸引越来越多的人文社会科学学者的关注。特别是以身份政治为核心概念而展开的群体传记史,很可能在今后比较长的一段时期之内,都是西方新传记史学家努力探究的一个学术方向。原因在于,在不确定性明晃晃地成为确定之事的现代世界,身份的焦虑不可避免地具有普遍性,通向"承认"的斗争亦不可避免地聚焦于身份认同,其敌人已演变为"他者"或"想象的他者",身份政治似乎已然成为现代世界的宿命。正如弗朗西斯·福山基于人们在现代世界的生存境遇而指出来的那样,身份认同本身便是"人性的处境","身份困惑是现代世界的生存境遇。现代化意味着经常的变化和破坏,以及以前没有过的开放选择。它是流动的、易变的、复杂的"。当身处全球化时代的人们便捷地离开熟悉的家园去往陌生之地时,必须重建新的社会关系,并渴望由此获得新的社会承认。然而,这必将引发新的社会矛盾及冲突,并有可能导致民族国家的分裂。"许多现代自由民主国家走到了

---

① [英]迈克尔·普雷斯特维奇:《骑士:非官方修炼手册》,孙宇超译,广东旅游出版社,2021年,第2、10页。

重大抉择的关口。它们不得不接受经济和社会的快速变革,且因全球化而变得愈发多样化。这让一度不为主流社会所见的群体生出对承认的渴求。这也让被他们所取代的群体感到自己的地位在下滑,导致政治上的怨恨和反弹。二者都退回到越来越狭隘的身份,使整个社会难以深思熟虑、集体行动。长此以往,国家将走向分裂和失败。"事实上,为承认而启动的新的斗争,在很大程度上表明了民主的衰退。按照福山的构想,信条身份和公民身份的结合,即政治理念与美德的结合,是身份政治的解毒剂,为民主运转所必需。"现代身份的特点是可变……现代性的特点是拥有社会互动在各个层面塑造的多重身份……但如果身份政治的逻辑是把社会分隔成越来越小的、只关注自身利益的群体,那么,创造出更广泛、更一体化的身份也是可能的。承认个体可以与更大范围的公民有共同的价值观和期待,不一定非得否认个体的潜能和生活体验不可。体验可以汇总出经验,生活体验也可能只是寻常的体验。所以我们在现代世界永远不会摆脱身份政治,但我们可以引导它恢复相互尊重彼此尊严的宽广面貌,让民主更好地运作。"福山在身份政治的经验/生活体验维度上洞察到了其天然的集体性,自称已在政治的场域中找到了解决方案:"信条国家"或称"信条身份"。"它基于对宪政主义原则、法治、民主责任制以及'人人生而平等'(如今女性也包括在内)的信念。这些政治观念直接来自启蒙精神,多元文化已成事实的现代自由民主要达成一致,这些观念是唯一可能的基础。"[1]

从当下西方世界政治现实的角度来看,书写新的群体传记史,可视其为一种奠基于对群体权利的尊重的"承认"斗争实践活动。有论者指出:"近年来,身份认同深受学术界青睐,成了一系列争取平等与

---

[1] [美]弗朗西斯·福山:《身份政治:对尊严与认同的渴求》,刘芳译,中译出版社,2021年,第 156—157、157、151 页。

自由等重要政治斗争的学术旁注。从种种的调查我们已经得知,身份认同不是我们与生俱来那样简单、基本的事实,而是在我们所生活的社会与文化背景,由其他人和我们自己创造出来的产物。但这并不是说身份认同必然来自自由选择所致,也不是说它们无法被真正强烈感受到;把某样东西形容成是想象而来的,并非要将它贬斥为虚构的。同时,我们的身份认同也是多样的。我们认同与被认同是根据性别、阶级、年龄、宗教和许多其他东西,而我们可以同时拥有两种以上的认同,不论那些认同相互吻合或彼此矛盾。此外,身份认同在不同时空下是会变动的:面对不同的人或不同的背景,我们会扮演不同的角色;而且在不同的状况下,不同的身份认同对我们具有不同程度的重要性。"① 然而,通过考察当前的西方新群体传记史学文本,亦表明当前亟须探索一种能够有效地超越文化多元主义的政治理念的研究范式,以防范文化多元主义蜕变为文化相对主义,更要防范致使历史研究成为历史学家个人展演其政治立场或意识形态的一个场域,即为一时的政治需要或意识形态而臆设的某个群体历史之终点或必然归宿,从而造成对历史学客观性原则的损害。故此,有小部分西方历史学家在群体传记研究领域中开辟了新的视域,即共有的范式和情感的取向。在笔者看来,只要我们愿意承认局限性和脆弱性是人类这一物种与生俱来的特性,并认识到想象力和社会凝聚力共同构造并推动着人类文明的演进,这两个新的研究范式就值得我们持续关注。

如果说19、20世纪被一个中心议题——人类的集体生活究竟在多大程度上取决于民族国家,究竟应该把哪些事务留给市场和公民社会来决定?——所主宰,那么在数字化时代的21世纪,这个议题或许将会变成:我们人类的集体生活究竟将会在多大程度上受到功

---

① [英]约瑟芬·奎因:《腓尼基人:一群被发明的祖先、一个"不存在"的民族》,王约译,台北:马可波罗出版社,2021年,"导论",第11页。

能强大的数字系统甚至是人工智能的指引和控制？换句话说，在一个以大数据和算法为王的时代，我们人类应该如何思考进而构建自身的身份认同？毋庸置疑，这是一个要求从人本身出发来思考人的自我认知的重要问题。

后　记

> 人不是"必朽者",而是参与朝向不朽运动的存在者。①
> ——埃里克·沃格林(Eric Voegelin,1901—1985)

本研究为2017年度国家社科基金一般项目"西方新传记史学研究"(项目编号:17BSS005)的最终结果。虽然已竭尽全力,但限于学力、精力及时间,难免疏漏浅陋,恭请诸君指正。

在当代世界中,个人怎样才能真正找到"自由与个性的空间",早已成为一个十分重要的社会问题。窃认为,本研究以西方新传记史学文本为导向,主要关注20世纪90年代以降的西方历史学家为何选择书写传记,以及是如何书写的,大抵算得上是对此命题的一种探索和实践。

这本小书从构思、搜集资料到写作,得到了诸多良师益友的支持和指导。在此小书付梓之际,我要深深地感谢我国史学理论及史学史学科的领军人物:张广智教授、于沛研究员、李振宏教授、陈新教授、陈恒教授、梁民愫教授、黄艳红教授、孟钟捷教授、吴英研究员、郭秀文研究员。我还要特别感谢远在大洋彼岸的好友周鸿,作为一名毕业于中国科技大学物理系的博士,他对历史学情有独钟,不仅无偿地帮助我查找许多外文文献,而且还给予了我若干极富启发性的建议。

---

① [美]埃里克·沃格林:《自传体反思录》,段保良译,华夏出版社,2018年,第121页。

搞学术研究，从来都不是一个人的战斗，尤其是在2020年春至2022年冬的这三年里，我对此有了更加深刻的体会。其间，家人坚定不移的理解和鼓励，成为我完成本研究最大的动力和底气。其间，我于2015年创办的"Muses跨学科读书会"照常"营业"。来自不同专业背景的小伙伴们每逢周末晚上都在线上"团聚"，由耿春晓博士组织和分工，汪堂峰、宋青红、葛小寒、何志文、陆丽霞、李星辰、鲁均亦、黄子彬、李真真、崔韩颖、冯雨晴、方敏、林嘉悦、王子方、徐朗达、武雅南、黄炜雯等一批年轻的学人（只有我和汪堂峰老师是"70"后）积极参与阅读分享和讨论。大家共同徜徉于学术殿堂，自由、热烈地讨论着诸多学术问题，或多或少克服了药品、食品或因运输问题所导致的短缺恐慌情绪。然而，于彼时的我则另有深意，即更加坚定了完成本研究的信念。因为每当我与家人、读书会的小伙伴们讨论的问题涉及人的生命意义时，我的脑海里就会立即浮现德裔美国政治哲学家埃里克·沃格林的那句至理名言："人不是'必朽者'，而是参与朝向不朽运动的存在者。"因而，现将这本小书献给我的爱人和犬子，献给"Muses跨学科读书会"的小伙伴们，他们对身边人的浓浓爱意、砥砺前行的勇气和智慧传递了最好的"学道"，让我的心灵得到了滋养。

我很感谢复旦大学出版社责任编辑关春巧，没有她的悉心、用心及专业，本书定会逊色不少。

最后，这本小书得以顺利出版，我要感谢上海科技大学的慷慨资助，感谢上海科技大学人文科学研究院提供的优质小环境。

2024年10月15日

图书在版编目(CIP)数据

西方新传记史学研究/陈茂华著.--上海：复旦大学出版社,2024.12.--ISBN 978-7-309-17655-1
Ⅰ.K0
中国国家版本馆CIP数据核字第2024ZJ6140号

西方新传记史学研究
陈茂华　著
责任编辑/关春巧

复旦大学出版社有限公司出版发行
上海市国权路579号　邮编：200433
网址：fupnet@fudanpress.com　http://www.fudanpress.com
门市零售：86-21-65102580　团体订购：86-21-65104505
出版部电话：86-21-65642845
上海盛通时代印刷有限公司

开本890毫米×1240毫米　1/32　印张11.625　字数291千字
2024年12月第1版
2024年12月第1版第1次印刷

ISBN 978-7-309-17655-1/K·843
定价：68.00元

如有印装质量问题，请向复旦大学出版社有限公司出版部调换。
版权所有　侵权必究